www.ingramcontent.com/pod-product-compliance
Lightning Source LLC
Chambersburg PA
CBHW070506120526
44590CB00013B/770

نامهٔ اول قرنتیان

ISBN 978-1-912699-11-7
90000
9 781912 699117

(((پیام صلیب)))

نامهٔ اول قرنتیان

استیفن تی. اوم

مترجم: رامین بسطامی
ویراستاری و نمونه‌خوانی: نادر فرد
طرح جلد: اندی ساوتن

انتشارات پارس ۲۰۲۳
کلیهٔ حقوق برای ناشر محفوظ است

شابک: ۷-۱۱-۹۱۲۶۹۹-۱-۹۷۸

1 Corinthians

The Word of the Cross

Stephen T. Um

Copyright © 2015 by Stephen T. Um

Published by Crossway
a publishing ministry of Good News Publishers
Wheaton, Illinois 60187, U.S.A.

This edition published by arrangement
with Crossway.
All rights reserved.

Persian Translation © 2020 Pars Publications

Reprint: 2023

Translated into Persian by: Ramin Bastami
Edited by: Nader Fard
Cover by: Andy Southan

Persian Translation Published by:
Multimedia Theological Training Limited
P. O. Box 66099, London, W4 9FE, UK

publications@parstheology.com
www.parsonlineshop.com

ISBN 978-1-912699-11-7

محبت هرگز پایان نمی‌پذیرد. امّا نبوّت‌ها از میان خواهد رفت و زبان‌ها پایان خواهد پذیرفت و معرفت زایل خواهد شد. زیرا معرفت ما جزئی است و نبوّت‌مان نیز جزئی؛ امّا چون کامل آید، جزئی از میان خواهد رفت. آنگاه که کودکی بیش نبودم، چون کودکان سخن می‌گفتم و چون کودکان می‌اندیشیدم و نیز چون کودکان استدلال می‌کردم. امّا چون مرد شدم، رفتارهای کودکانه را ترک گفتم. آنچه اکنون می‌بینیم، چون تصویری محو است در آینه؛ آینه‌ها در آن زمان فقط تصویری محو به دست می‌داد. امّا زمانی خواهد رسید که روبه‌رو خواهیم دید. اکنون شناخت من جزئی است؛ امّا زمانی فرا خواهد رسید که به کمال خواهم شناخت، چنانکه به کمال نیز شناخته شده‌ام.

و حال، این سه چیز باقی می‌ماند: ایمان، امید و محبت. امّا بزرگترین‌شان محبت است.

اول قرنتیان ۱۳:۸-۱۳

فهرست مطالب

پیشگفتار ۱۱

۱. **شگفت‌زده از تشویق**: اول قرنتیان ۱:۱-۹ .... ۱۳

۲. **درخواست برای اتحاد**: اول قرنتیان ۱:۱۰-۱۷ .... ۲۱

۳. **بازنویسی روایت**: اول قرنتیان ۱:۱۸-۲:۵ .... ۲۹

۴. **درکی تازه از جماعت**: اول قرنتیان ۲:۶-۱۶ .... ۴۳

۵. **رویش خدادادی**: اول قرنتیان ۳:۱-۹ .... ۵۱

۶. **ساختار جماعت**: اول قرنتیان ۳:۱۰-۲۳ .... ۵۹

۷. **یک ارزیابی درست**: اول قرنتیان ۴:۱-۱۳ .... ۶۹

۸. **ضرورت اقتدار**: اول قرنتیان ۴:۱۴-۲۱ .... ۷۹

۹. **فیض انضباط**: اول قرنتیان ۵:۱-۱۳ .... ۹۱

۱۰. **فیض و شکایات**: اول قرنتیان ۶:۱-۱۱ .... ۱۰۳

۱۱. **رابطهٔ جنسی**: اول قرنتیان ۶:۱۲-۲۰ .... ۱۱۳

۱۲. **زیبایی زناشویی**: اول قرنتیان ۷:۱-۱۶ .... ۱۲۱

۱۳. **در باب فراخواندگی**: اول قرنتیان ۷:۱۷-۲۴ .... ۱۳۵

۱۴. **تجرد**: اول قرنتیان ۷:۲۵-۴۰ .... ۱۴۳

۱۵. **استفادهٔ درست از حقوق**: اول قرنتیان ۸:۱-۱۳ .... ۱۵۳

161	۱۶. گذشتن از حق و حقوق: اول قرنتیان ۹:۱-۱۸	
173	۱۷. یک شهادت تأثیرگذار: اول قرنتیان ۹:۱۹-۲۷	
181	۱۸. گریز از بت‌پرستی: اول قرنتیان ۱۰:۱-۲۲	
189	۱۹. جلال خدا و صلاح همسایه: اول قرنتیان ۱۰:۲۳-۱۱:۱	
197	۲۰. موضوعات مطرح در بطن کلیسا: اول قرنتیان ۱۱:۲-۱۶	
205	۲۱. تشخیص دادن بدن: اول قرنتیان ۱۱:۱۷-۳۴	
213	۲۲. خدای بخشندۀ عطایا: اول قرنتیان ۱۲:۱-۱۱	
223	۲۳. عطای وابستگی متقابل: اول قرنتیان ۱۲:۱۲-۳۱ الف	
231	۲۴. محبت چیست؟: اول قرنتیان ۱۲:۳۱ب-۱۳:۱۳	
243	۲۵. یک پروژۀ بناکننده: اول قرنتیان ۱۴:۱-۲۵	
251	۲۶. نظم از دل بی‌نظمی: اول قرنتیان ۱۴:۲۶-۴۰	
259	۲۷. نیروی انجیل: اول قرنتیان ۱۵:۱-۱۱	
269	۲۸. رستاخیز: اول قرنتیان ۱۵:۱۲-۳۴	
277	۲۹. بدن رستاخیزیافته: اول قرنتیان ۱۵:۳۵-۴۹	
285	۳۰. پیروزی بر مرگ: اول قرنتیان ۱۵:۵۰-۵۸	
293	۳۱. جماعتی صلح‌جو: اول قرنتیان ۱۶:۱-۱۱	
301	۳۲. پیوند مشترک: اول قرنتیان ۱۶:۱۲-۲۴	

سخنی با واعظان کلام

من برخی مواقع در حین موعظه، خشنودی خدا را احساس می‌کنم. من معمولاً از طریق سکوتی غیرطبیعی متوجه این امر می‌شـــوم. سرفه‌های همیشگی حضار قطع می‌شود، دیگر صدای غژغژ نیمکت‌ها به گوش نمی‌رسد، و محراب را سکوت و آرامشی مادی فرامی‌گیرد- که از طریق آن کلمات من همچون تیرهایی از چلهٔ کمان رها می‌شوند. فصاحت و سخنوری را در نقطهٔ اوجش تجربه می‌کنم، به‌طوری که وزن و طنین صدایم بر شدت حقیقتی که وعظ می‌کنم، می‌افزاید.

هیچ چیزی مانند آن نیســت- اینکه روح‌القدس در بادبان کشـــتی کسی باد بیندازد و آن را پیش براند؛ حس خشـــنودی او، و آگاهی از اینکه در میان شنوندگان چیزی در حال وقوع است. البته این تجربه برای هزاران واعظی که تجربه‌های مشابه و حتی بزرگتری دارند، امری آشنا است.

در چنین شـــرایطی، چه چیزی اتفاق می‌افتد؟ ما خشـــنودی او را مرهون چه می‌دانیم؟ برای من پاسخ از طبقه‌بندی فنون سخنوری باستانی، یعنی لوگوس[1] ایتوس[2] و پاتوس[3] ناشی می‌شود.

نخســـتین دلیل خشنودی او *لوگوس* - به‌زبانِ وعظ یعنی کلام خدا- است. بدین‌معنی که وقتی ما در پیشگاه قوم خدا می‌ایســـتیم و کلام را اعلام می‌کنیم، وعظ خود را از پیش آماده کرده‌ایم. متن را تفســـیر کرده‌ایم، اهمیت واژه‌های به‌کار رفته در زمینهٔ متن را مورد کندوکاو قرار داده‌ایم، و در تفســـیر متن اصول صحیح هرمنوتیک را به‌کار برده‌ایم تا خوب بفهمیم که کلام برای شـــنوندگانش چه معنایی داشته است. یعنی اینکه پیش از بیان کردن مفهوم متن در یک جمله زحمت زیادی برای درک آن کشیده‌ایم، و وقتی وعظ می‌کنیم، دیگر افکار خودمان را در مـــورد کلام خدا بر زبان نمی‌آوریم، بلکه آنچه می‌گوییم خودِ کلام خدا، یعنی *لوگوس* اوست. این برای خشنود ساختن خدا از وعظ اهمیت بنیادین دارد.

عنصر دوم در جلب خشنودی خدا هنگام وعظ، ایتوس- یعنی خصوصیات فردیِ واعظ به‌عنوان یک شخص- است. در وعظ کردن یک خطر همه‌گیر وجود دارد، یعنی دست و دلی

1. Logos; 2. Ethos; 3. Pathos

که به چیزهای مقدس عادت کرده‌اند. فیلیپ بروکس[1] این نکته را با مثال آوردن از مأمور قطار توضیح می‌دهد که باور دارد چون با صدای بلند نام ایستگاه‌ها را اعلام کرده، قبلاً آنها را دیده است. به همین‌خاطر است که بروکس اصرار داشت که واعظ باید «حقیقت را از طریق شخصیتش بیان کند.» هرچند هرگز نمی‌توانیم حقیقت را به‌طور کامل در آنچه وعظ می‌کنیم جسم بپوشانیم، ولی باید بدان گردن بنهیم، مشتاقش باشیم و تا حد امکان آن را جزیی از شخصیت خودمان بکنیم. همان‌گونه که ویلیام ایمز[2] واعظ پیوریتن گفته است: «گذشته از کتاب‌مقدس، هیچ چیز نمی‌تواند به اندازهٔ سخنانی که از دل برمی‌آید، یک وعظ بدون تظاهر را تأثیرگذار سازد.» وقتی *ایتوسِ* واعظ پشتوانهٔ *لوگوس* او باشد، خدا خشنود می‌شود.

و در آخر، *پاتوس* – یعنی اعتقاد و اشتیاق شخص– قرار دارد. یکبار شخصی دیوید هیوم[3] فیلسوف و شک‌گرای اسکاتلندی را دید که برای شنیدن موعظهٔ جورج وایتفیلد[4] راهی شده. به او گفت: «فکر می‌کردم که تو به انجیل اعتقادی نداری.» هیوم در پاسخ گفت: «من ندارم، ولی او دارد.» چه جوابی! وقتی واعظ به آنچه می‌گوید اعتقاد دارد، نسبت به آن شور و اشتیاق نیز دارد. و این عقیده و اشتیاق بایسته است که خدا را خشنود می‌سازد.

خشنودی خدا بسته به این سه چیز است: *لوگوس* (کلام)، *ایتوس* (شخصیت ما)، و *پاتوس* (شور و اشتیاق ما). باشد که هنگام وعظ کلام خدا، خشنودی او را تجربه کنید– و روح‌القدس بر بادبان‌تان بوزد!

آر. کنت هیوز[5]
ویتون، ایلینوی

1. Philip Brooks; 2. William Ames; 3. David Hume; 4. George Whitefield; 5. R. Kent Hughes

پیشگفتار

طی بیش از بیست‌وپنج سال خدمت شبانیِ تمام‌وقت، فرصت داشته‌ام کلام خدا را در بسیاری از زمینه‌ها موعظه کنم. من وعظ‌های بسیاری ایراد کرده‌ام، اما در عین حال وعظ‌های بسیاری هم شنیده‌ایم. وقتی موضوع بیان کلام خدا است، هر واعظی می‌خواهد برای جلال خدا و منفعت شنوندگانش، خطابه‌ای خوب ارائه کند. با این‌حال، واعظان خوانده شده‌اند تا با مطالعهٔ تفسیری دقیق، موعظهٔ خوب ارائه کنند. در واقع، خوب از آب درآمدنِ موعظه، به‌طور بالقوه کار روح‌القدس است. درست همان‌گونه که کاهنان خوانده شده بودند تا برای تکریم خدا بر مذبح قربانی تقدیم کنند، و تنها خدا بود که آتش را فراهم می‌کرد؛ موعظه کردن نیز به همین ترتیب است. مسئولیت واعظ آن است که همهٔ تمهیدات لازم را برای ارائه موعظهٔ خوب انجام دهد، اما ایجاد دگرگونی در دل‌های شنوندگان کلام، کار روح‌القدس است و بس.

به باور من، موعظه برای آنکه خدا را جلال دهد، باید سه ویژگی داشته باشد: ۱) شرح و تفسیری دقیق ارائه دهد؛ ۲) در شنونده شور و احساس برانگیزد؛ و ۳) کاربردی زمینه‌مند ارائه نماید. با این تعبیر، موعظه باید چشم‌اندازی سه‌وجهی داشته باشد. اول از همه باید متن را تشریح کند. سپس باید نیازهای وجودی مردم را در نظر بگیرد تا در کسب مفهومی که انتظار دارند از کلام خدا به‌دست آورند، یاری‌شان کند. و در آخر هم، باید کاربرد حقایق انجیل را در همهٔ ابعاد زندگی و خدمت ارائه دهد.

چشم‌انداز سه‌وجهی دیگر در مورد موعظه آن است که آن را در بستر وظایف سه‌گانهٔ ماشیح درک کنیم یعنی: نبوت، کهانت و سلطنت. موعظه باید نبوتی باشد، و برای این کار باید حقایقِ هنجارین کلام خدا را توضیح دهد. باید کهانتی باشد و نیازهای بشر را تشخیص داده، دل‌های شنوندگان را مورد خطاب قرار دهد. و نهایتاً، باید مبتنی بر موقعیت باشد، و زمینهٔ بی‌واسطه این حقایق را برای به‌کار بردن در زندگی مسیحی، تشخیص بدهد.

هنگام فراهم آوردن مطالب مورد نیاز برای نگارش این کتاب، اندیشه‌ها و تأملات بسیاری مستقیماً از موعظه‌های هفتگی من سربرآوردند. من در مجموع از سراسر کتاب اول قرنتیان نزدیک به سی موعظه برای مردم شهر بوستن ایراد کرده‌ام. این پیشینهٔ به‌خصوص اغلب به من یادآوری می‌کند که همیشه افراد شکاک و کنجکاوی وجود دارند که در موقع موعظه کردن من در میان حضار نشسته‌اند. با در نظر گرفتن این نکته، نمی‌توانم فرض را بر این بگذارم که همهٔ حاضران با مقولات اساسی کتاب‌مقدسی در مورد انجیل آشنا هستند. من بر این باورم که انجیل قدرت رستگاری است؛ انجیل قدرتی است که نه تنها مردم را به پادشاهی خدا وارد می‌کند، بلکه قدرتی است که آنان را در این پادشاهی نگاه می‌دارد. بدین‌ترتیب، و با توجه به پیشینهٔ شهری که در آن زندگی می‌کنم، همواره نسبت به حواشی دفاعیاتی قضیه، یا به‌اصطلاح «بر باد دهندهٔ مسیحیت» آگاه هستم؛ در حین موعظهٔ اول قرنتیان، بارها پیش آمده که پرسش‌ها، تردیدها، و انکارها به ذهن بسیاری از شنوندگانم هجوم آورده‌اند.

به‌علاوه، من ناگزیر شده‌ام که نسبت به بت‌های فرهنگی و حقوقی که در بستر کنونی و شهرم (بوستن، ماسوچوست) وجود دارند، شناخت پیدا کنم. برای آنکه روی آنها انگشت بگذارم، موعظه‌های خود را مستقیماً روی شخص عیسی متمرکز ساختم، چراکه او تنها پاسخ اقناع‌کننده به آرزوهای فرهنگ ماست. به هنگام تشریح متن، رویکردم صرفاً این نبوده که ایدهٔ اصلی متن را- که مورد نظر نویسنده بوده- توضیح بدهم، بلکه کوشیده‌ام تا آن را در زمینهٔ بزرگتری جای دهم. از این‌رو، موعظه‌های یادشده، نوشتهٔ صریح پولس را در پرتو طرح کلی داستان کتاب‌مقدس تفسیر می‌کنند، داستانی که در شخص عیسی تحقق می‌یابد.

در اینجا مایلم سپاس قلبی خودم را نسبت به کنت هیوز، به‌خاطر آنکه مرا به مشارکت در این مجموعه کتاب‌ها دعوت نمود، ابراز دارم. من به‌راستی از دوستی و شراکت‌مان در انجیل طی چند سال گذشته لذت برده‌ام، و خدا را به‌خاطر کاری که کنت با کنار هم قرار دادن چنین منابع شبانی ارزشمندی انجام داده، شکر می‌کنم. می‌خواهم احساس قدردانی عمیق قلبی خود را نسبت به تد گریفین[1] در کراس‌وی به‌خاطر وقت و دقتی که در ویرایش این کتاب صرف کرده، بیان کنیم. به دلیل حمایت‌ها و دلگرمی‌های تیم شبانی خودم (نیمن[2] بن، اندرو، دنیل، تیم) در کلیسای پرزبیتری سیتی‌لایف، که در امر ویرایش کتاب مرا یاری کردند، وامدار زحمات‌شان هستم. همچنین مایلم از جاستین رادی[3] و دیوید چو[4] به‌خاطر کمک به من در وعظ‌کردن از طریق این سری کتاب‌های تفسری، تشکر ویژه کنم. اینان دو واعظ جوان هستند که موعظات‌شان تحسین مرا برانگیخته است. در پایان می‌خواهم از صمیم قلب قدرشناسی، عشق و سپاسم را تقدیم خانواده‌ام کنم، مخصوصاً همسرم کثلین[5] و دخترانم نوئل، ادلاین و شارلوت که نسبت به من صبور و رئوف بودند. تا ابد قدردان خدا هستم که مرا برای کار وعظ خواند و تجهیز نمود.

1. Ted Griggin; 2. Nameun; 3. Justin Ruddy; 4. David Cho; 5. Kathleen

۱

شگفت‌زده از تشویق

اول قرنتیان ۱:۱-۹

اغلب در حین مطالعهٔ یکـــی از کتاب‌های کتاب‌مقدس، متوجـــه تفاوت ملموس زمینهٔ باستانی آن با زمینهٔ کنونی دورهٔ خودمان می‌شویم. اگرچه همهٔ کتاب‌مقدس روشن و قابل‌فهم است، ولی مسلماً قســـمت‌هایی هم وجود دارند که مستلزم مطالعهٔ دقیق‌تر هستند. برخلاف بعضی از نوشـــته‌های پیچیدهٔ کتاب‌مقدس، اول قرنتیان کتابی است که برای خوانندهٔ معاصر حرف‌های بســـیاری برای گفتن دارد. آری، پرســـش‌های تفسیری زیادی مطرح خواهند شد و تفاوت‌های فرهنگی بســـیاری هم وجود دارند که درک مطلب را دشوار می‌سازند، اما در مجموع اول قرنتیان مُعرفِ زمینهٔ اولیه‌ای است که به‌طرز حیرت‌آوری به زمینهٔ روزگار مدرن ما شـــباهت دارد. در اینجا ما کلیسایی را می‌بینیم که همچون خود ما با موضوعات عدیده‌ای روبه‌رو اســـت. چگونه بایـــد با اختلاف آرا و عقاید میان قوم خـــدا برخورد کنیم؟ در جایی که هرزگی و بی‌بندوباری اخلاقی هنجار فرهنگی به‌شـــمار می‌رود، اخلاق جنسیِ مسیحی چگونه باید باشـــد؟ انجیل از چه جهاتی نهاد ازدواج را شـــکل می‌دهد؟ با آداب و رســـوم فرهنگی کسانی که باور دینی‌شان با ما متفاوت است، چگونه باید ارتباط برقرار کنیم؟ انجیل چگونه می‌تواند موانعی را که میان خودمان و دیگران ســـاخته‌ایم، فروریزد؟ این فهرست را می‌توانیم ادامه بدهیم.

کســـی که قرار اســـت در کتاب اول قرنتیان به این پرسش‌ها و سؤالات دیگر پاسخ دهد، کسی نیست جز پولس رسول (آیهٔ ۱).

او نامه‌اش را به‌طور خاص خطاب «به کلیســـای خدا در قرنتس» و به‌طور عام خطاب به «همهٔ آنان که در هر جای دیگر نام خداوند ما عیسای مسیح را می‌خوانند» می‌نویسد (آیهٔ ۲). اندکی کندوکاو آشکار می‌سازد که شهر قرنتس با شهرهای روزگار ما وجوه اشتراک بسیاری داشـــته است. از این‌رو شـــرح و کاربردی که پولس از انجیل ارائه می‌دهد، برای ما هم قابل

درک اسـت. او تعابیر ضمنی فیض خدا را در زمینهٔ یک شـهر تکثرگرا، تأثیرگذار و پیشتاز به‌کار می‌گیرد.

قرنتس شهر *آرمان‌ها و آرزوها*[1] بود. شهروندانش در پی بالا رفتن از نردبان ترقی اجتماعی بودند، و این کار را با آرزوی اندوختن ثروت به‌خاطر کسب افتخار و احترام انجام می‌دادند. هسـتهٔ مرکزی اجتماع و کانون سنت فرهنگ آن شهر را بازرگانی، داد و ستد، و تلاش برای کارآفرینی در سـودای دستیابی به موفقیت تشکیل می‌داد. شاید در کل امپراتوری روم نتوان شـهر دیگری را یافت که به اندازهٔ قرنتس برای پیشـرفت‌های فردی و جمعی از چنان جو مسـاعدی برخوردار بوده باشد. دیوید گارلند از فرهنگ شـهر قرنتس و موارد اشتراکش با تجربهٔ ما از فرهنگ غرب، تصویری ملموس به دست می‌دهد:

> بهره‌گیـری از اصطلاحات رایج در فرهنگ آمریکایی، نظیر: مراوده کردن، تهییج حس خودبزرگ‌بینیِ رئیس، مالیدن شـانه‌های قدرتمندان، اِعمال نفوذ، حمایت متقابل، و به لجن کشـیدنِ نام رقیبان، همگی توصیف‌کنندهٔ چیزهایی هستند که برای به دست آوردنِ موفقیت در این جامعه [قرنتس- م.] بدان نیاز بود.

در کنار غوغایی که برای کسـب ثروت و افتخار در جریان بود، قرنتس شهری *اکتشافی*[2] هم به‌شـمار می‌رفت. از ویژگی‌های این شـهر می‌توان به حال و هـوای بین‌المللی و تنوع دینی آن اشـاره کرد. قرنتس به‌عنوان مرکزی تجاری، گروه‌های متنوع بسـیاری را به‌سوی خود جلب می‌کرد که برای زندگی و کسـب درآمد عازم این شهر می‌شدند. در نتیجه، اهالی قرنتس مردمی بی‌ریشـه بودند، کسانی که از پیشینه و زادبوم‌شان بریده و از نژادها و نواحی مختلف سراسر امپراتوری گرد هم آمده بودند. قرنتس شهری بود که اجتماعات گوناگونی را با باورهای دینی متنوعی در خود جای داده بود، و از این‌رو، مردم قرنتس برای تعیین بهترین و مناسـب‌ترین دین یا نظام اعتقادی، گزینه‌های احتمالی بسـیاری پیش رو داشتند. گارلند می‌گوید که «قرنتس به‌عنوان یک شهر چندملیتی، معجونی بود از باورهای مذهبی مختلف با دین‌های قدیمی و نوظهوری که در جوار هم نمو می‌یافتند»؛ به بیان دیگر، «مردم می‌توانستند از میان آداب و رسوم دینی متعدد، هرچه می‌خواهند انتخاب کنند.»

قرنتس به‌عنوان یک شـهر آرمانی و اکتشافی به بسـیاری از فرهنگ‌های فردگرایانه‌ای شباهت دارد که بسیاری از ما در سدهٔ بیست‌ویکم در آنها به‌سر می‌بریم.

پیشـرفت بی‌پروای فرد، ایده‌آلی قرنتسـی محسوب می‌شـد. بازرگانی که از راه ممکن کسـب درآمد کرده بود، مردی که از همهٔ شـهوات پیرامونش سیراب شده بود، ورزشکاری که تن خود را با انواع تمرین‌های بدنی پرورش داده بود و به نیروی جسـمانی‌اش می‌بالید، نمونه‌هایی از اهالی راستین قرنتس به‌شمار می‌رفتند: در یک کلام، انسانی که برای خود هیچ مافوق و قانونی قائل نبود، مگر ارضای امیالش.

---

1. Aspirational City; 2. Explorational City

خطاب به چنین محیطی اســت که پولس مجال ســخن گفتن می‌یابــد. او در این کار، مسیحیانی را مخاطب قرار می‌دهد که ناگزیر به پرسیدن سؤالاتی بودند که امروزه بسیاری از ما مطرح می‌کنیم. با وجودی که این نامه قرار است موضوعات مهمی را برای اجتماع مسیحی قرنتس آشــکار سازد، اما پولس آن را با یادداشتی تشویق‌آمیز و ژرف آغاز می‌کند. ما تشویق پولس را در سه جهت مشاهده می‌کنیم:

- حقیقت تشویق
- تنش تشویق
- مبنای تشویق

حقیقت تشویق

تشــویق یکی از نیازهای اساسی بشر است. کمتر کسی اســت که بدون تأیید، تشویق یا حس ارزشمندی از جانب دیگران بتواند شکوفا شود. ما آرزو داریم که ذاتاً ارزشمند باشیم- کســی را داشته باشــیم که به ما بگوید: «من تو را چنانکه هســتی تأیید می‌کنم.» ما دوست داریم به‌خاطر مشــارکت‌مان در امور، مورد احترام قرار بگیریم (یعنی «من آنچه را که انجام می‌دهی، تأییــد می‌کنم»). و عمیقاً می‌خواهیم اطمینان یابیم که مســیری که در پیش داریم، ارزش ســرمایه‌گذاری و تعهد را داشته باشد (یعنی «من راه تو را تأیید می‌کنم»). پولس قرار است در صفحات آینده به قرنتیان مطالبی بگوید که شنیدنش برای آنان دشوار است؛ پس نامهٔ خود را با قدری تشویق و ترغیب آغاز می‌کند.

تشویق هویت

پولس رســول در همان ســلام ابتدای نامه، با طرف خطاب قــرار دادنِ قرنتیان به‌عنوان «تقدیس‌شــدگان در مسیح عیسی و کسانی که فرا خوانده شده‌اند تا قوم مقدس خدا باشند»، آنان را به‌خاطر هویت‌شــان مورد تشــویق قــرار می‌دهد (آیهٔ ۲). او بدین‌ترتیب بدیشــان یادآوری می‌کند که به‌واســطهٔ خدا جدا شده‌اند- یعنی مهم و منحصربه‌فرد هستند زیرا کسی در موردشــان چنین اظهار کرده اســت که مهم و منحصربه‌فرد هستند. در شهری که شأن و حرمت یک شخص را با اهمیت ولی‌نعمت و دوســتانش می‌سنجیدند، جدا شدن به‌واسطهٔ خدا نهایت اطمینان خاطر از هویت شــخص محسوب می‌شــد. با وجود این که ممکن بود همهٔ صداهای پیرامون‌شــان خلاف این را به آنها بگویند، اما تقدیس‌شدگی در مسیح- زمان گذشته- این یقین را در آنها به‌وجود می‌آوَرد که مورد تأیید و پذیرش‌اند و به‌خاطر هویتی که دارند، تشویق می‌شوند. به همین ترتیب، لفظ «فرا خوانده شده‌اند تا قوم مقدس خدا باشند» دربرگیرندهٔ این مفهوم بود که هویت و هدف آنها از بیرون بدیشــان تفویض شده است. آنان به‌جای تلاش برای کســب هویت و یافتن هدف و معنایی ساختگی، این هویت را به‌واسطهٔ دعوت فیض‌آمیز خدا دریافت کرده بودند.

تشویق قابلیت‌ها

پولس می‌خواهد قرنتیان بدانند که در کنار تأیید هویت‌شـــان، برای زندگی کردن مطابق آن، به‌خوبی تجهیز شـــده‌اند. در تجربهٔ مشـــترک ما آدمیان، چیزی که در ورای مسئلهٔ هویت (یعنی «من کیســـتم؟») نهفته است، قابلیت‌ها (یعنی «قرار اســـت چه کاری بکنم؟») است. اصولاً قابلیت به ترکیب مجموعه‌ای از استعدادها، مهارت‌ها، و توانایی‌های ذاتی، و گام‌هایی که برای خبره شـــدن در آنها برداشته‌ایم، گفته می‌شـــود. در عین حال که فعالیت‌های قرنتیان کماکان ریشـــه در عمل فیض‌آمیز خدا دارد، پولس با آنها به‌عنوان کسانی سخن می‌گوید که «از هر حیث غنی شـــده‌اند، در هر نوع بیان و هرگونه معرفت» (آیـــهٔ ۵). آنها این توانایی را دارند که با فصاحت سخن بگویند، و در مورد ایمان‌شان کلمات متقاعدکننده بر زبان آورند. همچنین افرادی فهمیده و دارای بصیرتند؛ آنان برای درک محتوای عقلانی ایمان مســـیحی چیزی کم ندارند.

در شـــهر و فرهنگی که برای فن بیان و منطق ارزش والایی قایل می‌شـــد، تعریف پولس از بیان و معرفت ایشـــان تأییدی است بر اینکه مســـیحیان قرنتس مطبوع‌ترین متاع بازار این شـــهر را در اختیار دارند. وانگهی، بیان و معرفت آنها چیزی نیست که با تحصیل در محضر برجسته‌ترین سخنوران و فیلســـوفان به‌دست آورده باشند، بلکه اینها هدایایی از جانب خدا برای ایشـــان بوده اســـت (آیهٔ ۴). بدین‌ترتیب، هم هویت و هم قابلیت آنها محفوظ است، چراکه بدیشان عطا شده‌اند.

تشویق مسیر

وقتی هویت و قابلیت را با هم بیامیزیم، شتابی پیش‌رونده به‌وجود می‌آید. همهٔ ما به‌سوی هدفی در حرکتیم، و پرســـش‌هایی نظیر این در ذهنم ما به‌وجـــود می‌آید: به کجا؟ آیندهٔ من چه می‌شـــود؟ چگونه می‌توانم بفهمم که در مسیر درستی قرار دارم؟ آیا عاقلانه است که به مقصدی که در پیش گرفته‌ام امیدوار باشـــم؟ پولس هنگامی که ادعا می‌کند که عیســـی «شما را تا به آخر اســـتوار نگاه خواهد داشـــت» (آیهٔ ۸)، به این پرسش‌های قرنتیان پاسخ می‌دهد. در واقع، او به قرنتیان می‌گوید که در مسیر درستی قرار دارند. زندگی ایشان ارزشمند است، و راهی که برگزیده‌اند بی‌گمان پایانی زیبا دارد که خدا برای‌شـــان در نظر گرفته اســـت. این مسیر مطمئن ریشـــه در امانتداری خدایی دارد (آیهٔ ۹) که آنان را فرا خوانده و برای مقاصد خود بنا کرده است.

حال می‌توانیم تصور کنیم که این تشویق قاطع در وجود مسیحیان قرنتس چه تأثیر مطلوبی داشـــته است: شهری که در آن مسیر زندگی همواره ناامن است. در جایی که شایسته‌سالاری بر آن حاکم است، آیندهٔ یک فرد در گِرو موفقیت‌های کنونی اوست. وقتی آیندهٔ فانیِ شخص به توانایی کنونی او در ایفای بهترین نقش وابسته است، دانستن اینکه آیندهٔ ابدی‌اش از پیش تضمین شده، می‌تواند مایهٔ آسایش خیال و دلگرمی باشد. ما با ایفای بهترین نقش و وسوسهٔ توسل به نقشه‌های به‌اصطلاح خود-بسنده‌مان آشناییم، اما کتاب‌مقدس به ما اطمینان می‌دهد

که مهم نیست موقعیت کنونی‌مان تا چه اندازه متزلزل یا نامطمئن است، خداوندمان عیسای مسیح ما را «تا به آخر استوار نگاه خواهد داشت» (آیهٔ ۸)، و ما از زندگی با او بهره‌مند خواهیم شد، زیرا ما «به رفاقت با پسرش، خداوند ما عیسای مسیح، فرا خوانده شده‌ایم» (آیهٔ ۹).

تشویق شگفت‌آور

آیا می‌توانید تصور کنید که از یکی از رهبران چنین نامه‌ای دریافت نمایید؟ البته، هنگامی که نامه‌ای از یک مقام ارشد یا سرپرست می‌خوانیم، امیدوار به تشویق‌شدن هستیم، اما در نظر داریم که این امر همیشه به نحوهٔ عملکرد و ایفای نقش‌مان بستگی دارد. پولس از ربط دادنِ هویت، قابلیت و مسیر قرنتیان به نحوهٔ ایفای نقش‌شان خودداری می‌کند، و به‌جای آن تصمیم می‌گیرد که قویاً تشویق‌شان کند. او در واقع، می‌گوید: «مهم نیست که شما چه دستاوردی داشته‌اید، خدا شما را بسیار گرانبها می‌داند و می‌داند که ارزش سرمایه‌گذاری را دارید. و از همه مهمتر، می‌خواهد به شما اطمینان بدهد که در آینده با او از زندگی سرشار از خوشی برخوردار خواهید بود.» شاید ما به‌خاطر انجام کاری درست انتظار تحسین داشته باشیم، اما هیچ‌کس توقع چنین تشویق بی‌قید و شرطی ندارد، خصوصاً زمانی که کار درستی هم انجام نداده باشد، و این دقیقاً وضعیت قرنتیان بود. در چنین مقطعی است که ما با تنشی مهم در نامهٔ پولس روبه‌رو می‌شویم.

تنش تشویق

به منظور درک تنش موجود در این متن، لازم است پیشاپیش نگاهی به دیگر قسمت‌های نامه بیندازیم. اگر شما برای اولین بار این نامه را بخوانید، ممکن است تصور کنید که حتماً قرنتیان به‌خوبی مطابق هویتی که خدا در مسیح بدیشان بخشیده، زندگی می‌کنند. شاید پولس صرفاً دارد آنها را برای کارهای خوبی که انجام داده‌اند، تحسین می‌کند. شاید این همان چیزی بوده که خوانندگان اولیهٔ قرنتیان امیدش را داشته‌اند. اما واقعیت این است که این کلیسا عمیقاً و به‌طرز غم‌انگیزی از خود کاستی نشان داده بود. به مجردی که از این قسمت (آیه‌های ۱-۹) می‌گذریم، درمی‌یابیم که نامه خطاب به کلیسایی نوشته شده که پر از اِشکال و معضل است. عنوان قسمت بعدیِ نامه در کتاب‌مقدس‌تان باید چیزی شبیه به این باشد: «چنددستگی در کلیسا.» حقیقت مطلب این است که قرنتیان به هیچ وجه شایستهٔ تشویق‌های پولس نبودند. بیایید واقعیت آنچه را که در کلیسای قرنتس روی داده بود، بررسی کنیم.

زندگی کردن مغایر با هویت‌شان

اگرچه هویت آنها به‌صورت عینی و غایی «تقدیس‌شدگان» (آیهٔ ۲) تلقی شده، اما سایر قسمت‌های نامهٔ پولس آشکار می‌سازد که واقعیت کنونی و تجربی ایشان با تقدس فاصلهٔ زیادی دارد. جای بت‌های شهر قرنتس را بت‌های درون کلیسا گرفته‌اند. به‌عنوان مثال، آرمان‌گراییِ بت‌پرستانهٔ فرهنگ قرنتس بر کلیسا هم سایه گسترده است. آنان در حالی که

باید پیش از هر چیز با هویت‌شان در مسیح تعریف شوند، بیشتر نگران این هستند که در ردیف کدامیک از رهبران مسیحی قرار می‌گیرند، و این امر باعث بروز جبهه‌گیری و نفاق در کلیسا شده است (۴:۳-۹). ایشان در تلاش برای جدا کردنِ خود از دیگران شام خداوند را به بی‌راهه کشانده‌اند، و آن را تبدیل به فرصتی برای جدا کردنِ دارا از ندار ساخته‌اند (۱۱:۱۷-۲۲). کنجکاویِ اخلاقی و مبهم حاکم بر شهر در اینجا هم به‌وضوح دیده می‌شود. فصل پنجم تصریح می‌کند که شهوت لگام‌گسیخته و مهارناشدنی که از خصوصیات بارز قرنتس به‌شمار می‌رفت، در کلیسا هم حضور داشت. آنان در نهایت بی‌شرمی، درگیر اموری بودند که «حتی در میان بت‌پرستان نیز پذیرفته نیست.» (۵:۱)

مغرور شدن به‌خاطر قابلیت‌های خدادادی‌شان

خدا به قرنتیان هویتی بخشیده بود، و در پی آن نیز ایشان را با برکاتی «در هر نوع بیان و هرگونه معرفت» (آیهٔ ۵) از هر حیث غنی ساخته بود. ولی قرنتیان به‌جای آنکه این هدایا را به حساب هویت‌شان بگذارند، به داشتن آنها مباهات کرده، به غلط پنداشته بودند که قابلیت‌های خودشان مبنای واقعی هویت‌شان بوده است. این را می‌توانیم با نظر به سرچشمه‌های نفاق و چنددستگی در این کلیسا، که در جای جای این نامه بدان‌ها اشاره شده است، دریابیم. برای نمونه، آنان بیش از آنکه دغدغهٔ گرفتن حکمت حقیقی از خدا را داشته باشند، نگران فصاحت بیان بودند (۱:۱۸-۳۱). و به‌جای آنکه معرفتی که دریافت کرده‌اند، باعث اتحادشان شود، بیشتر ذهن‌های‌شان را متفرق کرده بود (۱:۱۰-۱۷). قرنتیان چنان شیفتهٔ تبار و موقعیت بودند، که به‌جای هدایت کردن بر مبنای شخصیت (خصایل) به توانایی‌های انسانی توسل جسته بودند- گویی فیض جای خود را به عطایا داده بود.

وقتی عطایای‌مان را از سرچشمهٔ خدادادی آنها جدا کنیم، و مقصود او را در بهره‌گیری از این عطایا در کلیسا نادیده بگیریم، چنین خواهد شد. مثلاً نوازنده‌ای استثنایی را در نظر بگیرید. او شاید سرآمد هم‌قطاران خود باشد و بتواند قطعات دشوار را به لحاظ فنی به‌خوبی اجرا کند. با این‌حال، اگر دچار این ذهنیت غلط شود که برتری‌اش به‌خاطر استعداد خودش است و مسئولیتش را در پذیرفتن اقتدار رهبر ارکستر و هماهنگی با سایر نوازندگان نادیده بگیرد، در نهایت چیزی خواهد نواخت که توجه را به‌سوی خودش جلب می‌کند، اما به‌کلی از هماهنگی با بقیهٔ اعضای ارکستر خارج خواهد شد. او به تنهایی پدیده‌ای بااستعداد است، اما غرورش مانع از به‌کارگیری صحیح آن استعداد می‌شود. نتیجهٔ تکیه‌کردن به قابلیت به‌جای هویت هم چیزی نیست جز ناهماهنگی با گروه.

حرکت در مسیری معیوب

با وجودی که پولس اطمینان دارد که عیسی «[کلیسای قرنتس] را تا به آخر استوار نگاه خواهد داشت» (آیهٔ ۸)، اما باقی کتاب به ما می‌گوید که این کلیسا به‌شدت ناسالم است. در یک مورد اوضاع آنچنان بد است که پولس رسول از کلیسا می‌خواهد یکی از اعضای خود

را به‌خاطر گناه زشتی که مرتکب شده، اخراج نماید (۴:۵ و ۵). با اینکه دستورالعمل مزبور با این هدف صادر می‌شود که در نهایت روح آن شخص نجات یابد (آیهٔ ۵)، ولی ما در نامهٔ اول قرنتیان با موضوعات بسیاری روبه‌رو می‌شویم که به حق باعث می‌شود بپرسیم که چطور ممکن است همهٔ اینها به خیریت بدل گردد؟ چنین به نظر می‌رسد که واقعیتِ جاودانی که پولس به‌واسطهٔ آن قرنتیان را تشویق و تمجید می‌کند، به‌خاطر تجربهٔ کنونی کلیسا زیر سؤال رفته است. چطور ممکن است مردمی که فیض خدا را دریافت کرده‌اند و تا به آخر بدان استوار خواهند بود، این‌گونه زندگی کنند؟

اگر همهٔ اینها حقیقت دارد، و اگر ما بازتاب آن را در زندگی خود و کلیسای‌مان نیز می‌بینیم، پس چگونه می‌توانیم به محتوای تشویق پولس باور داشته باشیم؟ اگر تجربهٔ کنونی ما حاکی از نارضایتی و ناهماهنگی است، پس چگونه می‌توانیم به صحت و حقیقت این تشویق‌ها در مورد خودمان باور پیدا کنیم؟ آیا برای استحکام دوبارهٔ هویت‌مان، ارزیابی مجدد قابلیت‌مان، و زندگیِ صحیح در مسیر موعودِ پایداری، راهی وجود دارد؟

مبنای تشویق

در یک کلام، مبنای تشویق کلیسای قرنتس توسط پولس آن است که گذشته، حال و آیندهٔ آنها در مسیح تأیید، اعلان، تضمین، غنی و استوار شده است. بیایید یک‌بار دیگر به متن نگاهی بیندازیم و ببینیم تا چه حد از مسیح غنی شده است:

> از پولس، که به خواست خدا فرا خوانده شده است تا رسول *عیسای مسیح* باشد، و از برادرمان سوستنیس،
> به کلیسای خدا در قرنتس، که در مسیح *عیسی* تقدیس شده و فرا خوانده شده‌اند تا قوم مقدس خدا باشند، همراه با همهٔ آنان که در هر جای دیگر نام خداوند ما *عیسای مسیح* را می‌خوانند، که خداوند ما و نیز خداوند ایشان است:
> فیض و آرامش از سوی خدا، پدر ما، و خداوند *عیسای مسیح* بر شما باد. من همواره خدای خود را به‌خاطر شما و آن فیض خدا که در مسیح *عیسی* به شما بخشیده شده است، سپاس می‌گویم. زیرا شما در او از هر حیث غنی شده‌اید، در هر نوع بیان و هر گونه معرفت، چنانکه شهادت ما بر مسیح در میان شما به ثبوت رسید. از این‌رو، در همان حال که مشتاقانه ظهور خداوند ما *عیسای مسیح* را انتظار می‌کشید، از هیچ عطایی بی‌نصیب نیستید. او شما را تا به آخر استوار نگاه خواهد داشت، تا در روز ظهور خداوندمان *عیسای مسیح* بری از هر ملامت باشید. امین است خدایی که شما را به رفاقت با پسرش، خداوند ما *عیسای* مسیح، فرا خوانده است. (۱:۱-۹)

همهٔ واقعیت‌های تشویق شگفت‌آور پولس ریشه در مسیح دارند. هویت مسیحی، هویتی خود-ساخته یا مبتنی بر تلاش شخصی نیست. این هویت حاصل اقدامی بیرونی از جانب

خدا در حق ماست. ما نه در خودمان، بلکه «در مسیح عیسی» تقدیس می‌شویم (آیهٔ ۲). ما «فرا خوانده می‌شویم تا قوم مقدس خدا باشیم»، نه بدین علت که ذاتاً مقدسیم، بلکه چون «نام خداوندمان عیسای مسیح را می‌خوانیم» (آیهٔ ۲). فیض و آرامشی که تجربه می‌کنیم «از سوی خدا، پدر ما، و خداوند عیسای مسیح» به ما ارزانی شده است (آیهٔ ۳). فیضی که تجربه می‌کنیم خود به‌دست نیاورده‌ایم، بلکه «در مسیح عیسی» به ما هدیه داده شده است (آیهٔ ۴). بیان و معرفت ما «در او غنی شده است» (آیهٔ ۵). ما در ایمان‌مان اطمینان داریم چون خدا «شهادت دربارهٔ مسیح» را در میان ما تأیید کرده است (آیهٔ ۶). امید آیندهٔ ما نه به عطایای گوناگون است نه به دستاورهای احتمالی‌مان، بلکه به «ظهور خداوندمان عیسای مسیح» است (آیهٔ ۷). در مسیح، خدا ما را تا به آخر استوار نگاه می‌دارد. او وعده داده که ما- گناهکاران- را «در روز ظهور خداوندمان عیسای مسیح بری از هر ملامت» سازد (آیهٔ ۸). و او ما را به «رفاقت با پسرش، خداوندمان عیسای مسیح» فرا خوانده است (آیهٔ ۹).

شاید زاید به نظر برسد، اما منظور از تمرکز پولس بر کار خدا در مسیح این است که چارچوب کلیت تأملات وی را در سراسر کتاب اول قرنتیان مشخص نماید. او از کلیسای مشکل‌دار می‌خواهد که به این امر واقف باشد: واقعیت عینیِ کار خدا بر تجربهٔ کنونی آنان فایق می‌آید. کاری که مسیح در خصوص هویت آنها انجام داده، نقشی اساسی‌تر از توانایی خودشان در لکه‌دار کردن آن هویت با خطاهای‌شان، دارد. در واقع، او می‌گوید: «ایمانداران کلیسای قرنتس ببینید، شاید شما در شُرفِ فروپاشیدن باشید، اما خدایی که شما را فرا خوانده، گذشته، حال و آینده‌تان را تضمین کرده است. او شما را کنار یکدیگر نگاه می‌دارد.»

اما این برای ما چه معنایی دارد؟ معنایش برای ما این است که بر پایهٔ کار کسی دیگر «تقدیس شده‌ایم» و «مقدس» به‌شمار می‌رویم، نه به‌خاطر کارهای خودمان. هویت ما قطعی و مسلم است، چون آن را کسی دیگر به ما داده است. عطایای ما قطعی و بسنده‌اند، چون آنها را کسی به ما داده که خودْ خالق عطایا است. و آیندهٔ ما تضمین شده است، زیرا کسی دیگر، که آینده در دستان اوست، آن را برای ما مهیا کرده است.

از آنجایی که ما در فرهنگ شایسته‌سالاری زندگی می‌کنیم، این چیزها به نظرمان عجیب و بیگانه می‌آید. در فرهنگی که بر پایهٔ تعریف خود، کمک به خود و درکِ خود می‌گردد، انجیل خلاف قاعده شمرده می‌شود. ولی برای آنانی که به پایانِ تلخِ هویت‌سازی، حفظ صلاحیت و آینده‌سازی رسیده‌اند، حاوی عالی‌ترین خبرهای قابل تصور است. در انجیل، خدا حتی پیش از آنکه به پرونده و پیشینه ما نگاهی بیندازد پذیرفتنی و مقبول‌مان می‌شمارد. انجیل می‌گوید: «دست از تلاش برای هویت ساختن بردارید؛ به‌سبب تلاش‌های کسی دیگر، هویتی رایگان به شما داده شده است! دیگر لازم نیست برای هویت ساختن زندگی کنید، بلکه می‌توانید در بستر هویتی که به شما داده شده است، زندگی کنید.»

۲

درخواست برای اتحاد

اول قرنتیان ۱:۱۰-۱۷

پولس رسـول تصمیم دارد با جماعت کاملاً چنددسته‌شـدهٔ قرنتس، که پر از اختلاف و جدال بود، وارد صحبت شود. پولس تشخیص داده که این روحیهٔ جانبدارانهٔ حاکم بر کلیسا آن را به تفرقه کشـانده است. با توجه به زمینهٔ متن مورد بحث، مطرح کردن پرسش‌های زیر معقول به نظر می‌رسـد: پولس در بیان اهمیت اتحاد به قرنتیان چه می‌گوید؟ پولس چگونه این پیام را بدیشـان منتقل می‌نماید که هم مؤثر واقع شود و هم تشویق‌آمیز باشد؟ این پیام را می‌توان از طریق سه نکتهٔ زیر پیگیری نمود:

- درخواست برای اتحاد
- موانع اتحاد
- احیای اتحاد

درخواست برای اتحاد

میل به اتحاد به‌جای تفرقه، هماهنگی به‌جای پریشـانی، و یکپارچگی به‌جای آشفتگی، آرزوی دیرینهٔ بشـر بوده است؛ آرزوی اتحاد، و داشـتنِ جامعه‌ای مبتنی بر صلح و سلامتی (شـالوم) که مردمانش بتوانند ایثارگرانه یکدیگر را محبت کنند. ولی واقعیت این اسـت که سـاختار معمول جوامع بر این منوال نیست. در اکثر جوامع به‌سختی می‌توان به صلح دست یافت، و شـالومی که کتاب‌مقدس توصیف می‌کند، در آنها وجود ندارد. اما کتاب‌مقدس به لزوم اشتیاق برای شالوم اشاره می‌کند، و گواه آن هم میلی است که در دل انسان برای رسیدن به شالوم وجود دارد. در سراسر نوشته‌های انبیای عهدعتیق رویای رسیدن به آن روز پرجلال

به تصویر کشـیده شده که در آن همهٔ چیزهای فاسد و خراب ترمیم و از نو ساخته می‌شوند؛ مکان‌هـای ناهموار هموار می‌گردند؛ خودبینی و تکبر جای خود را به فروتنی می‌دهد؛ صلح و آرامش جای جنگ و نزاع را می‌گیرد؛ شـیر و بره در کنار هم می‌خوابند. این تصویر زیبا و بعضاً غیرقابل‌تصور از واقعیت، همان چیزی است که کتاب‌مقدس به‌عنوان شالوم توصیفش می‌کند. فیلسوف مسیحی، پلانتینگا[1] شالوم را «یک شکوفایی جهانی، یک تمامیت و مسرت کامل» تعریف می‌کند. در این شـالوم کتاب‌مقدسـی، خدا یک زیبایی وصف‌ناپذیر را نشان می‌دهد که بشر تشنهٔ یافتن آن است- یک وضعیت شالومی هماهنگ از اتحاد و یکپارچگی. ما مشـتاق رسـیدن به آن روزی هسـتیم که در آن دیگر هیچ قتل، حسـد، خستگی، شرم، نژادپرسـتی، ترس، اضطراب، جنگ، نزاع، تروریسم، خودستایی، دزدی، تجاوز، و بدگویی نباشد.

لحن درخواست پولس (آیهٔ ۱۰)

> ای برادران، به نام خداوند ما عیسای مسیح از شما تمنا دارم که با هم توافق داشته باشید، تا در میان شما تفرقه نباشد و همگی در اندیشه و رأی با هم متحد باشید.

پولس در نحوهٔ برخورد خود با قرنتیان در ارتباط با این موقعیت به‌خصوص، نهایت دقت را به عمل می‌آورد. توجه داشته باشـید که او از ایشان «تمنا» می‌کند. به‌عبارت دیگر، سخن خود را با دستور آغاز نمی‌کند، و واقعیت تفرقه در کلیسا را هم نادیده نمی‌گیرد. او بر اساس اصل انجیلیِ «بیان حقیقت در محبت» عمل می‌کند. رها کردن قرنتیان به حال خودشـان در وضعیتی درهم‌شکسـته، و نادیده گرفتن حال و روزشـان، چیزی نیست جز بی‌محبتی؛ پس او باید حقیقت را بازگو کند. اما از سـوی دیگر، فشـار وارد کردن بـر آنها در وضعیتی که گرفتارش هسـتند و برخورد تند با آنها، با حقیقت انجیل منافات دارد، پس او باید با محبت سـخن بگوید. درخواست او ملایم است. به روش خویشاوندانه‌ای که او برای خطاب کردن آنهـا به‌کار می‌برد توجه کنید: «ای برادران.» او از اعضای خانوادهٔ خدا درخواسـت می‌کند، و رابطهٔ فرزندخواندگی آنان را با خدا به یادشـان می‌آورد. درخواسـت او بسـیار صمیمانه اسـت. او «به نام خداوند ما عیسای مسیح» از آنها تمنا می‌کند. با وجودی که این یک مسئلهٔ خانوادگی اسـت، اما در عین حال موضوعی جدی هم می‌باشـد. تمنا کردن «به نام خداوند ما عیسـای مسیح» یعنی تأکید بر ریشهٔ اقتدار رسولیِ پولس. آمیختن ملایمت پدرانه با اقتدار قاطعانه دقیقاً همان چیزی اسـت که در این برهه از نفاق شدید لازم است. ملایمت بیش از حد و نادیده گرفتن موضوع یعنی غافل شـدن از حقیقت؛ اقتدار بیش از حد و فشار آوردن بر شـنونده هم نتیجه‌ای جز حرف‌ناشنوی به‌دنبال نخواهد داشت. پولس نه تنها مراقب لحن کلام خود است، بلکه جوهرهٔ درخواستش نیز مسـتقیماً موضوع چنددستگی را هدف قرار می‌دهد.

1. Plantinga

جوهرهٔ درخواست پولس

پیش از هر چیز، پولس از قرنتیان می‌خواهد که «توافق داشته باشند.» معنای تحت‌اللفظی توافق داشتن، «همصدا بودن» است. «همصدایی» اصطلاحی بود که برای توصیف احزاب سیاسی منسجم به‌کار برده می‌شد. همصدایی یا توافق، به معنای یک‌جور حرف زدن و هماهنگ بودن با یکدیگر است. دوم، ایشان باید شکاف‌هایی را که در روابط‌شان به‌وجود آمده بود، ترمیم کند- «تفرقه نباشد.» اصطلاح یونانی‌ای که در اینجا به‌کار رفته، *schismata* است که واژه‌های انگلیسی *schism* (تفرقه، شقاق- م.) و *schismatic* (تفرقه‌جویانه- م.) از آن گرفته شده است. پولس از آنان خواهش می‌کند که برای ارتباط برقرار کردن با یکدیگر شیوه‌های نوینی در پیش بگیرند. این قضیه برای روزگار ما هم مصداق فراوان دارد. ما با کسانی که بیخودی در پی تفرقه‌جویی هستند، مشکل داریم. سوم، آنها باید با هم تعامل داشته باشند تا بتوانند بر سر مسائل به توافق برسند. ایشان باید «در اندیشه و رأی با هم متحد باشند.» پولس آنان را به تغییر آرا و جهان‌بینی‌هاشان فرامی‌خواند تا همگی در راستای انجیلی که دریافت کرده‌اند، قرار بگیرند. او به‌دنبال همشکل کردن افراد نیست، بلکه می‌خواهد در مبانی ایمان‌شان هماهنگی وجود داشته باشد. قرار است محتوای واژگونهٔ انجیل چارچوب فکری، "ذهن"، و جهان‌بینی آنان را شکل دهد. و از درون همین چارچوب فکری است که قرنتیان می‌باید به داوری‌ها و آرایی برسند که در راستای حقیقت انجیل است. پس نه تنها لحن درخواست پولس، بلکه جوهرهٔ آن نیز جذاب است. پولس برای‌شان راهی به‌سوی وحدت می‌گشاید: توافق؛ روابط ترمیم‌یافته؛ و زندگی هدفمند و هماهنگ با یکدیگر.

و پولس دقیقاً بدین‌خاطر از کلیسای قرنتس درخواست اتحاد می‌کند که این جماعت در آستانهٔ گسستن قرار داشت. همهٔ ما از دنیایی احیاشده و مبتنی بر شالوم تصویری در ذهن داریم. این نشانهٔ خوبی است که هر یک از ما ذاتاً مشتاق زندگی آشتی‌جویانه‌ایم. ولی این اشتیاق می‌تواند سرمنشأ جدایی، ناسازگاری و ناهنجاری- اختلاف، عداوت و نفاق- هم باشد. برخی فکر می‌کنند: *وقتی تو و من بر سر اینکه دنیا باید چه شکلی باشد دیدگاه‌های متفاوتی داریم، دیگر جایی برای اتحاد باقی نمی‌ماند.* این دقیقاً همان چیزی بود که داشت در قرنتس اتفاق می‌افتاد.

موانع اتحاد (تخریب اتحاد و مسئلهٔ عدم وحدت)

قرنتیان به پولس نامه‌ای نوشته و در آن پاره‌ای از موضوعات پیش‌آمده را شرح داده بودند (عطایای روحانی، مشکلات پیرامون شام خداوند، پرسش‌هایی دربارهٔ رستاخیز)، ولی همهٔ اطلاعات لازم را در اختیار او قرار نداده بودند. سپس پولس از طریق منبعی دیگر باخبر شد که این جماعت با مشکلات بسیار جدی‌ای روبه‌رو شده است. خلوئه- که به احتمال زیاد بازرگانی برجسته از اهالی افسس (شهری که پولس در آن نامه به قرنتیان را نوشت) بود و در شهر قرنتس منافع تجاری داشت- از افرادش خواسته بود که پولس را از موضوعات جاری کلیسای قرنتس، که از آنها خبر نداشت آگاه سازند.

موضوع چنددستگی افقی (آیه‌های ۱۱ و ۱۲)

چیزی که ما در کلیسای قرنتس می‌یابیم، «جدال‌ها» (آیهٔ ۱۱) و «روحیهٔ باندبازی» است. در این روحیهٔ باندبازی چندین امر دخیل بود: طبقه‌بندی‌های اجتماعی، قیمومیت فردی، وفاداری متقابل فیلسوف/ شاگرد، و وفاداری‌های حزبی ناشی از بیگانگی شهری. آنان تأکید فرهنگ قرنتس بر قیمومیت (حامی‌گری) را دربست پذیرفته بودند. توجه داشته باشید که اینها دسته‌بندی‌های الاهیاتی نیستند- پولس، آپولس، کیفا (یعنی پطرس)، و عیسی همگی یک انجیل را موعظه کرده بودند. چیزی که اینها را از یکدیگر متمایز می‌کرد، سبک موعظه و زیروبم‌های فن بیان آنان بود (یعنی چه کسی فصیح‌تر از دیگری سخن می‌گفت، چه کسی بهتر شنونده را تحت تأثیر قرار می‌داد، چه کسی قدرت بیشتری داشت، و غیره). به‌رغم تعلیم پولس در مورد تضمین هویت ایمانداران در مسیح، قرنتیان سعی داشتند هویت‌شان را در چسباندن خود به رهبران مسیحی پیدا کنند. آنها به‌دنبال چیزی بودند که نهایت معنا را بدیشان ببخشد و آنها را در موقعیتی ممتازتر از دیگران قرار دهد- قیمومیت تلاشی است در جهت اعتبار بخشیدن به خود از طریق موفقیت‌ها و جایگاه کسی دیگر. ایشان در اصل چنین می‌اندیشیدند: «من به‌عنوان موکل، خودم را به یکی از رهبران وابسته می‌سازم. هرچه او نخبه‌تر، ثروتمندتر، متعلق به طبقهٔ اجتماعی بالاتر و محترم‌تر باشد، من هم به‌سبب وابستگی‌ام به او مورد احترام خواهم بود، جایگاهی رفیع‌تر خواهم یافت و دیگران مرا به دیدهٔ فردی بااهمیت، ارزشمند، ثروتمند و درخور ستایش خواهند نگریست.» گشتن به‌دنبال اعتبار در چیزی بیرون از وجود خود، پدیده‌ای رایج است. مردم مایلند خودشان را به افراد، آرمان‌ها، تجارت و رویاهایی وصل کنند که به آنان نمایی از دنیای آرمانی‌شان می‌دهد. الصاق هویت به دانشگاه، منصب، شغل و غیره هم وجود دارد.

در دنیایی که دانشنامه‌های تحصیلی حرف اول را می‌زنند، همیشه این میل وجود دارد که به مردم (البته به‌شکلی طبیعی و اتفاقی!) اطلاع بدهیم که مدرک‌مان را از کدام مؤسسهٔ آموزشی برگزیده گرفته‌ایم و زیر نظر کدام استادان معتبر و خوشنام درس خوانده‌ایم. مردم اغلب این را می‌شنوند: «من از این مؤسسه فارغ‌التحصیل شده‌ام، و زیر نظر این شخص درس خوانده‌ام، و اگر کسی از این رشته چیزی بداند، حتماً متوجه می‌شود که فلانی یکی از پنج نفر برتر در این رشته است.» این همه جا اتفاق می‌افتد. چرا؟ در ظاهر به نظر می‌رسد که ما از آن مؤسسه تعریف می‌کنیم، ولی در واقع، خودمان را می‌ستاییم. مؤسسهٔ مزبور در حکم پشتیبان ماست. ما خودمان را با نام، روابط، اقلام، محصولات، خدمات و افراد مؤسسه متحد می‌سازیم. این چیزها به دروغ به مردم وعدهٔ تغییر هویت می‌دهند. همین امر باعث چنددستگی در کلیسا شده بود- قیمومیت به‌خاطر اعتبار بخشیدن به خود.

قیمومیت مفرّی است برای برطرف ساختن ظن و ترس از اینکه دنیای ما ایرادی دارد و این ایراد ممکن است خود ما باشیم. ما دنبال این هستیم که جزو چیزی بزرگ‌تر از خودمان شویم اما خودمان را به چیزهایی وصل می‌کنیم که بسنده نیستند و در نهایت فرومی‌ریزند- دیوار کشیدن میان خودمان و دیگرانی که آنها هم خودشان را به چیزهای دیگر وصل کرده‌اند.

به همین دلیل اســت که ما به آرمان‌های مختلف می چســبیم. آنها جای نجات‌دهنده را برای ما می‌گیرند. ما تبدیل به مبلغان احزاب سیاســی، رژیم‌های غذایی، شیوه‌های فرزندداری، و آموزش و غیره می‌شــویم. این چیزها به ما حس هویت و هدف می‌دهند، تا جایی که ما را از بقیهٔ مردم متفاوت و متمایز می‌ســازند. هویت مبتنی بر پشتیبان یا تکیه‌گاه اغلب دیوارهایی میان ما به‌وجود می‌آورد که شالوم مورد جستجوی‌مان را نابود می‌کند.

رهبران مسیحی و کلیساها هم طرقی برای ساختن هویتی محسوب می‌شوند که در نهایت به ایجاد دیوارهای بازدارندهٔ شالوم می‌انجامند. قرنتیان خودِ عیسای مسیح را هم به یکی از معلمان متعدد دیگر تبدیل کرده بودند، ولی عیسی هیچ علاقه‌ای ندارد که به حامی عده‌ای خاص تبدیل شــود- او می‌خواهد *نجات‌دهنده* باشد. قرنتیان آموزهٔ مسیحی را دســتکاری کرده بودند تا با چارچوب فکری‌شان سازگار شود (در صورتی که می‌بایست به آموزهٔ مسیحی اجازه می‌دادند تا جهان‌بینی‌شان را شکل دهد). آنان آموزهٔ مسیحی را مطابق با فرهنگ و نیازهای خودشان تغییر داده بودند. قرنتیان تعمیدِ مســیحی را هم در ذیل چارچوب فرهنگ قیمومیت گنجانده بودند. پولس می‌گوید که مسیحیت پایانی است بر قیمومیت؛ پایانی است بر ساختن هویت‌های جعلی و خودســاخته؛ پایانی است بر چنددستگی‌های افقی (بشــری). این احتمال وجود دارد که ما هویت خودمان را حول اَشکال و مناسک آیینیِ ایمان مسیحی بنا کنیم، در صورتی که از جوهرهٔ آن ایمان در هویت ما هیچ اثری نباشد. چنددستگی نشانهٔ ظاهری مشکلی عمیق‌تر است.

ریشهٔ چنددستگی افقی = گسستگی عمودی

از هم پاشیدگی روابط افقی نشانهٔ آشــکار اختلال در ارتباط عمودی (با خدا) است- و این یعنی گســستگی عمــودی. ما اغلب تمایل داریم که فقط زمانــی دیگران را بپذیریم که دیدگاه‌شــان با دیدگاه ما ســازگار باشــد. اما برای متحد کردن عقاید مختلف در درون یک جامعه، به نگرشی شالومی نیاز هست که به اندازهٔ همهٔ اعضای آن جامعه بزرگ باشد.

در همان اوایل کتاب پیدایش می‌بینیم که قائن، برادر کوچکش هابیل را به قتل می‌رساند. اعمال قائن از سر حســادت بود. او برای قربانی سبزیجاتش را به خدا تقدیم کرده بود، و از قرار معلوم نتوانسته بود خدا را خشنود سازد. ولی خدا به این دلیل هدیهٔ قائن را رد نکرد که گویی گوشــتخوار بود. دلیل رد شدن هدیهٔ قائن این بود که او نوبر محصولش، یعنی بهترین قسمت محصولش را برای خدا نیاورده بود. ولی هابیل بهترین نوبر گله‌اش را انتخاب کرد و برای خدا آورد. آنچه در اینجا مشهود است اینکه خشم قائن از خدا- گسستگی عمودی- از این واقعیت ناشــی شده بود که دید او از دنیا با دیدی که خدا برایش در نظر داشت، متفاوت بود. این تفرقه و چنددستگی افقی به بار می‌آورد. از همین روست که به تصویری که خدا از دنیای احیاشده ارائه کرده است، نیاز داریم. لازم است به شالوم نهایی بچسبیم. گسستگی در رابطهٔ عمودی با خدا، در نهایت به خارج شدن از مسیر شالوم خدا منجر خواهد شد. ما به این نتیجه رسیده‌ایم که شالوم خودمان از شالوم او بهتر است. می‌خواهیم دنیا را به روش خودمان از نو بسازیم و بر آن فرمان برانیم. این ریشهٔ چنددستگیِ افقی است.

گسستگی عمودی را که ریشهٔ چنددستگی افقی محسوب می‌شود، چگونه می‌توان ترمیم کرد؟ چگونه می‌توان به وحدتی حقیقی، همگانی، رضایت‌بخش، هماهنگ و مبتنی بر شالوم دست یافت؟ چگونه می‌توانیم به جایی برسیم که کلام خدا در مورد هویت‌مان، حرف آخر باشد؟ چطور می‌توانیم به جایی برسیم که دست از تلاش‌ها و جدال‌های خودمان برای اعتبار بخشیدن به خود برداریم؟ چگونه می‌توانیم به نقطه‌ای برسیم که دیگر کسانی را که مثل ما فکر نمی‌کنند و با نظرات ما سازگار نیستند از خود نرانیم؟

احیای اتحاد

تنها راه برای احیای اتحاد این است که دیدگاه‌های سطح پایین خودمان را در مورد اتحاد کنار بگذاریم.

اگرچه انگیزه‌های بشری نسبت به حامیان و آرمان‌ها تا اندازه‌ای درست است، اما این تنها شمه‌ای از نیاز ما به داشتن زندگی هماهنگ با جامعه را برآورده می‌سازد. هیچ آرمان یا حامی یا حزبی نمی‌تواند این اتحاد را به‌وجود بیاورد. دید نشأت‌گرفتهٔ ما از شالوم باید بزرگتر از دیدگاه‌های فردی خودمان باشد- باید در نهایت از منبع راستین شالوم- یعنی خود خدا- سرچشمه گرفته باشد.

برای غلبه بر چنددستگی افقی، باید گسستگی عمودی را ترمیم کرد

چنددستگی افقی باید با اذعان به تجلیِ فروتنانهٔ خدا در مسیح از بین برود. آیهٔ ۱۷ چنین می‌گوید: «زیرا مسیح مرا نفرستاد تا تعمید دهم بلکه تا بشارت رسانم، ولی نه با حکمت سخنوری، مبادا قدرت صلیب مسیح بی‌اثر گردد.» در واقع، پولس می‌گوید: «مسیح مرا نفرستاد تا میان پیروانش که به من به دیدهٔ حامی می‌نگرند، تفرقه به‌وجود بیاورم. او مرا فرستاد تا انجیل را موعظه کنم. دوران پیروی از این رسول و آن رهبر به پایان رسیده است! آرمان شما شاید چیزهای خوبی هم به بار بیاورد، اما هرچقدر خوب هم باشد نمی‌تواند برای‌تان مصلوب شود؛ نمی‌تواند رابطهٔ شما را با خدا و دیگران احیا نماید- این کاری است که مسیح انجام داده است.» پولس می‌گوید که علت افتادن در پی حامیان و آرمان‌های گوناگون چیزی نیست مگر میل به برانگیختن ستایش و احترام دیگران. با وجود این، تصویر صلیب به‌طور قابل‌ملاحظه‌ای وارونه و خلاف انتظار است. با روش ارزشگذاری همه چیز در دنیا فرق دارد. چنین تصویری باید مبنای رابطهٔ آشتی‌جویانه قرار گیرد. گسستگی عمودی در رابطهٔ ما با خدا باید توسط عیسای مسیح ترمیم شود، چون او به نیابت از ما این گسستگی را تجربه و جذب می‌کند.

رابطهٔ عمودی احیاشده، مبنای روابط افقی آشتی‌یافته است

تن مسیح بر صلیب پاره شد تا ما دیگر منقسم نباشیم! بدن پاره و مصلوب‌شدهٔ او، بنیان اتحاد روحانیِ بدنش- کلیسا- به‌شمار می‌رود. او بر صلیب خالی می‌شود تا ما دیگر تهی نباشیم. همان مسیح که خود را خالی کرد، اکنون منشأ پریِ ماست. ما دیگر در وجود رهبران

کلیسا، آرمان‌ها، یا حتی شعائر و مناسک روحانی به‌دنبال هویت نمی‌گردیم، زیرا با پری خدا در مسیح و با دیدی شالومی که او ما را بدان فرا خوانده است، پر شده‌ایم. نفاق‌های افقی اکنون ترمیم شده‌اند، چون مسیح که صمیمی‌ترین رابطه را با پدر داشت، جدایی و گسست را تجربه کرد. عیسی گسیختگی و پاره شدن رابطهٔ مبتنی بر شالوم را هم در سطح عمودی و هم افقی تجربه کرد تا امنیت روابط عمودی و افقی ما را تضمین کند. عیسی به ما هویتی تازه می‌بخشد که طبق آن می‌توانیم با آزادی کامل دیگران را پذیرا باشیم.

تعابیر ضمنی عملی

رابطهٔ عمودی احیاشده، همهٔ چیزهای خوب را سر جای درست‌شان قرار می‌دهد. کار، کار است؛ خوراک، خوراک است؛ فرزندداری، فرزندداری است. دیگر به‌دنبال هیچ چیز دیگری به‌عنوان منبع هویت و معنای خود نخواهیم بود. دیگر لزومی ندارد که دیدگاه‌های فردی خودمان را در مورد شالوم بسازیم و مدیریت کنیم، زیرا دید و نقشهٔ نهایی خدا برای شالوم را در اختیار داریم. گذاشتن هر چیز سر جای درستش، چنددستگی افقی را هم ترمیم می‌کند. چیزهایی که ما را از یکدیگر جدا می‌کنند، اهمیت خود را از دست می‌دهند. چشم‌اندازهای ایدئولوژیک از لحاظ اهمیت در رتبهٔ پایین‌تری قرار می‌گیرند. کلیسا باید به مکانی تبدیل شود که این نوع هماهنگی افقی در آن به چشم می‌خورد. ما فرا خوانده شده‌ایم تا طلایه‌داران شالوم خدا در عصر حاضر باشیم.

این نیروی وارونهٔ صلیب مسیح است. قدرت صلیب از سخنوری و کلمات حکیمانه ناشی نمی‌شود، و با آن نوع قدرتی که ما انتظارش را داریم، فرق می‌کند. نیروی صلیب از فروتنی و افتادگی ناشی می‌شود. این بدان معنا نیست که از عظمت و بزرگی عیسای مسیح چیزی کاسته می‌شود- بلکه فروتنی مکمل بزرگی است! اما این به چه معناست؟ برای آنانی که هنوز درگیر کسب اعتبار از طریق حامیان ملموس و بی‌واسطهٔ گوناگونند، کلام پولس این است که اعتبار حقیقی از تصویر وارونهٔ انجیل ناشی می‌گردد که در آن خدا ترجیح می‌دهد از نامحتمل‌ها، ضعیفان و مطرودان استفاده کند. کار خدا احیا و پدید آوردن اتحاد از طریق این واسطه‌ها است.

این ممکن است، چون در نهایت هیچ‌کس نمی‌تواند آن محبت راستینی را که مردم مشتاقش هستند، به آنها بدهد. فرق میان محبت راستین و محبت دروغین آشکار است. محبت دروغین را می‌توان به‌راحتی فهمید، چون فرد محبت‌کننده در حالی که وانمود می‌کند به ما علاقمند است، در صدد بهره‌کشی از ماست. ولی در آخر همه چیز به نفع شخصی برمی‌گردد، نه فداکاری و ایثار. تعهد آدم‌ها شرطی است. محبت راستین درست در نقطهٔ مقابل آن قرار دارد؛ محبت راستین نامشروط، فداکارانه، بخشنده و پیگیر است. اما ابراز چنین محبتی از عهدهٔ هیچ‌کس برنمی‌آید، زیرا مردم پیوسته با موضوع حامی‌گری و اعتباریافتن دست به گریبانند. ما چون احساس عدم امنیت می‌کنیم، مجبوریم سراغ منبع دیگری برویم- فرد دیگری که از امنیت برخوردار است، کسی که با هویت خودش درگیر نیست. او کسی

است که محبت راستین را می‌فهمد، و نیازی ندارد که برای درک ماهیت محبت به ما محبت کند، چون در ذاتش محبت را می‌فهمد. وقتی به چنین تصویری از انجیل برمی‌خوریم، یاد می‌گیریم که چطور می‌شود بیشتر مردم را محبت کرد و کمتر به محبت مردم نیاز داشت. انجیل به ما محتوایی را که به‌شدت مشتاقش هستیم، می‌بخشد. ما در اتحاد با مسیح به‌سر می‌بریم، درست همان‌طور که او هم در ذات الوهیت، در اتحاد با پدر و روح‌القدس به‌سر می‌برد. دیگر لازم نیست که مردم به اشیایی در دست ما تبدیل شوند تا برای منفعت خود از آنها استفاده کنیم. ثروتی که در انجیل داریم به ما قدرت می‌بخشد تا ایثارگرانه ببخشیم، بدون اینکه انتظار جبران داشته باشیم. این قدرت وارونهٔ انجیل روابط عمودی و افقی ما را هماهنگ می‌سازد.

۳

بازنویسی روایت
اول قرنتیان ۱:۱۸-۲:۵

مردم اغلب تصور می‌کنند که برای مشارکت داشتن در شهر، فرهنگ و دنیا تنها دو راه وجود دارد. ما با خود می‌پنداریم که یا باید بیش از حد محتاط و منزوی باشیم، یا باید حسابی همرنگ جماعت شویم و درست به شکل و شمایل دنیا درآییم. اما عیسی در فصل ۱۷ انجیل یوحنا به شاگردانش می‌گوید که ما باید در دنیا باشیم، ولی از آنِ دنیا نباشیم (آیه‌های ۱۵-۱۸). به‌عبارت دیگر، ما فرا خوانده نشده‌ایم که خود را به حاشیه برانیم (منزوی شویم) یا بیش از حد خودمان را با دنیا وفق بدهیم. دعوت ما این است که اجتماعی پادفرهنگی[1] متشکل از قوم خدا باشیم- یعنی قرار است نور و نمک جهان باشیم. این همان تنشی بود که ایمانداران کلیسای قرنتس در زمینهٔ فرهنگی خاص خودشان با آن روبه‌رو بودند: خطرات دوگانهٔ کناره‌گیری و همشکلی، انزواطلبی و حل شدن در دنیا، که هر دو به یک اندازه برای انجیل تهدید به حساب می‌آیند. پس ما چگونه می‌توانیم از این تله‌ها دوری کنیم؟ نخست لازم است روایت فرهنگی را که در آن قرار داریم، خوب بفهمیم. ما این کار را در سه مرحله انجام می‌دهیم:

- روایت فرهنگی مشترک
- روایت کتاب‌مقدسی
- بازنویسی روایت

---

۱. Countercultural- پادفرهنگ به گونه‌ای خرده‌فرهنگ گفته می‌شود که ارزش‌ها و هنجارهایش در تضاد با فرهنگی است که در بستر آن به وجود آمده است. م.

روایت فرهنگی مشترک: حکمت و قدرت انسان

روایت فرهنگی مشترکِ قرنتس دیدگاهی رو به بالا به حکمت و قدرت بود. این دیدگاه را می‌شد عموماً در جهان هلنی و به‌طور خاص در شهر قرنتس یافت. ما در آیه‌های ۱۸ به بعد به‌روشنی این مطلب را مشاهده می‌کنیم:

> زیرا پیام صلیب برای آنان که در طریق هلاکت گام برمی‌دارند، جهالت است، اما برای ما که رهروان طریق نجاتیم، قدرت خداست. زیرا نوشته شده است:
> «حکمت حکیمان را نابود خواهم ساخت
> و خرد خردمندان را باطل خواهم گردانید.»
> به‌راستی، حکیم کجاست؟ عالِم دین کجاست؟ فیلسوف این عصر کجاست؟ مگر خدا حکمت دنیا را جهالت نگردانیده است؟ زیرا از آنجا که بنا بر حکمت خدا، دنیا نتوانست با حکمت خودش خدا را بشناسد، خدا چنان مصلحت دید که از راه موعظهٔ جاهلانهٔ انجیل، کسانی را که ایمان می‌آورند، نجات بخشد. یهودیان خواستار آیتند و یونانیان در پی حکمت، ولی ما مسیح مصلوب را وعظ می‌کنیم که یهودیان را سنگ لغزش است و غیریهودیان را جهالت، اما فراخواندگان را، چه یهودی و چه یونانی، مسیح قدرت خدا و حکمت خداست. زیرا جهالت خدا از حکمت انسان حکیمانه‌تر و ناتوانی خدا از قدرت انسان تواناتر است. (آیه‌های ۱۸-۲۵)

پولس به‌دنبال نقطهٔ مرجعی می‌گردد. او به منظور آنکه نیروی شکل‌دهندهٔ انجیل را در جماعت قرنتس برای آنها توضیح بدهد، از مَثَل‌های خودشان استفاده می‌کند و وارد ژرف‌ترین لایه‌های دل و افکارشان می‌شود. برای پولس، این نامه چیزی است در حکم تلاش برای جلب محبت و وفاداری قرنتیان. چنددستگی در میان آنان نشان می‌دهد که ایشان در پی جلب محبتی دیگر بودند و خود را به محبی دیگر متعهد می‌کردند. آنها سخت در روایت فرهنگ پیرامون‌شان جذب و حل شده، آن را برای خود اقتباس کرده بودند. قرنتیان مقصود و ارزش زندگی را در روایت کلان فرهنگی قرنتس یافته بودند.

ما چرا باید نگران روایت قرنتسی باشیم؟ یکی از دلایلش این است که طنینِ روایت فرهنگی اکثر شهرهای مدرن را دارد. و این نکته حائز اهمیت است چون میان این روایت مشترک و روایت انجیل، عدم توازن شدیدی وجود دارد. پولس به قرنتیان کمک می‌کند تا با توسل به انجیل، نقاط کور فرهنگی خودشان را- یعنی آنچه را که حین غوطه‌خوردن در فرهنگ، ندانسته غرقش شده‌اند- ببینند. هرچه بیشتر نقاط کور مورد توجه پولس را دریابیم، به همان اندازه هم می‌توانیم نقاط کور فرهنگ خودمان را هم شناسایی کنیم.

پولس در همین قسمت کوتاه (۱۸:۱-۲۶:۲)، واژه‌های "حکمت" و "قدرت" و البته متضادهای آنها (یعنی "حماقت/ جهالت" و "ضعف") را حدود بیست بار به‌کار می‌برد.

این گـــروه واژه در حکم نقطهٔ مرجع پولس در ارتباط با مســـیحیان قرنتس عمل می‌کند. او بدین‌طریق روی نقطهٔ حســـاس آنها انگشـــت می‌گذارد. برای مســـیحیان قرنتس حکمت و قدرت در صدر اهمیت قرار داشتند.

کتاب‌مقدس واژهٔ "حکمت" را برای توصیف روش زندگی ماهرانه به‌کار می‌برد، روشی که به امور الاهی هم گره خورده اســـت. پس حکمت کاربرد حرفه‌ای اصول کتاب‌مقدســـی در زندگی است که از قلبی خداجویانه نشأت می‌گیرد. همان‌طور که می‌توان حدس زد، این حکمت با حکمتی که فرهنگ هلنیســـتی (یونانی‌مآبانه- م.) می‌پنداشـــت و بدان معتقد بود، فرق داشـــت. یونانیان زمانی که دربارهٔ حکمت می‌اندیشیدند، پیش از هر چیز در پی کسب شـــناخت عقلانی بودند که بتوان آن را به‌عنوان اهرمی برای کسب قدرت و نفوذ به‌کار بُرد. بنابراین، از نظر آنها حکمت ابزار کســـب نفع شـــخصی به‌شمار می‌رفت. آنان فریفتهٔ اقتباس روایت فرهنگیِ مشترکی بودند که با روایت انجیل در تقابل کامل قرار داشت.

خِرَد وجه رایج فرهنگ آنان بود

از لحن عبارت مورد بررسی ما چنین برمی‌آید که نسبت به حکمت و سخنوری وسواس فرهنگی وجود داشـــته است. به آیهٔ ۲۰ توجه کنید: «به راســـتی، حکیم کجاست؟ عالِم دین کجاســـت؟ فیلسوف این عصر کجاست؟ مگر خدا حکمت دنیا را جهالت نگردانیده است؟» در اینجـــا پولس به کارشناســـان خبره‌ای اشـــاره می‌کند که قدرت را به بهای ســـخنوری و سفســـطه‌بازی خریده بودند؛ کســـانی که از راه تحصیلات و تلاش‌های عقلانی به موقعیتی رســـیده بودند. این تأکید بر حکمت به‌طور خاص بر فرهنگ یونانی-رومی ســـایه گسترده بود.

در آیـــهٔ ۲۲ می‌بینیم که یونانیان چنان در پی حکمتنـــد که گویی آن را جزو امور روحانی تلقی می‌کنند. ایشان چنین می‌پنداشتند که راه رســـیدن به یک زندگی روشنفکرانه از طریق تفکر، فلسفه و سخنان پرطمطراق میسر می‌شود. تن دادن به این الگوی رایج مایهٔ ایجاد نفاق در میان مسیحیان قرنتس و در نهایت مانع از درک خبر خوش انجیل توسط آنان شده بود.

تأثیر و نفوذ، کالای فرهنگی آنان بود

قرنتیـــان الگوی فرهنگی افتادن در پـــی حکمت را به این دلیل اقتبـــاس کرده بودند که وسیله‌ای برای رســـیدن به قدرت بود. به خاطر داشته باشید که قرنتس شهر شایسته‌سالاری بود، نه اشراف‌ســـالاری. قدرت، موقعیت، و جایگاه چیزی نبود که از کســـی به ارث برسد، بلکه می‌بایســـت آن را با شایستگی به‌دست آوَرد. ما این را از آیهٔ ۲۶ درمی‌یابیم: «ای برادران، وضع خود را، آن هنگام که خدا شـــما را فراخواند، در نظر آورید. بیشـــتر شما با معیارهای بشـــری، حکیم محسوب نمی‌شدید؛ و بیشتر شما از قدرتمندان یا نجیب‌زادگان نبودید.» آنها نه نجیب‌زاده بودند نه ثروت و مکنتی به ارث برده بودند. اگر شـــخص از طبقهٔ اشراف نبود، حکمت و معرفت تنها وسایل دستیابی او به قدرت و نفوذ به‌شمار می‌رفت.

روایت آنان، روایت ماست

اگر قرار بود روایتِ فرهنگیِ یک شــهر مدرن و امروزی را خلاصه کنید، احتمالاً چیزی شــبیه به آنچه در مورد فرنتس گفتیم، بر زبان می‌آوردید. در اکثر شهرهای امروزی حکمت، معرفت، خِـرَد، و تحصیلات مهمترین وجوه رایج فرهنگی محســوب می‌شــوند. همهٔ ما می‌خواهیــم آن را به چنگ آوریم- برای نفوذ داشــتن، «متفاوت بودن» - و راه رســیدن به موفقیت نیز دانش‌اندوزی اســت. نمادهای دانش (مدارک تحصیلی، نهادهای آموزشــی و غیره) همگی نمادهای قدرتِ نهفته‌اند. فرهنگ ما برای عقل و هوش، تفکر، و بیان روشــن ارزش بالایی قایل اســت. در نهایت ما برای کســانی که توانســته‌اند «از عهده‌اش برآیند»- خواه از طریق مجراهای عادی فرهنگی صعود (مانند هاروارد، ییل و غیره)، خواه به‌واســطهٔ تلاش‌های فوق‌العاده و مبتکرانه- احترام زیادی قایل هستیم.

شما روایت شهرتان را در یک کلمه چگونه خلاصه می‌کنید؟ پرواضح است که کلی‌گویی و گنجانــدن کل یک فرهنــگ در یکی دو واژه خطر کردن اســت، اما بد نیســت که برای زنگارزدایی از چهرهٔ روایت فرهنگی حاکم بر شــهرتان، کلیسای‌تان و حتی زندگی خودتان، چنین ریســکی کنید. وقتی من به شهر خودم، بوستن نگاه می‌کنم یک واژهٔ برجسته در ذهنم پدیدار می‌شود: دانش. البته خرده‌روایت‌های بسیار دیگری هم وجود دارد، اما روایت اصلی شــهر من دانش اســت. بوســتن در زمینهٔ حکمت، خِرَد، آموزش و تخصص حرف اول را می‌زند. اعتقاد بر این است که هرچه دانش بیشتری داشته باشیم، موفقیت بیشتری هم به‌دست می‌آوریم. هرچه مدارج و مدارک علمی بالاتری کسب کنیم، دقیق‌تر و بهتر می‌توانیم ارزش خودمان را درجه‌بندی کنیم.

آیا هیچ‌وقــت تعجب نکرده‌اید از اینکه چرا یکی از بزرگتریــن هراس‌ها[1] یا ترس‌ها در فرهنگ ما سخن گفتن در جمع است؟ دلیل ترس ما لزوماً ناتوانایی در صحبت کردن در برابر عموم نیست؛ ترس ما بیشتر از این اســت که ممکن است منظورمان درست برداشت نشود و غیرفصیح یا نازل‌تر از آنچه هســتیم به نظر برســیم. در فرهنگی که دانش از منزلت زیادی برخوردار است، هیچ دوست نداریم که به چشم آدم‌هایی بی‌خرد و تحصیل‌نکرده به ما نگاه کننــد. این امر به‌طور خاص زمانی مصداق پیدا می‌کند کــه انگ دانش‌پژوهی و خردورزی و تخصص‌گرایی هم به ما خورده باشــد. می‌خواهیم به هر قیمتی که شــده در موقعیتی قرار نگیریم که مردم ما را پایین‌تر از آنچه که واقعاً هستیم، ببینند.

روحیهٔ رقابت و موفقیت

با بررسی زمینهٔ شهر فرنتس متوجه می‌شویم که چند جنبهٔ گسترده‌تر فرهنگی و متفاوت وجود دارند که باید آنها را به خاطر داشــته باشیم. اول اینکه، فرنتس به‌عنوان یک شهر رومی تحت تأثیر نهاد فرهنگی بازی‌های گلادیاتوری بود- ورزشی که برد و باخت در آن برابر بود با زندگی یا مرگ و همین ورزش بود که طبقهٔ فرادســت را از دیگر طبقات فرودســت جدا

1. Phobias

می‌ساخت. این بازی‌ها بر شکاف و جدایی عمیق میان نجبا از یک‌سو، و تودهٔ مردم از سوی دیگر تأکید می‌کردند. برخی افراد نجیب و بااهمیت قلمداد می‌شدند. این افراد به‌عنوان حامی و ارباب، اهرم قدرت و نفوذ را در اختیار داشتند. تودهٔ مردم، عوام را تشکیل می‌دادند که از تشخص و ابزار لازم برای دست‌یابی به قدرت بی‌بهره بودند. بسیاری از مردم طبقهٔ عوام را می‌خریدند و در بازی‌های گلادیاتوری به‌کار می‌گرفتند. تنها امید آنان برای بقا و پیشرفت این بود که بتوانند تبدیل به بهترین گلادیاتور شوند. بهترین گلادیاتورها می‌توانستند با مبارزه آزادی خود را به‌دست آوَرند- بعضی از آنها حتی به ثروت کلان هم می‌رسیدند. بدین‌ترتیب، بازی‌های گلادیاتوری در حکم جهانی کوچک از شایسته‌سالاریِ بی‌رحمانه عمل می‌کرد که اهالی قرنتس در آن گرفتار بودند.

نمود دیگر این سازوکارها را می‌توان در چیزهای یافت که به "قراردادهای متقابل"[1] معروف بودند. افراد اساساً با هدف یافتن راه‌های ایجاد ارتباط متقابل دور هم جمع می‌شدند. شما پشت مرا می‌خارانید، و من هم پشت شما را می‌خارانم. آنها نه فقط بر پایهٔ الگوی حامی-موکل، بلکه همچون دوستانی با قراردادهای متقابل، گرد هم می‌آمدند.

این یک زمینه یا بستر تبادلی است که در آن "دوستی" با بده-بستان تعریف می‌شود. پس اتفاقی نیست که پولس در نامه‌هایش، به‌ویژه در نامه به قرنتیان، خود را از روابط متقابل دور نگاه می‌دارد. او از چه لحنی استفاده می‌کند؟ او لحنی خانوادگی به خود می‌گیرد: «ای برادران.» پولس نمی‌خواست آنها فکر کنند که او یک حامی-رسول بزرگ است. نمی‌خواست به اشتباه تصور کنند که او یک حامی-میسیونر بزرگ است که مأمور خدمت در دنیای غیریهودیان شده است. در زمینه‌ای که در آن قرنتیان گفته بودند: «من متعلق به آپولس هستم، من به کیفا تعلق دارم، من از آن پولس هستم»، او نمی‌خواست که ایشان فکر کنند انجیل با قیمومیت (حامی‌گری) ربطی دارد. انجیل با ساختار اجتماعی طبقاتی سازگاری چندانی ندارد، زیرا در واقع، دنیایی کاملاً متفاوت ارائه می‌دهد.

مری بل[2] کسی که مشاور مدیران اجرایی سطح بالا است، می‌گوید: «موفقیت، الکل زمانهٔ ماست.» او در ادامه می‌افزاید که

... هرچه بیشتر موفقیت به‌دست بیاورید، بیشتر احساس هیجان می‌کنید. این روزها بهترین آدم‌ها از الکل سوءاستفاده نمی‌کنند؛ از زندگی‌شان سوءاستفاده می‌کنند. وقتی پروژه‌ای را به اتمام می‌رسانید، احساس هیجان می‌کنید، یا وقتی کار جدیدی آغاز می‌کنید و می‌توانید در آن کار مهارت‌های نوآورانهٔ خود را به نمایش بگذارید و می‌توانید کسی باشید که چیزی را از هیچ شروع کرده، یعنی کاری که بسیار مورد تمجید و ستایش فرهنگ ماست ... احساس رضایت می‌کنید. و البته، در این میان حرمت نَفْس شما- شیوهٔ ارزیابی و تشکیل هویت‌تان- نیز در معرض خطر است. به خاطر می‌آورید؟ اینکه ما بسیار نگران مراقبت از موقعیت خودمان

---

1. Reciprocity Conventions; 2. Mary Bell

> هستیم و علت ابتلای ما به این اضطراب نیز همین است، این که ممکن است کسی متوجه شود که ما شیادیم. حرمت نَفْس ما در معرض خطر است چون آنچه را که به ما ارزش می‌بخشد را از بیرون گرد آورده‌ایم. زندگی‌ای که به داوری‌های مردم وابسته است.

او در ادامه می‌افزاید: «یک فرد معتاد به موفقیت هیچ فرقی با معتادان دیگر ندارد.» آیا ما معتاد به موفقیت هستیم؟ ما کِه هستیم؟ ارزش خودمان را چگونه ارزیابی می‌کنیم؟

پس این اتفاق به کجا ختم می‌شود؟ از لحاظ افقی (در روابط انسانی) این وضعیت چه شکلی پیدا می‌کند؟ زمانی که ما موفقیتی به‌دست می‌آوریم، زمانی که نقشی ایفا می‌نماییم، زمانی که چیزی به چنگ می‌آوریم، چه اتفاقی می‌افتد؟ در نهایت ما را به نقطه‌ای می‌رساند که نسبت به درجه و رتبه هوشیاری پیدا می‌کنیم. در حالی که ممکن است بتوانیم با موفقیت از فرقه‌گراییِ نژادی، جنسیت و غیره پرهیز کنیم، اما هنوز میان «بعضی‌ها» و «بی‌اهمیت‌ها» تمایز قایل خواهیم شد. ممکن است کسی را به‌خاطر نژادش خوار نشماریم، باز این امکان وجود دارد که کسی دیگر را به‌خاطر شأن و رتبهٔ اجتماعی‌اش کوچک بدانیم. به‌راحتی می‌توانیم کسی را که پایین‌تر از ما قرار دارد نادیده بگیریم. قرنتیان مرتکب این اشتباه شده بودند، و خیلی از ما مسیحیان هم امروزه مرتکب این اشتباه می‌شویم.

ما هم مانند مسیحیان قرنتس ندانسته در جریان فرهنگیِ رو به بالایِ حکمت و قدرت غوطه‌وریم. نامه به قرنتیان در ما تنش و تلاطمی شدید به‌وجود می‌آورد، زیرا روایتی به ما عرضه می‌دارد که با روایتی که اقتباس کرده‌ایم تفاوت دارد. پولس ما را به چالش وامی‌دارد تا این واقعیت را در نظر بگیریم که درک خدا و ما از واقعیت متفاوتند.

روایت کتاب‌مقدسی: حکمت و قدرت وارونه- حکمت و قدرت خلاف‌انتظار الاهی

رویهٔ کلی متن آشکار می‌سازد که خدا درک دیگری از حکمت و قدرت دارد که با آنچه روایت فرهنگی رایج به ما عرضه می‌کند، متفاوت است. پولس برای بیان روایت فرهنگی رایج، رویکردی جدلی پیش می‌گیرد تا روایت کتاب‌مقدسی را زیرورو کند.

> زیرا از آنجا که بنا بر حکمت خدا، دنیا نتوانست با حکمت خودش خدا را بشناسد، خدا چنان مصلحت دید که از راه موعظهٔ جاهلانهٔ انجیل، کسانی را که ایمان می‌آورند، نجات بخشد. یهودیان خواستار آیتند و یونانیان در پی حکمت، ولی ما مسیح مصلوب را وعظ می‌کنیم که یهودیان را سنگ لغزش است و غیریهودیان را جهالت، اما فراخواندگان را، چه یهودی و چه یونانی، مسیح قدرت خدا و حکمت خداست. زیرا جهالت خدا از حکمت انسان حکیمانه‌تر و ناتوانی خدا از قدرت انسان تواناتر است. (آیه‌های ۲۱-۲۵)

حکمت وارونه - حماقت

قرنتیان وسوسه شـده بودند پیام صلیب را رها کرده، به گزینه‌های شیواتر متوسل شوند، زیرا پی برده بودند که یک چیز حقیقت دارد: *در پیام صلیب هیچ شـیوایی یا جذابیت خاصی وجود ندارد.* صلیب به لحاظ فلسفی فوراً قانع‌کننده نیست.

صلیب مسـیح- حکمت خدا- از این‌رو ″حماقت″ اسـت که بر اسـاس الگوی حاکم قابل‌فهم نیسـت. یونانیان ترجیح می‌دادند برای کسـب معرفت در مورد خدا از استدلال و داوری بهره بگیرند. از آنجایی که عقل آنها واسـطهٔ اصلی درک‌شان از خدا محسوب می‌شد، درک خدایی شخصیت‌مند برای‌شـان غیرممکن می‌نمود. هیچ انسان عاقلی در پی حکمتی نمی‌رود که فرجامش صلیب و مرگ اسـت؛ مثل انتظار کشـیدن برای صندلی الکتریکی. از حکمت انتظار می‌رود که درسـت مخالف این باشـد- حکمت قرار است قدرت به همراه بیاورد و دیگران را به تحسین وادارد.

انجیل صوفیای[1] (حکمت یا فلسـفه) نوین نیست، و حتی یک *صوفیای* الاهیِ نوین هم نیسـت. زیرا *صوفیا* داوری و ارزیابی انسـان را از اعمال خدا، مجاز می‌شمارد. اما انجیل به مثابه آنتی‌تز در برابر چنین داوری‌هایی قد علم می‌کند. هیچ انسـانی، حتی با عقل سلیم هم نمی‌تواند خواب نقشـه‌ای را که خدا برای رستگاری بشر- به‌واسطهٔ ماشیح مصلوب- دارد، ببیند. چنین چیزی برای خدا هم مضحک است و هم تحقیرکننده.

آیه‌های ۲۴ و ۲۵ می‌گویند: «اما فراخواندگان را، چه یهودی و چه یونانی، مسـیح قدرت خدا و حکمت خداسـت، زیرا جهالت خدا از حکمت انسـان حکیمانه‌تر و ناتوانی خدا از قدرت انسـان تواناتر است.» این حکمتی وارونه است، که از نظر دنیا حماقت تلقی می‌شود. در حالی که مسـیحیانِ به‌اصطلاح امروزی و مدرن هنگام فکر کردن در مورد صلیب، معانی مثبتی را در ذهن تداعی می‌کنند، قرنتیان هیچ طبقه‌بندی خاصی نداشـتند که در آن صلیب را به‌عنوان پدیده‌ای مثبت، الهام‌بخش و دلگرم‌کننده جای دهند. در جهان باسـتان تصویر کسی که مصلوب شده، مطلقاً و کاملاً غیرقابل‌پذیرش بود. تصلیب نوعی مجازات اعدام بود که در مورد یاغیان و جنایتکاران مخوف به اجرا درمی‌آمد.

مسیحِ مصلوب!؟ از مسـیح انتظار می‌رود کسی باشد که بیاید و گناهکاران را از اسارت گناه رهاییِ بخشد. منظورتان از گفتن مسـیحِ مصلوب چیست؟ ماشیحی که بر صلیب رفته است؟ این که تناقض‌گویی است! از نظر یونانیانی که بر توان و قدرت بیرونی تأکید داشتند، صلیب حماقت محض بود- نمایشی بود از ضعف. برای یهودیان چطور؟ تثنیه ۲۳:۲۱ تصریح می‌کند که: «جسـدش در طول شب بر دار نماند، بلکه او را همان روز به خاک بسپارید؛ زیرا آن که بر دار آویخته شـود، ملعون خداست.» مگر می‌شود ماشیح مصلوب شود؟ این به دور از حکمت است. این عین جهالت است. این حماقت است.

این حرف بدین معناسـت که خدا هیچ علاقه‌ای به وجه رایج فرهنگی انسـانی- یعنی فصاحت و فرهیختگی- ندارد؛ هیچ شایستگی‌ای به چشم او نمی‌آید. در نظر خدا موقعیت را

1. Sophia

با فضل و کمالات نمی‌توان خرید. در واقع، آنچه که مورد نظر خداست با برداشت متداول از حکمت فرق می‌کند؛ چیزی است که اگر با عقل سلیم به آن بیندیشیم، تنها می‌توانیم آن را در ردهٔ "حماقت" جای بدهیم. توجه داشته باشید که حماقت مترادف بلاهت، کم‌هوشی، جهل، یا یاوه‌گویی نیست. پولس با خوشحالی از خِرَد برای بحث و استدلال در مورد خدمت انجیل استفاده می‌کند- این دقیقاً همان کاری است که در اینجا انجام می‌دهد! حکمت خدا فقط تا جایی "حماقت" محسوب می‌شود که از منظر روایت فرهنگیِ رایج بدان نگاه کنیم. برای درک حکمت خدا، باید تعریفی را که از حکمت در ذهن داریم و از بیرون آموخته و اقتباس کرده‌ایم کنار بنهیم. حکمت خدا نه به فرم، بلکه به محتوا کار دارد؛ بحث واقعیت است، نه فصاحت. پولس از ما می‌خواهد که خودمان را زیر سؤال ببریم و معرفت و حکمت و پیش‌فرض‌هامان را زیر ذره‌بین بگذاریم. حکمت الاهی که از منظر انسانی جاهلانه می‌نماید این است: ما نمی‌توانیم خودمان را برای خدا استدلال کنیم. خدا از دامنهٔ عقل ما خارج است- چیزی وجود ندارد که بتوان خدا را به "پی بردن" بدان واداشت. حکمت ما به محدودهٔ خودمان خلاصه می‌شود. و اگر حکمت وجه رایج فرهنگی ما باشد، پس بالاترین حماقت به‌شمار می‌رود.

ترس ما از وانهادن حکمت خودمان این است که قدرت را از دست بدهیم و بی‌هدف بمانیم. اما کتاب‌مقدس چنین اظهار می‌کند که خدا قدرت را هم زیر و رو می‌کند. روایت کتاب‌مقدسی ایدهٔ ویران‌کنندهٔ قدرت وارونه را هم تعریف می‌کند.

قدرتِ وارونه- ضعف

> اما خدا آنچه را که دنیا جهالت می‌پندارد، برگزید تا حکیمان را خجل سازد؛ و آنچه را که دنیا ضعیف می‌شمارد، انتخاب کرد تا قدرتمندان را شرمنده سازد؛ خدا آنچه را که این دنیا پست و حقیر می‌انگارد، بلکه نیستی‌ها را، برگزید تا هستی‌ها را باطل سازد، تا هیچ بشری در حضور او فخر نکند. (آیه‌های ۲۷-۲۹)

نگاه خدا در خصوص قدرت نیز وارونه است. او بیش از قدرت به ضعف نظر دارد. او بیشتر به کسانی علاقه دارد که خودشان را در وضعیتی پایین می‌بینند، نه آنانی که می‌کوشند خود را به موقعیتی رفیع و قدرتمند بالا بکشند. ما این نکته را پیش‌تر نیز دیده بودیم، آنجایی که در آیهٔ ۲۰ می‌گوید: «به راستی حکیم کجاست؟» پولس مستقیماً قلب آن دسته از یونانیان و غیریهودیانی را نشانه گرفته است که خواهان حکمت و قدرت بودند. «عالِم دین کجاست؟» اصطلاح "عالِم دین" (کاتب- م.) به کسانی اشاره دارد که در شریعت کتاب‌مقدس تبحر داشتند. پولس خطاب به یونانیانی سخن می‌گوید که لزوماً هیچ درکی از پیشینهٔ خدا در عهدعتیق نداشتند. ولی در عین حال با شماری از یهودیان دیندار هم که با این پیشینه آشنایی داشتند، سخن می‌گوید. نکتهٔ کلام او این است که صرف‌نظر از زمینهٔ فرهنگی‌تان، صلیب درک شما را از مفهوم حکمت و قدرت زیر و رو خواهد ساخت.

قرار است این چشم‌انداز وارونه به قدرت، پیامدهای ژرفی در پی داشته باشد. ما یک نمونه از این را در خدمت عیسی شاهد هستیم. یک‌بار هنگامی که عیسی برای رفتن به اورشلیم در حال گذر از اریحا بود، به گدایی کور برخورد. عیسی برای شفادادنِ گدا پیش رفت. در انجیل مرقس نام او بارتیمائوس آمده است. اول، عیسی خود را به زحمت می‌اندازد تا گدا را شفا دهد. دوم، مرقس خود را به زحمت می‌اندازد تا نام گدا را ذکر کند. همان‌طور که می‌دانید، در تاریخ معمولاً کسی نام گدایان را نمی‌آورد. به‌طور معمول باید از کنار این قبیل افراد گمنام و بی‌اهمیت گذشت. تنها نام کسانی در آثار ادبی بر جای می‌ماند که صاحب ثروت یا نفوذ باشند، اما در این مورد به گدا مرتبه‌ای داده می‌شود که نامش ذکر گردد. کتاب‌مقدس سخاوتمندانه افراد به حاشیه رانده‌شده را- جذامیان، روسپیان، جانیان و غیره- به‌تصویر می‌کشد. آنان آگاهانه جذب عیسی می‌شدند و عیسی هم آگاهانه به فریادشان می‌رسید.

ملکم گلدول[1] دربارهٔ این الگوی وارونه حرف‌هایی برای گفتن دارد، و در تاریخ شواهدی برای آن یافته است. وی در کتاب خود، *مطرودان*[2] داستان‌ها و روایت‌هایی تاریخی ارائه می‌کند مبنی بر اینکه چطور وکلای یهودی توانستند در برهه‌های خاص تاریخی پیشرفت کنند. او این پدیده را «تصادف زمان» می‌نامد. گلدول می‌گوید که شرکت‌های حقوقی محافظه‌کار وال استریت، که گروه اکثریت را تشکیل داده بودند رتق و فتق امور مالیاتی و حقوقی صاحبان قدرت را برعهده داشتند. بنابراین، ایشان درگیر چیزی بودند که به‌زعم خودشان حوزهٔ اوراق بهادار و مالیات نامیده می‌شد. تصاحب عدوانی ننگ و عار محسوب می‌شد. دعاوی قضایی؟! بنابراین، شرکت‌های حقوقی محافظه‌کار وال استریت در کار "ننگ‌آور" دعاوی قضایی و دعاوی نیابتی شرکت نمی‌کردند. بدین‌ترتیب زمینه برای آنها که به حاشیه رانده شده بودند، همچون وکلای یهودی، بازشد تا وارد کار دعاوی قضایی شوند، زیرا ایشان مجالی برای فعالیت در زمینهٔ اوراق بهادار و مالیات نداشتند. اما در خلال دهه‌های ۱۹۵۰ تا ۱۹۸۰ هرکسی می‌دانست که این کار در حوزهٔ امور حقوقی اهمیت به‌سزایی دارد. ما به نمایندگان حقوقی زبردستی نیاز داریم که بتوانند در دعاوی نیابتی از حق ما دفاع کنند. پس چه کسی در دسترس بود؟ وکلای یهودی که ناگزیر شده بودند دفاتر حقوقی خودشان را دایر کنند، زیرا از سوی شرکت‌های حقوقی محافظه‌کار وال استریت دعوت به همکاری نشده بودند. اکنون ایشان به‌لحاظ تاریخی به موقعیتی دست یافته بودند که می‌توانستند نمایندگی همهٔ شرکت‌ها و سهامداران نیازمند به خدمات حقوقی آنان را بر عهده بگیرند. در دهه‌های ۱۹۷۰ و ۱۹۸۰ مبلغ پولی که از ادغام و مالکیت شرکت‌ها در وال استریت رد و بدل می‌شد، افزایش سالیانهٔ ۲۰۰۰ درصدی داشت، و سود سهام در نقطهٔ اوجش به دویست‌وپنجاه میلیارد دلار رسید. گلدول این را «تصادف زمان» می‌نامد. این‌گونه نبود که ایشان چنین وضعیتی را پیش‌بینی کرده و بعد وارد این حوزهٔ به‌خصوص شده باشند.

1. Malcolm Gladwell; 2. Outliers

در سال ۱۹۱۵، در مجموع ۳ میلیون تولد ثبت شد، یعنی از هر ۱۰۰۰ آمریکایی، ۳۰ تن نوزاد بودند. در سال ۱۹۳۵ آمار تولدها به ۲/ ۴ میلیون رسید اما نوزادان تنها ۱/ ۹ درصد جمعیت را تشکیل می‌دادند؛ این ۱/ ۱ درصد کمتر از آمار بیست سال پیش بود. چرا؟ به‌خاطر دو فاکتور عجیب در جامعه: "رکود بزرگ اقتصادی" و "جنگ جهانی اول". مردم امید خود را از دست داده بودند و می‌گفتند: «بهتر است فرزندان کمتری داشته باشیم، چون ممکن است آینده‌ای نداشته باشند.» از این‌رو، طی بیست سال بعد، خیلی‌ها از آوردن فرزند خودداری کردند و شمار نوزادان ۶۰۰ /۰۰۰ تن کاهش یافت. ولی فرزندانی که در سال ۱۹۳۵ به دنیا آمدند، از یک مزیت اقتصادی ویژه برخوردار شدند، یعنی برای آنها رقابت کمتری وجود داشت. و باز، اگر کسی در سال ۱۹۳۵ به دنیا آمده بود، حتی اگر مهارتش برابر با کسی بود که در سال ۱۹۵۰ به دنیا آمده بود، به قول گلدول به‌خاطر «تصادف زمان» مزیت بیشتری داشت.

اگر ما هیچ محدودیتی نداشته باشیم، در این صورت نمی‌توانیم الگوی وارونهٔ انجیل را بفهمیم. تصور می‌کنیم که همه چیز سرراست است. من دارم موفقیت به‌دست می‌آورم، در حال پیگیری هستم، و هر چیز را که لازم باشد به چنگ خواهم آورد! نتیجه این می‌شود که وقتی با مانع یا شکستی مواجه می‌شویم، وسیله‌ای برای سنجیدن ارزش خودمان نداریم، چون ارزش و اعتبار ما با دستاوردهامان گره خورده است و این دستاوردها اکنون در حال فروپاشی هستند.

از منظر بشریِ کسبِ قدرت، قدرت خدا را چیزی جز ضعف نمی‌توان نام نهاد. در مصلوب شدن هیچ قدرتی وجود ندارد؛ این نهایت نمایش ضعف، آسیب‌پذیری و سستی است. قدرتِ "ضعف" خدا اظهار بی‌قدرتیِ محض از سوی انسان در رابطه‌اش با خدا است. قدرت یعنی ترکِ قدرت- و اگر قدرت از منتهای ارزشِ فرهنگی برخوردار باشد، این هیچ دستِ‌کمی از رسوایی (Scandal) ندارد. و "رسوایی" دقیقاً همان چیزی است که اتفاق افتاد- مسیح مصلوب به «سنگ لغزشی» - به معنای دقیق کلمه، skandalon- برای یهودیان تبدیل شد (آیهٔ ۲۳).

اما در این میان تنشی وجود دارد، چون به‌سختی می‌توان قضیه را باور کرد؛ و از دیدگاه روایت فرهنگیِ رایج مضحک است. در زندگی این از بسیاری جهات واقعی یا حقیقی به نظر نمی‌رسد. به نظر می‌رسد که آب به آسیاب منتقدان مسیحیت می‌ریزد (که می‌گویند مسیحیت میانه‌روی را ترویج می‌کند- یعنی شایسته‌سالاری را کنار گذاشته، میانه‌روی را جایگزینش می‌کند). اگر حکمتی که می‌توانم کسب کنم و قدرتی که می‌توانم به چنگ بیاورم حکمت و قدرت حقیقی نیستند، پس دیگر چرا باید خودم را درگیر آنها کنم؟ به بیان ساده‌تر، از دید فرهنگ حاکم، اصل نابخردانهٔ انجیل چگونه می‌تواند نیروی محرک زندگی حکیمانه باشد؟ اصل ضعیف انجیل چگونه می‌تواند نیروی محرک زندگی قدرتمند باشد؟ از این گذشته، کسانی که در روایت فرهنگی رایجِ به‌اصطلاح صحیح و سرراست در خصوص "قدرت" غرق شده‌اند، چگونه می‌توانند خود را در بستر روایتی جدید بیابند؟

بازنویسی روایت: از الگوی سرراست به الگوی وارونه

صلیب به‌عنوان حکمت و قدرتِ حقیقی

صلیب حکمتِ حقیقی است، زیرا فراخوانی است به فروتنیِ عقلانی و اقرار به محدودیت‌های بشری در برابر خدایی که تصمیم گرفته خود را فروتن سازد و همین محدودیت‌های بشری را تجربه کند. ما می‌دانیم که خردمندترین افراد- آنان که دوست داریم پای صحبت‌شان بنشینیم- کسانی هستند که به‌خوبی به *ندانسته‌های* خود واقفند! حکمت حقیقی فروتنیِ عقلانی می‌طلبد، نه خودنماییِ فصیحانه. بهترین سخنوران، آنهایی هستند که می‌توانند مفاهیم عظیم را برای شنوندگانِ معمولی قابلِ هضم سازند. حکمتِ حقیقی اهمیت را به شنونده می‌دهد؛ درک و تفهیم دیگری از جلبِ توجه کردنِ من مهمتر است.

صلیب قدرت حقیقی است، چون فراخوانی است برای سهیم شدن در ضعفِ خدایی که خود را مطیع ساخت تا دیگران را در خودش سهیم سازد. ما می‌دانیم که قاطع‌ترین اِعمال قدرت زمانی است که دیگران در آن سهیم می‌شوند، و پیام صلیب نیز سهیم کردنِ دیگران در قدرت است، نه اندوختنِ آن. قدرتِ حقیقی خویِ فداکاری و دگر-محوری دارد، نه جور و ستم بیدادگرانه. قدرتی که ما آرزویش را داریم به‌طور ارادی خود را فدای ضعیفان می‌سازد. از همین روست که مسیحیت همواره در میان محرومان و ضعیفان گسترش یافته است- چون به آدم‌های بی‌اهمیت می‌گوید که خدا نه تنها برای‌شان اهمیت قایل است، بلکه حتی حاضر است به‌خاطر آنها "بی‌اهمیت" شود. ولی این حکمت و قدرت وارونه چگونه می‌تواند به معنای واقعی کلمه به درون روایت رایج که ما به زندگی کردن با آن بسیار خو گرفته‌ایم، نفوذ کند؟ کسانی که روایت به‌اصطلاح صحیح و سرراست را اقتباس کرده‌اند، چگونه می‌توانند روایت خود را بازنویسی کنند؟

عیسی به‌عنوان حکمت و قدرت حقیقی

اگر قرار است روایت رایج را از نو بنویسیم، باید این کار را به‌واسطهٔ کسی انجام دهیم که خود بیرون از این روایت جای دارد. هیچ‌یک از ما آن‌قدر حکیم یا قدرتمند نیست که بتواند این داستان آشفته را بازنویسی کند. عیسی همان کسی است که بیرون از این حیطه قرار دارد- مسیح که «قدرت خدا و حکمت خداست» (آیهٔ ۲۴) همان کسی که وارد روایت فرهنگیِ رایج می‌شود و آن را زیر و رو می‌سازد. رسوایی نهایی در اینجا اتفاق می‌افتد: خدای جهان هستی، در مسیح، خود را تسلیم روایت فرهنگی ما- با همه آشفتگی‌هایش- می‌کند. ما با "حکمت" خودمان به این نتیجه رسیدیم که از خودِ "حکمت" نیز حکیم‌تریم. ما با "قدرت" خود به این نتیجه رسیدیم که از خودِ "قدرت" هم قوی‌تریم. ما در صدد برآمدیم تا او را خاموش سازیم و از داستان محو نماییم. نهایتِ حکمت جاهلانه و قدرتِ ضعف در این واقعیت آشکار می‌شود که عیسی با تسلیم کردن جانش مطابق الگوی حاکم، آن را سرنگون می‌کند و الگویی جدید را جایگزینش می‌سازد. قدرتمندترین شخص تبدیل به ضعیف‌ترین

شخص می‌شود. حکیم‌ترین شخص خود را تا سطح ما پایین می‌آورد. او با همین حکمت و قدرت عظیم دست به بازنویسی روایت می‌زند. او حکمت و قدرت را چنانکه ما می‌شناسیم، از نو تعریف نموده است.

زیستن در این داستان نوین

این «حکمتِ جاهلانه» باعث ایجاد فروتنی عقلانی در ما می‌شود. اگر برای غلبه بر کوری و حماقت ما مرگ مسیح ضروری بود، پس دیگر خودمان را داورانِ نهایی حقیقت نخواهیم پنداشت. همچنین باعث می‌شود که بیشتر نگرانِ حقیقت باشیم تا سبک و سیاق، چون حکمت دنیوی دیگر آن وجه رایجی نیست که ما با آن سروکار داریم. دیگر سواد و فرهیختگی ما را تحت تأثیر قرار نمی‌دهد، بلکه بیشتر دغدغهٔ شناخت امور حقیقی را داریم که با جهانی که خدا تعریف می‌کند، در یک راستا قرار دارند. این حکمت انجیل موجب می‌شود که ما به دیگران گوش بسپاریم و برای‌شان ارزش قایل شویم، چون حکمت مزبور با این فرض آغاز می‌شود که ما همه چیز را نمی‌دانیم؛ این ما را در موقعیتی قرار می‌دهد که نه تنها به دیگران گوش بدهیم، بلکه گوش دادن به دیگران را یک نیاز بدانیم.

به‌علاوه، این «قدرتِ ضعیف» پرده از سوءاستفاده از قدرت برمی‌دارد. با مشاهدهٔ نمایش قدرت فداکارانه در مسیح، می‌توانیم سوءاستفاده از قدرت را در دنیای خودمان تشخیص دهیم. این قدرت واژگون‌کننده، رویکرد تقسیم قدرت را به ما الهام می‌بخشد، زیرا درمی‌یابیم که قدرت، یک بازی مجموع-صفر[1] نیست. ما دقیقاً با از دست دادنِ قدرت و واگذار کردنِ آن به دیگران است که قدرت می‌یابیم، و این هدف به‌کارگیری قدرت را تغییر می‌دهد. قدرت دیگر برای کنترل کردن موقعیت‌ها، به منظور اثبات ارزش خود، به‌کار نمی‌رود. از آنجایی که صاحبِ قدرت غایی ما را ارزشمند شمرده است، قدرت را برای ارزشگذاری و توجه به دیگران به‌کار می‌بریم. پولس سعی در بیان این حقیقت دارد که کار صلیب قدرتمندترین شیوهٔ بیان این تصویر وارونه است.

> من نیز ای برادران، هنگامی که نزد شما آمدم، راز خدا را با فصاحت و حکمت بشری به شما اعلام نکردم. زیرا عزم جزم کرده بودم در مدتی که بین شما هستم، چیزی ندانم جز عیسای مسیح، آن هم عیسای مصلوب. و من با ضعف، و با ترس و لرز بسیار نزد شما به سر بردم. و پیام و وعظ من نه با کلمات گیرای حکیمانه، بلکه با برهان قدرت روح بیان شد، تا ایمان شما نه بر حکمت بشری، بلکه بر قدرت خدا مبتنی باشد. (۲:۱-۵)

---

۱. Zero-sum game – در نظریه بازی‌ها و علم اقتصاد، یک بازی مجموع-صفر، یک مدل ریاضی از وضعیتی است که سود (یا زیان) یک شرکت‌کننده، دقیقاً متعادل با زیان‌های (یا سودهای) شرکت‌کننده(های) دیگر است. اگر مجموع سودهای شرکت‌کننده‌ها با هم جمع شود و مجموع زیان‌ها از آن کم شود، حاصل برابر صفر خواهد بود- م.

قدرت خدا از طریق ضعف به نمایش گذاشته شد. پیروزی خدا نه از طریق پیروزی، که از طریق شکست نشان داده شد. عیسی حکمتِ راستین و قدرت خداست. اگر بناست روایت رایج بازنویسی شود، باید توسط نویسنده‌ای باشد که بیرون از روایت مزبور قرار دارد. زمانی که ما ایمانداران این نکته را دریابیم، به‌طور کامل از قید به چنگ آوردن و نقش بازی کردن آزاد می‌شویم. خدا ناامیدان، کوفتگان و ضعیفان را به‌کار می‌گیرد. این است تصویر صلیب.

۴

درکی تازه از جماعت

اول قرنتیان ۲:۶-۱۶

دانستن، توانستن است، و به ذهن‌های کاوشگر و مبتکر امکانِ بار آوردن نتایجی را می‌دهد که برای شکوفایی بشر بسیار مفیدند. یکی از تشابهات شهر قرنتس و شهرهای مدرن و چندملیتی امروزی، تأکید بر اهمیت معرفت، فهم و درک است. حتی با وجودی که در پاراگراف مورد بحث ما واژهٔ معرفت به‌کار برده نمی‌شود، اما ایدهٔ آن در سراسر متن به چشم می‌خورد. هنگام آزمودنِ ارزش معرفتِ این عصر، باید مراقب باشیم کل فعالیت مزبور را بد و شریرانه جلوه ندهیم یا چنین نتیجه نگیریم که مسیحیت باید از ذهن خِرَدورز جدا باشد. برخی مسیحیان بر این باورند که برای روحانی بودن باید حتماً ضدِ خِرَد بود. جدا کردن دو مقولهٔ ذهن و دل هیچ ضرورتی ندارد. کتاب‌مقدس محدودیت‌های خردگرایی و طبیعت‌گرایی را بیان می‌کند، اما این بدان معنا نیست که در شناخت خدا، ذهن و عقل هیچ جایی ندارند. در واقع، معرفت ابزار شگرفی است که شناخت ما را دربارهٔ خدا قوی می‌سازد. در این قسمت، پولس در این باره بحث می‌کند که شخص چگونه باید نسبت به قلمرو معرفت و فهم رویکردی صحیح داشته باشد. ما این قسمت را زیر سه عنوان اصلی مورد بحث قرار خواهیم داد.

- درک این عصر
- درک خدا
- کسب درکی تازه

درک این عصر (ایستا، غیرشخصی، اطلاعاتی)

درک انسان در این عصر شگفت‌آور و نامحدود است

مردمان امروزی هم تا حد زیادی شبیه به اهالی قرنتس، برای معرفت ارزش زیادی قایل می‌شوند. مؤسسه‌های تحقیقاتی ما در خط مقدم فعالیت‌های جهانی قرار دارند. از چشم‌انداز داده‌ها و اطلاعات، ما بیش از هر فرهنگ دیگری در گذشته، مطلع‌ایم. نکتهٔ غم‌انگیز آنکه اغلب در میان کسانی که اهمیت و حتی صحتِ شناخت علمی را کوچک می‌شمارند، مسیحیان هم دیده می‌شوند.

برخی از مسیحیان در تلاش برای اعادهٔ جایگاه مسیحی و نشان دادن اینکه معرفت صرفاً به اموری که از لحاظ علمی قابل سنجش‌اند محدود نمی‌شود، به‌کلی اهمیت علم را نادیده گرفته‌اند. آنان در این رهگذر منکر یکی از بزرگترین عطایای خدا به بشریت- یعنی ذهن کاوشگر- شده‌اند. علوم و فلسفه نتیجهٔ فرمان خدا به انسان برای آباد کردن دنیا و نظارت بر امور آن است. کتاب‌مقدس می‌گوید که ذهن موهبتی است که باید آن را پرورش داد و ابزاری است که مردم می‌توانند به‌وسیلهٔ آن خدا را محبت کنند و بپرستند. بدین‌ترتیب، مشروعیت کار کردن در زمینهٔ امور مالی، پزشکی، مهندسی، میکروبیولوژی، فلسفه، ریاضیات، آموزش و پرورش، و دیگر رشته‌ها مورد تأیید خداست. از این‌رو، پژوهش و دانش بشری در ذات خود ارزشمند هستند و به جلال خدا منجر می‌شوند. با این‌حال، این بحث روی دیگری هم دارد که کتاب‌مقدس روی آن هم انگشت می‌گذارد.

درک این عصر محدودیت‌های خودش را دارد

در عین حال که داده‌های ثابت و واقعیت‌ها و درک قابل سنجشِ جهان طبیعی واقعاً ارزشمند و ضروری‌اند، ولی متن مورد بررسی ما اظهار می‌دارد که آنها مُعرفِ درکی جامع و فراگیر از جهان نیستند. پولس می‌گوید که معرفت و درک انسان دستِ‌کم به سه چیز محدود می‌شود.

محدودیتِ زمانی (موقتی) (آیه‌های ۶ و ۷)

«اما در عین حال، ما در میان بالغان از حکمت سخن می‌گوییم، اما نه از حکمتی که متعلق به عصر حاضر یا حکمرانان این عصر باشد که محکوم به زوالند، بلکه از حکمت پنهان خدا سخن می‌گوییم که از دیده‌ها نهان است و خدا آن را پیش از آغاز زمان، برای جلال ما مقرر فرموده است.» پرواضح است که درک و معرفت، محدودیتِ زمانی دارند.

> در حال حاضر تالارهای کتابخانهٔ کنگره هیجده میلیون کتاب را در خود جای داده‌اند. ناشران آمریکایی هر ساله دویست هزار عنوان به این رقم می‌افزایند. این بدان معناست که با نرخ کنونی نشر، در ظرف پنجاه سال آینده ده میلیون

> کتاب دیگر افزوده خواهد شـــد. حال به کتاب‌های خاک‌گرفتهٔ کتابخانهٔ کنگره، کتاب‌های نو و براقی را که در آینده منتشـــر خواهند شـــد، اضافه کنید، و آنوقت کتابخانه‌ای خواهید داشت با بیست‌وهشت میلیون جلد کتاب که در پنجاه سال آینده در اختیار خوانندگان انگلیســـی‌زبان خواهند بود! ولی از آنجایی که شـــما شـــیفته کتاب خواندن هســـتید؛ فقط می‌توانید ۲۶۰۰ جلد از آنها را بخوانید. ... زیرا در ازای هر یک کتابی که انتخاب می‌کنید، ناگزیر باید ده هزار کتاب دیگر را نادیده بگیرید، چون وقتش را ندارید.[1]

البته منظور این نیســـت که دانش ما از ارزش و اعتبار برخوردار نیست- فقط اقرار به این واقعیت است که دانش و یادگیری محدودند. حتی همهٔ دانشی که به‌دست آمده، هنوز دارای محدودیتِ زمانی است، و چون زمان در گذر است تا ابد پابرجا نخواهد ماند.

محدودیتِ حواس (حسی) (آیهٔ ۹)

«چنانکه آمده است: "آنچه را هیچ چشمی ندیده، هیچ گوشی نشنیده، و به هیچ اندیشه‌ای نرسیده، خدا برای دوســـتداران خود مهیا کرده است."» پولس برای اشاره به چیزهایی که از دســـترس ما خارج هستند، از اشـــعیا ۶۴:۴ نقل‌قول می‌کند. هیچ دلیلی ندارد که تصور کنیم حواس ما ابزار قابل اعتمادی برای درک و تفســـیر جهان نیســـتند، اما در عین حال دلیلی هم وجود ندارد که بگوییم محدودیت‌های حـــواس ما به معنای محدودیتِ واقعیتند. خودبینانه اســـت اگر ادعا کنیم که تنها واقعیت‌هایی قابل شناخت هســـتند که ما بتوانیم آنها را درک و احساس نماییم. حرف پولس این است که خیلی چیزها را می‌توان از طریق حواس پنجگانه دریافت کرد، اما چیزهای خاصی هم هســـتند که با حواس ما قابل دریافت نیستند. چیزهای خاصی هستند که خدا آنها را آشکار نموده است.

ســـی. اس. لوئیس کیفیت‌های متفاوت زندگی را از نظر انـــواع موجودات زنده- زندگی گیاهی، جانوری، زیست‌شـــناختیِ انسانی- با یکدیگر مقایســـه کرده است. او می‌گوید که هر ســـه نوع موجود به محرک‌های معینی واکنش نشان می‌دهند، اما حساسیت‌های آنها طیف‌های متفاوتی را دربرمی‌گیرد. گیاه از طریق فعالیت فتوســـنتز به خورشـــید واکنش نشـــان می‌دهد. اما جانور می‌تواند حواس پنجگانهٔ بینایی، بویایی، شـــنوایی، چشـــایی، و لامسه را تجربه کند. حیوانـــات خانگی ما که از چنین توانایی‌هایی برخوردارند دریافت حسی‌شـــان به لحاظ کیفی بیشـــتر از دریافتِ گیاهان است. در مورد زندگی زیست‌شـــناختیِ انسانی، شعور حسی حتی از این هم فراتر می‌رود. کیفیت زندگی‌ای که انســـان معمولی تجربـــه می‌کند بالاتر از کیفیت زندگی جانور اســـت. به‌عبارت دیگر، کیفیت زندگی‌شـــان به‌طرز فاحشی متفاوت است، زیرا انسان توانایی تجربه کردن واقعیاتی را دارد که جانور از درک‌شان ناتوان است. سپس لوئیس در دنبالهٔ سخن خود می‌افزاید که کیفیت زندگی یک بُعد دیگر هم دارد. زندگی روحانی یا زندگی

1. Tony Reinke, Lit! A Christian Guide to Reading Books (Weaton: Crossway, 2011), pp. 93 , 94.

جاودانی به‌طرز هوشمندانه‌ای بزرگتر از زندگی طبیعی و زیست‌شناختیِ صِرف است. به همین ترتیب، پولس هم می‌گوید که درک این عصر می‌تواند شعوری محدود به فرد ببخشد، اما تنها خداست که می‌تواند در دل انسان کاری فراطبیعی و روحانی انجام دهد.

محدودیتِ دسترسی (غیرشخصی) (آیهٔ ۱۱)

«زیرا کیست که از افکار آدمی آگاه باشد، جز روح خودِ او که در درون اوست؟ بر همین قیاس، فقط روح خداست که از افکار خدا آگاه است.» درک ما به‌خاطر عدم توانایی‌مان در شناخت کاملِ شخصی دیگر، به‌طرزی باورنکردنی محدود است. می‌توانیم زندگی‌نامهٔ کسی را بخوانیم، اما او را فقط تا آن اندازه می‌توانیم بشناسیم که خودش مایل به شناخته‌شدن باشد. در عین حال که پذیرش حکمت و فهم بشری از سوی کتاب‌مقدس در چارچوب فیض عام افراد مذهبی را می‌آزارد، اما صداقت کتاب‌مقدس در مورد محدودیت‌های دانش بشری هم باعث آزار خردورزان می‌شود. دانش بشری قابل ملاحظه است لیکن کامل نیست. و ما در بستر چنین واقعیتی به‌سر می‌بریم. بدین‌ترتیب، کتاب‌مقدس درک بشری را در وضعیت تنش نگاه می‌دارد. ما در دنیایی از اطلاعات که نیازمند دسته‌بندی‌اند، یا در گستره‌ای از واقعیات که نیازمند سازماندهی‌اند، زندگی نمی‌کنیم. ما با محدودیت‌های خودمان به‌عنوان موجوداتی شخصیت‌مند، حس‌گر و پویا زندگی می‌کنیم. ما برای درست زندگی کردن به درک و دانشی نیاز داریم که هم به لحاظ عقلانی دقیق و هم عمیقاً شخصی باشد.

درکِ خدا (پویا، شخصی، ارتباطی)

برخلاف درکِ طبیعت‌گرایانه، کتاب‌مقدس خدایی را به ما معرفی می‌کند که مرزهای درک و فهم را در همهٔ جهات گسترش می‌دهد.

درکِ خدا محدود به زمان نیست (آیهٔ ۷): «بلکه از حکمت پنهان خدا سخن می‌گوییم که از دیده‌ها نهان است و خدا آن را پیش از آغاز زمان، برای جلال ما مقرر فرموده است.» «پیش از آغاز زمان» تلویحاً حاکی از این است که حکمت خدا از لحاظ زمانی حتی مقدم بر پیدایش بشر است. «برای جلال ما» به عصر ابدی آینده نظر دارد. این آیه به ما می‌گوید که درک و شناخت خدا جاودانی است. درک کردنِ خدا به دریافت حسی محدود نیست (آیهٔ ۹): «چنانکه آمده است: "آنچه را هیچ چشمی ندیده، هیچ گوشی نشنیده، و به هیچ اندیشه‌ای نرسیده، خدا برای دوستداران خود مهیا کرده است."» پولس برای تبیین این نظر که ادراک کردنِ خدا با چشم و گوش یا تصور ممکن نیست، از اشعیا ۴:۶۴ نقل قول می‌کند. درکِ خدا به طبقه‌بندی‌های دریافت بشری محدود نمی‌شود.

درکِ خدا باید عمیقاً مبتنی بر شخصیت‌مندی باشد

> زیرا خدا آن را توسط روح خود بر ما آشکار ساخته، چرا که روح همه چیز، حتی اعماق خدا را نیز می‌کاود. زیرا کیست که از افکار آدمی آگاه باشد، جز روح خود

> او که در درون اوست؟ بر همین قیاس، فقط روح خداست که از افکار خدا آگاه است. ولی ما نه روح این دنیا، بلکه روحی را یافته‌ایم که از خداست تا آنچه را خدا به ما عطا کرده است، بدانیم. (آیه‌های ۱۰-۱۲)

درکِ ایدهٔ خدایی شخصیت‌مند برای قرنتیان تقریباً غیرممکن بود. به اعتباری برای ما هم درکش دشوار است. آسان‌تر آن است که خدا را در فاصله‌ای امن از خود نگاه داریم. اگر او مجموعه‌ای از داده‌ها یا حاصل درکِ فقدان داده‌ها باشد، آن‌وقت می‌توانیم با او مانند نیرویی غیرشخصیت‌مند برخورد کنیم. خدا به‌جای آنکه واقعیتی شخصیت‌مند شود که باید او را به حساب آوریم، به تصمیمی تبدیل می‌شود که باید آن‌را اتخاذ کنیم («آیا من به خدا ایمان دارم یا نه؟»). از یک‌سو، درک خدا به‌طور شخصی مشابه درک هر چیز دیگر است. دانش حقیقی را نمی‌توان به‌دست آورد، مگر آنکه آن را از درون بیاموزیم. این است تفاوت اساسی میان دانش و ادراک. بینِ آموختن مطلب و حس داشتن نسبت به یک چیز فرق هست. فرق هست میان از بَر کردنِ طوطی‌وار واژه‌ها و شیواییِ بیان. دانش هم با حکمت فرق می‌کند؛ توزیع داده‌ها یک چیز است و درک و فهم چیزی دیگر. هیچ‌کس نمی‌خواهد برای عمل جراحی زیر دست دانشجوی پزشکی، که هرگز پایش به اتاق عمل نرسیده، برود. شاید او زیروبم‌های مشکل را بداند، اما هنوز هیچ "حس" یا درکی از تأثیری که بر واقعیت می‌گذارد، ندارد.

از سوی دیگر، درک خدا به‌طور شخصی با درک هر چیز دیگر فرق دارد. انسان می‌تواند اخلاقیات ارسطویی را بفهمد، بدون آنکه اصلاً خودِ ارسطو را بشناسد. اما پولس قدمی فراتر نهاده و می‌گوید که هیچ‌کس نمی‌تواند به‌راستی خدا را بفهمد، مگر آنکه شناختنِ خدا را آغاز کند. بدین‌ترتیب، شناخت خدا با شناخت دربارهٔ خدا تفاوتی فاحش دارد. جاناتان ادوارز می‌گوید:

> میان اعتقاد داشتن به اینکه خدا قدوس و فیاض است، و حس کردن دلربایی و زیبایی آن قدوسیت و فیض تفاوت وجود دارد. میان داوری عقلی در باب شیرینی عسل، و چشیدن شیرینی آن فرق هست. انسان ممکن است جزو دستهٔ اول باشد، بدون اینکه هرگز عسل را چشیده باشد؛ ولی قطعاً نمی‌تواند جزو دستهٔ دوم باشد، مگر آنکه مزهٔ عسل را چشیده باشد. بنابراین، تفاوت هست میان کسی که به زیبایی شخصی باور دارد، و آنکه حسی از زیبایی او دارد. اولی ممکن است از شنیده‌ها به این نتیجه رسیده باشد، اما دومی خودْ چهره را می‌بیند؛ میان داوری عقلی مبتنی بر حدس و گمان در مورد نیکویی چیزی، و داشتن حسی از حلاوت و زیبایی آن چیز، تفاوتی عمده وجود دارد. اولی تنها به دانسته‌ها و فرضیات متکی است (سر)، اما نقطهٔ اتکای دومی حس او است (دل). وقتی دل نسبت به زیبایی و دلپذیری یک چیز حساس باشد، از ادراک آن هم احساس

> لذت می‌کند. از مزایای ضمنی داشتن حسی درونی از زیبایی یک چیز، این است که آن چیز برای جان آن شخص شیرین و خوشایند است؛ و این با داشتنِ نظر عقلانی صرف در مورد نیکویی و دلپذیری آن چیز، فاصلهٔ زیادی دارد.

شناخت حقیقی، درکی است درونی و شخصی. و همین امر در مورد شناخت دربارهٔ خدا نیز صدق می‌کند. اگر قرار است که با خدا منصفانه رفتار کنیم، این کار باید با قواعد خود او باشد. باید پا به دنیای او بگذاریم تا بتوانیم مشاهده کنیم که او چگونه با دیگران ارتباط برقرار می‌کند و چگونه خود را تعریف می‌نماید. پولس به‌خوبی به این مفهوم شناخت حقیقی واقف است و برای صحبت کردن در مورد آن، به‌لحاظ جدلی از زبان فرهنگی خود استفاده می‌کند. او به‌جای آنکه دنیای آنان را رد کند، واردش می‌شود و آن را به چالش می‌کشد. او بدین‌خاطر از واژگان حکمت و حماقت استفاده می‌کند، که قرنتیان حکمت را می‌پرستیدند. او بدین‌خاطر از کلمات قدرت و ضعف بهره می‌گیرد، که قرنتیان عاشق قدرت، نیرو و جلال بودند. احمقانه به نظر می‌رسید که یک نجات‌دهنده، بر صلیب برای مردمی جان ببازد که باوری به‌اصطلاح صحیح و سرراست از چیزی داشتند که به گمان خودشان واقعیتِ محض بود. درک خدا با درک این عصر تفاوت دارد، چون رابطه با خدا رابطه‌ای پویا و عمیقاً شخصی است.

لوک فری[1] فیلسوف نامدار فرانسوی اعتراف می‌کند که هیچ استدلال قاطع و دندان‌شکنی تاکنون از سوی نوملحدان[2] ارائه نشده که او را متقاعد به الحاد کند. او با وجودی که بیشتر مجذوب مسیحیت است، اما مسیحی نیست. ولی در کتابش، زیر عنوان *تاریخچهٔ موجز اندیشه‌ها*[3] اساساً به مقاطع مهم عقلانی در تاریخ بشر می‌پردازد و نشان می‌دهد که چطور یک جهان‌بینیِ به‌خصوص بر جهان‌بینی دیگر سایه می‌افکند. او با یونانیان و تأکیدشان بر *logos* – جستجوی شایستهٔ آنان برای یافتن نظم در واقعیت جهان هستی، تأمل‌شان بر بُعدی از واقعیت، و اساساً، اندیشیدن در زمان حال- آغاز می‌کند. آنها می‌خواستند که همه چیز منظم، معقول و منطقی باشد و از این‌رو از هر کسی که بیش از اندازه احساسی بود، دوری می‌کردند. با توجه به این پیش‌زمینه، قابل درک است که ایشان از زبانِ غیراحساسی و غیرشخصی استفاده می‌کردند.

یکی از فیلسوفان رواقی گفته است: «حتی هنگامی که فرزند، یا برادر یا دوست‌تان را می‌بوسید، هرگز به‌کلی تسلیم احساسات نشوید.» «هیچگاه دربست خودتان را وقف دیگری نکنید.» «افسار خود را به دست خیال نسپارید؛ بلکه آن را محدود کنید و زیر کنترل خود داشته باشید؛ مانند کسانی باشید که پشت سر سردارانی می‌ایستند که پیروزمندانه سوارند، و به ایشان یادآوری می‌کنند که انسان‌هایی فانی بیش نیستند.» «بوسیدن فرزندبرای اینکه کمتر غرغر کند، چه ضرری دارد، "اوه! فردا خواهید مرد."» یونانیان دوست نداشتند کسی مقهور شرایط زندگی گردد. در واقع، آنان می‌خواستند که مردم به‌خوبی با زندگی سازگاری

1. Luc Ferry; 2. New Atheists; 3. A Brief History of Ideas

داشته باشند، و این یکی از راه‌های سازگار شدن با زندگی به‌شمار می‌رفت: منطقی و عقلانی اندیشیدن و خود را از احساسات یا حتی رنج در دنیا، جدا ساختن.

آیۀ ۱۰ به‌روشنی نشان می‌دهد که خدا نیرویی بی‌احساس و غیرشخصیت‌مند نیست: «زیرا خدا آن را توسط روح خود بر ما آشکار ساخته، چرا که روح همه چیز، حتی اعماق خدا را نیز می‌کاود.» اگر کسی می‌خواهد بداند که در ذهن یک شخص چه می‌گذرد، لازم است وارد دنیای آن شخص شود. به همین علت است که خدا روح خود را فرو می‌فرستد. شناختِ اطلاعاتی با شناختِ شخصی یکی نیست.

کسب درکی تازه

در این مقطع خوانندۀ متن احتمالاً به این نتیجه رسیده است که برای شناختن خدا، باید فروتن شویم و به محدودیت‌های خودمان اعتراف کنیم. اما این نتیجه‌گیری مشکل‌ساز است، چون خود ما به تنهایی قادر به کسب چنین شناختی نیستیم. هیچ راهی برای ورود به ذات الوهیت وجود ندارد. ما محدود و گناهکاریم، و خدا فراتر از دسترس ما قرار دارد. هیچ راهی نیست که بتوان به شناخت خدا به‌طور شخصی نایل آمد. ما نه دسترسی‌اش را داریم نه وسیله‌اش را. پس انسان چگونه می‌تواند وارد حیات الاهی شود و عملاً خدا را بشناسد؟ چطور می‌توانیم شناختی شخصی از خدا داشته باشیم؟

عنایت فیض‌آمیز خدا در مسیح

لازم نیست که ما به خدا عنایت کنیم و وارد حیات الاهی شویم؛ او خود ما را مورد عنایت قرار داده، وارد زندگی‌مان می‌شود. نیازی نیست که موجودات فانی بر محدودیت‌های خود غلبه کنند تا به روشنگری دست یابند؛ خودِ آن وجودِ نامحدود باید وارد محدودۀ فضا و زمان شود تا با ما ارتباط برقرار کند. تنها راه شناخت خدا به‌طور شخصی این است که بدانیم خدا شخصاً ما را شناخته است. خدا از پیش به‌خاطر ما آمده و می‌خواهد ما را بشناسد و توسط ما شناخته شود. محبت خدا نسبت به ما به‌واسطۀ فیض پیشگامانۀ او آشکار می‌شود که منتظر نمی‌ماند تا ما از خودمان علاقه نشان دهیم. اما شرایط لازم برای این کار چیست؟ هیچ شرطی وجود ندارد.

کار فیض‌آمیز خدا از طریق روح‌القدس

این روح‌القدس است که در درون ما کار می‌کند. «زیرا کیست که از افکار آدمی آگاه باشد، جز روح خود او که در درون اوست؟ بر همین قیاس، فقط روح خداست که از افکار خدا آگاه است. ولی ما نه روح این دنیا، بلکه روحی را یافته‌ایم که از خداست تا آنچه را خدا به ما عطا کرده است، بدانیم.» روح‌القدس از احوال درونِ خدا خبر دارد- همچون کسی که از احوال درونِ خود آگاه است- و حتی بهتر از آن. و همین روح است که خدا به آنانی می‌بخشد که به مسیح و عمل رهایی‌بخش و نیابتی‌اش تکیه می‌کنند. روح‌القدس «فکر مسیح» را به ما

می‌دهد (آیهٔ ۱۶). او نحوهٔ درک کردنِ خدا، خودمان، دیگران و جهانی را که در آن سکونت داریم از نو برای ما شکل‌ریزی می‌کند. روح‌القدس به ما چشم و گوش و قوهٔ تصور می‌دهد تا آنچه را که خدا برای دوستدارانش مهیا فرموده، بشناسیم (آیهٔ ۹). این بدان معناست که شناخت خدا- یعنی کسب درکی تازه از او- عملاً و کاملاً کار خدا است. البته این بدان معنا نیست که داشتنِ نگرش فروتنانه نسبت به خدا، فاقد اهمیت است، بلکه این نگرش فروتنانه باید منوط بر نگرش فروتنانهٔ خدا نسبت به ما در مسیح باشد. و اگر خدایی هست که چنین کاری کرده، چرا برای تقرب جستن به او طبق ضوابط خودش، یعنی قرار گرفتن در رابطه‌ای عمیق و شخصی با او، مشتاق نباشیم؟

شاید ما مانند نیقودیموس عیسی را برانداز و تحلیل می‌کنیم (یوحنا ۳). سؤال کردن هیچ ایرادی ندارد، ولی تا زمانی که عملاً وارد زندگی شخصی کسی نشویم، نمی‌توانیم جوابی برای پرسش‌های خود پیدا کنیم. این در مورد رابطهٔ ما با خدا هم صدق می‌کند. خدا از قومش نمی‌خواهد که خودشان را با او وفق بدهند تا بتوانند امور مربوط به او را بفهمند؛ برعکس، او با فرستادن پسرش شخصاً این کار را انجام می‌دهد تا ایشان بتوانند مفهوم داشتن رابطهٔ شخصی با خدا را درک کنند. شاید برای بعضی از ما، همین طبیعت شخصیت‌مند خدا است که ما را می‌ترساند و مانع از شناختن او می‌شود. شاید ما خدایی را نمی‌خواهیم که وارد حریم خصوصی‌مان شود. اما نیت خدا از فراهم کردن رابطه‌ای عمیق و شخصی، این نیست که ما را بترساند؛ او می‌خواهد به کسانی که محتاج امیدند، امید بدهد. او برای آزاد ساختن کسانی که در غل و زنجیر خودمحوری‌شان گرفتارند، آمده، نه برای بار گذاشتن بر دوش آنان. چنین خدایی است که می‌آید و می‌گوید: «من می‌خواهم خودم را با تو وفق بدهم.»

شرایط او اساساً تازه و شادی‌بخشند! او وارد زندگی ما می‌شود و رابطه‌ای عمیق با ما برقرار می‌سازد. اگر می‌خواهیم فکر مسیح را بشناسیم، پس لازم است از این رابطه استقبال کنیم؛ رابطه‌ای که در آن خدا عملاً ما را از درون دگرگون می‌سازد. هویت ما در کار فروتنانه و سازگار عیسی نهفته است که بر صلیب مرد تا به ما امید ببخشد، و تا ما فکر مسیح را داشته باشیم.

۵

رویش خدادادی

اول قرنتیان ۳:۱-۹

در سراسر این متن، استعاره‌های کشاورزی و آبیاری به‌طور بارزی به‌کار برده می‌شوند. این استعاره‌ها برای درک توصیف پولس از آنچه که در مقولهٔ رشد دخیل است، اهمیت حیاتی دارد. پولس تشریح می‌کند که چطور خودش و آپولس در فرایند رشد ایماندارانی که در نهایت توسط خدا کنترل و هدایت می‌شوند، شرکت می‌کنند.

قرنتیان در جامعه‌ای شایسته‌سالار زندگی می‌کردند. ایشان به حرکت رو به بالا علاقمند بودند. آنان از جهاتی برای موفقیت، پیشرفت و رشد جایگاه‌شان زندگی می‌کردند. آنها در فرایند صعود از نردبان ترقی، به‌دنبال توجیهی مسیحی می‌گشتند تا عذر و بهانه‌ای برای تلاش‌های آرمان‌طلبانه‌شان باشد. آنان خواهان معرفت، سخنوری و رهبرانی بودند که آنها را به‌عنوان افرادی حکیم، بالغ و مترقی از دیگران جدا کنند. پولس در این قسمت کلامی سخت اما فیض‌آمیز به‌کار می‌برد. سه حرکت زیر در عمق بخشیدن به درک ما از این متن، نقش خواهند داشت:

- رشد مطلوب
- رشد منحط
- ازسرگیری رشد

رشد مطلوب (آیه‌های ۱ و۲الف)

> اما ای برادران، من نتوانستم با شما همچون اشخاصی روحانی سخن بگویم بلکه همچون اشخاصی نفسانی سخن گفتم، یعنی مانند کسانی که در مسیح، کودک نوزادند. من به شما شیر دادم نه گوشت، زیرا آمادگی آن را نداشتید ...

میل به رشد کردن امری غریزی است. پولس با بهره‌گیری از استعاره‌ای طبیعی، یعنی رشد فیزیکی، از این مطلب سخن می‌گوید. او در همین مراحل آغازین سخنانش، به قرنتیان به‌عنوان «کودکانِ شیرخوار» اشاره می‌کند. ما ذاتاً میلی درونی به رشد داریم. ما دوست داریم رو به جلو حرکت کنیم و در زندگی پیشرفت داشته باشیم. وقتی به رشد طبیعی و مادی نگاه می‌کنیم، تصورمان این است که باید از جهات دیگر هم رشد داشته باشیم.

رشد طبیعی- نشانه‌ای از سلامت فیزیکی

وقتی امور طبق روال طبیعی اتفاق می‌افتند بشر مراحل رشد را از طریق رشد مادی- یعنی نوزادی، خردسالی، نوجوانی، و نهایتاً بزرگسالی- طی می‌کند. بزرگسالان شاید در آرزوی معصومیت و طبیعت آسودهٔ کودکانه باشند، اما هیچ دوست ندارند که از نظر جسمانی کودک بمانند و جثه و نیروی سال‌های آغازین زندگی را داشته باشند. ما تنها دوست داریم از معصومیت آن سنین یاد کنیم. هنگامی که به کودکان و بچه‌های نوپا نگاه می‌کنیم، به‌طور خودکار به این فکر می‌افتیم که آنها دلیلی برای نگرانی ندارند. در نتیجه به یاد می‌آوریم که بودن در آن مرحلهٔ سنی چه حسی می‌تواند داشته باشد. اما به یک چیز نمی‌توانیم فکر کنیم؛ اینکه به گذشته برگردیم و پوشک بپوشیم و چهار دست و پا روی زمین بخزیم، چون بر این باوریم که برای رشد- یعنی رشد طبیعی و فیزیکی- یک خط سیر طبیعی وجود دارد. پولس برای تصویر کردنِ جثهٔ نزار روحانی، با استفاده از استعاره‌ای فیزیکی، به همین میل انسان به رشد کردن متوسل می‌شود.

رشد شخصی- نشانه‌ای از سلامت روانی

تحقیقات علمی در مورد بازار کالا مدعی است که حرفهٔ خود-به‌سازی که شامل کتاب‌ها و سمینارهای کمک به خود، و نیز مشاوره‌های حل اختلافات زندگی می‌شود، تجارتی ۱۱ /۱۷ میلیارد دلاری است. ما با موضوع رشد شخصیِ خودمان- یافتن کمال، شادی و معنا- دست‌به‌گریبانیم. ما به‌دنبال عملی کردن آرزوهامان و تبدیل شدن به خودِ واقعی‌مان هستیم. دوست داریم رشد کرده و تبدیل به مردمانی شویم که توان بالقوهٔ نهفته‌شان به فعل درآمده است. قرنتیان هم با ما هیچ فرقی نداشتند، و به مسیحیت به دیدهٔ ابزاری برای دستیابی به آرمان‌ها و پیشرفت‌های خود نگاه می‌کردند. اما میل غریزی به رشد دامنه‌ای فراتر از رشد شخصی دارد.

رشد فرهنگی- نشانه‌ای از سلامت اجتماعی

روایت جامعهٔ مدرن، روایتِ پیشرفت، ترقی، درنوردیدن مرزها و تکامل است. ما می‌خواهیم جدیدترین، سریع‌ترین، تیزترین، تمیزترین، جذاب‌ترین، پرطرفدارترین و ستوده‌ترین فرد باشیم. برای دارا شدن چنین نمادهای اجتماعی باید به خودمان این اطمینان را بدهیم که رشدمان متوقف نشده است. در پس وسواس ما برای رشد و پیشرفت، این ترس

نهفته است که اگر از رشد کردن بازایستیم، اهمیت یا حتی موجودیت‌مان را از دست خواهیم داد. در فرهنگی که فقط سازگارترین‌ها در آن امکان بقا دارند، ما پیوسته در حال مطابقت دادن زندگی خودمان با محیط هستیم تا توانایی‌های‌مان را برای رشد، سازگاری و تکامل به رخ بکشیم. ما می‌خواهیم دیگران بدانند که ما در حال پیشرفت و رسیدن به جایگاهی هستیم که آرزویش را داریم. این انگیزهٔ فطری برای رشد و پیشرفت به هیچ وجه چیز بدی نیست. از موجودات زنده انتظاری جز رشد کردن نمی‌توان داشت! از موجودات زنده باید انتظار زندگی کردن داشت. از بچه‌ها انتظار داریم رشد کنند؛ از دانش‌آموزان مقطع راهنمایی انتظار داریم به مقطع بالاتر رفته، وارد دبیرستان شوند؛ از کارمندان سخت‌کوش انتظار داریم که ارتقای شغلی بیابند.

خدا جهانی آفریده که در آن زندگی به وفور موج می‌زند، و هدف او هم از این کار پرورش موجودات بوده است. او انسان را با این منظور طراحی کرد که از هر جنبه- جسمی، روانی، روحانی، روابطی، و فرهنگی- شکوفا شود (ر.ک. پیدایش ۲۸:۱). رشد و پیشرفت و شکوفایی را خود خدا طراحی کرده است. رکود و ایستایی، شادابی زندگی را زیر سؤال می‌برد. هیچ‌کس خواهانِ درجازدن نیست! وقتی از ما می‌پرسند که اوضاع چطور پیش می‌رود، هرگز در پاسخ نمی‌گوییم که داریم درجامی‌زنیم، و در جای کنونی ماندگاریم، و سعی می‌کنیم با حداقل ممکن بسازیم. حتی اگر این چیزها در فکرمان هم باشند، با صدای بلند آنها را با دیگران در میان نمی‌گذاریم، چون دوست نداریم که چونان کسانی بنماییم که پیشرفت‌شان متوقف شده است.

اکنون تنها چیز هراس‌آورتر از سکون، پسرفت و انحطاط و مرگ است. ما برای مخفی کردن انحطاط و رفتن به قهقرا تلاش‌های زیادی می‌کنیم. آنچه در جهان هستی قطعیت دارد، این است که اصل زوال موجودات باقی است. همچنان که گفته شده: «گرانش تنها پدیده‌ای فیزیکی نیست، تاریخی نیز هست.» ما زوال جسمانی خودمان را به‌وسیلهٔ داروهای شیمیایی و محصولات ضدپیری پنهان می‌کنیم؛ سیر قهقرایی شخصی خودمان را با مواد و داروها مخفی می‌داریم.

در آیه‌های ۱و۲الف، پولس می‌کوشد تا به میل طبیعی قرنتیان برای رشد متوسل شود. کتاب‌مقدس عملاً می‌گوید که رشد واقعاً چیز زیبایی است؛ کتاب‌مقدس به هیچ وجه زیر عنوان فروتنی، مخالفت با رشد را ترویج نمی‌کند. فروتن بودن و فعالانه درگیر پیشرفت بشری بودن منافاتی ندارند. رشد یک واقعیت طبیعی، کتاب‌مقدسی و روحانی است. مشکل زمانی بروز می‌یابد که رشد فقط مطلوب نیست، بلکه منحط می‌شود. در این موقعیت به‌خصوص قرنتیان از پولس انتظار داشتند که ایشان را به‌خاطر رشدشان و پشت‌سرگذاشتنِ دوران طفولیت مورد ستایش قرار دهد. آنها کلی کوشیده بودند و برای به دست آوردن رشد روحانی به این در و آن در زده بودند- برای بالغ شدن به تعالیم یا معلمانی چند متوسل شده بودند، ولی همهٔ اینها بی‌ارزش بود. اکنون پولس بدیشان می‌گوید که طی چهار سالی که از ایمان‌شان به مسیح می‌گذشت، اصلاً رشدی نداشته‌اند. آنچه می‌ترسیدند دارد بر سرشان می‌آید.

رشد منحط (آیه‌های ۲ب-۴)

> و هنوز هم [آمادگی] ندارید، چرا که هنوز نفسانی هستید. وقتی در میان شما حسد و جدال هست، آیا نشان آن نیست که نفسانی هستید؟ آیا مانند انسان‌های معمولی رفتار نمی‌کنید؟ زیرا وقتی کسی می‌گوید: «من به پولس تعلق دارم،» و دیگری می‌گوید: «من متعلق به آپولس هستم،» آیا انسان‌هایی معمولی نیستید؟ (آیه‌های ۲ب-۴)

پولس ادعا می‌کند که آنان در ایمان هیچ پیشرفتی نداشته‌اند- آنها هنوز طبق اصول پیشرفت و موفقیت فرهنگ قرنتس عمل می‌کنند. انجیل هنوز برای آنها معنا نیافته است. اما او بر چه مبنایی این ادعا را مطرح می‌کند؟

مدرک رشد منحط/به تأخیر افتاده

نشانه‌های مشهود پسرفت عبارتند از فرقه‌بازی، حسد و جدال در کلیسا. پولس در غلاطیان ۱۹:۵ و ۲۰ حسد و نزاع را در کنار بت‌پرستی، جادوگری و بی‌بندوباری جنسی، «اعمال نَفْس» می‌خواند. اینها در تضاد مستقیم با ثمرهٔ روح قرار دارند. در این برهه، حسد و جدال قرنتیان را بر آن داشته بود تا رهبران مسیحی همچون پولس و آپولس را در برابر هم به رقابت وادارند. در واقع، چیزی زیبا و نیکو را فرصتی برای جدایی و اختلاف کرده بودند.

مشکل اینجا بود که قرنتیان برای رشد از منابع نادرستی استفاده کرده بودند.

اغلب، جستجوی ما برای پیشرفت و رشد به جاهای نادرست ختم می‌شود. ما به چیزهایی نظیر پوشاک، مسافرت، خوراک لذید و فرهنگ سطح بالا رو می‌آوریم تا خودمان را به جلو بکشیم و به خود واقعی‌مان نزدیک‌تر شویم- و با دقت فراوان یافته‌هامان را در رسانه‌های اجتماعی ثبت می‌کنیم تا دنیا آنها را ببیند. به آدم‌های دیگر- روابط عاشقانه، رهبران تجاری، نویسندگان بااستعداد، اندیشمندان شهیر، و حتی رهبران و شبانان بانفوذ مذهبی- نگاه می‌کنیم. این همان کاری است که قرنتیان هم می‌کردند. در آیهٔ ۳، پولس می‌پرسد: «آیا شما نفسانی نیستید و آیا مانند انسان‌های معمولی رفتار نمی‌کنید؟» او در آیهٔ ۴ چنین ادامه می‌دهد: «وقتی کسی می‌گوید: "من به پولس تعلق دارم"، و دیگری می‌گوید: "من متعلق به آپولس هستم"، آیا انسان‌هایی معمولی نیستید؟» واژهٔ یونانیِ "انسان" را می‌توان «جسمانی» هم ترجمه کرد. به‌عبارت دیگر، پولس از آنها می‌پرسد که آیا مطابق طبیعت گناه‌آلود رفتار نمی‌کنند- آیا هنوز جسمانی هستید؟ هدف پولس پرسیدن سؤالات تشخیصی از قرنتیان است تا ایشان بتوانند احوال درونی خود را ارزیابی کنند. نظر پولس این است که ریشهٔ مشکل، وصل شدنِ قرنتیان به منبع غلط است. در نهایت، تصمیم‌گیری برای جستجو کردنِ رشد در چیزهای دیگر و آدم‌های دیگر نوعی جهت‌گیریِ باطنی است. برای تعیین رشدی که دنبالش هستیم و نحوهٔ

دست یافتن به آن، باید به کسی که برتر از همه است اعتماد کنیم. وقتی در خودمان به‌دنبال رشد بگردیم، در نهایت آن رشد منحط می‌شود.

در خلال مناظرهٔ دوم برای انتخابات ریاست جمهوری سال ۲۰۰۴، مجری برنامه از آقای بوش سؤال بسیار سختی پرسید. او پرسید: «آقای رئیس‌جمهور، شما طی چهار سال گذشته هزاران تصمیم گرفته‌اید که بر زندگی میلیون‌ها انسان تأثیر گذاشته است. لطفاً سه مورد از تصمیمات اشتباهی را که گرفته‌اید، نام ببرید و بگویید برای تصحیح آنها چه اقدامی کرده‌اید؟» هیچ‌کس دوست ندارد به اشتباهات خود اقرار کند. به همین دلیل پرسش مزبور هم سؤال خوبی بود و هم سؤالی سخت. پرسش‌هایی از این دست به ما کمک می‌کنند خودمان را ارزیابی کنیم و اشکالات کارمان را بشناسیم. پولس نیز انگشت خود را به‌سوی قرنتیان گرفته، می‌گوید: «منبع رشد شما در حال حاضر، شخص حامی‌تان است. ولی اجازه دهید به شما بگوییم که منبع حقیقی رشد کجاست و چرا تا زمانی که به آن نرسیده‌ایم، هرگز نمی‌توانیم آگاهی صریحی از وضعیت خود پیدا کنیم.» خدا دوست دارد ما را با پرسش‌های تشخیصی دشوار روبه‌رو سازد- او می‌خواهد ما نسبت به خودمان آگاهی داشته باشیم. او از ما نمی‌خواهد خود را چیزی غیر از آنچه هستیم وانمود کنیم. این پرسش‌ها ممکن است دردآور باشند، اما منشأ رحمت هم هستند چون خدا خواهان صداقت در وجود ماست. او از ما انتظار دارد که روراست باشیم. او هیچ دوست ندارد که ما منبع اصلی رشدمان را فراموش کنیم. وقتی در خودمان به‌دنبال رشد بگردیم، در نهایت آن رشد منحط می‌شود. وقتی ما می‌گوییم: «من پیرو پولس هستم» یا «من پیرو آپولس هستم»، پولس تشویق‌مان می‌کند که بگوییم: «من پیرو مسیح هستم.» ولی ما اغلب می‌گوییم: «من پیرو ----- هستم» و در جای خالی نام خودمان را می‌گذاریم، زیرا دوست نداریم از هیچ فرد مقتدری پیروی کنیم، حتی اگر خیرخواه باشد.

آیا حقیقت دارد که پیروی از خدا در مسیح منبع صحیح رشد است؟ از کجا می‌توانیم در این باره مطمئن باشیم؟ پولس چگونه از قرنتیان می‌خواهد که منبع نهایی رشد خود را پیدا کنند؟

ازسرگیری رشد (آیه‌های ۵-۹)

> مگر آپولس کیست؟ پولس کیست؟ آنان فقط خادمانی هستند که خدا به هر کدام وظیفه‌ای سپرده تا شما به‌واسطهٔ ایشان ایمان آورید. من بذر را کاشتم و آپولس آن را آبیاری کرد، اما خدا بود که موجب رویش آن شد. پس نه کارنده کسی است و نه آبیاری‌کننده، بلکه فقط خدا که رویاننده است. (آیه‌های ۵-۷)

به آنچه پولس در اینجا انجام می‌دهد، توجه کنید: او با به‌کاربردنِ «چیست»[1] به‌جای «کیست» (آیهٔ ۵)، در واقع، از خود و آپولس شخص‌زدایی می‌کند- یعنی ما چه باید بکنیم که باعث رشد شما شود؟ او از بالا بردنِ خود و آپولس هم خودداری می‌کند. چکیدهٔ سخن

---

۱. در برخی ترجمه‌های انگلیسی «چیست» آورده‌اند. و.

او در آیهٔ ۵ این است: «ما خادمانی بیش نیستیم.» پولس به منبع و سرچشمهٔ خدمت‌شان- که "وظیفه‌ای" از جانب خداوند است- اشاره می‌کند.

رشد حقیقی همواره از سوی خدا داده می‌شود. پولس اهمیت خدمت خودش و آپولس را نادیده نمی‌گیرد («من بذر را کاشتم و آپولس آن را آبیاری کرد» آیهٔ ۶)، بلکه به منشأ اصلی رشدی که قرنتیان به‌دنبالش می‌گشتند، اشاره می‌کند: «خدا بود که موجب رویش می‌شد» (آیهٔ ۶). پولس به قرنتیان می‌گوید: «باید روی کسی متمرکز می‌شدید که شما را رشد داده، ولی از آنجایی که همچنان در نوزادی مانده‌اید، هنوز خوراک‌تان شیر است! اگر تشنهٔ آب هستید، نباید ظرف خالی را دودستی بچسبید! شخصی که در بیابان گرفتار شده، هیچ اِبایی ندارد که آب را از لیوان می‌نوشد، یا از بطری و یا از گودالی در دل شن؛ دغدغهٔ او نوشیدن آب- یعنی منبع حیات- است!» قرنتیان به دامان خادمان خدا چنگ انداخته و نکتهٔ اصلی را فراموش کرده بودند- اینکه خادمان صرفاً پیام‌آورانی از جانب خدا هستند. این خداست که رویش، سلامتی، زندگی، نشاط و شکوفایی می‌بخشد. اگر چنین حرفی درست باشد، پس معانی ضمنی حیرت‌آوری نیز به همراه خواهد داشت.

معنی ضمنی شمارهٔ ۱

ما برای رشد نیاز به دست‌وپا زدن نداریم. اگر بدانیم و یقین داشته باشیم که رشد محصول تلاش ما نیست، آنگاه می‌توانیم از همهٔ پروژه‌های خود-امدادی، خود-بالندگی و خود-شکوفایی دست بکشیم. انجیل تصریح می‌کند که نجات به‌واسطهٔ فیض و از راه ایمان میسر می‌شود (افسسیان ۸:۲). همچنین اظهار می‌دارد که رشد در مسیح به‌واسطهٔ فیض و از راه ایمان است. رشد با خواندن کتاب خوب، یا شنیدن موعظهٔ خوب، یا پیروی از انضباط‌های روحانی به‌دست نمی‌آید. این چیزها بی‌اهمیت نیستند- و خدا از آنها هم استفادهٔ احسن می‌کند، چنانکه پولس و آپولس را به‌کار گرفت! اما رشد از هیچ‌کدام از اینها عاید نمی‌شود. رشد مستقیماً از جانب خدا می‌آید.

معنی ضمنی شمارهٔ ۲

از آنجا که خدا منشأ رشد است، پس می‌توانیم به تفاوت‌هامان از چشم‌انداز صحیح بنگریم. همان‌طور که پولس گفت، او و آپولس فقط "خادمان" مسیح بودند (آیهٔ ۵). این بدان معنا است که هیچ سلسله‌مراتبی وجود ندارد. اگرچه ما با هم متفاوتیم، اما هیچ وجه تفاوتی نیست که یکی از ما را به لحاظ کیفی بهتر از دیگری کند. خدا تفاوت‌ها را محترم می‌شمارد. یکی می‌کارد، دیگری آبیاری می‌کند، یکی زمین را شخم می‌زند، و یکی دیگر هم محصول را درو می‌کند. هر فرد مسیحی به عطایی مجهز است که او را منحصربه‌فرد و از دیگران متمایز می‌سازد، و تک تک اعضای منحصربه‌فرد بدن مسیح از اهمیتی یکسان برخوردارند (ر.ک. ۱۲:۱۹و۲۰). تفاوت به معنای جدایی نیست. جماعتی که با انجیل شکل گرفته، وحدت در عین کثرت از ویژگی‌های آن است: «آن که می‌کارد و آن که آبیاری می‌کند،

هر دو یــک هدف دارند» (آیۀ ۸). این واقعیت که آنها با هم فرق دارند باعث نمی‌شــود که به گروه‌هایی جدا از هم با علایق و اهدافی گوناگون تبدیل شــوند. توجه داشته باشید که از ســخنان پولس نمی‌توان اســتنباط کرد که او با آپولس اختلاف داشته است. قرنتیان الگویی ابــداع کرده بودند که این نفاق را به‌وجود آورده بود، ولــی پولس در اینجا می‌گوید که او و آپولس یکی هستند. اگر به این تشخیص برسیم که خدا منبع رشد است، وقتی دیگران شکوفا می‌شوند، می‌توانیم آنها را تشویق و تمجید کنیم!

معنی ضمنی شمارۀ ۳

باید به موضوع اطاعت نیز از منظر درســت بنگریم. یکی باید بذر را بکارد، و یکی دیگر باید آن را آبیاری کند (آیۀ۸الف). به بیانی دیگر، اگر پولس با موعظۀ انجیل، آن را "نکاشــته بود"، قرنتیان نمی‌توانســتند انجیل را بشــنوند. وجود تک تک خادمان ضروری است. یکی می‌تواند تمام روز خود را صرف کاشــتن بذر کند، اما اگر کسی نباشد که بذرهای کاشته را آبیاری نماید، هیچ رشــدی نخواهد بود. یکی می‌تواند تمام روز آبیاری کند، اما اگر کاشــتی نباشد، رشدی هم در کار نخواهد بود. در نهایت، ما می‌توانیم تمام روز بکاریم و آبیاری کنیم، اما اگر خدا رویش ندهد، هیچ ثمری وجود نخواهد داشــت. اگرچه اطاعت امری ضروری اســت، لیکن حرف آخر نیست. نباید نتیجۀ رشــد را منوط به تلاش‌های خودمان یا دیگران کنیم، زیرا بنا به اظهار خود خدا، مسئولیت این کار با اوست (آیۀ ۷). وقتی از رشد بازمی‌مانیم، قطعاً می‌توانیم با پشــتکار بیشتر دعا کنیم، کتاب‌مقدس بخوانیم و انجیل را موعظه نماییم. اما در نهایت این خداست که ما را رشد می‌دهد.

چگونه می‌توانیم مطمئن باشــیم که خدا رشددادنِ ما را ازسر می‌گیرد؟ باغبانی این جهان را به منظور رونق و شــکوفایی غرس کرد (آفریده). زمانی که باغ او رو به ویرانی (سقوط) نهاد، باغ را به حال خود رها نکرد. خودش جسم پوشید و پا به درون جهانِ آفریده‌اش گذارد (تجسم) تا تقصیر گناه، انحطاط، پسرفت و مرگ (صلیب) ما را بر دوش بگیرد و با شکست دادن مرگ (رســتاخیز) انسانی نوین بیافریند. او برای خود قومی آفریده که برای همکاری با او در باغ فراخوانده شــده‌اند- خادمانِ کشتزار خدا (دعوت به مأموریت مسیحی). او وعده داده است که سرانجام، با ساکن شدن‌مان در باغ- شهری مصالحه‌یافته- (خلقت تازه) همۀ ما رشد، شکوفایی و پیشرفت ابدی را در همۀ عرصه‌ها (طبیعی، شخصی، اجتماعی، فرهنگی) تجربــه خواهیم کرد. وقتی می‌بینیم که این باغبان بــرای اطمینان دادن به ما در مورد صحتِ وعده‌هایش تا چه اندازه مایه گذاشــته اســت، دیگر کاری نمی‌توانیم بکنیم جز اینکه برای رشدمان به او اعتماد کنیم. فشار برای ایجاد رشد از روی شانه‌های ما برداشته می‌شود. دیگر لازم نیســت از این دنیا بخواهیم برای ما رشدی فراهم آورد. وقتی روی واقعیت‌های اساسی و ماندگار انجیل ژرف‌تر غور می‌ورزیم، خدا هم ما را رشد می‌دهد.

عیســی در یوحنا ۱۵ می‌فرماید: «من تاک هستم و شما شــاخه‌های آن. کسی که در من می‌ماند و من در او، میوه بســیار می‌آورد؛ زیرا جدا از من، هیچ نمی‌توانید کرد» (آیۀ ۵). جدا

از ارتباط و اتصال با تاک حقیقی، هیچ رشدی ممکن نخواهد بود. باید با منبع رشد- تاک حقیقی- در ارتباط باشیم. درست همان‌طور که ایمان به‌لحاظ توانایی انسانی به‌کلی خارج از حوزهٔ امکان است، رشد هم به‌کلی محال است. اینها هدایایی هستند که خدا به ما ارزانی می‌دارد. اگرچه در اینجا هیچ اشارهٔ صریحی به صلیب مسیح وجود ندارد، اما لازم است پیام پولس را به قرنتیان، در پرتو مطالبی که پیشتر در همین نامه گفته بود، درک کنیم: مسیح او را فرستاده بود تا «بشارت رسانم، ولی نه با حکمت سخنوری، مبادا قدرت صلیب مسیح بی‌اثر گردد» (۱۷:۱). استدلال پولس این است که قرنتیان در پی قدرت، نیرو، حکمت، روشنایی و حامی، به بیراهه می‌روند و منبع اصلی را گم کرده‌اند. اما الگوی جایگزین برای جماعت مسیحی بسیار واژگونه است؛ در این الگو همه چیز سروته است. جماعت مورد نظر پولس قدرتش ضعف، و حکمتش حماقت تلقی می‌شود. صلیب ستون فقرات چنین جماعتی است. جدای از منبع اصلی رشد که در شخص عیسای مسیح فراهم شده، هیچ راهی برای رشد کردن وجود ندارد.

زمانی که مریم مجدلیه عیسی را پس از رستاخیزش می‌بیند، حتی او را تشخیص نمی‌دهد (ر.ک. یوحنا ۲۰). او را می‌نگرد، ولی نمی‌بیند، چون توانایی خلق ایمان را در وجود خودش ندارد. وقتی عیسی عطای ایمان را به او می‌بخشد و می‌گوید: «مریم!»، ناگهان چشمانش بازمی‌شود و او هم در پاسخ می‌گوید: «ربونی!» این زمانی است که چشمان مریم گشوده شده است. شاید این در بدو امر مأیوس‌کننده به نظر برسد، چون بدان معناست که ایمان و رشد با تلاش‌های انسان به‌دست نمی‌آیند. اگر به‌راستی چنین باشد، پس دیگر ایمان آوردن به چه کار می‌آید؟ و وقتی حتی توانایی این را نداریم که خودمان را رشد دهیم، دیگر چه نیازی هست که رشد کنیم؟ ولی همان چیزی که در ابتدای امر مشکل‌ساز به نظر می‌رسید، در نهایت می‌تواند رهاننده باشد. مشکل‌ساز خواهد بود اگر با این فرض پیش برویم که ما چه کارهایی می‌توانیم برای خدا انجام دهیم نه اینکه خدا چه کارهایی می‌تواند برای ما انجام دهد. تلاش برای ایجاد رشد در وجود خودمان، به نومیدی خواهد انجامید. ولی اگر بدانیم که منبع بی‌قید و شرطی وجود دارد که هرگز تغییر نمی‌کند، و آن منبعی است که عملاً چیزی به ما می‌دهد که خودمان قادر به کسبش نیستیم، آن‌وقت روزنهٔ امیدی در برابرمان گشوده می‌شود. می‌توانیم حتی زمانی که هیچ مایهٔ دلگرمی‌ای وجود ندارد، از یأس بپرهیزیم، زیرا می‌دانیم که منبع نهایی رشد از تلاش‌های خودمان ناشی نمی‌شود.

خبر خوش مسیحیت این است که می‌توانیم آرزوی ذاتی‌مان را برای رشد، به‌درستی مورد تجلیل قرار دهیم و تشویق کنیم. اگرچه در این دنیا عوامل بسیاری برای دلسرد کردن ما و کم‌فروغ ساختنِ نور امید به رشد وجود دارند، ولی می‌توانیم امید نهایی را در عیسای مسیح بیابیم. در اوست که ما همهٔ منابع لازم را برای جنگیدن با رشد منحط پیدا می‌کنیم. دیگر مجبور نیستیم بردهٔ منابع ناصحیح رشد باشیم، چون در عیسای مسیح و به‌واسطهٔ قوم او، منبع لایزال امید را به‌دست خواهیم آورد که همهٔ آرزوهای ذاتی‌مان را برای رشد، به‌درستی جامهٔ عمل خواهد پوشاند.

۶

ساختار جماعت
اول قرنتیان ۳:۱۰-۲۳

در آیه‌های پیشین اول قرنتیان ۳، پولس از استعارۀ کشاورزی برای توصیف جماعت مسیحی بهره گرفته بود، و در این قسمت از استعارۀ معماری استفاده می‌کند. او در ۳:۱-۹ جماعت مسیحی را به‌عنوان «مزرعۀ خدا» توصیف کرده بود. اکنون با بهره‌گیری از یک عبارت انتقالی در آیۀ ۹، جماعت را «ساختمان خدا» می‌خواند. به خاطر داشته باشید که شهر قرنتس با سرعت در حال ترقی بود. شاید استعارۀ کشاورزی نتواند برای بعضی از قرنتیان، و همچنین شهرنشینان امروزی و مدرن هیجان‌انگیز باشد. به قول دیوید گارلند: «تمثیل ساختمان برای شهرنشینان آشناتر است، و پولس به آنان به‌عنوان گروهی متنوع (برخی آزاد به دنیا آمده بودند و برخی دیگر بردگان آزاد شده، و عده‌ای دیگر هم برده بودند) اشاره می‌کند که با مهارت‌های گوناگون (عده‌ای مهارت‌های بالا- بنایان، نجاران، سنگ‌تراشان- داشتند و عده‌ای کارگرانی ساده بودند) گرد هم آمده‌اند تا با هم عمارتی بنا کنند.» به‌عبارت دیگر، پولس مطلب خود را به‌گونه‌ای تنظیم می‌کند که برای جماعتی با مهارت‌های گوناگون، متناسب باشد. معماری جماعت را در ذیل سه مرحله مورد بررسی قرار خواهیم داد:

- ساختن جماعت
- تخریب جماعت
- بازسازی (یا احیای) جماعت

ساختن جماعت (آیه‌های ۱۰، ۱۱و۱۶)

ساختمان‌های زیبا به خودی خود گویا هستند. زیبایی آنها به‌طور طبیعی باعث می‌شود که سرمنزل مقصود شوند. ساختمان‌های زشت و بدساخت هم برای خود گویا هستند؛ آنها چهرهٔ شهرها را کریه و بدنما می‌کنند. ساختمان‌های بدساخت نه تنها از نظر زیبایی‌شناختی بیننده را تحت تأثیر قرار نمی‌دهند، بلکه خطرناک هم هستند. در خبرها اغلب گزارش فرو ریختن ساختمان‌های بدساخت در سراسر جهان به گوش می‌رسد که بسیاری از انسان‌ها را هم به کام مرگ می‌کشند. پولس در جماعت مسیحی قرنتس همین نیروی بالقوه را می‌بیند که تبدیل به ساختمانی بدساخت شود و روزی بر سر خودشان آوار گردد. او اندازه‌های لازم را برای ساختن جماعت مستحکم، خوش‌بنیه و زیبا به ایشان می‌دهد. هر چیزی که ارزش ساختن دارد، باید خوب ساخته شود. این زمینه‌سازی در زندگی روزمرهٔ ما هم مشهود است. ما برای اینکه شغل‌مان را «بسازیم»، همهٔ جوانب کار را در نظر می‌گیریم؛ کتاب‌هایی در زمینهٔ ازدواج و پرورش کودک مطالعه می‌کنیم، و با دقت هرچه تمامتر وضعیت مالی خود را مورد بررسی قرار می‌دهیم. پس چرا نباید همین کار را در مورد زندگی روحانی و جماعت‌مان انجام دهیم؟

ضرورت ساخت و ساز درست

> با فیضی که خدا به من بخشیده است، همچون معماری ماهر پی‌افکندم و دیگری بر آن پی، ساختمان می‌سازد. اما هر کس باید آگاه باشد که چگونه می‌سازد. (آیهٔ ۱۰)

پولس «معمار ماهری» است که کار معمار و مهندس را با هم ادغام می‌کند. در زمینهٔ فرهنگی مورد بحث، کار چنین فردی نظارت بر همهٔ عناصر گوناگون دخیل در یک پروژهٔ ساختمانی، از آغاز تا پایان بود. این پولس را در جایگاه اقتدار، مسئولیت، و علاقهٔ شخصی قرار می‌دهد. این همه «با فیض ... بخشیده شده است.» او صرفاً یک کارگر اجیر شده نیست، و برای ادای دِین خود هم کار نمی‌کند- بلکه این کار را «با فیضی که خدا ... بخشیده است» انجام می‌دهد. پولس مثل تماشاچی از بیرون به نظاره ننشسته است، بلکه خود بخشی از پروژهٔ ساخت‌وساز مشترک با قرنتیان است. نقش اصلی او پی افکندن بود، و اکنون دیگران بر شالوده‌ای که او ریخته، ساختمان را می‌سازند و بالا می‌برند.

اَبَرسازه، یک پروژه ساختمانی گروهی است. پولس همهٔ قرنتیان را می‌بیند که به هم پیوسته‌اند و جزو کارکنان ماهر این پروژهٔ ساختمانی شده‌اند. بر دوش هر یک از اعضای این کارکنان مسئولیتی خاص نهاده شده است، و صحت و سلامت ساختمان بستگی کامل به صحت عمل تک تک کارکنان دارد. هر یک باید «آگاه باشد که چگونه می‌سازد.» پس اگر فردی که وظیفه‌اش تهیه و قرار دادن ستون‌ها است، تصمیم بگیرد به‌جای فولاد از چوب

ارزان و بی‌دوام استفاده کند، و نسبت به درست قرار دادن ستون‌ها در جای صحیح هیچ دقتی از خود نشان ندهد، کف ساختمان شکم خواهد داد و جان همهٔ ساکنان به خطر خواهد افتاد. همهٔ کارگران باید هوشیار باشند.

پی یا شالوده اساساً همان چیزی است که باعث ثبات و استحکام ساختمان می‌شود. پولس در قسمت قبلی گفته بود که او همان کسی است که بذر را کاشت، و آپولس آن را آبیاری کرد، ولی در نهایت خدا است که باعث رشد و رویش می‌شود. و حال در این قسمت پولس می‌گوید که او پی را افکنده، اما کسی دیگر (شاید آپولس یا رهبران دیگر کلیسا) بر آن پی ساختمان می‌سازند. حرف پولس این است که کلیسا یک پروژهٔ ساختمانی گروهی است. برای ساختن آن ما به مشارکت همه نیازمندیم و هر کس به فراخور کاری که می‌کند، مسئول است. درست به همان ترتیب که در بنای رابطهٔ زناشویی، دوستی‌ها و مشاغل همکاری داریم، به همان اندازه- اگر نگوییم بیشتر- باید در بنای کلیسا، جماعتی که با فیض خدا به‌وجود آمده، تشریک مساعی کنیم.

«زیرا هیچ‌کس نمی‌تواند جز آن پی که نهاده شده است، پی دیگری بگذارد، و آن پی همانا خود عیسای مسیح است» (آیهٔ ۱۱). پی وحدت به‌وجود می‌آورد، چون ذاتاً یکی است. ما خوانده نشده‌ایم تا بر پی‌های خودمان بنا کنیم. این پرسش مرسومی است که می‌گوید: «زندگی‌ات را بر چه شالوده‌ای بنا کرده‌ای؟» اما پرسش مزبور، در عین حال گمراه‌کننده هم هست. طبق کتاب‌مقدس، تنها یک شالوده وجود دارد: شخص و کار عیسای مسیح. این پی نیرویی است تثبیت‌کننده، اتحادبخش، تزلزل‌ناپذیر و استوار. در زمینهٔ متن ۱:۱۰-۲۱:۴، پولس رسول عیسای مسیح را مد نظر دارد، و آن هم عیسای مصلوب (ر.ک. ۲:۲). پولس شخصیت عیسی را جدا از کاری که با مرگش بر صلیب به انجام رساند، حتی تصور هم نمی‌کند. عیسای مسیح، و آن‌هم مصلوب، یگانه شالوده‌ای است که پایه‌گذار وحدت در کلیساست و پروژهٔ ساختمانی جماعت مسیحی بر آن استوار می‌گردد. آن بنیان متینی است که می‌تواند بزرگترین آرزوهای ما را برای وحدت، ثبات، و حتی هویت‌مان تأمین و تضمین کنید. حرف پولس این است که اگرچه ممکن است وسوسه شویم هویت‌مان را بر چیزهای دیگر استوار سازیم، اما باید اطمینان داشته باشیم که پی این ساختمان به‌خصوص، عیسی است و آن‌هم عیسای مصلوب. و همهٔ مشارکت ما در ساخت‌وساز ریشه در همین بنیان دارد.

این پی مطمئن است- موجب ثبات می‌شود. همهٔ پی‌های دیگر در مقایسه با مسیح، اصلاً پی محسوب نمی‌شوند. بدین‌ترتیب، اگر مسیحیت حقیقت است، برای دو مورد از بزرگترین آرزوهای قلبی بشر شالوده‌ای فراهم نموده است: اول، آرزوی قلبی انسان برای دستیابی به وحدت و روابط آشتی‌جویانه. هیچ‌کس با این فکر از خواب بیدار نمی‌شود که: «امروز چطور می‌توانم تفرقه ایجاد کنم؟» همهٔ ما مشتاق داشتن روابط شالومی، آشتی‌جویانه، هماهنگ و کامل هستیم. دوم، آرزوی قلبی بشر برای ثبات که می‌تواند توفان‌های زندگی را فرونشاند. هیچ‌کس با این فکر برنمی‌خیزد که: «امیدوارم امروز با مشکلی روبه‌رو شوم که نتوانم از عهده‌اش بربیایم!»- «چه تجربهٔ بی‌نظیری خواهد بود اگر برایم اتفاقی بیفتد که وجودم را

تا مغز اســـتخوان بلرزاند.» ما همگی آرزومند زندگی باثبات، عادی، دلپذیر و امن هستیم. ما مشتاق هویتیم؛ پس زندگی‌مان را صرف ساختن هویت خودمان می‌کنیم.

ساختن هویت

همهٔ ما در نهایت به‌دنبال هویتی می‌گردیم که به ما احساس امنیت ببخشد و به‌شکلی معنادار در ارتباط با دیگران قرار دهد. ما می‌خواهیم خودمان را بشناسیم و به دیگران بشناسانیم. پولس ادعا می‌کند که "ســـاختمان" خدا بودن، به ما هویت می‌بخشد. آیهٔ ۱۶ می‌گوید: «آیا تشخیص نمی‌دهید که معبد خدایید و روح خدا در شـــما ساکن است؟» پولس با حرکتی بنیادین از این اصطلاح برای دلالت بر همان مکان مقدســـی استفاده می‌کند که حضور خدا در آن ساکن بود (یعنی "معبد") و آن را در مورد جماعت مسیحی قرنتس به‌کار می‌برد. او به آنان می‌گوید که وقتی کلیســـا بر شالودهٔ مسیح گرد هم می‌آیند، مکانی به‌وجود می‌آورند که خدا آن را برای سکونتش بر زمین انتخاب می‌کند. این نکته زمانی کاملاً ابهام‌زدایی می‌شـــود که او به‌روشـــنی می‌گوید: «روح خدا در شما ساکن است.» همهٔ افراد کلیسا به‌عنوان جماعت همکارانِ مسیح-بنیاد، چنین هویتی دریافت می‌کنند. همهٔ آن افراد به‌واســـطهٔ پیروی از مسیح که پی و شالوده‌شان است، با یکدیگر مرتبط می‌شوند. نتیجه این می‌شود که روح خدا در میان‌شان ساکن می‌گردد. برای کار کردن در جماعت ایمانی، و در کمال هماهنگی، به چه انگیزهٔ دیگری نیاز داریم؟

ولی در اینجا تنشـــی وجود دارد که ما به‌ســـادگی نمی‌توانیم آن را نادیده بگیریم. قرنتیان به‌جای عمل کردن به‌عنوان همکارانی متحد در جماعت اَبَرسازه‌ای خدا، دست به‌کار ساختن عمارت‌های خودشان شده بودند، که حاصلش تفرقه، چنددستگی، ویرانی و تخریب بود. و ما می‌دانیم که آنها در این مورد اســـتثنا نیستند. در کلیساهای امروز نیز شاهد همین جدایی‌ها و نفاق‌های مخرب هستیم.

تخریب جماعت (آیه‌های ۱۲-۱۵و۱۷)

کلیســـاها اغلب جایی هســـتند که عملکرد ناقص یا نفاق در آنها بیشـــترین نمود را پیدا می‌کنند. پولس در این قسمت توضیح می‌دهد که یک جماعت از چند جهت می‌تواند دچار تخریب شود.

یکی از این راه‌ها، تخریب از طریق بی‌اعتنایی به شـــالوده است (آیهٔ ۱۱). اگرچه هیچ پیِ راستینِ دیگری وجود ندارد، اما خیلی‌ها از ایمان آوردن به این حقیقت خودداری می‌کنند و به‌دنبال کار خودشـــان هستند. ما به‌جای اقرار به اینکه عیسی، و آن‌هم عیسای مصلوب، تنها پیِ مطمئن اســـت، دنبال شالوده‌هایی برای خودمان می‌گردیم که قابل اعتمادتر و مستحکم‌تر باشند. در جنبش‌های سیاســـی، ایدئولوژی‌های فلســـفی، مصرف‌گرایی، فردگراییِ شدید، و غیره به‌دنبال بنیان هســـتیم. وضعیت‌مان شـــبیه به این اســـت که دست به‌کار ساخت‌وساز می‌شویم و برای ساختمان‌مان پی هم می‌کَنیم، ولی چون پی ساختمان از انجیل نیست، نتیجه چیزی نیست جز ویرانی.

یکی از شـــالوده‌های رایج در فرهنگ مدرن، احساسات است. البته منظور این نیست که احساسات را کلاً پدیده‌ای اهریمنی بدانیم، چون انسان نمی‌تواند صِرفاً عقلانی و منطقی باشد. باید توجه داشـــت که همهٔ انسان‌ها ذاتاً طبیعتی شخصی دارند، و از این‌رو داشتن احساس و عاطفه هیچ اشـــکالی ندارد– و در واقع، ما به داشتنِ احساس و عواطف نیازمندیم. اما وقتی پای شـــالوده به میان می‌آید، نمی‌توانیم صرفاً بر احساســـات‌مان اتکا کنیم، چون این کار به احســـاس‌گرایی می‌انجامد. اگر بر احساسات خود متکی هســـتیم، این می‌تواند دلیلی باشد بر اینکه چرا زندگی‌مان این‌قدر بی‌ثبات اســـت. امروز اتفاقی می‌افتد، و ما در مورد خودمان احساســـی عالی پیدا می‌کنیم. ســـپس اتفاقی مخالف آن روی می‌دهـــد، و گویی کل زندگی روی سرمان خراب می‌شـــود. خیلی‌ها به این باور رسیده‌اند که وجدان ما عمیقاً تحت تأثیر احساســـات و فطرت ما قرار دارد، نه تحت تأثیر چیزی/ کســـی (بیرون از وجود خودمان)، یعنی عیسای مســـیح. نتیجتاً، باید بپذیریم که ما انسان‌هایی به‌شدت دمدمی‌مزاج و بی‌ثباتیم. اگر صرفاً بر پایهٔ تجربه و احساســـات‌مان عمل کنیم، پی خود را بر چیزی افکنده‌ایم که بسیار متزلزل‌تر از بنیان استوار مسیح است.

روش دوم تخریب یک جماعت، اســـتفاده از مصالح ساختمانی پست و بی‌کیفیت است. آیه‌های ۱۲ به بعد همین مطلب را بیان می‌کنند:

> اگر کسی بر این پی ساختمانی از طلا یا نقره یا سنگ‌های گرانبها یا چوب یا علف یا کاه بسازد، آشکار خواهد شد که چه کرده است، چرا که آن «روز» همه چیز را ظاهر خواهد ساخت. زیرا آتش نتیجه کار را آشکار کرده، کیفیت کار هر کس را خواهد آزمود. اگر آنچه بنا کرده اســـت باقی بماند، پاداش خود را خواهد یافت. اما اگر بسوزد، زیان خواهد دید؛ و هر چند خود نجات خواهد یافت، اما همچون کسی خواهد بود که از میان شعله‌های آتش جان به در برده باشد.

توجه داشـــته باشید که پولس دربارهٔ مراتبِ رســـتگاری[1] سخن نمی‌گوید. او صرفاً به دو دسته مصالح ساختمانی اشـــاره دارد. یکی مصالح فناناپذیر (طلا، نقره، سنگ‌های گرانبها) و دیگری مصالح فناپذیر (چوب، علف و کاه). او در واقع، می‌گوید که ســـاختن یک جماعت با مصالح فناناپذیر برابر اســـت با زندگی کردن مطابق انجیـــل و تحت هدایت روح‌القدس. پولس ایمانداران قرنتس را تشـــویق به پرهیز از مصالح قابل احتراقی همچون چوب، علف و کاه می‌کند– شـــالوده‌هایی که در ظاهر و برای مدتی خوب عمل می‌کنند اما پرواضح است که عمری محدود دارند، چون ناگزیر مســـیحیان و کلیســـا را به نابودی می‌کشانند. به‌عبارت دیگر، شالودهٔ یک کلیسای حقیقتاً سالم باید انجیل فناناپذیر عیسای مسیح باشد. پس چگونه می‌توانیم اطمینان حاصل کنیم که به‌جای اســـتفاده از مصالح پست و بی‌کیفیت، برای ساخت و ساز بر بنیان عیسی از مصالح باکیفیت بهره می‌گیریم؟ پولس به ما می‌گوید که داوری نهایی این کار را ساده خواهد کرد: مصالحی که ما زندگی‌مان را با آنها می‌سازیم، اگر فناپذیر باشند،

1. Salvific Categories

در پایان «خواهند سوخت» (*katekaio*، آیهٔ ۱۵؛ ر.ک. متی ۳:۱۲؛ ۱۳:۳۰و۴۰) و معلوم خواهد شد که مصالحی بی‌کیفیت بوده‌اند. اما اگر بر شالوده عیسای مسیح و با مصالح فناناپذیر، یعنی انجیل بسازیم، آتش داوری در پایان پاداشی جاودان به ارمغان خواهد آورد. بدین‌سان، عیسای مسیح و کار او شالوده و مصالح لازم برای هر شخص و جماعتِ سالم مسیحی است. بدین‌ترتیب، پروژه‌های ساختمانی که بر شالودهٔ مسیح و با مصالح انجیل بنا شده‌اند، هم برای زمان حال و هم برای زمان آینده ارزشی ذاتی دارند.

روش سوم تخریب ساختمان خدا، خراب کردن خودتان است.

> اگر کسی معبد خدا را خراب کند، خدا نیز او را هلاک خواهد کرد؛ زیرا معبد خدا مقدس است و شما آن معبد هستید. خود را فریب مدهید. اگر کسی از شما خود را با معیارهای این عصر حکیم می‌پندارد، برای اینکه به راستی حکیم باشد، باید جاهل گردد. زیرا حکمت این دنیا در نظر خدا جهالت است. چنانکه نوشته شده: «حکیمان را به ترفند خودشان گرفتار می‌سازد.» و باز نوشته شده است: «خداوند می‌داند که افکار حکیمان باطل است.» (آیه‌های ۱۷-۲۰)

خدا سکونتگاه خود، یعنی عمارت و قومش را بسیار جدی می‌گیرد. او ویرانی را برای ناظرانِ ویرانیِ معبد و قومش در نظر گرفته است. خدا قوم خود را خوانده تا بامهارت باشند، بسازند، کشت کنند، و معبدش را بنا نمایند، ولی اگر ترفندباز باشند، «آنان را به ترفند خودشان گرفتار می‌سازد» و کسانی را که مخالف نقشه‌اش عمل می‌کنند، «هلاک می‌کند.» شاید آنها با خود بپندارند که حکیم هستند، اما این نهایت جهالت است، چون دارند بر ضد خودشان اقدام می‌کنند.

«اگر کسی معبد خدا را خراب کند، خدا نیز او را هلاک خواهد کرد؛ زیرا معبد خدا مقدس است و شما آن معبد هستید. خود را فریب مدهید.» سخن پولس اساساً این است که اگر کسی به جماعت خودش حمله کند، در واقع، خودش را مورد حمله قرار داده است، و این کار به لحاظ مفهومی اصلاً منطقی نیست. ما نمی‌توانیم از کسی انتظار داشته باشیم که در انزوا پیشرفت کند. باید جزو ساختمان باشیم تا از مزایای شالودهٔ آن بهره‌مند شویم. یک آجر نمی‌تواند به آجر دیگر بگوید: «من هیچ خوشم نمی‌آید به تو این‌قدر نزدیک باشم؛ این مرا ناراحت می‌کند!» ساختمان از به هم چسبیدنِ آجرهاست که سرپا می‌ماند. آنها باید با هم متحد باشند، به هم بچسبند، و به همدیگر متکی باشند. فردگراییِ افراطی فقط به خود-خوری منجر خواهد شد. به بیان دیگر، هر اقدامی در جهت عدم وابستگی به جماعت، در واقع، اقدامی است برای نابود کردنِ خود. از این گذشته، از قبل یک شالوده و یک نقشهٔ ساختمانی تدارک دیده شده است. انحراف از شالوده (مسیح) یا نقشه (کتاب‌مقدس) به‌منزلهٔ ایجاد دسته‌بندی یا نفاق است که نهایتاً به خرابی معبد خدا خواهد انجامید. باید به خودمان به دیدهٔ همکاران ساختمانی بنگریم، کسانی که معین شده‌اند تا اتحاد را میان خود حفظ کنند، نه سرکارگرانی که بر سر نحوهٔ پیش‌بردنِ پروژه، مدام در فکر رقابت با یکدیگرند.

ما باید به این شناخت برسیم که جزو یک کل بزرگتر هستیم. اگر انگیزهٔ ما صرفاً جامهٔ عمل پوشاندن به آمال و آرزوهای خودمان و اعتبار بخشیدن به خودمان باشد، در این صورت هرگز نخواهیم توانست کارگران مفیدی باشیم. فقط حواس‌مان به آجرهای خودمان و بلوک‌های ساختمانی خودمان است و نگران بقیهٔ ساختمان نیستیم. برای ساختن عمارت‌ها، معبدها، و دیوارها، آجرها را لایه‌لایه روی هم می‌چینند. نمی‌توانیم بگوییم: «من نمی‌خواهم کنار این آجر باشم. من از این آجر خوشم نمی‌آید»، چون واقعیت این است که آجرها را با ملات سیمان به یکدیگر محکم می‌کنند. آجرها را با سیمان روی هم می‌چینند تا دیوار ساخته شود.

ما مسیحیان نمی‌توانیم افرادی منزوی باشیم. اگر در انزوا زندگی کنیم، زندگی‌مان از حالت طبیعی خارج خواهد شد. در آن‌صورت خلاف طبیعت خودمان عمل می‌کنیم. همچنین، علاوه بر عمل کردن برخلاف طبیعت‌مان، بدون جماعت ایمانداران دیگر نه از پاسخ‌گویی خبری خواهد بود نه از صمیمیت. شاید بعضی‌ها بگویند: «دقیقاً برای همین است که من به جماعت مسیحی نزدیک نمی‌شوم. من دوست ندارم به کسی پاسخگو باشم.» ولی اگر نمی‌خواهیم پاسخگو باشیم، پس هرگز با کسی صمیمی هم نخواهیم شد، و از این‌رو همیشه از تنهایی شکایت خواهیم کرد؛ و دوستی نخواهیم داشت تا در لحظاتی از زندگی که نیازمند شنیدن هستیم، حقیقت را در قالب محبت به ما بگوید. ما برای منفرد بودن ساخته نشده‌ایم. پولس بدین‌خاطر از استعارهٔ معماری یا عمارت استفاده می‌کند که ما در وقت تنگی و نیاز به حفاظت، برای دریافت کمک به ساختمان پناه می‌بریم و میان دیوارهای آن پناه می‌گیریم. ولی از کسی که تک و تنها در معرض توفان قرار دارد، چه کاری ساخته است؟ سخن پولس رسول این است که کتاب‌مقدس از چنین مسیحیتی حمایت نمی‌کند.

مشکل این است که همهٔ ما مستعد نادیده گرفتنِ شالوده، و ساختن با مصالح بی‌کیفیت، و پریدن به خودمان از طریق پریدن به جماعت مسیحی هستیم. پس چه امیدی هست؟ چگونه می‌توان وحدت، استحکام ساختاری، و زیبایی معماری معبد خدا، قوم او، یعنی کلیسایش را احیا نمود و حفظ کرد؟

بازسازی (احیای) جماعت (آیه‌های ۱۸-۲۳)

پس دیگر کسی به انسان‌ها فخر نکند. زیرا همه چیز متعلق به شماست، خواه پولس، خواه آپولس، خواه کیفا، خواه دنیا، خواه زندگی، خواه مرگ، خواه زمان حال و خواه زمان آینده، همه و همه از آنِ شماست و شما از آنِ مسیح‌اید و مسیح از آنِ خداست. (آیه‌های ۲۱-۲۳)

توجه داشته باشید که در اینجا پولس به آنها نمی‌گوید که چه باید بکنند و تبدیل به چه کسانی شوند تا از وضعیت تخریب فاصله گرفته، به دعوتی که برای ساختن جماعت دارند، برگردند. او بدیشان چیزهایی را یادآوری می‌کند که هم‌اکنون دارند و در هویت خودشان نهفته است.

آیا می‌دانید چه دارید؟

قرنتیان به‌دنبال شالوده‌ای بودند که برایشان هویت بیاورد. همان‌گونه که در فصل‌های پیشین نیز دیدیم، آنان در پی بنا کردن بر شالودهٔ رهبران مسیحی گوناگون بودند- «من پیرو پولس هستم، من پیرو آپولس هستم، من پیرو کیفا هستم.» در این قسمت، پولس تصریح می‌کند که از اول هرگز قرار نبوده که هیچ‌یک از این رهبران نقش شالوده را بازی کنند. ما هم‌اکنون شالوده‌ای هویت‌*ساز* داریم، و آن هم مسیح است. مسیح این شالوده را با مرگ و رستاخیز خود ریخت که تزلزل‌ناپذیر است. شاید مردم شالوده را از یاد ببرند، قدرش را ندادند، و یا حتی به‌کلی نادیده‌اش بگیرند، اما هیچکدام از اینها حقیقت را تغییر نمی‌دهد: مسیح تنها بنیاد مطمئن است که زندگی و جماعت می‌تواند بر آن بنا گردد. ما هم‌اکنون «همه چیز» داریم. خدا به‌واسطهٔ مسیح به جماعتش «همه چیز» داده است. پس به‌جای گفتن: «من از آنِ پولس هستم» باید می‌گفتند: «پولس از آنِ ماست؛ او خادم-رهبری است که همچون موهبتی به ما داده شده است.» قرنتیان در مسیح هرآنچه را که برایش می‌کوشیدند، داشتند. لزومی نداشت که به‌خاطر رهبران‌شان درگیر نفاق و جدایی شوند، چون همهٔ این رهبران هدایایی از طرف خدا به ایشان بودند. آنها نمی‌بایست با پیروی از دنیا خودشان را هلاک کنند، زیرا «دنیا» هم‌اکنون از آنِ آنها بود. «زندگی» چیزی نیست که بشود آن را به چنگ آورد یا کسب کرد؛ آنها هم‌اکنون از آن برخوردار بودند. «مرگ» چیزی نیست که از آن بیم داشته باشند؛ مرگ هم‌اکنون مقهور شده است. حال و آینده را می‌توان بدون اضطراب، نگرانی یا ترس به‌طور کامل تجربه کرد- همهٔ اینها هم‌اکنون مال ما هستند! از همهٔ اینها مهمتر، ما روح خدا را در درونِ خود داریم. «آیا تشخیص نمی‌دهید که معبد خدایید و روح خدا در شما ساکن است؟» (آیهٔ ۱۶). خود روح خدا- همان که عمق‌های خدا را تفحص می‌کند- در میان ما ساکن است تا استوار ماندن این بنا را تضمین کند و آن را با حیات و زیبایی خدا پر سازد.

آیا می‌دانید از آنِ که هستید؟

آیهٔ ۲۳ می‌گوید: «و شما از آنِ مسیح‌اید و مسیح از آنِ خداست.» قطعیت بازسازی و احیای ما در این نکته نهفته است: ما از آنِ مسیح هستیم و مسیح هم از آنِ خداست. ما به او تعلق داریم. ما ملک و دارایی او و به‌شمار می‌رویم. ما گنجینهٔ او محسوب می‌شویم. او با خون خود ما را خریداری کرده است. نباید بترسیم از اینکه معبد در نهایت ویران خواهد شد، زیرا معبد هم‌اکنون نابود شده است.

> پس یهودیان در برابر این عمل او گفتند: «چه آیتی به ما می‌نمایانی تا بدانیم اجازهٔ چنین کارها را داری؟» عیسی در پاسخ ایشان گفت: «این معبد را ویران کنید که من سه روزه آن را باز برپا خواهم داشت.» یهودیان گفتند: «بنای این معبد چهل و شش سال به طول انجامیده است، و حال تو می‌خواهی سه روزه آن را برپا کنی؟» لیکن معبدی که او از آن سخن می‌گفت پیکر خودش بود. پس هنگامی

> که از مردگان برخاست، شاگردانش این گفتهٔ او را به یاد آورده، به کتب مقدس و سخنان او ایمان آوردند. (یوحنا ۲:۱۸-۲۲)

داوری هم‌اکنون انجام، و معبد هم‌اکنون ویران شــده اســت. حکمت کنایه‌آمیز خدا این است: همان ویرانی معبد/ بدن مسیح بود که شالوده و بنیان معبد خدا و مسکن روح‌القدس، یعنی کلیســا (ما، عمارت خدا) شــد. خدا آنچنان خود را وقف این بازسازی کرد که حاضر شد جانش را قربانی پی افکندن این عمارت کند، و به ما اطمینان بخشد که همه چیز- اعم از زندگی، مرگ، و حتی خود دنیا- از آنِ ماست.

اجازه دهید با مثالی از ورزش ســخنان خود را جمع‌بندی کنیم. مثلاً اگر ما برای یک تیم مدعی قهرمانی بازی کنیم که شــانس پیروزی دارد، باید هر یک ســهم خود را انجام دهیم. باید همگی هویتی مشــترک داشته باشیم: همهٔ ما عضوی از یک تیم هستیم. اما در عین حال بایــد متوجه نقش‌های فردی خود نیز باشــیم، و هر کس باید بر عطا/ اســتعداد خاصی که دارد متمرکز شــود. باید یک تعامل هماهنگ میان ما حاکم باشــد: هــر کس باید هرآنچه از دســتش برمی‌آید برای بنای دیگران انجام دهد. همهٔ ما یک هدف مشــترک داریم: به‌خاطر رویایی که در برابرمان قرار دارد، با هم کار می‌کنیم. ولی تفاوت در این اســت که در مســیح ما هم‌اکنون برندهٔ بازی هستیم. پیروزی هم‌اکنون از آنِ ماست، پس می‌توانیم از غنایم سردار فاتح خویش، مسیح، بهره‌مند گردیم!

۷

یک ارزیابی درست

اول قرنتیان ۴:۱-۱۳

در بهار سال ۲۰۱۳ یک رمان جنایی-تخیلی، به قلم نویسنده‌ای به نام رابرت گلبریت[1] منتشر شد. در مورد کتاب مزبور اظهارنظرهای مثبتی شد، اما فروش چندان خوبی نداشت. در ظرف سه ماه اول، تنها ۸۵۰۰ نسخه از آن به فروش رسید. تا تابستان ۲۰۱۳، این فروش تا حد قابل‌ملاحظه‌ای کاهش یافت. طی هفتهٔ اول جولای، فقط چهل‌وسه نسخه از کتاب فروش رفت. پس چه اتفاقی افتاد که ناگهان این کتاب به مرتبه پرفروش‌ترین کتاب در آمریکا و بریتانیا صعود کرد؟ چطور فروش چهل‌وسه نسخه‌ای در تاریخ ۷ جولای، به فروش ۱۷/۶۶۲ نسخه‌ای در ۱۴ جولای تبدیل شد؟ چگونه این کتاب به راحتی از رتبهٔ ۴۷۰۹ در لیست کتاب‌های پرفروش آمازون به رتبه اول پرید؟ کاشف به عمل آمد که رابرت گلبریت نام مستعار جی. کی. رولینگ[2] نویسندهٔ مجموعه کتاب‌های پرفروش هری پاتر بوده است. رولینگ عصبانی شد و شرکت حقوقی‌ای را که نام او را لو داده بود، مورد پیگرد قانونی قرار داد و درخواست کرد که شرکت حقوقی به‌خاطر اشتباهی که مرتکب شده، مبلغ قابل توجهی به مؤسسات خیریه اهدا کند. ما دوست داریم تصور کنیم که در دنیا انصاف وجود دارد و مردم را به‌خاطر نام، مقام یا موقعیت‌شان ارزیابی نمی‌کنند. ولی ارزیابی پدیده‌ای پیچیده، چندلایه و تقریباً نفوذناپذیر است. چه فرقی میان گلبریت و رولینگ وجود داشت؟ مطلقاً هیچ فرقی، به جز نام و آوازهٔ یکی از آنها.

همهٔ ما ارزیابی می‌کنیم و مورد ارزیابی قرار می‌گیریم. ما آدم‌ها، مکان‌ها و محصولات فرهنگی را با شبکه‌ای از معیارهای گوناگون، که در طول زندگی به هم بافته‌ایم، داوری می‌کنیم. دیگران هم ما را با معیارهایی یکسان یا مشابه ارزیابی می‌کنند. ما از ارزیابی کردن

1. Robert Galbraith; 2. J. K. Rowling

دیگران لذت می‌بریم، اما از ارزیابی‌شــدن توسط دیگران هراس داریم. ما به‌طور طبیعی این کار را می‌کنیم و ســخت‌ترین کار برای‌مان این است که متقبل وظیفه‌ای خطیر شده، ارزیابی خودمان را مورد ارزیابی قرار دهیم.

پولس از قرنتیان می‌خواست که نظام ارزیابی خود را مورد ارزیابی قرار دهند. یک شخص به سه طریق متفاوت می‌تواند اقدام به ارزیابی کند:

- ارزیابیِ مرسوم (معیار، سرراست)
- ارزیابیِ مطلوب (استثنایی، وارونه)
- ارزیابی/ ارزیابِ جایگزین (انجیل)

ارزیابیِ مرسوم (معیار، سرراست) (آیه‌های ۱-۵)

بشر ذاتاً موجودی ارزیاب است. این امری است ناگزیر. ما جهان پیرامون خود را ارزیابی می‌کنیم. مــا خودمان را منتقدانی آماتور (یا نیمه‌حرفه‌ای) و دارای دیدگاهی بَری از اشــتباه در همــهٔ زمینه‌ها، از خوراک گرفته تا فیلم، از ورزش گرفته تــا نقد خبرگزاران، می‌پنداریم. ما به‌طور خاص از ارزیابــی کردن دیگران خوش‌مان می‌آید. با دوســتان دربارهٔ مطالبی که دیگر دوســتان‌مان در شبکه‌های اجتماعی به اشتراک گذاشــته‌اند، صحبت می‌کنیم- برخی را می‌ســتاییم و برخی را مورد نکوهش قرار می‌دهیم. همچنین برای ارزیابی کردن خودمان آمادگی خاصی داریم، و شــگفت آنکه در ارزیابی خودمان زیادی اغراق می‌کنیم و ته دل‌مان می‌دانیم که در نگاه دیگران آن‌قدرها هم مثبت نیســتیم. ارزیابی چرخهٔ بی‌رحمانه‌ای است. ما از خودمان ارزیابی اغراق‌آمیز داریم، و می‌ترســیم کــه ارزیابی دیگران از ما توخالی بودنِ ارزیابیِ خودمان را آشــکار سازد. در دفاع از خودمان، دست به ارزیابی و تجزیه‌تحلیل بیش از حد دیگران می‌زنیم، اما قادر به تحمل همان موشکافی و دقتی نیستیم که در مورد دیگران به‌کار می‌بریم. پس دوباره چرخهٔ بزرگ کردن خود و کوچک کردن دیگران را از طریق فنون مختلف ارزیابی از سر می‌گیریم. متن مورد بررسی این فصل، ما را به‌سوی رهایی از این بازی مدد می‌کند، آن‌هم بدین‌ســان که ارزیابی‌هایِ خود را ارزیابی کنیم. ولی این کار را به روش نویسنده‌ای انجام می‌دهد که در وسط کار گیر کرده است. پولس از سوی کلیسای قرنتس در معرض همین چرخهٔ ارزیابی قرار می‌گیرد، و در ســه فصل گذشته متحمل زحمت بسیاری شــده است تا ایشان را مدد کند که از این چرخه رهایی یابند. ما در اینجا متوجه می‌شویم که شیوه و رویکرد قرنتیان برای ارزیابی بازتابی است از شیوه‌های مرسوم و متداول که هنوز هم در دوران خودمان دیده می‌شوند.

نگاهی اجمالی به آیه‌های ۱-۴ زمینهٔ متن را در اختیار ما قرار می‌دهد. پولس ابزار ارزیابی ایشان را به چالش می‌کشد و رویکری درست‌تر برای آنها تجویز می‌کند (یعنی «همگان باید این‌گونه به ما بنگرند»، آیهٔ ۱). قرنتیان پولس را مطابق معیارهای فرهنگی مرســوم خودشان داوری می‌کنند: «اما برای من قضاوت شــما یا قضاوت هر دادگاه انســانی دیگر چندان مهم

نیست. من حتی خود نیز دربارهٔ خویشتن قضاوت نمی‌کنم» (آیهٔ ۳). و آیهٔ ۵ هم نوع ارزیابی مرسومی را که قرنتیان درگیرش بودند، به ما نشان می‌دهد.

قضاوت ایشان *ناپخته* بود. آنها پیش از گردآوری اطلاعات مربوطه، اقدام به ارزیابی‌های شتابزده می‌کردند: «پس دربارهٔ هیچ چیز پیش از وقت قضاوت نکنید.»

آنهـــا فکر می‌کردند "همه چیز را می‌دانند": «بلکه صبر کنید تا خداوند بیاید. او آنچه را که اکنون در تاریکی نهان است، در روشنایی عیان خواهد کرد و نیت‌های دل‌ها را آشکار خواهد ساخت» (آیهٔ ۵). چیزهایی هســـت که ما نمی‌توانیم بفهمیم یا ببینیم، به‌ویژه مسائلی را که با نیت‌های قلبی افراد سروکار دارند.

قضاوت ایشان *زودگذر و توأم با* تحسین *محدود بود*. آنها تشویق‌ها و تحسین‌های موقتی را بـــه تمجیدهای ماندگارتر ترجیح می‌دادند: «آنگاه تشـــویق و تمجید هر کس از خود خدا خواهـــد بود.» باز آیـــهٔ ۳ را به یاد بیاورید: «اما برای من قضاوت شـــما یا قضاوت هر دادگاه انسانی دیگر چندان مهم نیست.»

همهٔ این موضوعات از *اقتدار* خود-*گماشـــته* ناشی می‌شد، اینکه کسی خودش را منتهای اقتدار در یـــک موضوع ببیند، غافل از اینکه مرجع اقتدار برای ارزیابی جای دیگری اســـت («صبر کنید تا خداوند بیاید»، آیهٔ ۵). پولس مدعی است که اقتداری بزرگتر از اقتدار هر فرد و هر نظام قضایی («دادگاه انســـانی») دیگری وجود دارد. یک مرجع ارزیابیِ کیهانی وجود دارد، و تا زمانی که ارزیابیِ خود و دیگران در پرتو این اقتدار کیهانی انجام نشـــود، هم‌تراز با واقعیت قرار نمی‌گیرد.

ایـــن امر تجربهٔ ما را از ارزیابی در یک جمله خلاصه می‌کند- داوری‌های ناپخته همواره از ســـوی افرادی صورت می‌گیرند که اقتداری خود-گماشته دارند و شناخت‌شان نسبت به موقعیت محدود اســـت و نظرشان صائب نیســـت. با این‌حال، همین ارزیابی‌ها وقتی درون چرخـــهٔ ارزیابی قرار می‌گیرند، حســـی به‌وجود می‌آورند که گویـــی از نهایت وزن و اعتبار برخوردارند. اگـــر روایت فرهنگیِ مجلات پرزرق و برق، مبنی بـــر انتظارات بالا، تلاش و کوشش و دستاورد، و صعود و ترقی و پیروزی را باور کنیم، این ارزیابی‌ها برای‌مان تبدیل به معیار و خوراکی مســـموم می‌شوند. قرنتیان این روایت فرهنگی را پذیرفته و در واقع، طعمه را بلعیـــده و به قلاب افتاده بودند: آیهٔ ۸ نشـــان می‌دهد که آنها به‌شـــدت به خود می‌بالیدند. به مبالغه‌های کنایه‌آمیز پولس گوش کنید: «گویی شـــما هم‌اکنون به هر آنچه می‌خواســـتید، رســـیده‌اید! گویی هم‌اکنون دولتمند شده‌اید! و پادشـــاهی می‌کنید، آن هم بدون ما! و کاش که به راستی پادشـــاهی می‌کردید تا ما هم با شما پادشـــاهی می‌کردیم!» آنها در خیال خود می‌پنداشتند که به ثروت و پادشاهی رسیده‌اند. و به همین‌خاطر پولس را قضاوت می‌کردند.

اما باید اقرار کنیم که ما هم دســـتِ‌کمی از آنها نداریم و خودمان خریدار روایت فرهنگی رایجیـــم. ما چگونه دیگـــران را ارزیابی می‌کنیم؟ آیا ارزیابی‌های ما ارتباطی با تبار، ســـبک، موقعیت، نفوذ، قدرت، عملکرد و نتیجهٔ کار افراد ندارد؟ اغلب دارد! حتی با وجودی که در درون چرخهٔ ارزیابی زندگی می‌کنیم، اما از آن خسته‌ایم، و در آرزوییم که بتوانیم این چرخه

را بشکنیم و خلاص شـــویم. در اعماق وجودمان می‌دانیم که باید راه دیگری هم باشد. این چرخـــه فقط در لحظات معدودی که در اوج و مقبولیم، با ما خوب اســـت، ولی حفظ چنین موقعیت‌هایی عملاً غیرممکن است. سرانجام کار این است که با داوری مردم در مورد خود، زمین‌گیر شـــویم. اصل بقای اصلح شاید به‌عنوان فلســـفه‌ای آموزشی کاربرد داشته باشد، اما در رویکرد به زندگی ناکارآمد اســـت. ما نمی‌توانیم زیر سنگینی ذره‌بین روایتِ ارزیابی تاب بیاوریم. ما در آرزوی کسی هستیم که گل‌ولای را بشکافد و ما را به‌خاطر آنچه واقعاً هستیم، بپذیرد- و نیاز به اجرای نقش از جانب ما نباشد.

تولیان چیویجیان[1] کتابی نوشـــته با عنوان *عشـــق یک‌طرفه: فیضـــی پایان‌ناپذیر در حق دنیایی درمانده*. چیویجیان اظهار می‌دارد که ریچارد لاهی[2] روانشـــناس برجسته و متخصص اضطراب، می‌گوید که یک دانش‌آموز دبیرستانی به‌طور میانگین به اندازۀ یک بیمار روانی در اوایل دهۀ ۱۹۵۰ متحمل اضطراب می‌شـــود. *نیویورک تایمز* در سال ۲۰۱۱ گزارشی منتشر کرد مبنی بر اینکه ۳۰ درصد زنان آمریکایی پیش از رفتن به بســـتر، از قرص‌های خواب‌آور اســـتفاده می‌کنند. چیویجیان می‌گوید: «خبر فیض پایان‌ناپذیر خـــدا هیچ‌وقت به اندازۀ الآن فوریت و اهمیت نداشـــته اســـت، زیرا جهان هیچ‌وقت تا این اندازه خسته و درمانده نبوده اســـت. در فرهنگ ما، جایی که موفقیت برابر با زندگی و شکست برابر با مرگ است، مردم عمر خود را صرف تلاش برای تضمین معنا، ارزش و اهمیت خودشان می‌کنند.» ما خسته و درمانده‌ایم چون در معرض نگاه دنیایی منتقد زندگی می‌کنیم. گاهی در زیر نگاه‌های نظاره‌گر مچاله می‌شویم. این همان نوع ارزیابی اســـت که مبنایی مرسوم و متداول دارد، اما به‌راستی ارزیابی مطلوب کدام است؟ در اعماق دل ما چه آرزویی خانه کرده است؟ پولس شمه‌ای از این ارزیابی مطلوب را به ما نشان می‌دهد.

ارزیابی مطلوب (استثنایی، وارونه) (آیه‌های ۱-۷)

قرنتیان در چارچوب الگوی ارزیابیِ مرســـوم عمل می‌کنند، امـــا پولس می‌گوید که در دیدگاه‌شان ضعف‌هایی هم وجود دارد؛ سپس شمه‌ای از ارزیابی مطلوب ارائه می‌دهد.

ارزیابی بردبارانه، به‌جای ارزیابی ناپخته

پولس ایشان را تشـــویق می‌کند که تا هنگام فرا رسیدن زمان مناسب، از هرگونه داوری خودداری کنند. ما نمی‌خواهیم با قضاوت‌های شتابزده و لحظه‌ای مورد داوری قرار بگیریم- بلکه دوست داریم بر اساس کل ارزیابی شویم.

اذعان به محدودیت‌های شخصی، به‌جای ژستِ «همه‌چیز-دان» بودن به خودگرفتن

پولس رویکرد همه‌چیز-دان بودنِ آنها را به چالش می‌کشد و به این واقعیت متوسل می‌شود که چیزهایی هســـتند که دور از درک و دســـترس ما قرار دارند. چیزهایـــی وجود دارند که در

1. Tullian Tchividjian; 2. Richard Lahey

تاریکی مخفی شده‌اند و انگیزه‌های دل انسان را نمی‌توان سنجید. گاهی در پَسِ رابرت گلبریت، یک جی. کی. رولینگ نهفته است، و ما اطلاعات لازم را برای قضاوت صحیح در اختیار نداریم.

ارزش قایل شدن برای تمجیدی نهایی، به‌جای تحسین‌های محدود و زودگذر

ما اصلاً نمی‌توانیم تحمل کنیم که یک بازیکن پس از مدت‌ها که در یک تیم بازی می‌کرده، به‌خاطر پول بیشتر به تیمش خیانت کند و به تیمی دیگر برود. ما بازیکنانی را دوست داریم که با پول کمتر می‌سازند و در تیمی که آنها را بدانجا رسانده، می‌مانند. ارزیابیِ مطلوب آنست که نتیجهٔ بلندمدت کارمان را مد نظر قرار می‌دهد، نه توانایی‌مان در سرعت کار و نتایج سطحی را.

خدمت ایثارگرانه‌ای که اقتدار خود-گماشته را مغلوب می‌سازد

پولس رسولِ بنیان‌گذار کلیسا در حد عالی است. اگر کسی سزاوار ستایش باشد، آن کسی نیست جز پولس، ولی به قرنتیان می‌گوید که به او *به دیدهٔ خادم مسیح و کارگزاری بنگرند که رازهای خدا به او به امانت سپرده شده است* (آیهٔ ۱). او خادمی است که امور ارباب خود را به انجام می‌رساند و کارگزاری است که- همچون مدیر تشکیلات- کالاهایی را که از آنِ خودش نیست، توزیع می‌کند.

باید او را *بر اساس امانتداری‌اش مورد داوری قرار داد، نه عملکردش* (آیهٔ ۲). اگر هر رسولی را می‌شد بر اساس عملکردش مورد داوری قرار داد، آن رسول خود پولس می‌بود- او سخت‌تر از هر رسول دیگر کار می‌کرد و شاهد نتایج بیشتری هم بود. اما آیهٔ ۲ نشان می‌دهد که «انتظاری که از کارگزار می‌رود این است که امین باشد.»

به رسمیت شناختن هر اقتداری به‌عنوان یک عطا، که به فروتنی منجر می‌شود

آیهٔ ۷ می‌گوید: «زیرا چه کسی تو را متفاوت انگاشته است؟ چه داری که به تو بخشیده نشده باشد؟ و اگر به تو بخشیده شده است، پس چرا چنان فخر می‌کنی که گویی چنین نیست؟» قرنتیان خود را منحصربه‌فرد و شایستهٔ قرار گرفتن در جایگاه ارزیابی دیگران می‌دیدند. آنها با هویت و موقعیت مسیحی خود جولان می‌دادند، انگار که این چیزها را خودشان به‌دست آورده‌اند، اما پولس می‌گوید که هرآنچه دارند، همچون هدیه‌ای بدیشان عطا شده است. این دیدگاه باید به همهٔ ایمانداران کمک کند که خود و دیگران را به‌درستی داوری کنند. اگر همه چیز چون هدیه بدیشان بخشیده شده- و دستاورد یا حاصل دسترنج خودشان نیست- پس ارزیابی شخص در مورد خودش و دیگران باید به‌طور جدی دگرگون شود. هدیهٔ اعطاشده، قدرت درهم‌شکستنِ چرخهٔ بی‌رحم ارزیابی را دارد.

یک ارزیابی جدید از خود

آیهٔ ۴ می‌گوید: «زیرا در خود عیبی نمی‌بینم، اما این مرا بی‌گناه نمی‌سازد. بلکه خداوند است که دربارهٔ من قضاوت می‌کند.» حرف پولس این نبود که خودش در موضعی فراتر از

این رویکرد قرار دارد- او می‌گوید که حتی اگر فراتر از این رویکرد هم باشد، آنچه خودش می‌پندارد، هیچ اهمیتی ندارد، زیرا کسِ دیگری هست که باید ارزیابی نهایی را انجام دهد. داوری خداوند بر داوری و ارزیابی ما از خودمان غالب است. حتی اگر نتوانیم در خودمان عیبی بیابیم، این ما را موجه نمی‌سازد!

رویکرد کتاب‌مقدسی به ارزیابی، رویکردی جذاب است چون ویژگی‌های انسانی بیشتری را دربرمی‌گیرد. مردن برای خود، انسانی‌تر است تا تأمین کردنِ نیاز دیگران، و فداکاری کردن. وقتی پای فروتنی و تسلیم در میان است- یعنی ستایش مردم به‌جای تحقیر و حمله کردن به آنها- آنگاه طبیعت وارونهٔ انجیل بر دل انسان غلبه می‌یابد و آن را به جنبش وا می‌دارد. همیشه فروتنان بیش از متکبران مورد تجلیل قرار می‌گیرند، و این گواهی است بر آرزوی دیرینهٔ ما برای الگوی وارونه. چرا ما آرزوی این رویکرد متفاوت را در سینه می‌پرورانیم؟ و چرا با وجودی که آرزوی فطری ما است، اما هیچ‌وقت به حالت ذاتی ما تبدیل نمی‌شود؟ پولس این واقعیت را به ما نشان می‌دهد که خودِ جهان هستی، در بطنِ آن، بر اساس الگویی صلیب‌گونه شکل گرفته است. او در آیه‌های زیر همین مطلب را تشریح می‌کند:

> زیرا من بر این اندیشه‌ام که خدا ما رسولان را همچون اسیران محکوم به مرگ، در آخر صف لشکریان پیروزمند، به نمایش گذاشته است. ما تماشاگه تمامی جهان، چه آدمیان و چه فرشتگانیم. ما به‌خاطر مسیح جاهلیم، اما شما در مسیح حکیمید! ما ضعیفیم، اما شما قوی هستید! ما خوار و حقیریم، اما شما محترمید! ما تا همین دم گرسنه و تشنه‌ایم، و جامه‌هامان مندرس است. آزار می‌بینیم و آواره‌ایم. با دسترنج خود معاش‌مان را تأمین می‌کنیم. چون لعن‌مان کنند، برکت می‌طلبیم؛ و چون آزار بینیم، تحمل می‌کنیم؛ وقتی ناسزا می‌شنویم، با مهربانی پاسخ می‌دهیم. تا همین دم، ما به تفالهٔ دنیا و زبالهٔ همه چیز بدل گشته‌ایم. (آیه‌های ۹-۱۳)

ملکم گلدول[1] در کتاب خود، داوود و جلیات، با استفاده از داستان داوود و جلیات یکی از اصول زندگی را آشکار می‌سازد. در این کتاب فصلی هست با عنوان "مضرات مزایا و مزایای مضرات".[2] او با جمعی از ستارگان هالیوود مصاحبه می‌کند و در کمال حیرت درمی‌یابد که یکی از این افراد دوران کودکی و تربیتی غیرمنتظره‌ای داشته است- او در واقع، در نهایت فقر و در محله‌ای چندنژادی در شهر مینیاپولیس بزرگ شده بود. کسب و کار پدرش اوراق‌چی‌گری بود، و از همان خردسالی به او یاد داده بودند که باید سخت کار کند و از کاری که انجام می‌دهد، هیچ لذتی نبرد. هنگامی که او به سنین نوجوانی رسید- حدود دوازده یا سیزده سالگی- برای کسب درآمد برگ‌های خشک حیاط مردم را جمع می‌کرد، و بچه‌های دیگر را هم بسیج می‌کرد تا برایش کار کنند. زمانی که در کالج درس می‌خواند، یک

---

1. Malcolm Gladwell; 2. The Disadvantages of Advantages and the Advantages of Disadvantages

مغازهٔ لباسشویی را اداره می‌کرد، و لباس‌های همکلاسی‌های ثروتمندش را تحویل می‌گرفت و تحویل می‌داد. پس از فارغ‌التحصیلی از کالج، در هالیوود کاری پیدا کرد، که منجر به گشودن درهای فرصت برای او شد. همهٔ اینها سبب شده بود که او در خانهٔ مجللش در بورلی هیلز (که اتومبیل فِراری‌اش را در گاراژ آن پارک کرده بود) مقابل گلدول بنشیند و با او مصاحبه کند. او می‌گفت: «من از بچگی با پول آشنا شده بودم، چون پدرم حسابی این را به من آموخته بود. ما فقیر بودیم. هروقت که من حال خاموش کردن چراغ راهرو را نداشتم، پدرم می‌آمد و قبض برق را نشانم می‌داد: "به‌خاطر تنبلی تو من مجبورم پول بیشتری بپردازم. حالا اگر برای درس خواندن به نور بیشتری احتیاج داشتی، اشکالی نداشت، اما نه به‌خاطر تنبلی‌ات!".» بنابراین او معنی سخت کار کردن را خوب می‌فهمید.

او طی مصاحبه با گلدول توضیح داد که فرزندانش برایش بسیار عزیزند و مثل پدر دوست‌شان دارد، و می‌خواهد بیش از حد نیاز برای‌شان فراهم کند. اما در زندگی‌اش تناقضی شدید پدید آمده بود. او موفق بود چون آموخته بود که از به‌کار بستنِ قوانین خود برای زندگی‌اش رضایت‌خاطر بیابد. ولی حالا به‌خاطر همان موفقیت، برای فرزندانش دشوار بود که همان درس‌ها را بیاموزند. او می‌گفت: «غریزهٔ خودم به من می‌گوید که نباید بچه‌ها را در ناز و نعمت بزرگ کرد. البته چالش‌های اقتصادی مردم را نابود می‌کند، اما ثروت هم به نوبهٔ خودش حس بلندپروازی و غرور را از بین می‌برد و انسان را از حس ارزشمندی عاری می‌سازد.» نکتهٔ حرف او در این است که برای فرد ثروتمند پرورش فرزندانی موفق دشوارتر است تا کسی که فرزندانش را در یک محلهٔ چندنژادی در مینیاپولیس بزرگ می‌کند. این نکتهٔ مهمی است، چون ما اغلب فکر می‌کنیم که هرچه بیشتر بهتر، و از این‌رو بیشتر درس می‌خوانیم، بیشتر مایه می‌گذاریم و سخت‌تر کار می‌کنیم. خیلی از جوانانی که در دههٔ دوم زندگی خود هستند، برای موفقیت بیشتر مدام خود را به هر دری می‌زنند، زیرا همهٔ ما با یک ارزیابی مشترک کار می‌کنیم: هرچه بیشتر، بهتر. گلدول می‌کوشد با استدلال چهرهٔ صلیب‌گونهٔ واقعیت را آشکار سازد. ما دوست داریم فکر کنیم که با انباشت ثروت بیشتر، اشخاص بزرگتری خواهیم بود، ولی گلدول با این جمله نتیجه‌گیری خود را بیان می‌کند: «... همیشه به ما گفته‌اند که آنچه می‌توان با پول و ثروت خرید در زمرهٔ مزایای واقعیِ دنیا هستند... ولی این‌طور نیست.»

همهٔ ما گمان می‌کنیم که بزرگتر و قوی‌تر و ثروتمندتر بودن به نفع ماست، ولی این‌طور نیست. جهان هستی در کنه خود ترکیبی صلیب‌گونه دارد. به همین‌خاطر است که وقتی گه‌گاه الگوی وارونه را آرزو می‌کنیم، بارقه‌ای می‌بینیم و برای لحظاتی چیزی را تجربه می‌کنیم که حقیقتاً با جهان هم‌خوان است.

ارزیابی/ارزیابِ جایگزین (انجیل) (آیه‌های ۸-۱۳)

در اینجا پولس دربارهٔ ویژگی وارونهٔ ایمان مسیحی سخن می‌گوید. او از تناقضات انجیل با دنیا می‌گوید. سراشیبی سربالایی است. راه ضعف، طریق قدرت است. راه فقر، طریق

ثروت است. چرا پولس این‌قدر اطمینان دارد که این روشِ ارزیابی، بر الگوی مرسوم ارزیابی برتری دارد؟ پولس چطور می‌تواند زحمت بکشد، تلاش کند، و به مردمی که در دام چرخهٔ بی‌رحمانهٔ ارزیابی گرفتارند، خدمت کند؟ در یک کلام، پولس از سوی کسی که بر اساس این الگوی جایگزین عمل می‌کند، ارزیابی کیهانی شده، و این زندگی‌اش را به‌کلی دگرگون ساخته است. مهمترین چیز آن است که این الگو اثر انگشت یک شخص است. از همین روست که مدل وارونه و متناقض‌نما درست به نظر می‌رسد. هرآنچه پولس در این قسمت می‌گوید، تنها بدین‌دلیل قابل‌بیان است که مسیح نخست آن‌را گفته است. «خدا ما رسولان را همچون اسیران محکوم به مرگ، در آخر صف لشکریان پیروزمند، به نمایش گذاشته است. ما تماشاگه تمامی جهان، چه آدمیان و چه فرشتگانیم» (۹:۴). این تصویر کسانی است که آنها را سوار بر گاری به‌سوی کلوسیوم[1] می‌بردند تا طعمهٔ جانوران وحشی شوند. این آیه از مفهوم گلادیاتور بودن و با پای خود به قتل‌گاه رفتن سخن می‌گوید. خدا همهٔ این چیزهایی را که می‌خواهد ما در شخص عیسای مسیح درک نماییم به نمایش گذاشته است، زیرا واقعیتی در وجود خودِ مسیح بود. عیسی آن رسول بزرگ (عبرانیان ۱:۳) است که نه تنها به مرگ محکوم شد، بلکه آن را تجربه کرد! او در منظر جهان و برای جهان به نمایش گذاشته شد!

و از این‌رو، «ما به‌خاطر مسیح جاهلیم، اما شما در مسیح حکیمید! ما ضعیفیم، اما شما قوی هستید! ما خوار و حقیریم، اما شما محترمید!» (۱۰:۴). مسیح حکمت خدا بود که انسان‌ها آن را حماقت پنداشتند. او ضعیف گردید و در همان ضعفش عظیم‌ترین قدرت را به نمایش گذاشت. او به بدترین بی‌حرمتی‌هایی که ممکن بود نصیب گناهکاران شود، تن داد! گویی پولس دارد توصیفی از مسیح را که در اناجیل خوانده‌ایم ارائه می‌دهد: «ما تا همین دم گرسنه و تشنه‌ایم، و جامه‌هایمان مندرس است. آزار می‌بینیم و آواره‌ایم. با دسترنج خود معاشمان را تأمین می‌کنیم» (۱۱:۴و۱۲).

و شاید در شگفت‌آورترین و تکان‌دهنده‌ترین عبارت در نامه‌های پولس که بیانگر متناقض‌نمایی انجیل است، ذهن‌مان بار دیگر متوجه عیسی می‌شود: «چون لعن‌مان کنند، برکت می‌طلبیم؛ و چون آزار بینیم، تحمل می‌کنیم؛ وقتی ناسزا می‌شنویم، با مهربانی پاسخ می‌دهیم. تا همین دم، ما به تفالهٔ دنیا و زبالهٔ همه چیز بدل گشته‌ایم» (۱۲:۴و۱۳). پولس برای به کرسی نشاندن منظور خود از هیچ استعاره‌ای فروگذار نمی‌کند. او از واژه‌هایی استفاده می‌کند که به اَشکال گوناگون، به صورت "آشغال"، "زباله" و "تفاله" و "فضله" ترجمه شده‌اند. پولس می‌گوید که گنجینه‌های پادشاهی خدا برای دنیا زباله محسوب می‌شوند، و برای کسانی که به حساب نمی‌آیند، امیدی عظیم به ارمغان می‌آورند. زباله‌های دنیا به گنجینه‌های پادشاهی خدا تبدیل می‌شوند، چون عیسی که خودش گنجینهٔ غایی است، «به تفالهٔ دنیا و زبالهٔ همه چیز بدل گشت.»

---

۱. Colosseum – آمفی تئاتر یا استادیوم بزرگ رُم که محل برپایی نمایش و مبارزه‌های خونین گلادیاتورها بود– م.

انجیل می‌گوید که ارزیابی ما در نهایت نه بر آنچه ما دربارهٔ خود می‌اندیشیم یا دیگران دربارهٔ ما می‌اندیشند، بلکه بر آنچه خدا دربارهٔ ما می‌اندیشد استوار است. و خدا هم نهایتاً گناهکاران را بر مبنای آنچه ایشان دربارهٔ عیسی می‌اندیشند، مورد ارزیابی قرار می‌دهد. این نحوهٔ تفکر افراد را در مورد خودشان تغییر می‌دهد- شکست‌ها را وارونه می‌کند.

جی. کی. رولینگ در جشن فارغ‌التحصیلی سال ۲۰۰۸ دانشگاه هاروارد سخنانی ایراد کرد. عنوان سخنرانی او «مزایای شکست» بود. شما حتماً با پیشینهٔ او آشنا هستید. او به کالج رفت، اما هیچ‌وقت دانشجوی برجسته‌ای نبود. ادبیات کلاسیک و اسطوره‌شناسی یونانی خواند. او در خانواده‌ای فقیر متولد شد، و تنها کاری که دوست داشت انجام دهد، نوشتن بود. رولینگ در سخنانش به این نکته اشاره کرد که آنچه بیش از همه مایهٔ وحشت او بود، نه فقر- اگرچه در فقر و نداری بزرگ شده بود- بلکه شکست بود. «میزان موفقیتم را با قبولی در امتحانات می‌سنجیدم.» او در ادامه تعریف کرد که چطور هفت سال بعد، و پس از فارغ‌التحصیل شدن از کالج، طلاق گرفت، و بی‌کار بود، و به‌عنوان مادری مجرد در آستانهٔ فقر کامل قرار گرفته بود. او می‌گوید:

> پس چرا دربارهٔ مزایای شکست حرف می‌زنم؟ چون شکست به معنای دورانداختنِ چیزهای غیرضروری است. من از اینکه به خودم وانمود کنم چیزی غیر از خودِ واقعی‌ام هستم، دست برداشتم. زندگی بدون شکست خوردن امکان ندارد، مگر اینکه چنان محتاطانه زندگی کنید و از مخاطره بپرهیزید که گویی اصلاً زندگی نمی‌کنید، که در چنین حالتی شما عملاً شکست خورده‌اید. شکست به من چیزهایی آموخت که به طرق دیگر هرگز نمی‌توانستم بیاموزم. مادامی که با ناملایمات آزموده نشوید، هرگز به معنای واقعی تواناییِ بقا یا عمق روابط‌تان را نخواهید شاخت. چنین شناختی موهبتی حقیقی برای همگان است که با درد و رنج به‌دست می‌آید و از هر صفت دیگری، گرانبهاتر است. سعادتمندی در کسب موفقیت، مدارج بالا یا سوابق شغلی و آکادمیک نیست. هیچکدام از اینها زندگی نیستند، هرچند بسیاری از ما این دو را با هم اشتباه می‌گیریم. زندگی دشوار و پیچیده است و فراتر از کنترل کامل هر انسانی قرار دارد، و تنها درک این حقیقت است که در فراز و نشیب‌های زندگی به شما کمک می‌کند. زندگی هم مثل یک داستان است. نه بلندای آن، بلکه زیبایی آن اهمیت دارد.

حتی جی. کی. رولینگ هم می‌داند که زندگی در اصل ترکیبی صلیب‌گونه دارد. چرا؟ چون به‌واسطهٔ دیدنِ کاری که عیسی با فدا کردنِ جانش به‌خاطر ما، به انجام رساند همهٔ ما می‌توانیم درک کنیم که در اعماق وجودمان اشتیاقی شدید وجود دارد- و مفهوم راستینِ زندگی هم همین است. زندگی مبتنی بر انجیل یعنی احترام قایل شدن و ارج نهادن به دیگران، یعنی دنبال کردن علایق کسی دیگر، یعنی فروتن بودن و پرهیز از تکبر، یعنی دهنده بودن نه همیشه گیرنده بودن، یعنی توزیع ثروت نه انباشت ثروت، یعنی استفاده از قدرت و ثروت

خود به‌عنوان اهرمی برای کمک به ضعفا. تنها الگوی معکوس و وارن‌نمایِ پادشاهی خداست که به‌واسطۀ شخص عیسای مسیح می‌تواند به ما کمک کند تا به معنای حقیقی کلمه، تبدیل به افرادی شریف و دلیر شویم.

گلدول هم به این طبیعت وارونه در زندگی اذعان دارد:

عیسی چطور؟ او در کجای روایت شما جای می‌گیرد؟ او جای می‌گیرد. او یکی از انقلابی‌ترین شخصیت‌های تاریخ است. از همان آغاز در نهایت فروتنی پا به عرصۀ زندگی گذارد. هرگز منصبی برنگزید. هرگز لشگری به خدمت نگرفت. هیچ‌وقت ثروتمند نبود. در هیچ چیز ارتباطی با قدرت و موقعیت نداشت. اما چه کرد؟ کاری که از حد تصور خارج است. او مثال کاملی است از این که برای شناخت قابلیت‌های یک شخص، باید به دلش نگاه کرد.

این الگوی فیض است: راه صعود به بالا، از پایین می‌گذرد؛ اگر می‌خواهی اولین باشی، آخرین باش؛ اگر می‌خواهی رهبر باشی، باید پیروی کنی؛ برای به‌دست آوردن شکوه، باید رنج را بشناسی؛ برای تعالی باید فروتنی کنی. اگر این متناقض‌نمایی را درک می‌کردیم، دیگر هیچ مشکلی نداشتیم. وقتی تیم‌مان برنده می‌شد، نه خود را بلکه دیگران را بالا می‌بردیم. دیگر بدون اینکه لازم باشد توجه کسی به ما جلب شود، سهم خودمان را انجام می‌دادیم.

۸

ضرورت اقتدار

اول قرنتیان ۴:۱۴-۲۱

واژهٔ *اقتـــدار* در فرهنـــگ ما همه جور زنگ خطـــری را به صدا درمـــی‌آورد. آر. آر. رنو می‌گویـــد که فرهنگ ما به مقولهٔ اقتدار به دیدهٔ «چیزی که باید ناخشـــنودانه تحملش کرد یا فقط ســـرنگونش نمود» می‌نگرد. برچسب‌های روی ســـپر اتومبیل‌ها با عنوان «اقتدار را زیر ســـؤال ببرید»[1] برای نخســـتین بار در دههٔ ۱۹۷۰ پدیدار شـــدند و در دهه‌های ۸۰ و ۹۰ هم از محبوبیت زیادی برخوردار بودند، با این‌حال امروزه به‌ســـختی می‌توان آنها را دید، چون این موضوع دیگر در فرهنگ ما جا افتاده و به‌اصطلاح نهادینه شـــده اســـت. هیچ‌کس حتی نمی‌تواند تصورش را هم بکند که روی ســـپر اتومبیلی برچسبی با مضمون مخالف آن ببیند: «اقتدار را زیر سؤال نبرید.» ولی همین واکنش علیه اقتدار خود حاکی از آن است که اقتدار به خودی خود ناگزیر و ضروری است. چیزی به نام وضعیت عدم اقتدار وجود ندارد. هیچ‌وقت خلأ اقتدار وجود ندارد. حتی اگر کسی اقتداری را سرنگون کند، خودش به صاحب اقتداری جدید مبدل می‌شـــود. با وجود این، حساسیتِ ما به اقتدار، بسیار واقعی است. به همین علت است که امروزه مردم وقتی به این بحث پولس برمی‌خورند، ناراحت می‌شوند. پولس مدعی جایگاه پدری اســـت (آیهٔ ۱۵)، و قرنتیان را فرا می‌خواند تا از او سرمشق بگیرند (آیهٔ ۱۶)، و بدیشان در مورد امکان تنبیه شدن هشـــدار می‌دهد (آیهٔ ۲۱). برای ما آدم‌های امروزی ابراز مقاومت در برابر اقتدار خیلی اهمیت دارد و ممکن است در بی‌حس کردنِ درک‌مان نسبت به اقتدار تا جایی پیش برویم که مرتکب خودستاییِ تاریخی، فرهنگی یا جغرافیایی هم نشویم. برای بســـیاری از اقوام تاریخی، و حتی در سراســـر جهان، فردگراییِ حاکم برغرب و ژست ضد-اقتدار ریشـــه‌ای تقریباً غیرقابل درک است. برای خودداری از این افراط، مهم است که اول بفهمیم، *اقتدار* چه چیز*هایی نیست*.

---

1. “Question Authority”

اقتدار با خودکامگی، یکی نیست. اقتدار یعنی *نفوذ داشتن بر دیگران*- یعنی حق صدور فرمان‌ها و دستور دادن با در نظر گرفتن خیر و صلاح دیگران. خودکامگی یعنی وادار کردنِ دیگران به فرمانبرداری مطلق به بهای از دست دادن آزادی‌های فردی. خودکامگی برای آرزوها و عقاید دیگران هیچ اهمیتی قایل نیست؛ خودکامگی یعنی سلطه‌جویی و دیکتاتوری. اقتدار یعنی داشتن سرپرستی که در فکر صلاح زیردستان در هماهنگی با خیر و صلاح دیگران است و کارش منجر به شکوفایی فردی و اجتماعی می‌شود. لیکن، خودکامگی یعنی داشتن سرپرستی که از زیردستانش فرمانبرداری مطلق مطالبه می‌کند و هر شکوفایی فردی و اجتماعی را به‌خاطر حفظ سلطهٔ خود درهم‌می‌کوبد. مشکل اینجاست که همهٔ احساسات ناخوشایند در مورد خودکامگی (که البته خوب و به‌جا هم هست!)، شامل مفهوم اقتدار هم شده است. اگر ما کتاب‌مقدس را نادرست و به‌عنوان سندی از خودکامگی بخوانیم، برمی‌آشوبیم چون آن را بر ضد خودمان می‌بینیم. ولی اگر کتاب‌مقدس را درست بخوانیم و آن را سندی دارای اقتدار ببینیم، از خواندنش مسرور خواهیم شد، زیرا آن را کتابی برای خودمان و در راستای شکوفایی خود خواهیم یافت. این امر در خصوص عبارت مورد بحث این فصل نیز صادق است. خواننده می‌تواند با دیدگاهی نادرست به پولس روی کند، او را دیکتاتور ببیند و یا به‌درستی نظر کرده او را شخصی ببیند که اقتدار بر قرنتیان از جانب خدا به او اعطا شده است. قرنتیان عَلَم طغیان برافراشته بودند. با این‌حال، پولس هنوز با توجهی پدرانه سراغ‌شان می‌رود. از آنها می‌خواهد که هشدارهای اکیدش را جدی بگیرند و از نمونه‌ای که بر جای گذاشته تبعیت کنند تا مجبور نشود از اقتدارش برای انضباط/ تنبیه آنان استفاده کند. انضباط/ تنبیه اساساً کار اشتباهی نیست. وقتی درست و به‌جا اِعمال شود، برای مصلحت فرد و جامعه مفید است. ما در این فصل به سه نکته خواهیم پرداخت:

- ناگزیر بودن اقتدار
- مشکل داشتن با اقتدار
- اقتدار آرمانی

ناگزیر بودنِ اقتدار

اقتدار برای شکوفایی انسان امری ضروری است. هرچه آزادتر شویم و هرچه افراد بااستعدادتری باشیم، برای کمک به شکوفا شدن‌مان نیاز بیشتری به اقتدار اندیشمندانه و دقیق داریم.

نوازندگان خوش‌قریحهٔ ارکستر به‌طرز شگفت‌انگیزی بااستعدادند- آنان در خلاقیت آزادی کامل دارند- و می‌توانند هرچه را که دل‌شان بخواند، بنوازند. اما اگر بخواهند سمفونیِ *ارویکای*[1] بتهوون را بنوازند، ناگزیرند خودشان را تابع اقتدار پارتیتور، و سپس اقتدار رهبر

۱. Eroica حماسه (به زبان ایتالیایی) یا آرزوی تحقق‌نیافته - سمفونی شمارهٔ ۳ لودویگ فن بتهوون که آن را ابتدا به ناپلئون بناپارت تقدیم کرد- م.

ارکستر کنند. برای یک پارتیتور تفسیرهای بی‌شماری وجود دارد، پس همهٔ نوازندگان باید با میل و خواست خود از تفسیر رهبر ارکستر تبعیت کنند. نوازندگان هم به‌صورت فردی و هم به‌صورت جمعی، زمانی شکوفا می‌شوند که تابع یک اقتدار باشند؛ اقتداری که خواستش استفاده از اهرم قدرت برای صلاح فرد و مصلحت جمع است. این دقیقاً همان چیزی است که در قرنتس اتفاق می‌افتد. پولس می‌بیند که قرنتیان دارند پارتیتور را به هم می‌ریزند. صداهای ناموزون و گوش‌خراشی از روابط نادرست انسانی به گوش می‌رسد، و او ایشان را فرامی‌خواند تا در دیدگاه‌شان تجدیدنظر کنند و به همان جایی چشم بدوزند که بدان تعلق دارند. او از اقتدارش برای بازگرداندن آنان به موقعیتی که در آن رابطه‌شان با خدا و یکدیگر شکوفا شود، استفاده می‌کند.

اقتدار امری ناگزیر است. پدیده‌ای است که نیاز چندانی به توضیح ندارد. دنیای بدون اقتدار اصلاً جایی قابل زیستن نیست. اگر کودکی از داشتنِ سرپرستی بانفوذ محروم بماند، که می‌تواند از نفوذش برای کمک به رشد و پرورش او استفاده کند و او را به جایگاه انسانی بالغ برساند، قطعاً جایی از کار می‌لنگد. والدین بی‌تفاوت فرزندانی ستمکار و رذل بار می‌آورند. همهٔ آدم‌ها برای مصلحتی بزرگتر، به نقش مراجع اقتدار(اعم از دولت، خدمتگزاران مردم و غیره) و نفوذ آنان وابسته‌اند. گاهی ما حتی به میل خودمان تابع اقتدار دیگری می‌شویم چون این کار را به سود خود می‌بینیم- مثلاً معلم خصوصی، مشاور، استاد، سرپرست و غیره.

بدین‌سان، چیزی به نام وضعیتِ بدون اقتدار وجود ندارد. هرگز خلأ اقتدار وجود ندارد. یا اقتدار خوب هست یا اقتدار بد. تک تک انسان‌ها، چه مذهبی چه غیرمذهبی، چه مسیحی چه شک‌گرا، در نهایت به ساختارهای اقتدار باور دارند. اما مسئله این است که آیا شخص به اقتدار درونی و ذاتی اعتقاد دارد، یا به‌گونه‌ای از اقتدار بیرونی و غیرذاتی. انسان نمی‌تواند به عدم اقتدار عقیده داشته باشد. به همین دلیل است که مردم وقتی در عبارت مندرج در آیهٔ ۱۵، با پولس روبه‌رو می‌شوند، به نوعی احساس ناراحتی می‌کنند. او در این آیه می‌گوید: «زیرا حتی اگر در مسیح هزاران معلم داشته باشید، اما پدران بسیار ندارید، چرا که من به‌واسطهٔ انجیل در مسیح عیسی پدر شما شدم.» پولس حالتی از اقتدار را مفروض می‌انگارد. اول اینکه می‌گوید: «من پدر روحانی شما هستم.» و بعد قرنتیان را به تقلید و سرمشق گرفتن از خودش فرامی‌خواند («پس از شما تمنا دارم از من سرمشق بگیرید»، آیهٔ ۱۶). و سوم اینکه، در آیهٔ ۲۱ بدیشان در مورد احتمال تنبیه شدن هشدار می‌دهد: «کدام‌یک را ترجیح می‌دهید؟ با چوب نزدتان بیایم؟»

با نگاهی دقیق‌تر به گفتهٔ پولس در آیهٔ ۱۵ («زیرا حتی اگر در مسیح هزاران معلم داشته باشید، اما پدران بسیار ندارید»)، خواننده درمی‌یابد که اشاره به معلم، چیزی فراتر از گفته‌های راهنمای گردشگری است. کلمهٔ به‌کار رفته در اینجا «قیم» است. این واژه در دنیای هلنیستی سدهٔ یکم میلادی به معنای بردهٔ مورد اعتمادی بود که مسئولیت مراقبت و محافظت از یک کودک، معمولاً پسر خانواده، را بر عهده داشت و در کل بر رفتار او نظارت می‌کرد (اگرچه

اقتدار او به‌نوعی از اقتدار پدر و مادر آن کودک ناشی می‌شد و البته اقتدار کمتری هم به‌شمار می‌رفت). از این‌رو پولس می‌گوید که مسیحیان باید از او سرمشق بگیرند، چنانکه در ۱:۱۱ هم همین را می‌گوید («پس، از من سرمشق بگیرید، چنانکه من از مسیح سرمشق می‌گیرم»). ممکن است کسی این آیه را بخواند و تصور کند که پولس صرفاً از بچه‌ها می‌خواهد که در کل از او تقلید کنند. چنین تفسیری بازتاب فرهنگی است که ما در آن زندگی می‌کنیم- فرهنگی که به‌شدت فردگرایانه است و در آن عدم وابستگی نشان افتخار به‌شمار می‌رود. با وجود این، برخلاف فرهنگ مدرن غربی، در همهٔ فرهنگ‌های پیشا-صنعتی و نیز در بسیاری از فرهنگ‌های غیرغربی امروزی، از فرزند انتظار می‌رود که پا جای پای پدرش بگذارد، بدین معنا که اساساً حرفهٔ پدر را در پیش بگیرد. بنابراین، به‌عنوان نمونه، اگر پدری نانوا است، فرزند هم باید نانوا بشود. اگر پدر چوپان است، فرزند هم باید چوپان شود. پس با این مثال متوجه تصویری از یک اقتدار قوی‌تر می‌شویم.

ما، به‌عنوان مردمان مدرن، باید به حساسیتی که نسبت به اقتدار داریم اعتراف کنیم. برای بسیاری از اقوام تاریخی- حتی در سراسر جهان- فردگراییِ حاکم بر غرب و ژست ضد-اقتدارِ ریشه‌ای، تقریباً غیرقابل درک است. پس هر کس باید به فرهنگ‌های مختلف احترام بگذارد. ما نباید خود را در بطن فرهنگی غیرغربی بگذاریم- که شاید به‌لحاظ صنعتی پیشرفته هم باشد- و در مورد نحوهٔ درک آنان از مفهوم اقتدار قضاوت کنیم. غربی‌ها به هیچ وجه دست نباید به چنین کاری بزنند، چون برخلاف فلسفهٔ مدارا با فرهنگ‌های دیگر است.

وقتی اقتدار را سرکوب کنیم و متوجه شویم که وجودش هم ضروری است و هم ناگزیر، باید مشکل‌مان با آن حل شده باشد. درست است؟ متأسفانه ما هنوز با اقتدار مشکل داریم.

مشکل داشتن با اقتدار
(ما از اقتدار خوش‌مان نمی‌آید، ولی می‌دانیم که بدان نیازمندیم)

اقتدار ناگزیر و ضروری است، و حتی شاید خوب هم باشد، با این‌حال هیچ‌کس از آن خوشش نمی‌آید. چرا مردمان امروزی از اقتدار دل خوشی ندارند؟ سی. اس. لوئیس ضمن صحبت در مورد دورهٔ پیش از ایمان‌آوردنش به مسیح، می‌گوید:

> مهم‌تر از همه، نفرت عمیق و ریشه‌دارم از اقتدار، فردگراییِ غول‌آسایم و بیزاری‌ام از قانون بود. در واژگان من هیچ کلمه‌ای نبود که به اندازهٔ «مداخله» منفور باشد. ولی مسیحیت آن چیزی را که من در آن زمان مداخله‌گر متعالی می‌نامیدم، در کانون توجه خود قرار داده بود. اگر تصویری که مسیحیت از آن ارائه می‌داد، راست بود، پس دیگر «معامله با واقعیت» از هیچ نوعش نمی‌توانست امکان‌پذیر باشد. حتی در ژرف‌ترین لایه‌های روح انسان هم حیطه‌ای وجود ندارد که بتواند

آن را با سیم خاردار محصور و از آن نگاهبانی کند و اجازهٔ ورود احدی را بدان ندهد. و این همان چیزی بود که من می‌خواستم؛ یک محوطهٔ کوچک که بتوانم به همه بگویم: «این فقط مال خودم است و به خودم مربوط می‌شود.»

هیچ‌کس نمی‌خواهد نیرویی از بیرون انجام کاری را به او دیکته کند و به او بگوید که مجاز به انجام چه کاری هست و چه کاری را نمی‌تواند انجام دهد. هیچ‌کس دوست ندارد مورد سرزنش قرار بگیرد (آیهٔ ۱۴). پولس آنان را فرامی‌خواند، هشدار می‌دهد و توبیخ می‌کند. هر کسی می‌خواهد راه خودش را برود، و هیچ‌کس دوست ندارد کسِ دیگری مداخله کند. هیچ‌کس نمی‌خواهد که از او «تمنایی» بشود (آیهٔ ۱۶). اغلب، کسانی که در زندگی ما مداخله می‌کنند، گستاخ به نظر می‌رسند. ما نسبت به هر اقتداری که سعی در تغییر مسیرمان داشته باشد، برمی‌آشوبیم. هیچ‌کس دلش نمی‌خواهد معیاری بیرونی برای باور و رفتار داشته باشد (آیهٔ ۱۶). پولس ایشان را به سرمشق گرفتن از خودش فرامی‌خواند، چنانکه خودش هم از مسیح سرمشق می‌گیرد (۱:۱۱). هیچ‌کس دوست ندارد معیاری بیرونی نحوهٔ گفتار و رفتارش را به او دیکته کند- چه رسد به یک شخص! قطعاً هیچ‌کس نمی‌خواهد مورد داوری قرار بگیرد و یا تنبیه شود (آیهٔ ۲۱). پولس در صدد است تا در مورد قرنتیان تصمیمی مقتدرانه بگیرد. او قرار نیست که صرفاً نظرش را به آنها ارائه دهد، بلکه می‌خواهد در مورد بودن یا نبودن آنها در جماعت تصمیم بگیرد.

اما حقیقت عجیبی که در مورد اقتدار وجود دارد این است که در نهایت، انسان اقتدار را دوست دارد. ما اقتدار را دوست داریم، منتها زمانی که آن را در قبضهٔ خودمان داشته باشیم. همه عاشق اقتداریم، به شرط آنکه به خودمان تعلق داشته باشد (درونی)، نه به دیگران (بیرونی). وقتی خودمان اِعمال اقتدار می‌کنیم، هیچ مشکلی با آن نداریم، اما وقتی دیگران آن را بر ما اِعمال می‌کنند، از آن خوش‌مان نمی‌آید. وقتی صاحب اقتدار هستیم، هیچ مشکلی وجود ندارد، اما وقتی مرجع اقتدار بیرون از ماست، دوستش نداریم. وقتی کنترل امور دست ما است، اقتدار خوب است، اما وقتی احساس می‌کنیم زیر کنترل دیگری هستیم، اقتدار را بد می‌دانیم. مشکل دل انسان اینجاست که می‌خواهد نقش خدا را بازی کند. همه دوست دارند بر تخت زندگی خود بنشینند و فرمان برانند، هرکس را که در برابرشان می‌ایستد (خواه رهگذر باشد خواه یکی از اعضای خانواده) داوری کنند، و اطمینان یابند که هیچ خطری از طرف آنها پادشاهی‌شان را تهدید نمی‌کند. این حقیقت ندارد که ما از اقتدار خوش‌مان نمی‌آید. ما تنها زمانی اقتدار را دوست داریم که از آنِ خودمان باشد. و دقیقاً به همین علت است که در کل نسبت به اقتدار ظنین هستیم. انسان‌ها از اقتداری که بدیشان داده می‌شود، برای پیشبرد امیال و آرزوهای خودخواهانه‌شان استفاده یا سوءاستفاده می‌کنند.

وقتی از اقتدار برای رسیدن به اهداف خودمان استفاده کنیم، به‌سرعت به خودکامگی تبدیل می‌شود. برداشت اولیهٔ هر کس از اقتدار آن است که اقتدار ابزاری است که آدم‌ها برای بالا بردن خودشان به بهای استثمار دیگران از آن بهره می‌جویند. مردم دوست دارند به یکی

از این دو طریق نسبت به اقتدار واکنش نشان دهند (و کمی از هر دو رویکرد در وجود همهٔ ما هست): یا با شدت و حدت بسیار و با هر روش لازم آن را پیگیری می‌کنند، یا با شدت و حدت بسیار و با هر روش لازم آن را رد می‌کنند. بعضی به‌دنبال به‌دست‌آوردنِ آن از طریق اِعمال زور، عقل یا بالا رفتن از نردبان ترقی هستند. اینست انسانِ عقلانی- ساختارهای قدرت منطقی دارند، پس انسان نهایت تلاش خود را در این ساختار می‌کند و مدارج ترقی را تا بالا طی می‌کند. دستهٔ دوم، کسانی هستند که می‌خواهند با اِعمال زور، غریزه، انکار، سبک زندگیِ جایگزین، و غیره از شر اقتدار خلاص شوند؛ اینها انسان‌های غریزی هستند. ساختارهای اقتدار را می‌توان فروریخت، پس مردان و زنان همهٔ تلاش خود را می‌کنند تا از بند اسارت آن رهایی یابند. آنها به هر قیمتی که شده از تبدیل شدن به مهره‌های پیادهٔ شطرنج خودداری می‌کنند. انسان‌ها یا بیش از اندازه به‌دنبال اقتدارند یا از گردن نهادن به اقتدار می‌گریزند، اما همه از یک چیز وحشت دارند، اینکه اقتدار بر آنها چیره شود.

ولی حتی ما که از چیره شدنِ اقتدار بر خودمان هراسانیم، باز آرزوی آن را داریم. پولس در آیهٔ ۱۵ تمثیل پدر را می‌آورد، چون می‌فهمد که اقتدار راستین به معنای اِعمال زور، رُک‌گویی، یا صدور رأی نیست؛ اقتدار حقیقی یعنی مهر و محبت پدر-فرزندی که خواهان شکوفا شدنِ فرزند است. وقتی کودکی ناگهان به‌سمت ماشینی می‌دود که از روبه‌رو می‌آید، این مسئولیت پدر/ مادر است که با اقتدار جلوی فرزند را بگیرد و نگذارد به او آسیبی برسد یا حتی کشته شود. این همزمان مقتدرانه‌ترین و نیز محبت‌آمیزترین کاری است که می‌توان برای کودک انجام داد. این همان کاری است که پولس برای قرنتیان انجام می‌دهد، و ما هم باید اغلب برای یکدیگر انجام دهیم. اگر در زندگی نقش خدا را بازی کنیم، سراسیمه به‌سمت ماشینی که از روبه‌رو می‌آید، خواهیم رفت. محبت‌آمیزترین کاری که می‌توان در حق ما انجام داد این است که کسی با اقتدار و محبت جلوی ما را بگیرد. در نهایت همهٔ ما آرزومند اقتداری بیرونی هستیم که میان فیض و راستی تعادل برقرار کند- اینکه کسی جلوی ما را بگیرد و نگذارد با اتومبیلی که از روبه‌رو می‌آید تصادف کنیم، برخلاف ارادهٔ ما، ولی به صلاح‌مان است. این نوع اقتدار بیرونی را کجا می‌توان یافت؟ شاید عجیب به نظر برسد، اما تنها کافی است که هر کس به میل باطنی خود برای ایفا کردنِ نقش خدا، نگاهی بیندازد.

فریدریش نیچه در کتابش با عنوان چنین گفت زرتشت، در ارتباط با تبدیل‌های مختلف روح انسان، مثالی پرمعنا می‌زند. او مرحلهٔ اول را به شتر، مرحلهٔ دوم را به شیر، و مرحلهٔ سوم را به کودک تشبیه می‌کند. شتر اساساً نمایندهٔ فرهنگ سنتی، شیر نمایندهٔ فرهنگ مدرن، و کودک هم نمایندهٔ فرهنگ پسا-مدرن است. شتر برای کول‌کردنِ بار و حمل آن، ابتدا زانو می‌زند. شتر در اینجا نمایندهٔ انسانیت اخلاقی است. نیچه چنین اظهار می‌دارد که مردم از طریق مراحل مختلفِ تبدیل‌های روح انسان، باید مدارج تکامل را طی کنند و از مرحلهٔ شتر بودن به مرحلهٔ شیر بودن برسند. در مرحلهٔ نهایی، شیر می‌خواهد آزادی را تصرف کند و زاده شود. او برای پیروزی، با اژدهای بزرگ دست و پنجه نرم می‌کند. اژدهای بزرگ نمایندهٔ انسانیتِ اخلاقی است. بدین‌ترتیب شیر می‌آید تا انسانیتِ اخلاقی، یا فرهنگ سنتی را به قتل

برساند. اژدها، یا همان انسانیتِ اخلاقی می‌گوید: «تو باید، تو باید، تو باید.» و البته جهان‌بینی شیر «من می‌خواهم، من می‌خواهم، من می‌خواهم» است. ولی نیچه می‌گوید که خروج از فرهنگ سنتی کافی نیست، چون او حتی با وجود تأثیر انقلاب کانتیِ روش علمی[۱] به محدودیت‌های این کار واقف است. او درک می‌کرد که حتی در جمع‌بندی مبحث مدرنیته هم محدودیت‌هایی وجود دارد. بنابراین، در دنبالهٔ سخنانش می‌گوید که آخرین مرحله- یعنی مقصد نهایی- مرحلهٔ کودک است که به قول یکی از مفسران، «سومین و واپسین تبدیل است. کودکی سرآغازی تازه است، انسانیت به‌راستی دست به آفرینش خود زده است. اکنون روح ارادهٔ خود را اِعمال می‌کند. و کودک اَبَرانسان است.»

یکی از شخصیت‌های برجستهٔ این نسل در زمینهٔ نوآوری و فناوری، استیو جابز[۲] است. شاید خیلی‌ها ندانند ولی فناوری برای جابز بت نبود. او درکی بسیار صحیح از فناوری و دیدگاهی صحیح نسبت به آن داشت. با این‌حال، طبق زندگینامه‌ای که والتر آیزکسن[۳] دربارهٔ او نوشته، بت او خوراک بود. جابز از همان اوان زندگی نسبت به خوراک علاقهٔ شدیدی داشت. بنابراین، در تمام طول زندگی به خوراک چسبیده بود. حتی نماد شرکت اپل هم یک سیب است. از این گذشته، خوردن بر همهٔ تصمیم‌گیری‌هایش نیز تأثیر گذاشته بود. او رژیم غذایی خاصی داشت که تحت تأثیر کاوش در مذاهب شرقی بود. جابز از اختلال تغذیه رنج می‌برد، و از به زبان آوردن آن هم هیچ اِبایی نداشت. در اکتبر ۲۰۰۳ پزشکان متوجه ابتلای او به سرطان لوزالمعده شدند. چیزی که ممکن است خیلی‌ها از آن خبر نداشته باشند این است که جابز از یک نوع سرطان کمیاب لوزالمعده، به نام سرطان سلولی ایسلیت[۴] رنج می‌بُرد. این شکل از سرطان رشدی کند دارد و اغلب از طریق عمل جراحی فوری و بیرون آوردن تومور از لوزالمعده، قابل درمان است. اما کنترل همه چیز دست خوراک‌پرستیِ جابز بود. «در کمال وحشت دوستان و همسرش، جابز تصمیم گرفت از عمل جراحی و بیرون آوردن تومور، که تنها روش پزشکی پذیرفته شده بود، خودداری کند. او سال‌ها بعد با لحنی حاکی از پشیمانی به من گفت: "من واقعاً نمی‌خواستم که آنها شکمم را پاره کنند، پس سعی کردم دنبال راه‌های مؤثر دیگری برای درمان بگردم." او به‌طور مشخص به گیاهخواری روی آورد، و هر روز مقدار زیادی آب هویج و میوه‌های دیگر می‌خورد.» «او طب سوزنی و انواع داروهای گیاهی را که در اینترنت می‌یافت، و یا دیگران- از جمله یک بیمار روانی- از سراسر کشور به او توصیه می‌کردند، نیز به رژیم غذایی خود افزود.» «او برای مدتی زیر نفوذ دکتری بود که در یک کلینیک درمان طبیعی در جنوب کالیفرنیا کار می‌کرد. این دکتر بر گیاهان ارگانیک، رژیم مایعات، شستشوی مکرر دستگاه گوارش، آب‌درمانی، و دور ریختنِ همهٔ احساسات منفی تأکید داشت.» نکته اینجاست که در نهایت امر، کنترل جابز در دست خوراک بود. برای جابز، خوراک همهٔ زندگی‌اش محسوب می‌شد. به قول یکی از مفسران: «هر بتی دو وعدهٔ ساده و افراطی می‌دهد: تو قطعاً نخواهی مرد و مثل خدا خواهی بود.» مشکل جابز

---

۱. Kantian Revolution of the Scientific Method- منسوب به امانوئل کانت، فیلسوف نامدار آلمانی (۱۷۲۴- ۱۸۰۴)- م.

2. Steve Jobs; 3. Walter Isakson; 4. Islit Cell Cancer

هم تسلیم‌ناپذیری در برابر اقتدار بیرونی بود و هم میل به اعتماد کردن به رویکرد درونیِ خودش.

هیچ‌کس به اقتدار خارج از خودش علاقه‌ای ندارد، چون هیچ‌کس نمی‌خواهد کسی یا چیزی دیگر او را کنترل کند. با این‌حال، و در نهایت تأسف، همان چیزهایی که به زندگی ما، به عقده‌های ما و به ارزش غایی یا محور شخصیت ما تبدیل می‌شوند، سرانجام زمام کار را در دست می‌گیرند و نه تنها موجب شکوفایی‌مان نمی‌شوند، بلکه ما را به اضمحلال می‌برند. این بدان خاطر است که همه می‌خواهند نقش خدا را بازی کنند. حتی اگر کسی ازبرخورداری کامل از اقتدار هم وحشت داشته باشد، باز آرزومند تعبیر خاصی از آن است.

پولس در آیهٔ ۱۵ سراغ تصویری از پدر می‌رود. او بحثِ گونه‌ای از اقتدار را پیش می‌کشد که نه با اجبار همراه است و نه با زور و ستم، بلکه از اقتداری ناشی می‌شود که بر رابطهٔ پدر–فرزندی حاکم است و محرک آن مهر و محبت به فرزندان می‌باشد. این اقتداری است که پدر یا مادر را وا می‌دارد تا فرزند خود را هنگام دوچرخه‌سواری در یک تقاطع شلوغ بگیرند و نگذارند تصادف کند و آسیب ببیند.

مقتدرانه‌ترین و محبت‌آمیزترین کاری که یک شخص می‌تواند برای دیگری انجام بدهد، بازگو کردن حقیقت در محبت است، یعنی همان پند و اندرز محبت‌آمیز و آرام. این دقیقاً همان کاری است که پولس رسول می‌کند. عجیب اینکه، کسی همچون استیو جابز، که می‌خواست مستقل و خودمختار باشد، در نهایت زیر کنترل چیز دیگری قرار داشت. هر کسی تابع نظام خاصی از اقتدار است. و تنها راه رهایی دل آدمی از نظام‌های اقتدار این است که به اقتدار مطلوب چشم بدوزد.

اقتدار آرمانی

(کجا می‌توانیم اقتداری را که در آرزویش هستیم، بیابیم؟)

پولس اقتداری را به نمایش می‌گذارد که مبتنی بر آن چیزهایی است که تا اینجای کار، در این نامه در موردشان سخن گفته است.

> آنچه پولس انتظار دارد قرنتیان در انجامش از او سرمشق بگیرند، همان چیزهایی است که به فخرفروشی و نفاق در قرنتس پایان خواهد داد. گارلند چنین توضیح می‌دهد: «از آنان انتظار می‌رود که از نادان انگاشته شدن به‌خاطر مسیح، و نیز ضعیف و بی‌حرمت شدن به‌خاطر او، استقبال کنند ... آنها باید به این تشخیص برسند که هرآنچه هستند و هرآنچه دارند، چونان هدایایی از جانب خدا بدیشان رسیده است (۳:۱۰) و اینکه آنان ذاتاً انسان‌های خارق‌العاده‌ای نیستند (۴:۷). آنان نباید خود را از کارگران پست مزارع (۳:۵) و خادمان (۴:۱) بهتر بدانند، و برای مشخص شدن اینکه آیا قابل اعتمادند یا نه، باید منتظر داوری خدا

> بمانند (۵:۴). ایشان می‌بایســـت هرگونه رنجش و رقابت را نسبت به همکاران از خود دور کنند تا بتوانند دوشـــادوش یکدیگر در کشتزار خدا زحمت بکشند (۵:۳-۹). آنها باید در برابر وسوسهٔ قالب کردن خودشان به‌عنوان حکیم یا نخبه، آن‌هم با به‌کار بردن کلمات پرطمطراق حکمت، ایســـتادگی کنند و به‌جای آن به قـــدرت خدا تکیه نمایند که از طریق ضعف، ترس و لرز عمل می‌کند (۲:۱-۴). این اعمال و نگرش‌ها الگوی زندگی پولس را تشـــکیل می‌دهند؛ چه برای زمان حال، چه برای زمان گذشـــته و روزگاری که قرنتیان در آن می‌زیســـتند. در یک کلام، پولس الگویی است از حکمتِ صلیب.»[1]

اقتدار مطلوب، همان حکمت صلیب اســـت، و پولس مدل آن محسوب می‌شود. «این را نمی‌نویســـم تا شما را شرمنده سازم، بلکه تا چون فرزندان دلبندم هشدارتان دهم ... چرا که من به‌واسطهٔ انجیل در مسیح عیسی پدر شما شدم» (آیه‌های ۱۴ و ۱۵ب). همچنین در آیهٔ ۲۱ می‌خوانیم: «کدام‌یک را ترجیح می‌دهید؟ با چوب نزدتان بیایم یا با محبت و روحی ملایم؟» پولس در افســـیان ۱۵:۴ می‌گوید که مسیحیان باید «بیان محبت‌آمیز حقیقت» را پیشه کنند. او می‌گوید: «من به‌واســـطهٔ انجیل پدر شما شدم » (آیهٔ ۱۵). و این اشاره‌ای است به ۱۷:۱: او فرستاده شده «تا بشارت رساند، ولی نه با حکمت سخنوری، مبادا قدرت صلیب مسیح بی‌اثر گردد.» پولس رسول حتی با وجودی که مشـــخصاً به صلیب اشاره‌ای نمی‌کند، ولی می‌داند که هروقت واژهٔ قدرت را به‌کار می‌برد، دارد به مسیح و آن‌هم مسیح مصلوب، اشاره می‌کند. زمانی که می‌گوید: «می‌خواهم طریق‌هایم را در مســـیح به شما یادآوری کنم»، تصویر وارونهٔ واقعیـــت صلیب را خلاصه می‌کند؛ یعنی همان کاری که عیســـی برای ما به انجام رســـانده است.

در ورای همـــهٔ دغدغه‌های مقتدرانه و محبت‌آمیز پولس برای قرنتیان، دغدغهٔ مقتدرانه و محبت‌آمیز مسیح برای کلیسایش نهفته است. اقتدار مطلوب، همانا پادشاه‌منشیِ واژگونه‌کنندهٔ صلیب است. اقتدار نهایی جهان هســـتی، اقتدارش را فرومی‌گذارد تا دیگران شکوفا شوند. خـــدا در صلیب «نقش خدا را بـــازی می‌کند»، آن‌هم به غیرمنتظره‌ترین روشـــی که می‌توان تصور کرد. او نقش خدا را دقیقاً به روشـــی مغایر با روش انسان بازی می‌کند. در جایی که ما دنبال قدرتیم و برای پیشـــرفت خود و رسیدن به آمال‌مان، آن را علیه دیگران به‌کار می‌گیریم، خدای جهان هستی به‌خاطر دیگران از قدرتش صرف‌نظر می‌کند. هدف او طبیعتی رهاننده و صلیب‌گونه دارد. اندی کراوچ[2] در این زمینه می‌گوید:

> قدرت هم مثل زندگی، اگر با محبت همراه نباشـــد، هیچ- و بدتر از هیچ- است. امـــا محبتِ بدون قـــدرت هم چیزی کم دارد. محبت بـــدون ظرفیت لازم برای

1. Roy E. Ciampa and Brian S. Rosner, The First Letter to the Corinthians, The Pillar New Testament Commentary (Grand Rapids: Eerdmans, 2010), p. 188, quoting Garland.

2. Andy Crouch

ساختن چیزی در دنیا، بدون توانایی برای پاسخ دادن به شکوفایی محبوب و مجال ایجاد کردن برای او، عبث است. به همین دلیل است که محبتی که در تپش داستان مسیحی جریان دارد- محبت پدر به پسر، و از طریق پسر به جهان- صرفاً یک احساس پرشور یا یک حقیقت الاهیاتی دور از ذهن و ملکوتی نیست، بلکه با جسورانه‌ترین اقدام قدرتمندانه در تاریخ جهان، یعنی رستاخیز پسر از مردگان، مهر و موم شده است. قدرت در بهترین حالتش یعنی رستاخیز به زندگی کامل، به انسانیت کامل. هرگاه انسان‌ها به آن موجود موعود و راستین تبدیل شوند، و حتی مرگ هم نتواند زندانیان را در بند خود نگاه دارد، آنگاه ما به‌راستی می‌توانیم از قدرت حرف بزنیم.

تنها در نتیجهٔ دریافت این اقتدار فداکارانه و ایثارگرانه است که پولس می‌تواند با آمیزه‌ای از جسارت و فروتنی به قرنتیان نزدیک شود؛ نه همچون رئیس، بلکه مانند پدر، نه مثل ویرانگر، بلکه چون پرورنده، و باغبان. صلیب جایی است که رحمت و عدالت، حقیقت و محبت، قدرت و ضعف، جسارت و فروتنی، پایداری و ظرافت با هم تلاقی می‌یابند.

اینها نتایج دریافت اقتدار مطلوبند. ما می‌توانیم از اینکه در زندگی‌مان اقتدار نهایی باشیم دست بکشیم و دیگر نقش خدا را بازی نکنیم. ما آزاد شده‌ایم تا از زیر بار اقتدارطلبی و نیز از اقتدارگریزی خلاص شویم. به مجردی که از ایفای نقش خدا دست بکشیم، به مفهوم صحیح، «نقش خدا را بازی خواهیم کرد.» به سرمشق‌گیرندگان از مسیح تبدیل می‌شویم و می‌کوشیم تا فرهنگ را بارور نماییم و در راستای تعهد فرهنگی، به شکوفا شدن بشریت یاری رسانیم. زمانی که اقتدار فیض خدا ما را دربرگیرد، آزادیم تا از عطایا، استعدادها و منابع‌مان چنان استفاده کنیم که از آغاز مد نظر بوده است. این تمامی زیر-اقتدارها را سر جای درست‌شان قرار می‌دهد. زمانی انسان می‌تواند تسلیم صاحبان اقتدار (دولت، کلیسا، و غیره) شود که ایشان آنطور که باید، عمل کنند. ما نباید با ترس از اقتدار (رئیس، قاضی، و غیره) زندگی کنیم، چون اقتدار بزرگتری ما را دربرگرفته است. می‌توانیم خودکامگی را شناسایی کرده و آن را برانیم (یعنی چون اقتدار خدا ما را دربر گرفته است، می‌توانیم علیه ستم و بی‌عدالتی مبارزه کنیم، و آزادیم تا از زیر بار ستم شانه خالی کنیم). اقتدار فیض همان چیزی است که ما در آرزویش بوده‌ایم.

در یوحنا ۳:۱۳ می‌خوانیم: «عیسی که می‌دانست پدر همه چیز را به‌دست او سپرده است ...» این بدان معناست که عیسی از اقتدار کامل بر زمین برخوردار بود و می‌دانست که از جانب خدا آمده و قرار است به‌سوی خدا هم بازگردد. یوحنا می‌گوید که عیسی همهٔ اینها را می‌دانست- اینکه می‌دانست اقتدار کامل را دریافت کرده و از طرف خدا آمده است. او اقتدار کامل داشت، و از خدا همه چیز را دریافت کرده بود. بنابراین، خواننده انتظار دارد در آیهٔ بعد چه چیزی را ببیند؟ اینکه عیسی اقدامی معجزه‌آسا بکند؟ اینکه کسی را شفا دهد؟ اینکه دریای سرخ را دو نیم کند؟ سیمای خود را دگرگون سازد؟ یوحنا در آیه‌های ۴ و ۵

می‌گوید: «از شام برخاست و خرقه از تن به در آورد و حوله‌ای برگرفته، به کمر بست. سپس آب در لگنی ریخت و شروع به شستن پاهای شاگردان و خشک کردن آنها با حوله‌ای کرد که به کمر داشت.» این باورکردنی نیست. این اقتدار مطلوب کسی است که اقتدار همه چیز را در دست داشت، «همه چیز.» او از طرف خدا آمده بود. با این‌حال، با قدرت و اقتداری که به او داده شده بود، به روشی جابرانه، ظالمانه، ستمکارانه یا خودکامانه عمل نکرد. او در عوض اینها، چه کرد؟ جانش را فدا کرد. او نشان داد که فداکار بودن به چه معناست. او نشان داد که ایثارگر بودن یعنی چه.

در این قسمت، تصویری از نصیحت‌گویی و بیان محبت‌آمیز حقیقت را شاهدیم که خود روایتی است از اقتدار فیض، و این نه مجبورکننده و سرکوب‌کننده، بلکه زاینده است و رهاننده. ما چه برداشتی از این اقتدار می‌کنیم؟ بعضی از ما خواهان دستیابی به اقتدار، نفوذ و برتری هستیم. برخی دیگر در آستانهٔ رسیدن به اینها هستیم. کتاب‌مقدس الزاماً علیه قدرت سخن نمی‌گوید. کتاب‌مقدس نشان می‌دهد که خدا الگوی نهایی قدرت است. او آفرینندهٔ همه چیز است، و ما نیز حاملان صورت اوییم. وانگهی، از سوی اقتداری خدادادی، به ما مسئولیت داده شده تا بتوانیم در شکوفایی فردی و اجتماعی بشر نقش داشته باشیم. اما دل انسان مستعد است که با دیگر مشغولیت‌ها و خواهش‌ها تغییر کند، تحت تأثیر قرار بگیرد و مجذوب و وسوسه شود. و بدین‌ترتیب دل آدمی اسیر این دل‌مشغولی‌ها می‌گردد. پولس در مورد این اقتدار متناقض‌نما تعلیم می‌دهد تا ما بدانیم که عیسای مسیح با وجودی که از اقتدار کامل برخوردار بود، جانش را فدای ما کرد.

حال، این اقتدار متناقض‌نما چگونه است؟ اگر کسی خواهان شکوفایی فردی و اجتماعی اعضای جامعهٔ الاهی است، پس باید با روح محبت و ملایمت لب به نصیحت بازکند و اقتدار خود را به‌کار گیرد. هیچ‌کس نباید از بیان محبت‌آمیز محبت دریغ ورزند. خیلی‌ها در اِعمال نفوذ مقتدرانه یا قدرتی که می‌تواند به زندگی دیگری شکل بدهد، تردید می‌کنند. بسیاری دیگر ترجیح می‌دهند خود را کنار بکشند و بگذارند مردم آن‌طور که دوست دارند، زندگی کنند. این یکی از دلایلی است که نام مسیحیان بد دررفته است، ولی این منحصر به مسیحیان نیست. این کاری است که همه می‌کنند. این امر همیشه به سطح صمیمت در روابط بستگی دارد.

مشکل اینجا است که هیچ‌کس نمی‌تواند خود را کنترل کند. همه با میل به خشونت دست به گریبانیم. به همین‌خاطر است که به چنین الگوی زیبایی از ترکیب متناقض‌نمای اقتدار و ضعف، و جسارت و فروتنی نیاز داریم. همه باید با دل خود و با دل دیگران مطابق توصیهٔ ریچارد سیبز[1] رفتار کنیم و سخن بگوییم: «موظف داشتنِ روح و بی‌پرده پرداختن به دل، و مجاز دانستنِ وجدان به عملِ کامل، و مطیع کردنِ کامل روح به خدا، کار چندان آسانی نیست، زیرا روح به‌خاطر حُبِ نَفْس از کندوکار در خود بیزار است، مبادا در خود افکاری بیابد که جای‌شان آنجا نیست.» «روح را به انجام وظیفه وادارید.» اگر دوستی دارید که او

1. Richard Sibbes

را دوست می‌دارید، اگر همسری، برادری، یا دوستی دارید که دوستش می‌دارید، پس لازم است- به‌ویژه در رابطهٔ محبت‌آمیز، آرام، ایمن و امن- روح آن شخص را به انجام وظیفه وادارید. و این کار یعنی نصیحت کردن با محبت و روحی آرام و ملایم.

تیموتی کلر[1] همین مطلب را به‌گونه‌ای دیگر بیان می‌کند. این پادشاه‌منشیِ متناقض‌نمای عیسی است که هم باعظمت بود و هم حلیم، هم قدوس بود و هم فروتن، هم جسور بود و هم شیرین، هم دلیر بود و هم بردبار، هم برّه‌گونه بود و هم شیردل، هم شجاع بود و هم مهربان؛ او همزمان همهٔ اینها بود. ولی این تنها از نگاه دنیا متناقض به نظر می‌رسد. سلطنت واقعی بر بشریت باید چنین باشد. انسان در وجود عیسای مسیح ترکیبی از قدرت بی‌انتها و آسیب‌پذیری کامل، عدالت بی‌کران و رحمت بی‌پایان، تعالی فراباشنده و دسترسی و نزدیکی مطبوع را مشاهده می‌کند. عظیم و نیرومند است، و در عین حال کاملاً تحت کنترل. جذابیتش ژرف است. خداگونه است. وفادارانه است. این مَنشی است که همگان سودای آن را در سر می‌پرورانند. این شخصیتی است که ما سخت مجذوب آن هستیم. کسی که از بیان حقایق دشوار زندگی ما واهمه‌ای ندارد، چون در نهایت دوستدار ماست. از این گذشته، این کار را در نهایت ملایمت، شیرینی، مهربانی، بردباری و محبت انجام می‌دهد. و تنها راه دیدنِ چنین اقتدار متناقض‌نمایی آن است که به اقتدار مطلوب- یعنی اقتدار فیض- چشم بدوزیم. نه حذفِ اقتدار، بلکه توانایی دیدن اینکه فردی که نسبت به گناه و شریعت سختگیر است، در عین‌حال، به‌جای مدارای صِرف، در ابراز فیض بسیار گشاده‌دست است. این تصویری است از ترکیب متناقض‌نمای اقتدار مطلوب که ایماندار در عیسی دارد. مسیحی نباید ترسو یا مجبور باشد، زیرا از ملایمت و شیرینیِ همان روح محبت برخوردار است که معنای واقعی بیان محبت‌آمیز حقیقت را نشان می‌دهد.

1. Keller

۹

فیض انضباط

اول قرنتیان ۵:۱-۱۳

انضباط کلیسـایی موضوعی نیسـت که در کلام خدا زیاد بدان پرداخته شـود. همچنین پدیده‌ای نیست که اغلب در کلیسا- دستِ‌کم در مقیاسی که در این قسمت از نامهٔ پولس رسول به قرنتیان آمده- اتفاق بیفتد. اما در واقع، سخن گفتن در مورد انضباط از آنچه مردم در بدو امر تصور می‌کنند، منطقی‌تر و مرتبط‌تر است. واژهٔ *انضباط* چنان که انتظار می‌رود، تصاویری منفی به ذهن می‌آورد- کینه‌جویی یا پیش‌داوری. ولی این دقیقاً مغایر با انضباط کلیسایی است.

نسـبت به انضباط یک بیـزاری فرهنگی وجود دارد. ما با انضبـاط نَفْس- یعنی تربیت خودمان با معیاری معین به منظور رسـیدن به هدفـی بلندمدت، مانند کاهش وزن، خوردن غذاهای سـالم، یا کسـب مدرکی بالاتر- *راحت* هستیم. اما انضباط شـدن توسط نیروی بیرونی- یعنی کسـی یا چیزی بیرون از وجود خودمان-، مـا را *معذب* می‌کند. دلیلش هم چیزی نیست جز فردگراییِ حاکم. جاناتان لیمن[1] می‌گوید: «برای یک فرد معمولی در فرهنگ غربی امروز: هر وابسـتگی‌ای ممکن اسـت. همهٔ ما کارگزارانی آزادیم، و هر رابطه‌ای و هر موقعیتی از زندگی یک قرارداد است که می‌توان در موردش چانه زد و یا آن را لغو کرد، خواه سروکارمان با شاهزاده، والدین، همسر، فروشنده، رئیس، صندوق آرا، و قاضی دادگاه باشد، خواه با کلیسـای محلی. من اصولاً به خودم و تعالی زندگی، آزادی و جستجوی خوشبختی خودم متعهد هسـتم و بس ... من قدرت دارم هر چیز دیگـر را وتو کنم.» اما در واقعیت ما خوب می‌فهمیم که انضباط، کاری سالم و ضروری است.

در شهرهایی که آموزش و تحصیل در آنها از ارزش و اعتبار بالایی برخوردار است، تأکید زیادی بر ارزش اقتدار و حتی انضباط دانشـگاهی می‌شود. برای فارغ‌التحصیل شدن از یک مؤسسـهٔ آموزشی، همگان ناگزیرند تابع مراجع اقتدار بیرونی شوند، از آداب و رسوم تبعیت

---

1. Jonathan Leeman

کنند و مقررات را اجرا نمایند. میان آنانی که از یک مؤسسه آموزشی فارغ‌التحصیل می‌شوند و آنانی که نمی‌شوند، *مرزبندی*‌های مشخصی وجود دارد. اگر کسی مدعی نام، یعنی هویت، دانشگاهی باشد، از او انتظار می‌رود که از آن مؤسسه فارغ‌التحصیل شده باشد. در مورد آنانی که مرتکب تقلب و سرقت ادبی می‌شوند، برخورد *انضباطی* شدیدی صورت می‌گیرد (البته به‌جز آن دسته از افراد که قوانین را دور می‌زنند!). در مورد محیط کار، سیاست و دادگاه نیز وضع به همین منوال است. به نظر می‌رسد تنها جایی که مردم دوست ندارند اصول انضباطی اجرا شوند، کلیسا است. ولی این اصلاً درست نیست. به تعبیری می‌توان گفت که انضباط وسیله‌ای است که با آن خانهٔ خود را با دقت، بخشندگی و با اعتقاد راسخ مدیریت می‌کنیم. اگر انضباط در کلیسا به‌درستی اجرا شود، زیست‌بومی خود-اصلاح‌گر به‌وجود می‌آید، و ریاکاری‌های خیره‌کننده‌ای که شاهدشان هستیم، اگرچه ممکن است به‌طور کامل ریشه‌کن نشوند، اما تا حد زیادی کاهش پیدا خواهند کرد.

انضباط نه به منظور آسیب‌زدن به کسی، بلکه با هدف کمک به دیگران اِعمال می‌شود- زیرا کلیسا آن‌قدر نسبت به خیر و صلاح اجتماع احساس تعهد می‌کند که نمی‌تواند کاری جز این انجام دهد. این عملاً در هر جماعت سالمی انجام می‌گیرد. مجموعه‌ای از معیارهای معین وجود دارد که به این جامعه انسجام درونی می‌بخشد، و بالطبع، وقتی این انسجام نقض شود تبعاتی به بار می‌آورد. یکی از منفورترین چیزها ریاکاری است، این‌طور نیست؟ انضباط ما را از ریاکاری دور نگاه می‌دارد. ما را واقعی و اصیل نگاه می‌دارد. اما در عین حال سلامت ما را نیز حفظ می‌کند. زیرا هروقت کلیسا در بطن جامعه قرار دارد، اعمالش همواره پیامدهای اجتماعی هم به‌دنبال دارند. آنچه یک شخص انجام می‌دهد بر دیگری تأثیر می‌گذارد، و آنچه دیگری انجام می‌دهد، بر شخص اول تأثیر متقابل دارد. پس هرگاه اختلالی وجود دارد یا زمانی که کسی در اشتباه است، مسئله به همین سادگی نیست که «آیا باید انضباط وجود داشته باشد یا نه؟» بلکه باید پرسید: «آیا انضباط به‌درستی انجام می‌گیرد؟»

آیات مورد بررسی این فصل از کتاب به ما یاری می‌دهند تا انضباط را با دقت اجرا کنیم. این قسمت از کلام خدا سه نکتهٔ مهم در مورد انضباط به ما نشان می‌دهند:

- موجبات انضباط
- هدف از انضباط
- فیض در انضباط

موجبات انضباط

> خبر رسیده که در میان شما بی‌عفتی هست، آن هم به‌گونه‌ای که حتی در میان بت‌پرستان نیز پذیرفته نیست. شنیده‌ام مردی با نامادری خود رابطه دارد. و شما افتخار می‌کنید! آیا نمی‌بایست ماتم گیرید و کسی را که چنین کرده از میان خود برانید؟ (۵:۱و۲)

برای درک اظهار پولس لازم است قدری دربارۀ زمینۀ تاریخی این متن اطلاعات کسب کنیم. مردی بود که «زن پدر خود را داشت.» توجه به این نکته حائز اهمیت است که تمرکز پولس نه بر بی‌بندوباری جنسی، که بر واکنش کلیسا نسبت به آن است. بی‌بندوباری جنسی در پس‌زمینه قرار دارد، در حالی که واکنش یا عدم واکنش کلیسا است که مورد توجه می‌باشد. آنچه در جریان بود، نسبت به صورتِ ظاهری موضوع، هم تعجب‌آورتر بود و هم نه چندان تعجب‌آور. وقتی مردم این آیه‌ها را برای اولین‌بار می‌خوانند، احتمالاً مردی را در ذهن مجسم می‌کنند که با مادر خود می‌خوابد، اما احتمالاً قضیه چنین نبوده است. عبارت «زن پدر» به احتمال زیاد به نامادری اشاره دارد. در روزگار قدیم زنان در سنین نوجوانی ازدواج می‌کردند؛ پس این احتمال وجود دارد که سن این زن عملاً به سن پسر نزدیک‌تر بوده تا به سن پدر. این قضیه از آنچه شاید شما در ابتدا فکر می‌کردید کمتر تعجب‌آور است. و با وجود این، به‌طور همزمان تعجب‌آور هم هست. این روزها اگر شما کاری نظیر این را انجام دهید، ممکن است سروکارتان به یکی از قسمت‌های شوهای تلویزیونی[1] بیفتد، ولی لزوماً راهی زندان نمی‌شوید. اما در دوران قدیم رابطه‌ای مانند این هم برخلاف شریعت یهود و هم خلاف قانون یونانی-رومی به‌شمار می‌رفت، نه صرفاً بدین‌خاطر که کاری غیرعادی بود، بلکه به‌خاطر تأثیرات اجتماعی زیانباری که می‌توانست بر نهاد خانواده بگذارد. و با وجود همۀ اینها، کلیسای قرنتس دست روی دست گذاشته بود.

پرسشی که باید مطرح شود، این است که چرا؟ در پاسخ چند دلیل وجود دارد. اول اینکه، این مرد در آن اجتماع از ثروت زیاد و موقعیت اجتماعی، آوازه و نفوذ قابل ملاحظه‌ای برخوردار بود. بنابراین، قرنتیان می‌ترسیدند به او چیزی بگویند، مبادا باعث عصبانیتش شود. اما دلیل دوم این بود که راهی برای توجیه عمل وی یافته بودند. ایشان می‌گفتند: «ما در مسیح آزادیم، پس دیگر زیر قید و بند شریعت نیستیم. هر پیشنهادی را می‌شنویم، ولی در نهایت کاری را که دلمان بخواهد، می‌کنیم!» آیا این حرف‌ها برای‌تان آشنا نیست؟ قرار است طی چند فصل، با دقت بیشتری به موضوع روابط جنسی بپردازیم، اما در اینجا لازم می‌بینم به شما بگویم که وسوسۀ رابطۀ جنسی با نامادری برای روزگار ما امر غریبی است. ولی واکنش ما به گواهی کتاب‌مقدس در حیطۀ کلی رابطۀ جنسی انسان چیست؟ آیا ما از فکر داشتنِ رابطۀ جنسی بیرون از محدودۀ ازدواج خودداری می‌کنیم؟ آیا ما هم به‌نوعی دست به توجیه چنین رابطه‌ای می‌زنیم؟ اگر اهل توجیه هستیم، پس آیه‌های ۲و۶ به ما مربوط می‌شوند: «آیا نمی‌بایست ماتم گیرید ... افتخار شما به هیچ روی صحیح نیست.»

از سوی دیگر، آنهایی که ایمان مسیحی را تحقیق می‌کنند، درمی‌یابند که مسیحیان نه تنها به روابط جنسی بی‌توجه نیستند، بلکه از قرار معلوم بدان بیش از حد توجه نشان می‌دهند. برخی احساس کرده‌اند که به‌خاطر روابط جنسی مورد داوری قرار گرفته و محکوم شده‌اند. اگر مسیحیان همسایگان غیرمسیحی خود را به‌خاطر اخلاق جنسی متفاوت‌شان از خود رانده، یا با آنها رفتاری غیرانسانی و عاری از محبت داشته‌اند، باید از آنها معذرت بخواهند. به

---
1. Reality Show

آیه‌های ۱۲و۱۳ توجه کنید که پولس از مسیر بحث خود خارج می‌شود تا به مسیحیان بگوید که این دقیقاً همان کاری است که *نباید* انجام بدهند.

> زیرا مرا چه کار است که دربارهٔ مردمان بیرون از کلیسا داوری کنم. ولی آیا داوری دربارهٔ آنان که در کلیسایند، بر عهدهٔ شما نیست؟ خدا خود دربارهٔ مردمان بیرون از کلیسا داوری خواهد کرد. (آیه‌های ۱۲و۱۳الف)

ولی ما راه برعکس را پیش گرفته‌ایم! جهان را داوری می‌کنیم، اما وقتی به خانهٔ خودمان می‌رسیم، قضیه را سرسری می‌گیریم. از گفتن مطالب سخت به خودی‌ها امتناع می‌کنیم، چون می‌ترسیم کار به جای باریک بکشد. پس به محکوم کردن غریبه‌ها اکتفا می‌کنیم، زیرا این راه آسان‌تری است. اما موضوع دیگری هم هست.

> در نامهٔ پیشین خود، به شما نوشتم که با بی‌عفتان معاشرت نکنید. اما مقصودم به هیچ روی این نبود که با بی‌عفتان این دنیا یا با طمع‌ورزان یا شیادان یا بت‌پرستان معاشرت نکنید، زیرا در آن صورت می‌بایست دنیا را ترک گویید. (آیه‌های ۹و۱۰)

نه تنها باید از داوری کردن بر دنیا حذر کنیم، بلکه از ما انتظار می‌رود که به آن نزدیک هم بشویم و آن را مغلوب محبت‌مان سازیم. اِشکال اینجا است که ما قضیه را کاملاً برعکس متوجه شده‌ایم. به دنیا نزدیک نمی‌شویم، بلکه از آن می‌گریزیم. به‌جای آنکه محبتش کنیم، در کمال خودبینی از بیرون محکومش می‌کنیم. ما قضیه را به‌طرز تأسف‌باری اشتباه گرفته‌ایم! باز به آنچه پولس در آیه‌های ۹-۱۳الف می‌گوید، توجه کنید:

> در نامهٔ پیشین خود، به شما نوشتم که با بی‌عفتان معاشرت نکنید. اما مقصودم به هیچ روی این نبود که با بی‌عفتان این دنیا یا با طمع‌ورزان یا شیادان یا بت‌پرستان معاشرت نکنید، زیرا در آن صورت می‌بایست دنیا را ترک گویید. اما اکنون به شما می‌نویسم که با کسی که خود را برادر می‌خواند، اما بی‌عفت، یا طماع یا بت‌پرست یا ناسزاگو یا میگسار و یا شیاد است، معاشرت نکنید و با چنین‌کس حتی همسفره مشوید. زیرا مرا چه کار است که دربارهٔ مردمان بیرون از کلیسا داوری کنم. ولی آیا داوری دربارهٔ آنان که در کلیسایند، بر عهدهٔ شما نیست؟ خدا خود دربارهٔ مردمان بیرون از کلیسا داوری خواهد کرد.

به بخش‌بندی دوگانه‌ای که پولس به‌وجود می‌آورد، توجه کنید: خطر جدایی‌خواه شدن- یعنی جدا کردن خودمان از دنیا- وجود دارد. جدایی‌خواهان انضباط کلیسایی را در مورد دنیای بیرون اِعمال می‌کنند- آنها دنیا را به‌خاطر گناهش مورد داوری قرار می‌دهند و به‌کل از میان خود می‌رانند- و زیر-فرهنگ‌هایی پدید می‌آورند که در آنها می‌توانند احساس راحتی کنند، خودشان را از از دنیا کنار بکشند و دنیا را از خودشان برانند. مسامحه‌کاران نیز به‌کلی

از اِعمـــال انضباط خودداری می‌کنند، و ورود دنیا به کلیســـا را خیرمقدم می‌گویند و طوری در دنیا زندگی می‌کنند که گویی هویت مســیحی از هرگونه وجــوه تمایز ذاتی با دنیا عاری اســت. پولس رویکردی دیگر را معرفی می‌کند که هم متعادل اســت و هم موثق. از «تنبیه کردن» دنیا با اِعمال اخلاقیات مســیحی دســت بردارید. به‌جای آن، به‌عنوان شاهدان مسیح وارد دنیا شــوید. جنبه‌های گناه‌آلود دنیا را از میان خودتان بیرون برانید و در دنیا باشید، نه از دنیا! و زمانی که نوبت به انضباط در درون کلیســا می‌رسد، کلیسای موثق و معتبر هیچگاه از مســئولیت‌های انضباطی خود سوءاستفاده نمی‌کند، بلکه همواره هدف احیای کتاب‌مقدسی را در نظر می‌گیرد.

اما شــاید آنچه که بیش از همه ما را به اشتباه افکنده، مشغلهٔ فکری همیشگی ما در مورد رابطهٔ جنسی است، نه محکوم کردن و داوری کردن. چنین به نظر می‌رسد که همهٔ مسیحیان می‌خواهند دربارهٔ چیزی که آن را «گناه جنســی» می‌نامند، غرولند کنند. نحوهٔ برخورد ما با موضوع رابطهٔ جنســی، صرف‌نظر از تعهد ایمانی‌مان، *به‌شدت* اهمیت دارد چون همهٔ ما در اعماق وجودمان می‌دانیم که رابطهٔ جنســی، *فقط* عمل جنسی نیست. به قول لوئیس اسمدز[1] «رابطهٔ جنســی هیچوقت اتفاقی نیســت، چون این چیزی نیست که انسان هر وقت بخواهد با آن بازی کند، و تا دفعهٔ بعد کناری رهایش کند ... شــما نمی‌توانید با کسی به بستر بروید و روح‌تان را بیرونِ در پارک کنید.» پس اندیشــیدن در مورد رابطهٔ جنســی، و ارزیابی کردن درستیِ آن چیزی است که همه نیازمند انجامش هستند.

پولس در آیهٔ ۱۰ دو موضوع مهم دیگر را هم فهرســت می‌کند، که لازم است حتماً مورد ملاحظه قرار بگیرند- طمع و شــیادی. واژه‌ای که در اینجا برای طمع به‌کار رفته، معنایی بس فراتر از عشق به پول دارد، و شیادی هم مفهومی بیشتر از دزدی می‌دهد. به‌زعم دیوید گارلند، مفسر عهدجدید، خواننده باید از این دو واژه

> تصویر کسانی را در ذهن مجسم سازد که با بی‌انصافی، درنده‌خویی، و چنگ‌اندازی به مال دیگران ثروت‌اندوزی کرده‌اند، متمولانی که اشتیاق سیری‌ناپذیرشان آنان را وا می‌دارد تا به‌کلی فقرا را نادیده بگیرند، آنها را زیر پا له کنند و حقوق‌شان را پایمال ســازند و به نیازهاشان بی‌توجهی کنند، تا خودشان از پلکان صعود به هر قیمتی بالا روند. کلیسا برای محکوم کردن مرتکبین گناه جنسی آمادگی بیشتری دارد، [اما] پولس این طمع ناعادلانه را کمتر شریر نمی‌شمارد و هر دو را در یک زمره می‌پندارد.

به‌طور قطع نحوهٔ برخورد مســیحیان با موضوع رابطهٔ جنســی، اهمیت دارد. ولی قضیه منحصراً بدان ختم نمی‌شــود. مســیحیان باید به همــان اندازه که برای پاکی جنســی مایه می‌گذارند، به‌طور پیوسته برای عدالت هم پیکار کنند. و اگر چنین کنند هم به ایمان خودشان وفادارتر و هم موثق‌تر خواهند بود.

1. Lewis Smedes

پس به بیان ساده، هرگونه لغزش اخلاقی می‌تواند زمینه‌ای برای انضباط باشد- چه لغزش جنسی باشد، چه اجتماعی، ضداخلاقی یا ناعادلانه- که در آن خاطی ادعا کند مسیحی است و از اصلاح و تغییر سر بتابد.

هدف از انضباط

بر سراسر این قسمت لحن نسبتاً تندی حاکم است. به ما گفته می‌شود که لازم است این مرد «را از میان خود برانید» (آیهٔ ۲)، او را به شیطان بسپارید «تا نَفْس گناهکارش نابود شود» (آیهٔ ۵)، باید خود را پاک سازید (آیهٔ ۷)؛ از کلیسا انتظار می‌رود که «با ... معاشرت نکنید و با چنین کس حتی همسفره نشوید» (آیهٔ ۱۱)، و آن شخص باید از میان ایشان رانده شود (آیهٔ ۱۳). و این به‌نوعی قابل درک است- پای تنبیه و انضباط در میان است، قرار نیست که تنبیه خوشایند باشند. اگر نیش این عبارات را بکشیم، به خودمان بد کرده‌ایم. اما در عین حال، ممکن است کوله‌باری از عقاید خودمان را وارد متن کنیم؛ مطالبی که اصلاً منظور نظر پولس نبوده‌اند.

اول از همه، وقتی او در آیهٔ ۱۱ می‌گوید که حتی با کسانی که زیر انضباط قرار دارند، همسفره نشوید، منظورش این نیست که دیگر نمی‌توانید با آنها برای شام بیرون بروید. او در اینجا در مورد یک همسفرگی کاملاً متفاوت سخن می‌گوید. در کلیسای اولیه، مسیحیان برای پرستش و برگزاری شام خداوند معمولاً در خانه‌ها جمع می‌شدند، نه در ساختمان‌هایی موسوم به کلیسا. و به همین‌خاطر، شام خداوند به یک تکه نان و جرعه‌ای شراب خلاصه نمی‌شد بلکه به‌راستی شام بود، یک وعدهٔ غذایی کامل بود. و پولس می‌گوید که این دقیقاً همان کاری است که دیگر نباید انجام دهید. چرا؟ هدف از برگزاری شام خداوند بیدار کردن کسی است که در خواب روحانی به‌سر می‌برد و حساسیت خود را نسبت به لغزشش از دست داده است، تا به او فیض لازم برای غلبه بر گناهش داده شود، و آنگاه خود وی و بعد کل جماعت احیا گردد. ولی کسانی که مورد تنبیه قرار می‌گیرند، بنا به تعریف آنانی هستند که پا در یک کفش کرده‌اند و گفته‌اند: «من نه می‌خواهم به هیچ هشداری گوش بدهم و نه به فیض نیازی دارم. همچنین اصلاً برایم مهم نیست که اعمالم چه تأثیری بر دیگران می‌گذارد.» برای چنین شخصی، شرکت در شام خداوند نه تنها بی‌اثر است، بلکه هیچ فیضی هم برایش در پی نخواهد داشت. اتفاقاً برعکس، برایش تهدیدی محسوب می‌شود. در کلام خدا بارها می‌بینیم که وقتی کسی به خدا نزدیک می‌شود، اتفاقات خطرناکی روی می‌دهد. نزدیک شدن به خدا با چنین نگرشی، مرگبار است. هدف از تنبیه چنین شخصی، محافظت از خود اوست. در این کار فیضی نهفته است.

دوم، زمانی که پولس در آیهٔ ۱۱ به قرنتیان هشدار می‌دهد که با تنبیه‌شدگان «معاشرت نکنید»، منظورش این نیست که باید به ایشان بی‌اعتنایی کرد یا همهٔ پیوندها را با آنان گسست. مثالی که این حالت را توضیح می‌دهد، تصویر تاکی است که شاخه‌هایش را به دور تنهٔ درخت می‌پیچد. و این کاری است که باید از آن اجتناب نمود. زیرا وقتی روابط تا این اندازه

به هم تنیده می‌شوند، دیگر به‌وضوح نمی‌توان دید؛ و هرچه نیز دقت به خرج دهیم، مشاهدهٔ عینی و دقیق دشوار می‌شود.

و سرانجام اینکه، پولس در آیهٔ ۵ می‌گوید: «این مرد را به شیطان بسپارید تا با نابودی نَفْس گناهکار، روح در روز خداوند عیسی نجات یابد.»

او در اینجا نمی‌گوید که باید این مرد را کشت تا روحش نجات پیدا کند. واژهٔ "نَفْس" در اینجا از بدن مادی سخن نمی‌گوید؛ بلکه به روحیهٔ لجوج و خودسر آن شخص- ضدیتی راسخ علیه اصلاح و تغییر- اشاره دارد. بعضی‌ها می‌گویند: «کاری که من می‌کنم اشتباه است، ولی اهمیت نمی‌دهم!» اگر شما هم کسانی را دارید که به شما می‌گویند فلان کار خوب نیست، و نمی‌خواهید حرف آنها را بشنوید، و همچنان مایلید به رویهٔ خودتان ادامه دهید، تنها اندکی با این وضعیت فاصله دارید. و بودن در چنین جایگاهی بسیار هولناک است. لحن تند این آیات هم دقیقاً به همین‌خاطر است. این بدان معناست که باید هر کاری از دست‌مان برمی‌آید برای بیدار کردن شخصی که در بیهوشی روحانی فرورفته، انجام دهیم، و هرچه در توان داریم برای شکستن طلسمی که فرد مزبور را گرفتار گناه و خودسری نموده، بکنیم. وقتی چیزی به مرحلهٔ انضباط می‌رسد، دیگر نمی‌توانیم بگوییم: «فکر کنم کاری که تو انجام می‌دهی، درست نیست.» می‌گوییم: «اگر دست از این کار برنداری، روح و جانت در خطر خواهد بود.» و در همهٔ اینها هدف از انضباط را مشاهده می‌کنیم. هدف نه محکومیت است نه داوری، بلکه *احیا*- «تا ... روح در روز خداوند عیسی نجات یابد» (آیهٔ ۵).

وانگهی، پای احیای کل جماعت در میان است، نه فقط احیای آن فرد. توجه کنید که پولس در آیه‌های ۶و۷ چه می‌گوید:

> افتخار شما به هیچ روی صحیح نیست. آیا نمی‌دانید که اندکی خمیرمایه می‌تواند تمامی خمیر را وَر آورد؟ پس خود را از خمیرمایهٔ کهنه پاک سازید تا خمیر تازه باشید، چنانکه به راستی نیز بی‌خمیرمایه‌اید. زیرا مسیح، برهٔ پسخ ما، قربانی شده است.

پولس در اینجا برای نشان دادن پیامدهای اجتماعی خطاکاری، از استعارهٔ مخمر یا خمیرمایه استفاده می‌کند. خمیرمایه در یک گوشه از نان نمی‌ماند؛ بلکه کل خمیر را فرا می‌گیرد. در واقع، حتی یک تکهٔ کوچک به‌تدریج رشد می‌کند و همهٔ خمیر را مخمر می‌سازد. در مورد گناه یا خطای اجتماعی هم وضع به همین منوال است، چون کل اجتماع مانند یک قرص نان می‌باشد. آنچه یک فرد انجام می‌دهد بر فرد دیگر تأثیر می‌گذارد. آنچه برای من اتفاق می‌افتد، بر شما هم اثر می‌گذارد، و آنچه برای شما روی می‌دهد، تأثیرش بر من نیز وارد می‌شود. پس هر خطایی، چه جنسی چه اجتماعی، چه غیراخلاقی چه غیرعادلانه، تأثیرات و تبعات اجتماعی دارد. هرگز نمی‌توان با آن به‌مثابه پدیده‌ای شخصی و خصوصی برخورد کرد. همین مرد و نامادری‌اش را در نظر بگیرید. رابطهٔ آنها نمی‌توانست

فقط چیزی «میان آن دو» باشد، بلکه بر پدر، بر خانواده، و بر کلیسای قرنتس اثر می‌گذاشت. برای کسی که از سوی مسیحیان مورد محکومیت واقع شده، موضوع فقط «چیزی بین او و یک عدهٔ به‌خصوص از مسیحیان» نیست. این برخورد احساس آن شخص را نسبت به همهٔ مسیحیان تغییر می‌دهد. آنچه ما انجام می‌دهیم، به هیچ وجه موضوعی خصوصی نیست. نمی‌تواند خصوصی باشد! و انضباط این را به‌خوبی درک می‌کند. پس هدف احیا- هم فرد و هم جامعه- است.

فیض در انضباط

> زیرا مسیح، برهٔ پسخ ما، قربانی شده است. پس بیایید عید را نه با خمیرمایهٔ کهنه، یعنی خمیرمایهٔ بدخواهی و شرارت، بلکه با نان بی‌خمیرمایهٔ صداقت و راستی برگزار کنیم. (آیه‌های ۷ب‌و۸)

در اینجا پولس دارد پیرامون شام خداوند، یا عشای ربانی سخن می‌گوید. شاید کمی عجیب به نظر برسد که در میانهٔ بحث در مورد انضباط، ناگهان وارد موضوع شام خداوند شود، اما این چنان که می‌نماید، عجیب نیست. علت این است: شام خداوند اساساً انضباطی در مقیاس کوچک است. هر بار که مسیحیان گرد می‌آیند تا عناصر این آیین را به‌پا دارند، بارقهٔ هشدار در وجودشان روشن می‌شود. در واقع، همان‌طور که پولس در فصل ۱۱ می‌گوید، هیچ‌کس قرار نیست به میز عشا نزدیک شود، مگر اینکه اول خود را تفتیش کرده باشد. متأسفانه کلیسا حساسیتش را نسبت به اهمیت این شام از دست داده است.

در اینجا چند پرسش هست که باید مطرح کنیم: آیا ما تعلیم‌پذیر، فروتن و اصلاح‌پذیر هستیم، یا آن‌قدر کله‌شق و خودسریم که وقتی با اشتباهات‌مان روبه‌رو می‌شویم، از هر تغییری خودداری می‌کنیم؟ اگر جزو دستهٔ دوم هستیم، پس عشای ربانی باید ما را به چالش بکشد و بیدار کند.

نیز این هدف در میان بوده که باعث شود سؤالات دشواری در مورد روابط‌مان طرح کنیم. در آیهٔ ۷ پولس مسیحیان را فرامی‌خواند تا «خمیر تازه» یا نان تازه شوند، و به‌عبارت دیگر بدنی شوند که متحد و یگانه است. آیا این گواه بر زندگی ماست- وحدت یا آشتی به مفهوم کامل؟ اگر در حق کسی مرتکب خطایی شده‌ایم، آیا برای اصلاح آن هر کاری که می‌توانستیم، کرده‌ایم یا اصلاً به آن اهمیت نمی‌دهیم؟ اگر کسی در حق ما اشتباهی مرتکب شود، آیا با ملایمت با او برخورد می‌کنیم، یا برای ما مهمتر آن است که از ناخوشایندیِ پیش کشیدنِ موضوع خودداری نماییم؟

کلیسای سالم، زیست‌بومی است که خود را اصلاح می‌کند. ما در جماعت مسیحی به‌جای تجربه کردن انضباط رسمی و اصلاحی، ترجیح می‌دهیم به میل خودمان تسلیم یکدیگر شویم و تحت انضباط غیررسمی و سازنده قرار گیریم. در بطن کلیسا، هر بار که گرد هم می‌آییم باید بارقه‌های انضباط غیررسمی را تجربه کنیم. باید به‌طور مرتب همدیگر را به

اعترافِ گناهان نصیحت نماییم. باید ضرورتِ زندگی همگام با انجیل را موعظه کنیم. در زمینهٔ شام خداوند، ما به‌طور مرتب با چالش عضویت در بدن مسیح روبه‌روییم. مرتباً خودمان را اصلاح می‌کنیم. وقتی کسی رو به سراشیبی سقوط قرار می‌گیرد، اعضای جماعت مسیحی باید با او صحبت کنند و به یادش بیاورند که باید طبق هویتی که در مسیح دارد زندگی کند. «مطابق هویتت باش!» «مطابق آنچه مسیح در وجودت کرده، عمل کن.» ما اذعان داریم که بیان محبت‌آمیز حقیقت در زمینهٔ فرهنگی ما کار چندان راحتی نیست، ولی قطعاً لازم و ضروری است. در واقع، تنها راه محبت راستین همین است. در جامعه‌ای سالم، به‌ندرت شاهد انضباط رسمی خواهید بود، چون این محیط زنده (اکوسیستم یا زیست‌بوم) با انضباط غیررسمی و فیض‌آمیز و مداوم، مرتباً خود را اصلاح می‌کند. هنگامی که اکوسیستم دچار فروپاشی می‌شود، باید برای حفظ پاکی، سلامت و امانت درونی کلیسا اقداماتی صورت بگیرد. وضعیت کلیسایی که پولس بدان اشاره می‌کند، خارج از کنترل است- مانند زخمی است که به آن رسیدگی نشده و چرک کرده است. باید اقداماتی انجام بگیرد تا جلوی انتشار عفونت گرفته شود. راه‌حل پولس این است که باید فرد متخلف را از میان جماعت بیرون راند (آیهٔ ۱۳).

آیا ما آگاهانه در پی مشارکت با کسانی هستیم که با ما متفاوتند؟ آیا برای داشتن روابطی عادلانه می‌کوشیم؟ یا فقط دوست داریم با کسانی که شبیه خودمان هستند بگردیم، به امتیازمان ببالیم و شاید در مقابل آنانی که از نژاد، طبقه یا رشتهٔ تحصیلی متفاوتی هستند، با بدگمانی سکوت اختیار کنیم؟ مقصود از شام خداوند این است که ما را بیدار کند و از همهٔ اینها برهاند، و طلسم لجاجت و گناه ما را بشکند. به همین دلیل است که مکرراً می‌گوییم لازم است با خدا و با همسایگان در آشتی باشیم و بعد در ضیافت شام خداوند شرکت کنیم.

و نکتهٔ آخر اینکه شام خداوند برای این منظور هم بنیان نهاده شده که ما را به پرسیدن سؤالات دشوار در مورد تعهدمان به بدن مسیح، وادارد. پولس تمثیل نان را برای توصیف کلیسا در قرنتس به‌کار می‌برد. او برای این کارش دلیل دارد. تنها از بدن مسیح انتظار می‌رود که از بدن مسیح تغذیه کند. به همین‌خاطر است که کلیساها اغلب چیزی شبیه این را می‌گویند: «اگر شما یکی از اعضای تعمیدگرفتهٔ کلیسایی نیستید که انجیل را موعظه می‌کند، و اگر به‌واسطهٔ تعمید و عضویت، خود را جزو بدن یک کلیسای محلی نکرده‌اید، پس نباید در خوردن نان، که نماد بدن مسیح است که برای گناهکاران قربانی شده، شرکت کنید.» بدن مسیح فقط برای بدن مسیح است.

اکنون و تا این اینجا شاید چنین پنداشته‌اید که چالش‌های انضباط بیشتر از فیض آن است. پس فیض کجاست؟ بسیار اهمیت دارد که اول متوجه باشیم که همه مشکل دارند. من فکر نمی‌کنم کسی بتواند بگوید که همهٔ کارهایی را که قبلاً ذکرش رفت، بدون نقص و کوتاهی انجام داده است. روابط ازهم‌گسیخته را باید دوباره پیوند زد، چنددستگی و بی‌عدالتی‌ها را باید رفع نمود. آری، شام خداوند برای بیدار کردن خفتگانِ بی‌تفاوت بنیان نهاده شده است. اما منظور دیگری هم در میان بوده، و آن، قوت بخشیدن به مسیحیان در حال رشد برای غلبه

بر مشکلات است. آیهٔ ۸ به ما می‌گوید که باید عید را با «صداقت و راستی» به پا داریم. توجه داشته باشید که نمی‌گوید با «کمال و راستی.» برای شرکت کردن در شام خداوند لازم نیست کامل و بی‌عیب باشیم، وگرنه هیچ‌یک یارای نزدیک شدن به میز را نخواهیم داشت. موضوع بری بودن از مشکل نیست؛ بلکه دانستن این نکته است که ما مشکل داریم و باید بر آنها غالب بیاییم. اگر نگرشی داریم که می‌گوید: «موضوع مهم نیست!»، باید تجدیدنظر کنیم، نه تنها در مورد دریافت شام خداوند، بلکه در مورد نحوهٔ رفتارمان با خدا. ولی اگر می‌گوییم: «من می‌دانم که مشکلاتی دارم، و به کمک هم نیازمندم- و دقیقاً به همین دلیل است که به میز عشا نزدیک می‌شوم- برای همین است که سراغ خدا آمده‌ام»، آن‌وقت شام خداوند برای ماست. آن را دریافت کنید و بخورید، و در آن فیض را خواهید یافت. عید را برگزار کنید.

پولس در آیهٔ ۷ می‌گوید که «مسیح، برهٔ پسخ ما [برای ما] قربانی شده است.» او در اینجا ما را آگاهانه به دنیایی دیگر می‌برد، دنیایی که بر این شام پرتو می‌اندازد. هزاران سال پیش، قومی بود که زیر فشار و ستم فاتحان بی‌انصاف خود لب به شکایت گشود. و بدتر اینکه هرچه بیداد و ستم بیشتر می‌شد، آنها از سر لجاجت حاضر نمی‌شدند رویهٔ خود را تغییر داده، درخواست کمک کنند. ولی به‌رغم همهٔ اینها، کسی با بلای مرگ پا به میدان گذاشت و فاتحان را مجبور به رها کردن آن قوم نمود. این بلا برای بلعیدن انسان‌های لجوج، ستمکار و ظالم فرستاده شده بود، ولی این فقط برای فاتحان نبود، بلکه دامان آن قوم را هم می‌گرفت. پس چه می‌توانستند بکنند؟ خون برهٔ قربانی، که بر سردر و چارچوب در خانه‌ها مالیده می‌شد، می‌توانست مانع ورود بلای مرگ شود، و سبب گردد که بلا از آن خانه بگذرد. خون دیگری، یک جایگزین، می‌توانست از ایشان در برابر خطر محافظت کرده، از مرگ نجات‌شان بخشد. و اکنون، هزاران سال بعد، همان داستان بار دیگر به نمایش درمی‌آید. مرگ در کمین انسان‌های لجوج، خودسر و ظالم- من و شما- است. اما بار دیگر، کسی با خونی دیگر، یک جایگزین، یک قربانی که از ما در برابر خطر محافظت می‌کند و از مرگ می‌رهاند، پا به میدان گذارده است- مسیح، برهٔ پسخ ما. درست است، بدن و خون او ما را به چالش وا می‌دارد. ولی بدن و خون او به این علت ما را نجات می‌بخشد و متحول می‌سازد، که خودمان قادر به انجام چنین کاری نیستیم. و به همین دلیل است که حتی اگر کامل هم نباشیم، باز می‌توانیم پیش آمده این ضیافت شام را برگزار کنیم.

اگر در مسیح هستیم، دیگر نباید از داوری نهایی خدا هراسی داشته باشیم. خدا ما را تأدیب خواهد کرد، اما هلاک نخواهد ساخت. مسیح داوری کامل و نهایی خدا را بر خود گرفته است. می‌توانیم انضباط‌های غیررسمی و گذرا را به جان بخریم، زیرا آنها فیض خدا برای ما محسوب می‌شوند و از داوری رسمی و نهایی حفظ‌مان می‌کنند. با علم به اینکه اتحاد ما با مسیح محفوظ است، می‌توانیم در او با یکدیگر مشارکتی عمیق‌تر داشته باشیم. کلیسا می‌تواند برای به‌وجود آوردن یک محیط زیست قابل‌قبول و پسندیده بکوشد؛ جایی که در آن اصلاح متقابل صورت می‌گیرد. مشارکت در چنین محیطی همیشه هم آسان یا راحت نیست، ولی درخور اعتماد و محبت‌آمیز می‌باشد. فیض به قوم خدا خوشامد می‌گوید و ایشان را نگاه

می‌دارد، و حتی در شدیدترین موارد انضباط رسمی هم باز این فیض است که ایشان را به خانه فرامی‌خواند. همهٔ ما نیازمند برهٔ پسخ هستیم! موضوع، بهتر بودن از دیگری نیست. در خانهٔ خدا هیچ طبقه‌بندی‌ای وجود ندارد- یا درون خانه هستید یا بیرون آن، و اگر درون خانه هستید، این محض فیض است و بس. تنها کافی است به ناتوانی خود در برآوردنِ مقتضیات الاهی اقرار کنیم، زیرا قبلاً کسی دیگر به‌جای ما آنها را برآورده کرده است.

اگر در حال حاضر رابطهٔ ما با کلیسا به‌گونه‌ای است که امکان اِعمال انضباط و تأدیب وجود ندارد (یعنی عضو کلیسایی نیستیم)، پس رابطهٔ ما با کلیسا با رابطه‌ای که در کتاب‌مقدس مطلوب خوانده شده، فرق می‌کند. ما باید نسبت به جماعتی پاسخگو باشیم تا از آن جماعت انضباط غیررسمی و اصلاحی متقابل دریافت کنیم- و در موارد حاد، باید کسانی باشند که موقع بیراهه رفتن، از ما حساب بخواهند. باید فیضی را که موجب انضباط غیررسمی می‌شود، درک کنیم. وقتی می‌بینیم کلیسا به‌صورت یک اکوسیستم خود-اصلاحگر عمل می‌کند، بهتر است خدا را به‌خاطر کاری که در میان ما انجام می‌دهد، شکر گوییم. زمانی که یک ایماندار از روی محبت با ما برخورد می‌کند، باید تأدیب او را به مثابه فیض پذیرا شویم.

باید درک کنیم که همهٔ ما در فیض انضباط نقشی حیاتی برای ایفا کردن داریم. هر عضو متعهد به حفظ و پیگیری پاکی و آشتی کلیسا است- یعنی باید به‌دنبال فرصت‌هایی باشد تا اینها را فعالانه به‌کار ببندد- نه اینکه به‌دنبال تعقیب مخالفان باشد! باید در پی یافتن راه‌هایی برای حمایت و تشویق برادران و خواهران‌مان در مسیح باشیم. به‌خاطر تفاوت‌هایی که جماعت پرفیض خدا با هر نهاد دیگری دارد، سپاسگزار باشید. به‌سبب همین فیض است که ما جزو جماعت خدا به‌شمار می‌آییم. همین فیض است که ما را در این جماعت نگاه داشته است. باشد که کلیساهای‌مان اکوسیستم‌های فیض خود-اصلاحگر باشند، که در آنها ما با بیان محبت‌آمیز حقیقت از یکدیگر پشتیبانی می‌کنیم و بدین‌ترتیب به درک فیض انضباط نایل می‌شویم.

در همهٔ اینها فیض نهفته در انضباط را شاهد هستیم. هدف از انضباط احیا است، و در این هدف است که ما فیض را می‌بینیم. حتی زمانی که پای اخراج از کلیسا هم در میان باشد، می‌توانیم فیض را مشاهده کنیم، چون این عمل برای محافظت روح ما از غرق شدن در خودسری فزاینده صورت می‌گیرد. ولی آشکارتر از همه فیض را در بدن مسیح می‌بینیم که به‌خاطر ما پاره شد، و در خون او می‌بینیم که به‌خاطر ما ریخته شد- تا نه فقط بیدارمان سازد، بلکه تا از ما محافظت کند، اما در نهایت برای نجات و تغییر ما بود، زیرا خودمان قادر به انجام چنین کارهایی نیستیم. در انضباط، از هر جهت فیضی نهفته است.

۱۰

فیض و شکایات

اول قرنتیان ۶:۱-۱۱

مشـــکلات کلیسای قرنتس یکی پس از دیگری ادامه دارند و همین‌طور روی هم انباشته می‌شوند.

این فصل به این مســـئله می‌پردازد که *وقتی کســـی مرتکب خطایی می‌شود، ایمانداران چگونه باید با مســئله برخورد کنند*. جماعتی که با انجیل شکل گرفته، چگونه به مناقشات و شـــکایات میان ایمانداران می‌پردازد؟ مانند بیشتر مواردی که در فصل‌های پیش پیرامون‌شان بحث شد، کتاب اول قرنتیان نمونهٔ خوبی از نحوهٔ *عدم* ابراز واکنش ارائه می‌دهد!

پیش از اینکـــه بحث را آغاز کنیم، باید زمینهٔ این آیات را مورد بررســـی قرار بدهیم. در آیه‌های ۹و۱۰ مواردی- شـــاید فهرســـتی از تخلفات- ناگهان در برابر ما ظاهر می‌شوند. در حالی که پولس به طیف گســـترده‌ای از موضوعات اشـــاره می‌کند، امـــا موضوع اصلی این عبارات آن است که جماعت قرنتس با مناقشات و دعواهای داخلی و خانوادگی، یعنی وقتی یکی از اعضا از عضوی دیگر شکایتی دارد، چگونه باید برخورد کند. این کلیسا به‌جای آنکه موضوع اختلاف را در داخل بررسی کند، به طرفین دعوا اجازه داده بود آن‌را به بیرون بکشند، و اعضای کلیســـا به‌طرزی زننده در میدان شـــهر علیه یکدیگر دادخواهی و اقامهٔ دعوا کرده بودند. اگرچه ممکن اســـت درک این قضیه برای ما قدری دشوار باشد («من هرگز مسیحی دیگری را به دادگاه نکشانده‌ام، من هرگز حتی پایم به دادگاه باز نشده!»)، اما خواهیم دید که واکنش پولس به این وضعیت، صرف‌نظـــر از ویژگی حقوقی یک وضعیت خاص، تأثیرات گسترده‌ای بر نحوهٔ درک ما از خودمان، جماعت‌مان، و روابط متقابل‌مان با افراد دیگر دارد.

پولس به کلیسا رهنمود می‌دهد که با معیارهای داخلی خود به حل و فصل این اختلافات بپردازد. این رهنمود حاکی از این نیســـت کـــه همهٔ اتفاقاتی که در داخل کلیســـا می‌افتند، لزوماً مسائل درونی هستند. در سراســـر تاریخ، کلیساها ضمن تلاش برای حل اختلافات و

موضوعات درونی، مرتکب اشـــتباهاتی شده‌اند که نیازمند مداخلهٔ مراجع قانونی بوده است. اگر موضوعی مانند اختلاس، سوءاستفاده، تعرض جنسی- هر موضوعی با پیامدهای حقوقی واقعی- در میان بود، پولس حتماً مراجع ذی‌صلاح را برای مداخله فرامی‌خواند. گســترهٔ این آیات به منازعات درون-کلیســایی محدود می‌شود که لازم نیست به بیرون از جماعت درز پیدا کند. برای دنبال کردن اســتدلال پولس، ما تصمیم داریم در سه مقطع به موضوع نگاهی بیندازیم:

- ملاحظهٔ هویت
- بحران هویت
- بازیابی هویت

ملاحظهٔ هویت (آیه‌های ۱-۴)

چهار آیهٔ اول حول پرســش‌هایی می‌گردند که پولس برای قرنتیان مطرح می‌کند تا ایشان را متوجه هویت‌شـــان سازد. به‌رغم این واقعیت که مشــکلاتی جدی در کلیسا وجود دارد، پولس این مســیحیان را چیزی کمتر از جداشدگان (مقدســان- م.) توسط خدا نمی‌بیند، و می‌خواهد هویت‌شـــان را به‌عنوان جامعهٔ الاهی، به آنها یادآوری کند. تنها از این چشم‌انداز است که ایشان به پوچی مسائلی که در میان اعضای خانواده روی داده، پی خواهند برد.

هویت به‌عنوان "مقدسان" خدا (آیهٔ ۱) - جداشدگان

آیهٔ ۱ می‌گوید: «اگر کسی از شما شــکایتی علیه دیگری دارد، چگونه جرئت می‌کند آن را نه نزد مقدســان، بلکه به محکمهٔ بی‌ایمانان برد؟» خدا ایمانداران قرنتس را جدا ســاخته و ایشـــان را مقدس نموده اســـت. از کلیســـا انتظار می‌رود که جماعت خدا باشد و به امور خانوادگی‌اش به‌گونه‌ای رســیدگی کند که برگرفته از فرهنگ آسیب‌دیدهٔ پیرامون آن نباشد. هویت ما مســـیحیان به‌عنوان مقدسان خدا بدین معناست که باید روش دیگری برای زندگی ارائه دهیم. نظام دادگستری خدا با نظام دادگستری دنیا فرق می‌کند، و کلیسا مکانی است که باید نظام الاهی را عیان سازد.

پولس از آنان می‌خواهد که هویت خود را مورد ملاحظه قرار دهند- یعنی وقتی پیرامون مســـائل درون-کلیســـایی و نحوهٔ برخورد با دعواها و شـــکایات می‌اندیشند، در نظر داشته باشند که در مسیح کیستند. او می‌گوید: «شما مقدسان هستید.» اول قرنتیان ۱:۲ می‌گوید: «به کلیسای خدا در قرنتس، که در مسیح عیسی تقدیس شده و *فرا خوانده شده‌اند تا قوم مقدس خدا باشند*، همراه با همهٔ آنان که در هر جای دیگر نام خداوند ما عیسای مسیح را می‌خوانند، که خداوند ما و نیز خداوند ایشـــان اســـت.» بنابراین، او از همان ابتدا به ما یادآوری می‌کند که تقدیس‌شـــده‌ایم. ایمانداران جزو کلیسا خوانده شده‌اند. اصلاً معنی واژهٔ "کلیسا" در زبان یونانی، همین است: «خوانده‌شدگان.» ما از دیگران جدا شده‌ایم: ما افراد مقدسی هستیم. البته

نه به بدین‌معنا که از لحاظ اخلاقی به کمال رسیده‌ایم، بلکه در مفهوم کسانی که به‌صورت عینی جدا شده‌ایم و قومی را تشکیل داده‌ایم تا مقدسان او باشیم (هرچند در عمل درگیر کاستی‌های خود هستیم). سخن پولس رسول این است که هویت مسیحی به‌عنوان شخصی مقدس، هویت کسی است که جدا شده است.

هویت به‌عنوان جامعهٔ الاهیِ آتی (آیه‌های ۲ و۳) - رویدادهای نهایی

در وهلهٔ دوم، پولس از آنها می‌خواهد که هویت‌شان را به‌عنوان جامعهٔ الاهیِ آتی مورد ملاحظه قرار دهند. او در آیه‌های ۲و۳ می‌گوید: «آیا نمی‌دانید که مقدسان دنیا را داوری خواهند کرد؟ پس شما که قرار است دنیا را داوری کنید، چگونه قادر به قضاوت دربارهٔ مسائل بس کوچکتر نیستید؟ آیا نمی‌دانید که ما فرشتگان را داوری خواهیم کرد؟ چه رسد به قضاوت دربارهٔ مسائل این زندگی!» پولس چشم‌اندازی مختصر از آینده را به ما نشان می‌دهد- از اموری که قرار است در پایان زمان انجام بگیرند. هنگامی که خدا جهان را احیا کند- یعنی زمانی که ترازوی عدالت راست شود- همهٔ آنانی را که پارسا شمرده، در این فرایند دخالت خواهد داد. با وجودی که معنای دقیق این آیه‌ها کاملاً روشن نیست، اما دستِ‌کم می‌توان از آنها استنباط کرد که عدالت در کلیسا- یعنی نحوهٔ برخورد ما با مسائل‌مان- باید بر نظام دادگستری در دنیا برتری داشته باشد. متأسفانه وضع به‌ندرت بدین‌گونه است. مسیحیان به‌سبب اختلافات داخلی، خیانت، غیبت، و تهمت زدن به یکدیگر، و غیره بدنام شده‌اند. همهٔ اینها واقعیت کار خدا را در میان ما انکار می‌کنند و با آیندهٔ مبتنی بر شالوم و زیبایی که ما برایش خوانده شده‌ایم، منافات دارند. مسیحیان به‌عنوان جامعهٔ الاهیِ آتی دارای هویتی مشترکند و این هویت مشترک برای‌شان حقوق و مسئولیت‌هایی خاص به همراه می‌آورد- یعنی داوریِ جهان. البته منظور پولس از "داوری"، سبک‌سنگین کردن و ارزیابی با معیارهای عدالت است، نه تحکم و داوری.

هویت به‌عنوان جامعهٔ الاهیِ کنونی (آیهٔ ۴) دعوت برای شکل گرفتن با انجیل

پولس در آیهٔ ۴ در مورد هویت مسیحیان به‌عنوان جامعهٔ الاهیِ کنونی سخن می‌گوید: «پس آیا به هنگام بروز این‌گونه اختلاف‌ها میان خود، کسانی را به دادرسی می‌گمارید که در کلیسا کسی به حساب نمی‌آیند؟» خانواده باید بتواند به امور خودش رسیدگی کند. وقتی برادری علیه برادر دیگر اقامهٔ دعوی می‌کند، نشانهٔ آن است که یک جای کار به‌شدت می‌لنگد. پولس چیزی افراطی از ایشان طلب نمی‌کند؛ او فقط کلیسا را دعوت به رسیدگی به امور داخلی خودش، بر مبنای اصول انجیل می‌کند. اینان افرادی هستند که خدا پارسا شمرده است- در نتیجه، باید خودشان ایرادات را اصلاح کنند.

به‌رغم این واقعیت که خدا این هویت را به کلیسایش بخشیده، ما تمایل داریم به روشی مغایر با هویت‌مان زندگی کنیم. خدا ما را یک‌جور می‌بیند، و ما هویت‌مان را جور دیگری شکل می‌دهیم که با دیدگاه خدا فرق می‌کند؛ هویت ما حول چیزهایی شکل می‌گیرد که

باعث خوشایندی، راحتی و هیجان ما شود. در اینجا بحران هویت- یا بیماری نسیانِ انجیلی- وجود دارد که در نهایت سبب می‌شود مانند نامقدسان/ ناپارسایان عمل کنیم.

بحران هویت (آیه‌های ۵-۱۰)

> این را می‌گویم تا شما را شرمنده سازم. آیا بین شما شخصی حکیم نیست که بتواند به اختلاف‌های برادران رسیدگی کند؟ در عوض، برادر علیه برادر به محکمه می‌رود، آن هم نزد بی‌ایمانان! اصلاً وجود چنین مرافعه‌هایی بین شما، خودْ شکستی بزرگ برای شماست. چرا ترجیح نمی‌دهید مظلوم واقع شوید؟ چرا حاضر نیستید زیان ببینید؟ برعکس، خود ظلم می‌کنید و به دیگری زیان می‌رسانید، آن هم به برادران خود.
>
> آیا نمی‌دانید که ظالمان وارث پادشاهی خدا نخواهند شد؟ فریب نخورید! بی‌عفتان، بت‌پرستان، زناکاران، لواط‌گران- چه فاعل و چه مفعول، دزدان، طمع‌ورزان، میگساران، ناسزاگویان و شیادان وارث پادشاهی خدا نخواهند شد.

در مورد شکایت مزبور هیچ اطلاعاتی به ما داده نشده است، اما از قراین چنین برمی‌آید که موضوع آن‌قدر جدی نبوده که لازم باشد پای دادگاه به میان کشیده شود. پولس اعمال شخص مدعی را «ظلم کردن» و «زیان رساندن» می‌بیند (آیهٔ ۸). موضوع یک اختلاف خانوادگی در میان است. پولس با خاطرنشان ساختن این واقعیت که ایشان «برادران» یکدیگر هستند، شرمنده‌شان می‌سازد (آیهٔ ۸). آنان به‌جای آنکه مشکل خانوادگی را در خودِ خانواده حل و فصل کنند، آن را به دادگاه شهر و میان بازار کشانده بودند. در واقع، ایشان به کل شهر قرنتس نشان می‌دادند که معتقدند انجیل برای غلبه بر مشکلات و رفع شکایات راه‌حل مناسبی ندارد. در اینجا طنز تلخی وجود دارد: در ۵ فصل پیش ما با جماعتی روبه‌رو بودیم که هیچ علاقه‌ای به برخورد با موضوع زنای با محارم در میان اعضای خود نداشت، و از داوری کردن بر یکی از اعضای برجستهٔ *درون* جماعت خودداری می‌کرد، حال آنکه کسانی را که *بیرون* از جماعت بودند مورد داوری قرار می‌داد. حالا در فصل ۶، به‌شکل طنزآمیزی، قرنتیان را می‌بینیم که در برخورد با مشکلات‌شان، به‌کلی برعکس عمل می‌کنند. اکنون آنها سرگرم داوری کردن یکی از اعضای *درون* جماعت هستند، اما به‌جای آنکه موضوع را در داخل جماعت حل و فصل کنند، آن را به *بیرون* کشانده‌اند! بحران هویت انجیلی در این جماعت دارای چندین وجه است.

بحران هویت فردی

ماهیت مشکوک دادخواهی، افراد را زیر سؤال می‌برد. چرا مسئله به دادگاه کشیده شد؟ نظام قضایی شهر قرنتس بیش از آنکه در پی احقاق عدالت باشد، در صدد تحکیم موقعیت و احترام و مقام شخص در جامعه بود. اغلب کسانی از دادگاه‌ها استفاده می‌کردند که نسبت به دیگران از بخت بیشتری برخوردار بودند. دادگاه راهی سریع برای توسل به موقعیت

اجتماعی بالا و اِعمال برتری یک فرد بر فردی دیگر به‌شمار می‌رفت. علت تکان‌دهنده بودنِ این وضعیت آن نیست که پای اختلافی حقوقی در میان است- تکان‌دهنده است چون یکی از برادران در مسیح قصد دارد با لگدمال کردنِ برادر مسیحیِ دیگر، در دنیای "ناعادل" برای خود امتیازی کسب نماید. مدعی قصد دارد به متهم- یعنی برادرش در مسیح- ظلم کند و به او زیان برساند، تا در نظر دنیا اعتباری به‌دست بیاورد. مدعی هویت خود را در انجیل به باد فراموشی سپرده است و می‌کوشد هویتش را در راستای فرهنگ قرنتسی- یعنی احترام، حکمت، قدرت و غیره- بسازد. او انجیل را فراموش کرده، و برخلاف طبیعت انجیل عمل نموده، سعی دارد چیزی را به‌دست بیاورد که تنها انجیل می‌تواند به معنای واقعی کلمه به او بدهد.

دادگاه راهی سریع برای توسل به موقعیت اجتماعی بالا و تحکیم برتری، احترام، مقام و موقعیت یک فرد محسوب می‌شد. قیمومیت (حامی‌گری) را به‌خاطر دارید؟ این همان کاری است که ایشان انجام می‌دادند. آنها برای این کار حتی از نظام قضایی نیز بهره می‌بردند. و پولس رسول می‌گوید که این کارشان وحشتناک و تکان‌دهنده است.

در سال ۱۹۸۲ وارن برگر[1] رئیس وقت دیوان عالی ایالات متحده اظهار داشت: «یکی از دلایل سنگینی بیش از اندازهٔ کار دادگاه‌ها این است که آمریکایی‌ها برای گریز از فشارها و اضطراب‌های شخصی خود، به‌طور فزاینده‌ای به دادگاه‌ها مراجعه می‌کنند.» وی افزود: «راه‌های رسیدگی به اشتباهات فردی، که زمانی جزو مسئولیت‌های نهادهایی غیر از دادگاه‌ها به‌شمار می‌رفت، اکنون عمدتاً در زمرهٔ مسئولیت‌های قضایی قرار گرفته‌اند. مردم از دادگاه‌ها توقع دارند که جای خالی کلیسا، خانواده و اتحاد همسایگی را پر کنند.» این موضوعات را باید در کلیسا، خانواده و محله حل و فصل کرد. ولی ما این کارها را نمی‌کنیم، چون بر این باوریم که استحقاق رسیدگی قضایی را داریم، و به‌جای اینکه شکایت یا دعوا را- با بیان محبت‌آمیز حقیقت، و با پاسخگوییِ متقابل در کمال مهربانی- در محله، خانواده یا کلیسا حل و فصل کنیم، موضوع را به دادگاه می‌کشانیم و از نظام قضایی جاری سوءاستفاده می‌کنیم.

اظهارات آنتونین سکالیا[2] معاون دیوان عالی کشور را در این رابطه ملاحظه کنید:

> به گمانم این عبارت [اول قرنتیان ۶؛ من سپاسگزارم که برخی از رؤسای دیوان عالی کشور به کتاب‌مقدس نظر دارند] در رابطه با دیدگاه درست مسیحی به دعوی قضایی مدنی، حرف‌هایی برای گفتن دارد. پولس به دو نکته اشاره می‌کند. او می‌گوید که طرفین دعوا پیش از مراجعه به دادگاه‌های حقوقی، باید جویای میانجی‌گری یک دوست مشترک، مانند کشیش محل باشند ... به نظرم ما امروزه بیش از آنکه مشتاق آشتی از طریق میانجی‌گری باشیم، خواهان محکومیت طرف مقابل و انتقام‌گیری از وی از طریق اقدامات خصمانه‌ایم ... مسیحیان خوب، همان‌طور که در خشم گرفتن آهسته‌اند، باید در پیگرد قانونی هم آهسته باشند.

1. Warren Buerger; 2. Antonin Scalia

این سخنان، صرف‌نظر از باور دینی فرد، چه مسیحی چه غیرمسیحی، برای همه مفید است. همه می‌توانند از اصول شگفت‌انگیزی که عیسی در انجیل متی باب ۱۸ بیان کرده، بهره ببرند: اینکه تا به‌طور خصوصی با کسی موضوع اختلاف را مطرح نکرده‌ایم، او را به دادگاه نکشیم؛ حقیقت را با محبت بیان کنیم، پاسخگویی متقابل را حفظ نماییم، با روح آرام و ملایم نصیحت کنیم، زیرا ما در پی سعادت و آشتی هستیم. آیا این جالب نیست که نظام قضایی کشورمان از آموزه‌های عیسی در متی ۱۸- هم میانجی‌گری و هم حکمیت- سرمشق می‌گیرد؟

پس در جایی که رویهٔ خصمانه ما را به تمرکز بر کارهای درست‌مان ترغیب می‌کند، کلیسا می‌تواند به‌طور فعال بخشایش را تشویق کند، و آشتی را، به‌واسطهٔ پذیرش اشتباهات‌مان توسط ما، ترویج دهد. اگر موضوع را در سطح حقوقی مطرح کنیم، وکیل‌مدافع‌مان به ما خواهد گفت که باید بر کارهای درست‌مان و کارهای نادرستِ طرف دعوا، پافشاری کنیم. ولی این کار اغلب هر دو طرف را با چشم‌اندازی تحریف‌شده از واقعیت رها می‌کند. آنها چنین می‌اندیشند که: «من همیشه کار درست را انجام می‌دهم، و هرگز اشتباه نمی‌کنم. و طرف مقابل همیشه مرتکب اشتباه می‌شود و هیچ‌وقت کار درستی انجام نمی‌دهد.» ولی برعکس، کلیسا می‌تواند مردم را به‌سوی مسیح رهنمون شود، و به‌واسطهٔ اوست که ما می‌توانیم از جبران مالیِ خسارات یا انتقال دارایی‌ها یا به اجرا گذاشتنِ قرارداد حرف نزنیم، و به جایش همدیگر را به ابداع راه‌حل‌های خلاقانه تشویق کنیم.

هر بار که برادر یا خواهری را به دادگاه عمومی می‌بریم، این کار را می‌کنیم. همهٔ اختلاف‌ها و نفاق‌های ما بر پایهٔ تلاش‌های خودخواهانه‌مان برای کسب امتیاز، تقویت هویت و موقعیت‌مان، و نشان دادن برتری‌مان با هر وسیلهٔ ممکن، شکل می‌گیرد.

بحران هویت جمعی

اصلاً خودِ اقامهٔ دعوی کل جماعت را زیر سؤال می‌برد. پولس تلویحاً اشاره می‌کند که قرنتیان، به‌جای آنکه همچون اجتماع مقدسان زندگی کنند، درست مانند فرهنگ پیرامون‌شان رفتار می‌کند. او با هشداری تند در آیه‌های ۹و۱۰، به کلام خود صراحت بیشتری می‌بخشد: «آیا نمی‌دانید که ظالمان وارث پادشاهی خدا نخواهند شد؟ فریب نخورید! بی‌عفتان، بت‌پرستان، زناکاران، لواط‌کاران- چه فاعل و چه مفعول، دزدان، طمع‌ورزان، میگساران، ناسزاگویان و شیادان وارث پادشاهی خدا نخواهند شد.» توجه داشته باشید که اینها صرفاً کارهایی نیستند که این مردم مرتکب می‌شدند؛ این اعمال جزو هویت‌شان شده بود! اکنون برخی از این گناهان بیش از بقیه به چشم ما می‌آیند- مسیحیان دیگر به گناهانی همچون طمع و ناسزاگویی به دیدهٔ گناهانی جدی نمی‌نگرند، اما پولس برای گناه هیچ سلسله‌مراتبی قایل نیست. چیزهایی که در این فهرست بیش از همه ما را آزار می‌دهند، آنهایی هستند که با نحوهٔ استفاده از بدن مرتبطند. این بدان‌خاطر است که مسیحیان عموماً به مقولهٔ روحانیت رویکردی ناستیکی (دوگانه‌انگارانه) دارند؛ در این رویکرد بدن را می‌توان به هر شکل دلخواه

مورد استفاده قرار داد. پولس در فهرست خود بی‌بندوباری جنسی (بی‌عفتی)، زناکاری، و لواط‌کاری (همجنس‌بازی) را به‌عنوان نمونه ذکر می‌کند. منظور از بی‌عفتی، رابطهٔ جنسیِ زن و مرد است که خارج از چارچوب زناشویی، یعنی طرح مورد نظر خدا برای انسان، انجام می‌شود. زناکاری، شکستن عهد و پیمانی است که مُعرفِ طرح مورد نظر خدا برای رابطهٔ جنسیِ صحیح می‌باشد. و سرانجام پولس به گناه همجنس‌بازی اشاره می‌کند. وقتی شما هویت خود را در بت‌ها بیابید- خواه بت پول باشد، خواه کار، یا روابط، یا آنچه مصرف می‌کنید، یا حتی هویت و اخلاق جنسی- این کار منجر به فروپاشی فردی و اجتماعی خواهد شد. پولس قرنتیان را به زندگی مطابق هویتی که مسیح بدیشان بخشیده، دعوت می‌کند.

اصل مشکل: نسیان انجیلی (به فراموشی سپردنِ انجیل)

در نهایت قرنتیان به‌گونه‌ای رفتار می‌کنند که گویی هویتی که خدا به آنها عطا کرده، هیچ اهمیتی ندارد. آنها دارند انجیل را به باد فراموشی می‌سپارند. دارند از درک هویت‌شان قصور می‌ورزند. آنها مقدس هستند، اما همچون نامقدسان عمل می‌کنند. پارسا شمرده شده‌اند، اما زندگی‌شان عاری از پارسایی است. در نتیجه، جماعت‌شان، که قرار است نمونه‌ای کنونی از جامعهٔ الاهیِ آتی باشد، چیزی برای ارائه کردن ندارد- ایشان راهی ندارند که به‌واسطهٔ آن شکل گرفتن یک اجتماع را به‌وسیلهٔ انجیل به نمایش بگذارند.

شما چگونه بر بحران هویت انجیلی فایق می‌آیید؟ چگونه بر بیماری نسیان انجیلی غلبه می‌کنید؟ منابع لازم برای حل و فصل شکایات خانوادگی را در بستر کلیسا از کجا می‌آورید؟

بازیابی هویت - عمل کردن مطابق هویت- خاطرهٔ انجیل (آیه‌های ۷ب و۱۱)

به خاطر داشتنِ زیبایی انجیل

وقتی ما در مورد هویت‌مان دچار سردرگمی می‌شویم، پاسخ این نیست که به‌دنبال هویتی جدید بگردیم، بلکه باید هویت‌مان را از نو مرور کنیم. شکل دادن به هویت، کار خودمان نیست؛ این هویت قبلاً برای ما شکل گرفته و به‌صورت هدیه به ما داده شده است. هویت ما در چه چیزی ریشه دارد؟ هویت ما در مسیح به ما قدرت می‌دهد تا ضربه‌ها را تحمل کنیم، زیرا مسیح به‌جای ما ضربه‌ها را تحمل کرده است. آیهٔ ۷ب می‌گوید: «چرا ترجیح نمی‌دهید مظلوم واقع شوید؟ چرا حاضر نیستید زیان ببینید؟» این حرف تنها زمانی بامعنی است که شما چیزی برای از دست دادن نداشته باشید، و «مظلوم واقع شدن» برای شما تهدیدی نهایی نباشد، و «زیان دیدن» برای‌تان فقدان محسوب نگردد. مظلوم واقع شدن و زیان دیدن، نهایتِ جور و بی‌عدالتی در حق ما به حساب نمی‌آیند، چون مسیح غایت بی‌عدالتی را به‌جای ما متحمل شد. در جایی که ما باید مظلوم واقع می‌شدیم، او مظلوم واقع شد و در جایی که ما محق بودیم زیان ببینیم، او زیان دید تا چیزی را به ما ببخشد که اصلاً سزاوارش نیستیم. از

آنجا که مسیح همهٔ مظالم ما را به خود گرفت، و همهٔ تهدیدها و طردشدن‌های ما را به جان خرید، پس وقتی دیگران در حق ما چنین می‌کنند، می‌توانیم به‌جای فراموشی انجیل خاطرهٔ انجیل را به‌کار ببریم، که به ما تحمل ضربه‌های وارده از سوی دیگران را می‌دهد. و همین است که مفهوم بخشایش را توضیح می‌دهد. مفهوم آشتی‌جویی مسیحی در همین نکته نهفته است. مظلوم واقع شدن و زیان دیدن نهایت بی‌عدالتی به‌شمار نمی‌روند، چون مسیح نهایت بی‌عدالتی را به‌جای ما متحمل شد. او راه آشتی را پیمود و به‌طور همزمان میان عدالت‌خواهی و فیضِ بخشیدن تعادل کامل برقرار نمود.

این در ارتباط با درک ما از عدالت و آشتی، همه چیز را تغییر می‌دهد. دادگاه‌های ما بر مبنای عدالت کار می‌کنند. ما نمی‌خواهیم فیض، به دیوان عالی کشور تعرض کند. با وجود این، باز مشتاق فیض‌ایم. عاشق زمانی هستیم که کسی چیزی را که سزاوارش نیست، به‌واسطهٔ فیض دریافت می‌کند. این دو را چگونه می‌توان کنار هم داشت؟

فیض و عدالت در دادگاه آسمانی به تعادل کامل رسیده‌اند. ما نه صرفاً خواستار عدالتیم، و نه صرفاً فیض را پخش می‌کنیم. به‌خاطر کار مسیح، عدالت و فیض به‌طور کامل هم‌دوش شده‌اند. راز انجیل در این است که خدا در بخشودن گناهکاران، هم کاملاً عادل است و هم کاملاً فیاض. کلیسا باید تنها مکان روی زمین باشد که مردم در آن بتوانند شِمایی از کارکرد این تعادل زیبا را ببینند.

دریافت منابع انجیل

ما شسته شده‌ایم و آلودگیِ گناه از ما زدوده شده است. ما پاک شده‌ایم. دیگر می‌توانیم دست از تلاش برای پنهان کردن گناه و شکستگی‌مان برداریم، زیرا به این امر به‌طور عینی رسیدگی شده است. مسیحیان منبع لازم برای مصالحهٔ صادقانه را دارند. ما تقدیس شده‌ایم. از چنگال گناه رهایی یافته‌ایم. اکنون آزادیم. دیگر نباید با این توهم زندگی کنیم که عاقبت گناه پیروز خواهد شد. آزاد هستیم تا به قوت روح‌القدس در پی اطاعت شادمانه باشیم. چشم‌انداز بنیادینِ رشد مسیحی مبتنی بر این است که ما پارسا شمرده شده‌ایم. هویت گناه جای خود را به هویتی دیگر داده است. ما پذیرفته شده‌ایم.

پولس رسول نه تنها می‌خواهد که ما این چیزها را به یاد آوریم، بلکه می‌خواهد که منابع انجیل را هم دریافت کنیم. به آیهٔ ۱۱ نگاه کنید: «بعضی از شما در گذشته چنین بودید، اما در نام عیسای مسیح خداوند و توسط روح خدای ما شسته شده، تقدیس گشته و پارسا شمرده شده‌اید.» «شما شسته شده‌اید»؛ یعنی آلودگیِ گناه زدوده شده است. «تقدیس گشته‌اید»؛ از چنگال گناه رهایی یافته‌اید؛ «پارسا شمرده شده‌اید»؛ هویت گناه با هویتی دیگر جایگزین شده است. اما این به چه معناست؟ این برای فردی که مظلوم واقع شده، دربرگیرندهٔ چه تعابیر ضمنی‌ای می‌باشد؟ حتی با وجودی که پولس در اینجا بر بخشایش تأکید نمی‌کند، اما ارزش و اهمیتش به چشم می‌خورد. وقتی کسی در حق شما ظلمی می‌کند، می‌توانید میان بخشودن یا نبخشودن او یکی را انتخاب کنید. می‌توانید با حذف کردن، نادیده گرفتن، تحلیل

بردن، طرد کردن یا هر چیز دیگر از بخشـودن طرف مقابل خودداری کنید، یا می‌توانید او را بپذیرید. و اگر قرار است که او را بپذیرید، تنها با یادآوری انجیل به خودتان می‌توانید این کار را انجام دهید- یادآوری اینکه همان کسـانی که می‌بایست نادیده گرفته شوند، به‌واسطهٔ کار عیسای مسـیح پذیرفته شده‌اند. عیسی ما را بخشود و پذیرفت و به خانوادهٔ خدا آورد؛ حتی با وجودی که ما فرزندان غضـب بودیم، ما را برادران و خواهران یکدیگر نمود و همگی را به حضور خدای پدر آورد. بخشـایش یعنی این. ما یا باید شخص خاطی را طرد کنیم و از او تاوان بخواهیم، یا باید او را ببخشاییم و تاوان را خودمان متقبل می‌شویم. تنها همین دو گزینه پیش روی ماسـت. یا آن شـخص را وادار به پرداخت می‌کنیم، یا او را می‌بخشاییم. چگونه دیگران را وادار به پرداخت می‌کنیم؟ به ایشـان تهمت و افترا می‌زنیم، پشت سرشان غیبت می‌کنیم، تقصیر را به گردن‌شـان می‌اندازیم، آنها را به دادگاه عمومی می‌کشانیم و موضوع را پیش دیگران مطرح می‌کنیم، یا سرانجام روابط‌مان با آنها به سردی می‌گراید.

ما نباید در ترس از داوری دیگران زندگی کنیم. ما می‌توانیم ارزیابی درسـتی از خودمان داشته باشیم، چون خدا هم‌اکنون نظر نهایی خود را دربارهٔ رابطه‌اش با ما بیان کرده است. این مبنای اصلی زندگی با خدا و زندگی در اجتماع است.

به‌کار بستنِ مفاهیم انجیل

ما وقتی مظلوم واقع می‌شویم، می‌توانیم تاوان را به جان بخریم، زیرا مادامی که به انجیل اعتقاد راسخ داریم، ظلم وارد شـده، نمی‌تواند به هویت‌مان لطمه‌ای بزند. اگر از لحاظ مالی مورد ظلم قرار گرفته‌ایم، باید بدانیم که داراییِ ما، مُعرفِ‌مان نیست. اگر در روابط مورد ظلم قرار گرفته‌ایم، باید بدانیم که غایت رابطهٔ ما محفوظ اسـت. مسیح متحمل هرگونه ظلم قابل تصور شد تا هر حق قابل تصور را برای ما تأمین کند. به همین دلیل، ما می‌توانیم جزو کسانی باشـیم که حتی وقتی خلاف انتظار اسـت، ظلم و زیان را به جان می‌خرند، می‌بخشایند، و در پی آشـتی‌اند. ما نیز باید به ظلم‌هایی کـه در حق دیگران روا می‌داریم، اعتراف و با اندوه از انجام‌شـان توبه کنیم. گسـترهٔ کاری که خدا برای نجات ما انجام داد (مرگ مسیح) به ما نشان می‌دهد که گسترهٔ گناه‌مان تا چه حد است. اگر به انجیل باور داریم، پس باید بدانیم که برحسب قاعده، حق به جانب ما نیسـت. باید این احتمال را همیشه در نظر داشته باشیم که شاید اشتباه از طرف ماسـت. ما به‌دنبال حفظ خود و کسب سود از راه‌های رذیلانه نیستیم. بلکه در عوض، به ضعف خود، و گرایش‌مان به قصور، اذعان داریم.

اجتماع مسـیحی گناه را جدی می‌گیرد، اما با فیض با آن برخورد می‌کند. همچنین، وقتی ظلمی واقع می‌شود، از آن چشم‌پوشی نمی‌کند. ما خوانده شده‌ایم تا جماعتی باشیم که مقاصد نیکو و شـالومی خدا را برای جهان بازتاب دهیم. این یعنی آنکه هرگز از روی خطاهایی که در میان خودمان صورت می‌گیرد، نمی‌گذریم اما در عین حال، خطاکاران را درهم‌نمی‌کوبیم. کلیسا دادگاهی منحصربه‌فرد است- در کلیسا عدالت همراه با فیض اِعمال می‌گردد. مقصران توبه‌کار مورد بخشـایش قرار می‌گیرند. افرادی که به‌شدت درهم‌شکسته‌اند، احیا می‌شوند.

ما از طریق سوق دادن یکدیگر به طرف انجیل، با مشکل فراموش کردن انجیل و بحران‌های هویت می‌جنگیم. ما در همهٔ جنبه‌های زندگی کلیسای‌مان، خود را با واقعیات هویت‌مان در مسیح روبه‌رو می‌بینیم. وقتی هویت خود را در مسیح درمی‌یابیم، حتی شدیدترین بحران هویت نیز نمی‌تواند باعث شود کیستی خود را فراموش کنیم. زندگی مسیحی فرایند به یاد آوردن هویت راستین و کوشش برای زندگی کردن در راستای آن، به مدد منابعی است که انجیل در اختیارمان قرار می‌دهد.

آیا روابط‌مان با بعضی از دوستان به سردی گراییده است؟ آیا کسانی هستند که نمی‌خواهیم آنها را از دل ببخشاییم؟ این یعنی بیماری نسیان انجیلی؛ یعنی ما حاضر به پذیرش آن افراد نیستیم و می‌خواهیم ایشان را نادیده بگیریم یا حذف کنیم. پولس رسول از ما می‌خواهد که به یاد آوریم. نیاز به یادآوری انجیل امری ضروری است. اگر قرار است که مفاهیم زندهٔ انجیل در زندگی ما عمل کنند، اگر قاعدهٔ کار ما به‌جای طرد کردن، بخشودن است، پس باید انجیل و آنچه را که عیسی برای‌مان انجام داده، به خاطر بیاوریم.

پس در اینجا نکته‌ای کاربردی برای مسیحیان وجود دارد که باید آن را مورد توجه قرار داد: آیا شما از کسی شکایت، یا با او دعوا یا اختلافی دارید؟ بخشایش را پیش از اهدا کردن، باید دریافت کرد. به‌عبارت دیگر، باید اول در دل‌مان آن را بشناسیم. دل انسان باید به‌خاطر پذیرش خدای پدر که گناهکاران را به‌خاطر پسرش دوست می‌دارد، برای بخشودن تمایل بیابد. اگر گناهکاری در مسیح شسته شده، پارسا شمرده و تقدیس شده است، پس باید دلش خواهان بخشایش باشد. آیا کسی هست که باید او را ببخشاییم؟ حتی ممکن است خودمان هم ندانیم که او را نبخشوده‌ایم. باید دل‌مان را در جستجوی آنان که نیازمند بخشایشند، تفتیش کنیم و آنها را ببخشاییم. باشد که دل‌هامان با آنچه که عیسی انجام داده، گرم شود.

۱۱

رابطهٔ جنسی

اول قرنتیان ۶:۱۲-۲۰

مســـیحیان در پرداختن به موضوع رابطهٔ جنســـی، به‌ویژه در عرصهٔ عمومی، موفق عمل نکرده‌اند. مســـیحیان را کســـانی می‌دانند که اهل محکوم کردن و پر از نفرت هســـتند. «این کار درســـت نیست و هیچ عذری هم برایش وجود ندارد.» اما مسیحیان با این کار، نه مطابق ایمان مســـیحی، بلکه دقیقاً *مخالف* آن عمل می‌کنند. گناه جنســـی هم گناه است، اما گناهی نابخشودنی نیست، و مسیحیان باید دســـت از این رفتار خود بردارند که گویی گناه جنسی، نابخشودنی است. از سوی دیگر، قرار نیست نقاط ضعف مسیحیان جلوی شنیدن مطالبی را که کتاب‌مقدس دربارهٔ رابطهٔ جنسی می‌گوید، بگیرد.

در این زمینه، کتاب‌مقدس با حساســـیت‌های فرهنگی مـــا اصطکاک می‌یابد. هیچ‌یک از فرهنگ‌های بشری حقیقت را در انحصار ندارند، و از این‌رو از کلام الاهی انتظار می‌رود که در برخی نکات تأییدشـــان کند، و در برخی دیگر آنها را به چالش بکشـــد. و این دقیقاً همان کاری است که کتاب‌مقدس انجام می‌دهد. کتاب‌مقدس در زمینهٔ رابطهٔ جنسی با خواسته‌های ما اصطکاک می‌یابد، ولی وقتی به موضوع بخشـــایش و محبت می‌رســـیم، باد به بادبان‌مان می‌اندازد. اگر کســـی تصور کند که در این زمینه همه چیز را دریافته، باید دچار خودخواهی فرهنگی شده باشد. پس همه باید بیاموزیم که در برابر به چالش کشیده شدنِ پیش‌فرض‌های فرهنگی‌مان با فکر باز برخورد کنیم، حتی اگر برای‌مان خیلی هم عزیز باشند. در آیات مورد بررســـی این فصل، نکتهٔ اصلی پولس ما را به چالش می‌کشـــد- او می‌گوید که رابطهٔ جنسی به‌رغم تصور مردم، امری پیش‌پاافتاده نیست، و همه باید بدن و کارهایی را که با آن می‌کنند، جدی بگیرند. چرا؟

- چون ما آزادیم
- چون ما باا‌همیتیم
- چون کسی ما را خریده که برای داشتن‌مان، همه چیزش را داده است

چون ما آزادیم

در آیهٔ ۱۵ پولس به موضوع فحشا اشاره می‌کند. در جهان باستان فحشا به‌لحاظ فرهنگی نسبت به امروز رفتار جنسیِ پذیرفته‌تری به‌شمار می‌رفت. معمولاً در محوطهٔ معابد ضیافت شام برپا می‌کردند و پس از شام هم روسپیان را می‌آوردند و به میهمانان عرضه می‌کردند. اینکه مردی پس از یک روز سخت کاری، نزد روسپی برود، اصلاً چیز عجیبی به‌شمار نمی‌رفت. نقش زن (همسر)، صرفاً آوردنِ وارث، و تضمین ائتلاف‌های سیاسی و اجتماعی بود و بس، و ربطی به موضوع لذت جنسی نداشت. در میان مردمان آن روزگار، نزد روسپی رفتن، هم از نظر فرهنگی و هم اجتماعی رفتاری پذیرفته بود. این امر چنان رایج بود که مسیحیان قرنتس نهایت تلاش خود را برای توجیه مقبولیت آن کرده بودند. ما نیز می‌توانیم بازتاب این رفتار آنان را از بسیاری جهات در زندگی مدرن خودمان تجربه کنیم. حسی که این روزها بر مردم سایه گسترده این است که رابطهٔ جنسی خارج از چارچوب زناشویی امری عادی است. این کاری است که همه می‌کنند، و اگر کسی نکند، بدین‌خاطر است که خودش آدم عجیب و غریبی است. علاوه بر این، امروزه خیلی‌ها خودشان را متقاعد ساخته‌اند که هر کاری بکنند، هیچ ایرادی ندارد و برایش یک توضیحی وجود دارد. برههٔ فرهنگی ما با قرنتس قدیم تفاوت چندانی ندارد، و متن مورد بررسی هم به‌طرز شگفت‌آوری به ما ربط پیدا می‌کند. با نگاهی دقیق‌تر متوجه می‌شویم که پولس با پس‌وپیش رفتن میان استدلال خوانندگانش و واکنش خودش به استدلال آنان، به طرح موضوع می‌پردازد. پولس در آیهٔ ۱۲ می‌نویسد: «همه چیز بر من جایز است»، اما همه چیز مفید نیست. "همه چیز بر من رواست"، اما نمی‌گذارم چیزی بر من تسلط یابد.» (همه چیز بر من جایز است.) اساساً منظور او از این جمله این است که: «من از هر قید و بند و محدودیتی آزادم!» در زمانهٔ ما که روابط جنسی درآن رو به فزونی است، این جمله ورد زبان همه شده است؛ و البته چون تا حد زیادی راست است، و حقیقت دارد، پس برداشت این است که همه آزادند! نام مسیحیت در زمینهٔ رابطهٔ جنسی بسیار محافظه‌کار و تنگ‌نظر در رفته است، ولی چیزی بالاتر از حقیقت وجود ندارد. کتاب غزل غزل‌های سلیمان از مطالب و صحنه‌های عریان و بی‌پرده‌ای لبریز است که این روزها تنها می‌توان نمونه‌اش را در ادبیات شهوانی یافت! و این بدان‌خاطر است که رابطهٔ جنسی موهبت است- چیزی است که خدا به‌وجود آورده و به همگان ارزانی فرموده تا در چارچوب یک تعهد پایدار، به آزادی از آن لذت ببرند. سکس چیز زیبایی است! ولی توجه داشته باشید که بسیار هم نیرومند است. سکس نه تنها می‌تواند لذت ببخشد، بلکه می‌تواند بر انسان مسلط هم بشود. همهٔ آنانی که با اعتیاد جنسی دست و پنجه نرم کرده‌اند می‌توانند شهادت بدهند که چقدر این پدیده نیرومند است. ولی این امر نه تنها در مورد معتاد جنسی، بلکه در مورد همه نیز صدق می‌کند. سکس بیش از آنچه می‌پنداریم بر ما مسلط است. خیلی‌ها زمانی که شهادتی کتاب‌مقدسی علیه رابطهٔ جنسی بیرون از چارچوب زناشویی می‌شنوند، ناراحت می‌شوند. این ناراحتی به اندازه‌ای است که نمی‌توانند به گوش دادن ادامه بدهند، چون

احساس می‌کنند آزارشان می‌دهد. در چنین مواردی به احتمال زیاد این قبیل افراد، ناخودآگاه زیر سلطهٔ سکس قرار دارند. در واقع، اگر چیزی هست که انسان نخواهد دیگران آن را به چالش بکشند، چیزی که بتواند در موردش بگوید: «شما در این زمینه نمی‌توانید خواست مرا نادیده بشمارید»، این گواه بر تسلط آن چیز بر فرد مورد نظر است؛ تسلطی بس نیرومندتر از آنچه حتی خودش بتواند تصور کند. پس ما واقعا آزاد نیستیم! «"همه چیز بر من رواست"، اما نمی‌گذارم چیزی بر من تسلط یابد» (آیهٔ ۱۲ب).

اما ممکن است بعضی‌ها در این مورد آن‌قدرها هم سرسخت نباشند. بعضی‌ها نسبت به پیش‌روندگیِ رابطهٔ جنسی، تعهد راسخی ندارند، و تنها خواهان لذت جسمانی یا ارتباط احساسی‌ای هستند که برای‌شان فراهم می‌کند. اغلب وقتی کسی با دیگری هم‌بستر می‌شود، آن‌هم بدون اینکه تعهدی پایدار نسبت به او داشته باشد، قصد کمک به دیگری در میان نیست، بلکه تنها نفع شخصی در میان است. آنها فقط می‌خواهند آنچه را که می‌توانند، خواه جسمی خواه احساسی، به‌دست آورند و واقعاً آزاد نیستند. انسان‌های آزاد خدمت می‌کنند، انسان‌های آزاد به دیگران کمک می‌کنند، چون انسان‌های آزاد به دیگر انسان‌ها نیاز کمتری دارند، و از این‌رو می‌توانند بیشتر دیگران را دوست بدارند. اما وقتی کسی بیرون از چارچوب یک تعهد پایدار با کسی دیگر رابطهٔ جنسی برقرار می‌کند، طرف مقابل را دوست ندارد. نیازمند کسی دیگر است تا برای خودش چیزی کسب کند؛ و بدین‌ترتیب به معنای واقعی کلمه آزاد نیستند. این روزها خیلی مرسوم شده که می‌گویند: «من دوستش دارم، اما چه نیازی هست که برای اثبات عشقم، با او ازدواج کنم؟» ولی اگر مردی به‌راستی زنی را آن‌طور که ادعا می‌کند، دوست داشته باشد، پس چرا با او ازدواج *نکند*؟ آیا نمی‌تواند بدین‌خاطر باشد که او بیش از آنکه زن را *دوست* داشته باشد، به او نیاز دارد؟ آیا جز این است که ارتباطش با او بر مبنای *نیاز* است، نه بر پایهٔ *خواستن*؟ او آن‌قدر آزاد نیست که دست به انجام کاری بزند که برای طرف مقابل مفید است. «"همه چیز بر من جایز است"، اما همه چیز مفید نیست.»

وندی شلیت،[1] نویسندهٔ فمینیست، کتاب‌هایی برانگیزاننده نوشته و در آنها زنان را به بازپس‌گیری نجابت جنسی، در اعتراض به دنیایی که آنان را بازیچه ساخته، فرا خوانده است. شاید بحث‌برانگیزترین اثر او، کتابی باشد با عنوان *بازگشت به نجابت*.[2] این کتاب در میان کسانی که به زنان برچسب واپس‌گرایی و تحجر جنسی می‌زدند، غوغایی به پا کرد. ولی در کمال شگفتی در میان بسیاری از زنانی که از سودای انقلاب جنسی و استبداد متعاقب آن، بیرون آمده بودند هم جنب‌وجوشی پدید آورد. شلیت در این کتاب اساساً استدلال می‌کند که انقلاب جنسی به زنان گفته که نجابت واپس‌گرایانه است، چون حق زن را برای داشتن آزادی جنسی مورد تجاوز قرار می‌دهد. «چرا پسرها باید از همهٔ تفریحات بهره‌مند باشند؟» ولی همچنان که شلیت استدلال می‌کند، این انقلاب جنسی است که عملاً آزادی زنان را کمتر کرده است. و این کار را از دو طریق انجام داده است. اول، «[شلیت می‌نویسد] در

1. Wendy Shalit; 2. Return to Modesty

پَس انقلاب جنسی، تنفر خاصی از زن وجود دارد. بله عزیزم ... تو می‌توانی با هر که دلت می‌خواهد، بخوابی، و اصلاً می‌توانی وانمود کنی که مرد هستی، اما اجازه نداری *این* باشی.» «بهتر است با دیگران قرارهای متعدد بگذاری، در غیر این‌صورت! شرمساری‌اش غیرقابل تحمل است! قرص ضدافسردگی بخور! برجستگی‌های بدنت را از دست بده! از زن بودن دست بکش.» «زن این روزها نمی‌تواند خودش "انتخاب کند" که چه می‌خواهد باشد، او به قرص ضدافسردگی رو آورده، وجههٔ اجتماعی جدیدی به خودش گرفته، که دیگران برایش تعیین کرده‌اند، و بعد این وضعیت را به نشانهٔ آزادیِ حقیقی جشن می‌گیرد. از زمانهٔ ما انتظار می‌رود که زمانهٔ آزادی بزرگ باشد. با وجود این، کارمان به جایی کشیده که دیگران انتخاب‌های‌شان را به ما دیکته می‌کنند.»

با نگاه اول، ممکن است استبداد به نظر برسد تا آزادی. ولی یک زن نجیب، به گفته شلیت: «می‌تواند با حُجب خود به دنیا این مفهوم را منتقل کند که "ممنون، من جهت‌یاب خودم را دارم. من برای خودم قوهٔ تشخیص دارم تا بفهمم چه چیز خوب است و چه چیز درست. و خوب و درست همیشه هم آن چیزی نیست که دیگران می‌کنند."» او آزاد است. اما دوم، اینکه انقلاب جنسی نه تنها به زنان هویت را دیکته کرده است، بلکه در عمل آنان را حتی بیشتر اسیر دست مردان می‌سازد. آیا هیچ از اینکه چه بر سر جوانمردی آمده، تعجب نمی‌کنید؟ چرا دیگر مردان مانند گذشته با زنان رفتار نمی‌کنند؟ خب، راستش را بخواهید بدین‌خاطر که دیگر لزومی نمی‌بینند. چون روی صندلی راننده نشسته‌اند، و انقلاب جنسی بوده که فرمان را به دست آنان سپرده است. در گذشته، زمانی که نجابت جذابیت جنسی بیشتری داشت، برای زنان یک‌جور اهرم قدرت به‌شمار می‌رفت. به مردان فرمان می‌داد که با احترام و وقار رفتار کنند، به زنان قدرت می‌داد و ایشان را در برابر مردان پلشت محافظت می‌کرد. ولی بی‌بندوباری جنسی بیش از آنکه به زنان آزادی ببخشد، آنان را اسیر مردان ساخته است. امروزه می‌گویند که این ایده که "هر زنی یک کدبانو محسوب می‌شود" تبعیض‌آمیز است، و زنان را جزو دارایی‌های مرد قرار می‌دهد، اما از قرار معلوم وضعیت جدید همان چیزی را هم که داشتند، از ایشان گرفته است. شاید نجابت اصلاً زن‌ها را زیردست و ستم‌کش نکرده بود. شاید برعکس به آنان آزادی بخشیده بود چون زنان را صاحب قدرت ساخته بود.» نجابت نگاهبان طبیعی زن به‌شمار می‌رفت و از تصمیم او برای "نه" گفتن پشتیبانی می‌کرد. همان‌گونه که ژان ژاک روسو پیشگویی کرد، اگر ما در پی آن باشیم که دخترانمان را مانند مردان پرورش دهیم، «مردان با خوشحالی رضایت خواهند داد! هرچه زنان بیشتر خواهان شبیه شدن به مردان باشند، کمتر می‌توانند بر آنان فرمان برانند، و آن‌وقت مردان حقیقتاً به اربابان زنان تبدیل خواهند شد.»[1] رهاورد واقعی انقلاب جنسی «مشروعیت بسیار فراهم کردن برای قدرت مرد بوده»، نه آزادی بخشیدن به زن. شلیت کاملاً درست می‌گوید. «"همه چیز بر من جایز است"، اما همه چیز مفید نیست. "همه چیز بر من رواست"، اما نمی‌گذارم چیزی بر من تسلط یابد.»

---

1. Jean-Jacques Rousseau, Emile.

پس اولین دلیل برای لزوم جدی گرفتن بدن و کارهایی که انسان با بدنش می‌کند، این است که آزاد است. ولی دلیل دومی هم وجود دارد.

چون ما بااهمیتیم

پولس در آیهٔ ۱۳ می‌نویسد: «خوراک برای شکم است و شکم برای خوراک، و خدا، هم این و هم آن را از میان برخواهد داشت.» در اینجا پولس یکی دیگر از تمایلات رایج زمانهٔ خودش را که به‌واسطهٔ فلسفهٔ افلاتونی تکوین یافته بود، نقل‌قول می‌کند. طبق فلسفهٔ افلاتونی آنچه شما با بدن خود می‌کنید، واقعاً اهمیتی ندارد. زیرا روح انسان تنها چیزی است که اهمیت دارد. اکنون همین تمایل نه تنها پس از گذشت سده‌ها زنده است، بلکه موذیانه خود را در هوایی که استنشاق می‌کنیم نیز مخفی ساخته است. خیلی‌ها چنین استدلال می‌کنند که سکس کاری است که انسان صرفاً با بدنش انجام می‌دهد، نه با قلب و روحش- زیرا قلب و روحش با خداست و آنچه واقعاً اهمیت دارد، همین است. ولی این دقیقاً همان چیزی است که رستاخیز مسیح *نادرستی‌اش* را نشان داد. پولس در آیهٔ ۱۴ می‌گوید که «خدا به نیروی خود، هم خداوند را برخیزانید و هم ما را برخواهد خیزانید.» بدن انسان و کاری که با بدن می‌کند ارزشی ابدی دارد، چون این بدن نابود نخواهد شد- خدا همان‌طور که عیسی را برخیزانید، بدن را هم برخواهد خیزانید! در واقع، بدن شخص آن‌قدر مهم است که خدا تا جایی پیش می‌رود که حتی آن را مسکن خود می‌سازد و از آن بالاتر، بدن را از آنِ خود می‌خواند. آیهٔ ۱۹ می‌گوید که بدن ما معبد روح‌القدس است، و در آیهٔ ۱۵ نیز می‌گوید که بدن‌های ما اعضای بدن مسیح هستند! آنچه پولس در اینجا می‌گوید، کاملاً انقلابی است! کاملاً بنیادین است! بدن‌های ما مکان‌هایی هستند که خدا برای سلوک برمی‌گزیند و آن را جزو خودش به حساب می‌آورد! او خودش را محکم به ما، و حتی به بدن‌هایمان پیوند می‌زند، چون می‌خواهد تا ابد با ما باشد- زیرا دوست دارد که از آنِ ما باشد و ما از آنِ او باشیم! هیچ دین دیگری حتی جرأت گفتن چیزی شبیه به این را هم به خودش نمی‌دهد. طبق ادیان، خدا در معابد زندگی می‌کند، نه در بدن‌های آدمیان. خدایان همیشه فاصلهٔ خود را با انسان‌ها حفظ می‌کنند؛ آنها هیچ‌وقت با انسان‌ها، به‌ویژه با بدن‌های آنها نمی‌جوشند. ولی خدای [کتاب‌مقدس] چنین کاری انجام می‌دهد! بدن‌های ما ارزش بسیاری دارند، و نمی‌توان با آنها سرسری رفتار کرد چون اهمیت آنها ابدی است!

اما این نه فقط در مورد بدن انسان، که در مورد کلیت وجود او صدق می‌کند. با خواندن این، شاید چنین تصور کنید که تصویری که تا اینجای کار ترسیم شده، اغراق‌آمیز است. سکس نباید ربط چندانی به این مسائل داشته باشد. بعضی‌ها می‌گویند رابطهٔ جنسی می‌تواند پدیده‌ای عادی و معمولی باشد، بدون همهٔ بگیر و ببندهای مرسوم. آیا واقعاً چنین است؟ پولس در آیهٔ ۱۶ می‌گوید که در رابطهٔ جنسی: «آن دو یک تن خواهند شد.» آنچه پولس در اینجا بدان می‌پردازد، این واقعیت است که وقتی شما با کسی رابطهٔ جنسی برقرار می‌کنید، این رابطه ناگزیر تأثیری وحدت‌بخش روی شما می‌گذارد. لوئیس اسمدز، اخلاق‌شناس و

الاهی‌دان مسیحی، واقعاً به‌خوبی همین مطلب را توضیح می‌دهد: «در رابطهٔ جنسی چیزی بسیار بیشتر از تلاقی دو نگاه، یا به هیجان آمدن آلاتِ تناسلی اتفاق می‌افتد. فرقی نمی‌کند که مردم چقدر با این مسئله سرسری برخورد می‌کنند؛ چیزی به نام رابطهٔ جنسی سرسری وجود ندارد.» «هیچ‌کس نمی‌تواند شب رابطهٔ جنسی داشته باشد و فردا آن را کناری بگذارد تا در فرصتی دیگر و هر وقت دلش خواست دوباره سراغ آن برود. هیچ‌کس نمی‌تواند با کسی به بستر برود و روحش را بیرون در کنار بگذارد.»

بعد از رابطهٔ جنسی، به‌ندرت پیش می‌آید که دو نفر بار دیگر نسبت به هم احساسی مثل قبل داشته باشند. ممکن است همدیگر را طوری دوست بدارند که تا پیش از این هرگز دوست نداشته‌اند؛ یا ممکن است از یکدیگر بیزار شوند؛ ممکن است از با هم بودن فقط احساس راحتی بکنند. ولی بعد از آمیزش جنسی، رابطه دیگر هیچ‌وقت مثل پیش از آن نخواهد بود. [و این بدان خاطر است که] آنچه ما در سکس انجام می‌دهیم، ماهیت ما را شکل می‌دهد؛ آنچه با بدنمان انجام می‌دهیم، با خودمان انجام می‌دهیم. آمیزش جنسی عملی است که افراد را برای همه عمر با هم یکی می‌سازد [و از این‌رو] خویشتن‌داری و پاکدامنی چیزی نیست که لذت را از انسان‌ها بستاند و از آنها قدیس‌هایی ضد رابطهٔ جنسی بسازد. پاکدامنی- چنانکه می‌دانیم- احترام گذاشتن به واقعیت است.

در رابطهٔ جنسی چیزی اتفاق می‌افتد. همان‌طور که اسمدز گفت، فرقی نمی‌کند که چقدر خواهان این مسئله باشید، اما هرگز نمی‌توانید روح‌تان را کنار بگذارید و با جسم‌تان به بستر بروید. این همان نکته‌ای است که پولس در آیهٔ ۱۸ب بدان اشاره می‌کند، آنجایی که می‌گوید: «هر گناه دیگر که انسان مرتکب شود بیرون از بدن اوست، اما کسی که مرتکب بی‌عفتی می‌شود، به‌خصوص نسبت به بدن خود گناه می‌کند.» او نمی‌گوید که بدن جسمانی انسان در امور دیگری دخیل نیست، چون پر واضح است که بدن در بسیاری امور دیگر نیز دخیل است. به‌زعم پولس، هیچ امری نیست که به اندازهٔ رابطهٔ جنسی ما- همهٔ وجود ما، و از جمله بدن‌مان- را جسماً درگیر سازد. با سکس، همهٔ وجود ما درگیر می‌شود؛ با سکس، ما خودمان- همهٔ وجودمان- را می‌بخشیم. و این دومین دلیل برای اهمیت داشتن بدن انسان و کارهایی است که با آن بدن می‌کند- چون بدن ما اهمیت دارد، و حتی مهم‌تر از آن، چون ما اهمیت داریم.

اهمیت دارد، چون ما آزادیم. اهمیت دارد چون ما اهمیت داریم. اما یک دلیل دیگر هم وجود دارد.

کسی ما را خریده که برای داشتن‌مان، همه چیزش را داده است

در آیهٔ ۱۳، وقتی پولس می‌نویسد: «خوراک برای شکم است و شکم برای خوراک»، از تفکر غالب بر آن روزگار نقل‌قول می‌کند، که چیزی شبیه به این است: همان‌طور که خوراک

برای شـــکم در نظر گرفته شده، و شـــکم هم به نوبهٔ خود مال خوراک است، پس سکس هم برای بدن اســـت و بدن هم به نوبهٔ خود برای ســـکس. به‌عبارت دیگر، رابطهٔ جنســـی امری طبیعی اســـت. این کاری است که بدن انســـان برای انجامش ساخته شده است؛ و چون این سخن درست است، پس امیال جنسی را نباید عقیم گذاشت، بلکه باید آنها را تحقق بخشید. در این رابطه، قدیمی‌ها نسبت به امروزی‌ها خیلی مدرن‌تر عمل می‌کردند. در حقیقت سکس برای بدن است- چیز خوبی است، و برای این طراحی شده که مایهٔ لذت انسان گردد. اما نیمهٔ دیگر این عبارت را باید زیر سؤال برد. پولس در آیهٔ ۱۳ می‌گوید که منظور از بدن این نیست که برای رابطهٔ جنســـی باشد، بلکه «برای خداوند است و خداوند نیز برای بدن.» ولی این به چه معناست؟ این شبیه حرف‌هایی اســـت که مادری پیش از آنکه فرزندش خانه را به قصد رفتن به کالج ترک کند، به او می‌زند. مقصود نهایی از بدن، و نهایتاً رابطهٔ جنســـی، چیست؟ آری، لذت. آری، محبت کردن و خدمت کردن به کسی که شما برای همیشه خودتان را وقف او ساخته‌اید. و آری، برای بچه‌دار شدن. اما در نهایت، و در ورای بدن و آنچه با بدن می‌کنیم، این هدف در نظر گرفته شـــده که بازتابی از تعهد فرد باشـــد. آری، تعهد نسبت به کسی که دوستش دارید، ولی شاید حتی ژرف‌تر از آن، نسبت به کسی که همهٔ وجود خودش را برای همیشـــه به شما داده اســـت. آیهٔ ۱۷ به ما می‌گوید که خدا انسان را به خودش پیوند زده، و با او یکی شـــده است. خدا ستمکاری نیست که برای نابود کردن شادی و سرور انسان، قوانین دلبخواه و مستبدانه وضع کند. او عاشقی است که می‌خواهد با یگانه عشق زندگی‌اش باشد- ما را داشته باشد-، یعنی تمامیت وجود ما را داشته باشد، نه فقط روح‌مان را.

در عهدعتیق داستان شگرفی وجود دارد که در آن، خدا به یکی از انبیای خود می‌گوید که با دختری ازدواج کند که قطعاً می‌داند دلش را خواهد شکســـت. او دختری بود با گذشته‌ای آلوده و دلی هوس‌باز، که باعث می‌شد بارها به عشق مردش پشت‌پا بزند و آرامش را در آغوش عشاق دیگر بجوید. داستان، همان‌طور که احتمالاً می‌دانید، زمانی به نقطهٔ اوج می‌رسد که زن خودش را نیازمند و دلشکسته بر سکوی مزایده می‌یابد و هیچ گزینه دیگری برایش نمانده، تا از شر بدهی‌هایی که بالا آورده، خلاص شود. او عریان در برابر دیدگان موشکاف خریداران بر ســـکوی مزایده ایستاده، و منتظر است تا کســـی بیاید و در مورد سرنوشتش برای همیشه تصمیم بگیرد. اما وقتی حراج آغاز می‌شود، ناگهان اتفاق عجیبی می‌افتد. او با گوش‌های خود صدایی می‌شـــنود که هرچند ضعیف، اما عاری از تردید اســـت. «پنج شِکِل».[1] او با این صدا خوب آشناست. «ده شِکِل.» ولی چرا دارد این کار را می‌کند؟ «پانزده شِکِل.» «فروخته شد!» مردی که قبلاً از او پشـــت‌پا خورده بود، همان مردی که دلش را بارها و بارها شکسته بود، او را می‌خرد. زن در حالی که ســـعی می‌کند واقعه را تجزیه‌تحلیل کند، ناگهان فکری به ذهنش خطور می‌کند و دلش فرومی‌ریزد، چون می‌داند که این کار مرد تنها یک دلیل می‌تواند داشته باشـــد. او برای انتقام آمده است. بنابراین، زن سرش را بلند می‌کند و خودش را برای حادثه

---

۱. Shekel- واحد وزن برابر با ۵/ ۱۱ گرم- م.

آماده می‌سازد، اما آنچه که روی می‌دهد، شاید تکان‌دهنده‌ترین اتفاق باشد. زیرا مرد نه با خشم، که با لبخندی خاص و آغوشی گرم به او سلام می‌کند، انگار که می‌خواهد به او بگوید: «تو را بیش از آنچه بتوانی تصور کنی، دوست دارم. بیا به خانه برویم.»

نمایش‌های عاشقانه کجا و این داستان کجا! اما این داستان اگرچه فوق‌العاده لیکن بازتاب ضعیفی است از داستان بزرگ دیگری که در صحنهٔ تمام جهان- و در زندگی تک تک ما- به نمایش درآمده. این داستان عاشق بزرگی است که به‌رغم گذشتهٔ آلوده و دل هوس‌باز ما و با وجود پشت‌پا‌خوردن مکرر از ما و شکستن قلبش، در حراج ما شرکت کرد و با هرآنچه داشت- تن و روحش- ما را خرید و بار دیگر از آنِ خودش ساخت. وقتی ما سرمان را بلند می‌کنیم و به صلیب می‌نگریم، با اطمینان کامل می‌دانیم که او قرار نیست از ما انتقام بگیرد، چون نه با خشم و غضب، که با لبخندی مهربانانه و آغوشی گرم به ما خوشامد می‌گوید: «تو را بیش از آنچه می‌توانی تصور کنی، دوست دارم. بیا به خانه برویم.» آیهٔ ۲۰ می‌گوید: «به بهایی گران خریده شده‌اید» و «دیگر از آنِ خود نیستید» (آیهٔ ۱۹). ولی وقتی کسی که شما را خریداری کرده، تا این اندازه دوست‌تان دارد، چرا می‌خواهید از آنِ خود باشید؟ شاید این قاطع‌ترین دلیل برای جدی گرفتن بدن‌مان و آنچه با آن می‌کنیم، باشد. نه فقط بدین علت که آزادیم، یا حتی چون اهمیت داریم، بلکه چون کسی ما را خریده که برای داشتن‌مان، همه چیزش را داده است.

در خاتمه، باید بگوییم که انسان‌ها آزادند و اهمیت دارند. آنها به بهایی گزاف خریداری شده‌اند. پس خدا را با جدی گرفتن بدن‌تان و آنچه با آن می‌کنید، جلال دهید.

۱۲

زیبایی زناشویی

اول قرنتیان ۷:۱-۱۶

کریس راک[1] کمدین معروف اغلب می‌گوید: «دل‌تان می‌خواهد مجرد و تنها باشید، یا متأهل و بی‌دل و دماغ؟» متأسفانه ما فکر می‌کنیم که تنها همین دو گزینه پیش روی ماست. دانا شاپیرو[2] در تفسیر فیلم تک‌همسری[3] می‌گوید که رابطهٔ زناشوییِ تک‌همسری به‌طرز خیره‌سرانه‌ای دشوار است. او معتقد است که یک رابطهٔ واقعاً صمیمی و متعهدانه که در آن وقف و فداکاری عمیق وجود دارد، اساساً خودمختاری و استقلال را در وجود شخص خُرد یا خفه می‌کند. پس خواه نظر یک اندیشمند اجتماعی همچون شاپیرو در میان باشد و خواه نظر کمدینی مانند کریس راک، فرهنگ مدرن در مورد ماهیت ازدواج انواع و اقسام نظرات منفی در آستین دارد. و نکتهٔ غم‌انگیز اینکه، برخی از مسیحیان نیز اصول خود را از فرهنگ مدرن وام‌گرفته‌اند، نه از کتاب‌مقدس.

اساساً فرهنگ قرنتسی، لذت‌گرایانه بود. پولس پیشتر به موضوع بی‌عفتی در زمینهٔ کلیسای محلی قرنتس اشاره می‌کرد. برخی از اعضای جماعت به دیدار روسپیان می‌رفتند، زیرا روسپیگری از لحاظ اجتماعی امری پذیرفته بود، و بیشتر هنجار به‌شمار می‌رفت تا استثناء. فرهنگ قرنتسی بر این باور استوار بود که رابطهٔ زناشویی جایی نیست که شخص بتواند تحقق امیال جنسی‌اش را در آن تجربه کند. بعضی از مسیحیان قرنتس با ریاضت‌کشی بیش از اندازه به این باور واکنش نشان می‌دادند. واکنش نشان دادن به لذت‌گراییِ فرهنگی، به‌ویژه با در نظر گرفتن این واقعیت که این لذت‌گرایی داشت به درون کلیسا هم رخنه می‌کرد، کار درستی بود، اما آنها زیاده روی می‌کردند. طبق آیهٔ ۱، بعضی از ایشان می‌گفتند: «مرد را نیکوست که زن را لمس نکند.»

1. Chris Rock; 2. Dana Shapiro; 3. Monogamy

در روزگار ما هم موضوعات مشـــابهی وجود دارند. فرهنگ گسترده‌تر در رویکردش به مسائل جنسی انسان، به‌شـــدت طرفدار آزادی فردی و لذت‌گرا است. افراد مذهبی به‌خاطر زهد بیش از حد در نگرش‌شان نسبت به مسائل جنسی، اغلب مورد انتقاد قرار می‌گیرند. در برابر این دو رویکرد افراطی، پولس دیدگاهی باورنکردنی، متعادل و انسانی در مورد مسائل جنســـی ارائه می‌دهد. اساساً لذت‌گرایی می‌گوید: «با هر کس که دوست داری، رابطهٔ جنسی داشـــته باش. بدن به لحاظ اخلاقی محدودهٔ خنثی محسوب می‌شود. مادامی که دو فرد بالغ راضی هستند، هیچ الزام اخلاقی‌ای وجود ندارد.» این دیدگاه در نهایت با جدا کردن روح از تصویر رابطهٔ جنســـی، طرفین درگیر در رابطه را از صفات انسانی تهی می‌کند، و بدین‌ترتیب به بشـــر چهره‌ای حیوانی می‌بخشـــد. از ســـوی دیگر، ریاضت‌طلبی می‌گوید: «با هیچ‌کس رابطهٔ جنسی نداشـــته باش! بدن از لحاظ اخلاقی در محدودهٔ شریر جای می‌گیرد.» حتی در چارچوب ازدواج هم رابطهٔ جنســـی یک‌جور ضعف و به‌طور بالقوه گناه تلقی می‌گردد. این دیدگاه در نهایت با رد کردنِ بخشی مهم از انسانیت- یعنی بدن- شخص را از صفات انسانی تهی می‌سازد. ریاضت‌طلبی به بشر ماهیتی بیش از اندازه لاهوتی و غیرواقعی می‌بخشد.

از طرف دیگر، اخلاق جنســـی کتاب‌مقدسی داشـــتن رابطهٔ جنسی دو جنس مخالف را در چارچوب زناشـــویی، تشویق و ترغیب می‌کند. کتاب‌مقدس اذعان می‌دارد که بدن خوب اســـت. خدا بدن‌مان را به ما بخشـــیده تا برای جلال او و لذت خودمان بر آن نظارت داشته باشـــیم. رابطهٔ جنسی زمانی سالم است که در زمینه‌ای که خدا برایش تعیین کرده، ظهور کند. اخلاق جنسی کتاب‌مقدسی تنها دیدگاه در مورد رابطهٔ جنسی است که می‌تواند به‌درستی به جسم و روح اهمیت بدهد.

از لحـــاظ فرهنگی، ازدواج به پایین‌ترین میزان در طول تاریخ رســـیده اســـت. در همهٔ مناظره‌های فرهنگی پیرامون ازدواج، آمار و ارقام نشان می‌دهند که ازدواج در گذشته موفق‌تر بوده اســـت. «در ســـال ۲۰۱۱، مرکز پژوهش‌های پیو[1] دریافت که *۵۱ درصد از آمریکائیان* ازدواج کرده‌اند، اما در ســـال ۱۹۶۰ آمار ۷۲ درصد بوده است. *تعداد زوج‌های نامزدوج*[2] در حال افزایش اســـت ... در سال ۱۹۶۰ تنها کمتر از نیم‌میلیون زوج نامزدوج وجود داشت، در صورتی که این رقم در ســـال ۲۰۱۰ به ۷/۵ میلیون رســـیده است.»[3] آمار طلاق کماکان مایهٔ بهت همگان اســـت. سرشماری سال ۲۰۰۹ ایالات متحده نشان می‌دهد که «تخمیناً از هر دو ازدواج، یکی منجر به جدایی می‌شود.» این امر خیلی‌ها را برآن داشته تا به‌کلی ازدواج را کنار بگذارند. زندگی مشترک بدون ازدواج، اکنون به بالاترین میزان در طول تاریخ رسیده است. بیش از نیمی از همهٔ ازدواج‌هایی که برای اولین‌بار صورت می‌گیرند، با همین زندگی مشترکِ بدون ازدواج آغاز شده‌اند. بعضی از مردم در بستری بزرگ می‌شوند که در آن اصلاً صحبتی از ازدواج در میان نیســـت، و فقط یک مادر مجرد یا یک پدر مجرد وجود دارد. فروپاشـــیدن پیوندهای زناشـــویی و جدا شدن زوج‌ها در دوران خردســـالی فرزندان، امری بسیار عادی

1. Pew Research Center; 2. Cohabiting Couples; 3. "Marriage Rate Declines to Historic Low, Study Finds," Huffington Post, July 22, 2013.

شده است. حتی "کارآمد"ترین خانواده ناکارآمد می‌شود. حتی اگر والدین هنوز با هم زندگی کنند، باز تنها تیرگی‌های زناشویی را می‌بینند. برخی نیز تجربهٔ دست‌اولی از تیرگی‌های ازدواج دارند. برخی از آنها شخصاً رنج طلاق را تجربه کرده‌اند. دیگران خود متأهل هستند، اما در روابط زناشویی تا این زمان مشکلات زیادی را تجربه کرده‌اند. در دنیا و در زندگی شخصی خودمان برای دیدن ازدواج‌های ازهم‌گسیخته، هیچ کمبودی نداریم. به همین دلیل به چشم‌اندازی از بیرون نیازمندیم تا زیبایی‌های زناشویی را نشان‌مان دهد. در اینجا پولس این چیزها را به کلیسا نشان می‌دهد:

- زیبایی‌های زناشویی
- تیرگی‌های زناشویی
- کهن‌الگویِ زناشویی

زیبایی‌های زناشویی: مقصود از ازدواج چه بود؟

یگانگی

متن مورد بررسی ما صریحاً حرفی از یگانگی یا یکی شدن نمی‌زند، اما به‌صورت تلویحی بدان اشاره می‌کند. دیدگاه پولس در مورد زناشویی به تعلیم عیسی وابسته است که خود آن تعلیم هم مبنایش را از گزارش آفرینش در کتاب پیدایش اخذ نموده است. مرقس ۱۰:۶-۹ می‌گوید: «اما از آغاز خلقت، خدا "ایشان را مرد و زن آفرید." و "از این سبب مرد پدر و مادر خود را ترک گفته، به زن خویش خواهد پیوست، *و آن دو یک تن خواهند شد*." *بنابراین، از آن پس دیگر دو نیستند، بلکه یک تن می‌باشند*. پس آنچه را خدا پیوست، انسان جدا نسازد.» ازدواج یک تن شدن است و مقصود از آن درهم‌آمیختنِ هویت‌ها، و به معنای واقعی کلمه، ترک خودمختاری است. همهٔ جنبه‌های دیگر هویت ما جای‌شان را به وحدتی می‌دهند که اکنون با همسرمان در آن شریکیم. این رابطه‌ای هنجارین است که همهٔ روابط دیگر را شکل می‌دهد. رابطه با خانوادهٔ طرفین، با دوستان، با جنس مخالف، و حتی با خویشتن تغییر می‌کند. کتاب‌مقدس رابطهٔ جنسی را در چارچوب زناشویی، اولین تصویر و تمثیل از این یگانگی می‌بیند. ما این را در توصیف پولس از رابطهٔ جنسی یک زن و شوهر، در آیهٔ ۴ شاهدیم: «زن بر بدن خود اختیار ندارد بلکه شوهرش، و مرد نیز بر بدن خود اختیار ندارد بلکه زنش.» در ازدواج سالم، تسلیمی زیبا وجود دارد؛ تسلیم خودمختاری خود به دیگری. در نهایت هدف آن است که وحدتِ زوج از خداوند منتج شود و به *رابطهٔ متقابل با خداوند* معطوف گردند. پولس در جاهای دیگر نامه به قرنتیان ازدواج مسیحی را ازدواجی توصیف می‌کند که تنها «در خداوند» انجام گرفته باشد (۳۹:۷- «زن تا زمانی که شوهرش زنده است، به او بسته است. اما اگر شوهرش درگذشت، آزاد است تا با هر که می‌خواهد ازدواج کند، البته به این شرط که آن مرد در خداوند باشد»). ولی این یگانگی را چگونه می‌توان حفظ کرد و پرورش داد؟

خدمت

شهادت کلی کتاب‌مقدس این است که زناشویی سالم را زمانی می‌توان حفظ کرد که زن و شوهر نیازهای طرف مقابل را بر نیازهای خود مقدم بشمارند و این را از طریق خدمت فداکارانه ابراز کنند. پولس در فیلیپیان ۲ به‌روشنی می‌گوید که ما باید پیش از رسیدن به علایق خودمان، به علایق طرف مقابل برسیم. در اول قرنتیان ۷ بحث خدمتِ فداکارانه در زمینهٔ صحبت پیرامون رابطهٔ جنسی بیان می‌شود. زن و شوهر باید کامل‌کنندهٔ یکدیگر باشند، و در جهت تقویت ضعف‌های یکدیگر به هم خدمت کنند. در اینجا بحث خدمت فداکارانه حول محور رابطهٔ جنسی می‌گردد. آیه‌های ۲-۴ می‌گویند: «اما به‌سبب بی‌عفتی‌های موجود، هر مردی باید با زن خود، و هر زنی باید با شوهر خود رابطهٔ زناشویی داشته باشد. مرد باید وظیفهٔ زناشویی خود را نسبت به زنش به جا آورد و زن نیز باید وظیفهٔ زناشویی خود را نسبت به شوهرش ادا کند. زن بر بدن خود اختیار ندارد بلکه شوهرش، و مرد نیز بر بدن خود اختیار ندارد بلکه زنش.» به تعادل زیبایی که در این رابطهٔ خدمتگزارانه و متقابل دیده می‌شود، توجه کنید.

در جامعهٔ پدرسالار، جایی که سلطهٔ جنس مذکر جزء و رکنی برای حفظ موقعیت و جایگاه شخص محسوب می‌شد، و در جایی که نیازها و امیال زن به‌ندرت در نظر گرفته می‌شد، تعلیم پولس به‌طرز بنیادینی پیشرفته بود. پولس مدعی است که زنان و مردان در بستر زناشویی از حقوق برابر برخوردارند. پولس رابطهٔ جنسی را وسیله‌ای برای خدمت کردن به همسر می‌بیند. زاهدانی که ادعا می‌کنند دیدگاه کتاب‌مقدس به سکس به تولید مثل محدود می‌شود، این متن را نخوانده‌اند. پولس اذعان می‌کند که بشر شهوت جنسی دارد، و از این‌رو رابطهٔ سالم در چارچوب زناشویی را به تصویر می‌کشد که در آن نیاز جنسی به‌طور منظم برآورده می‌شود. در جواب زاهدانی که فعالیتِ جنسی مکرر را رفتاری عاری از تقدس می‌بینند، پولس زوج‌های متأهل را تشویق می‌کند که به‌طور منظم رابطهٔ جنسی داشته باشند تا مقدس بمانند. فقط در برخی موارد معدود است که یک زوج باید به‌طور موقت از مناسبات جنسی چشم‌پوشی کنند. آیهٔ ۵ چنین اظهار می‌دارد: «پس یکدیگر را محروم نکنید، مگر با رضای یکدیگر و برای مدتی، تا وقت خود را وقف دعا کنید. سپس باز به یکدیگر بپیوندید، مبادا شیطان شما را به‌سبب ناخویشتنداری در وسوسه اندازد.» دلیل آنکه زوج متأهل رابطهٔ جنسی برقرار می‌کنند، این است که خدا را خشنود سازند، و این خود به هدف غایی خدمت فداکارانه اشاره دارد. در نهایت، مقصود از خدمت فداکارانه در رابطهٔ زناشویی آن است که هر دو طرف یکدیگر را برای وقف خویشتن به خداوند برانگیزانند. هدف بزرگتر از لذت جنسی در رابطهٔ زناشویی این است که زندگی‌ای داشته باشیم که خدا را خشنود می‌سازد. این همان هدف ازدواج است که در ورای زندگی جنسی یک زوج وجود دارد. خدا ما را خوانده تا در زندگی همسرمان کارگزاری مهربان، بخشنده و تقدیس‌کننده باشیم. اکنون می‌دانیم که میان شهوت‌رانی و محبت/ عشق تفاوت هست. سی. اس. لوئیس در کتاب بی‌نظیر خود زیر عنوان *چهار عشق*[1] همین مطلب را به‌گونه‌ای دیگر بیان می‌کند. شهوت دنبال جسم است.

1. The Four Loves

محبت دنبال شخص است. اگر کسی فقط نسبت به بدن کسی دیگر احساس کشش دارد، این بدان معناست که خود آن شخص را دوست ندارد- فقط بدنش را می‌خواهد. کتاب‌مقدس نشان می‌دهد که رابطهٔ جنسی هدیه‌ای زیباست که خدا آن را به بشر بخشیده تا همچون موهبت و در چارچوب رابطهٔ وفادارانه و زناشوییِ تک‌همسری میان زن و شوهر، از آن لذت ببرد.

تعهد

آیه‌های ۱۰-۱۶ دربرگیرندهٔ رهنمودهای پولس در ارتباط با نحوهٔ نگرش مسیحیان به مشکلات حاد زناشویی است. آیا طلاق مجاز است؟ وقتی کسی به مسیح ایمان می‌آورد اما همسرش مسیحی نیست، چگونه باید به این وضعیت واکنش نشان بدهد؟ با وجودی که این آیه‌ها به موارد منفی و دشوار می‌پردازند، ولی تعلیمی که در زمینهٔ آنها نهفته شده، با تعهد زیبایی که در بطن زناشویی قرار دارد، مرتبط است. دیدگاه‌های به‌ظاهر سخت‌گیرانهٔ کتاب‌مقدس در مورد طلاق از دیدگاه والاتری که نسبت به ازدواج دارد، ناشی می‌شود. تعهد زناشویی یک واقعیت عینی است که نباید آن را تغییر داد. پولس در آیه‌های ۱۰و۱۱- «حکم من برای متأهلان این است- نه حکم من، بلکه حکم خداوند- که زن نباید از شوهر خود جدا شود. اما اگر چنین کرد، دیگر نباید شوهر اختیار کند و یا اینکه باید با شوهر خود آشتی نماید. مرد نیز نباید زن خود را طلاق گوید»- تصریح می‌کند که پیوند زناشویی را نباید با طلاق جدا کرد و یا بدان پایان داد. تعهد ازدواج فی‌نفسه بر اساس محبت پایدار عمل می‌کند که احساسات یا تغییری که در شخص یا همسرش می‌افتد آن را تعیین نمی‌کند و تغییر نمی‌دهد. حالا ممکن است بعضی از مجردها برداشتی شتابزده از این گفته بکنند. ممکن است بعضی‌ها بگویند: «باید یک اصلی وجود داشته باشد که بر مبنای آن یک زن مجرد مسیحی بتواند با مردی غیرمسیحی که دوست دارد به کلیسا برود، ازدواج کند.» نظر کتاب‌مقدس در این زمینه آشکار است. اگر فرد مسیحی قصد ازدواج دارد، باید «در خداوند» ازدواج کند (۳۹:۷- «زن تا زمانی که شوهرش زنده است، به او بسته است. اما اگر شوهرش درگذشت، آزاد است تا با هر که می‌خواهد ازدواج کند، البته به این شرط که آن مرد *در خداوند باشد*»). اما در فرهنگی که ازدواج کردن در آن به‌طرز عجیبی سخت و طلاق گرفتن آسان و شایع است، باید آگاهانه با تیرگی‌های ازدواج روبه‌رو شویم.

تیرگی‌های ازدواج

خواندن این بخش از نامهٔ پولس برای بعضی‌ها دشوار است، چون بسیاری از افراد به‌رغم اشتیاق عمیق‌شان، ازدواج نمی‌کنند. فصل دیگری از کتاب مستقیماً به این موضوع خواهد پرداخت، و امید است که به برخی از سؤالات شما هم در این زمین پاسخ صریح بدهد. اما روی سخن این متن به‌خصوص با مجردان است و پولس چند نکته را مورد تأکید قرار می‌دهد. تجرد یک وضعیت *آرمانی* است (آیهٔ ۶: «من این را حکم نمی‌کنم، بلکه تنها جایز

می‌شمارم»). پولس در کنار ازدواج، به تجرد هم به‌عنوان یک *عطا* گوشهٔ چشمی دارد (آیهٔ ۷: «آرزو می‌کردم همه چون من بودند، اما هر کس عطایی خاص از خدا یافته است؛ یکی دارای یک عطاست و دیگری دارای عطایی دیگر»). برای برخی، و شاید حتی برای بسیاری، تجرد دعوت و خواندگی است. آنانی که فعلاً مجردند، فعلاً خوانده شده‌اند تا مجرد باشند. در این مقطع به‌خصوص دعوت این افراد آن است که با انتظار برای آنچه که خدا برای‌شان در نظر گرفته، به زندگی مجردی ادامه بدهند. پولس در عین حال می‌داند که تجرد می‌تواند بر فرد، در ژرف‌ترین سطوح تأثیر منفی بگذارد- اغلب احساسات شدیدی در اعماق وجود ما شعله‌ورند (آیهٔ ۹)، چه روابطی، چه عاطفی و چه جنسی، که وقتی برآورده نشوند، می‌توانند عذاب‌آور گردند. این بخش تیرهٔ موضوع ازدواج را تشکیل می‌دهد. گناه چنان ازدواج را تحریف کرده که برای بسیاری از مجردان، زندگی کردن بدون ازدواج امری ناممکن به نظر می‌رسد. از سوی دیگر، گناه چنان ازدواج را تحریف کرده که برای بسیاری از متأهلان، زندگی کردن در وضعیت ازدواج امری محال به نظر می‌رسد.

اکنون سراغ تیرگی‌های خاص ازدواج می‌رویم.

جدا شده

بسیاری از زوج‌ها عملاً زندگی جداگانه‌ای برای خود دارند. می‌توان عیناً یکی شد (مثلاً عقدنامه داشت)، اما ذهناً جدا بود (مثلاً بستر یا حساب بانکی جداگانه داشت)؛ زندگی بدون داشتنِ رویای مشترک. ممکن است دو نفر با هم ازدواج کنند، اما هرگز و به معنای واقعی یکی بودن را درک نکنند. جدایی اغلب خودش را از طریق مسائل جنسی نشان می‌دهد. یعنی، خودداری از داشتنِ رابطهٔ جنسی عاملی جداکننده است. روی سخن پولس با مسیحیانی است که به دلیل برداشتی تحریف‌شده از روحانیت، بدن خود را از همسرشان دریغ می‌کنند. در ازدواج‌های امروزی هم چنین چیزی- امتناع عمدی، دریغ داشتن خود برای رسیدن به هدف، یا دست بالا را گرفتن- اغلب اتفاق می‌افتد. همچنین ممکن است امتناع غیرعمدی باشد- یعنی بگذاریم اشتیاق‌مان نسبت به همسرمان از بین برود- «یعنی بیشتر شبیه دو دوست خوب بشویم.» این کار به مبادلهٔ تجاری می‌ماند. شخص می‌تواند مزایایی را- که در اینجا منظور موهبتِ رابطهٔ جنسی است- از همسرش دریغ دارد تا از آن به‌عنوان اهرم فشار برای به‌دست گرفتن زمام رابطه استفاده کند. همچنین جدایی می‌تواند از طریق روابط نامشروع لذت‌جویانه بروز یابد. در همین نامه به قرنتیان دیدیم که افرادی گذاشته بودند قوهٔ جنسی‌شان آنها را به انواع روابط نکوهیدهٔ اخلاقی- از قبیل ارتکاب زنا با محارم و رابطه با نامادری، یا رفتن نزد روسپیان- سوق دهد. ازدواج‌های امروزی هم قربانی چنین روابط نامشروع لذت‌جویانه‌ای هستند. زنا و پورنوگرافی (معبد روسپیان زمانهٔ ما) و روش‌های مخفیانه، سریع، آسان، و به لحاظ فرهنگی پذیرفته برای ارضای جنسی، باعث می‌شوند فرد از ارضای جنسی در کنار همسر خود، طفره برود. منشأ جدایی در روابط زناشویی خدمت به خویشتن است.

خدمت به خویشتن

رویکرد ما به زناشویی به‌جای آنکه خدمت فداکارانه به دیگری باشد، خدمت به خویشتن است. تارا پارکر پوپ[1] در *نیویورک تایمز* مقاله‌ای نوشت با عنوان *ازدواج شاد یعنی ازدواج "من"*. «این عقیده که بهترین ازدواج‌ها آنهایی هستند که ارضای فردی را به‌دنبال دارند، شاید خلاف انتظار به نظر برسد. با این همه، مگر نه اینست که از ازدواج انتظار می‌رود که رابطه را در اولویت قرار دهد؟ اما نه دیگر. برای سده‌های متمادی مردم به ازدواج به دیدهٔ نهادی اقتصادی و اجتماعی می‌نگریستند، و نیازهای عاطفی و عقلی برای حفظ بقای خودِ ازدواج، در جایگاه دوم اهمیت قرار می‌گرفتند. اما در روابط مدرن، مردم به‌دنبال یک جفت می‌گردند. آنها جفتی می‌خواهند که زندگی‌شان را جالب‌تر کند، کسی که به آنها در دست یافتن به اهداف ارزشمندشان کمک کند. بنابراین، اگرچه انتظار می‌رود ازدواج مقوله‌ای مربوط به "ما" باشد، لیکن در فرهنگ مدرن ما به "من" خلاصه شده است.» همه چیز در من خلاصه شده است.

در پروژهٔ ازدواج ملی سال ۲۰۰۲، باربارا دفو وایتهد[2] مقاله‌ای نوشت با عنوان "چرا مردان متعهد نیستند". نتیجه‌گیری او از این قرار است: «... بسیاری از مردان می‌گویند تا زمانی که جفت کامل و نیمهٔ گمشدهٔ خود را پیدا نکنند، تن به ازدواج نخواهند داد و منظورشان کسی است که به‌طور کامل با آنها سازگار باشد.» اگر مردم فکر می‌کنند که: «به یک جفت کامل و سازگار نیاز دارند ...» این می‌تواند معضلی باشد. این تفاوت دارد با آنکه بگویند: «من دوستی می‌خواهم که بتوانم دوستی‌ام را با او صمیمی‌تر کنم.» تیموتی کلر[3] همین مطلب را چنین خلاصه می‌کند: «برای داشتن این به اصطلاح آرمان‌گرایی نوین، دو عامل کلیدی می‌تواند وجود داشته باشد. اولی *جذابیت جسمانی و کشش جنسی* است. به‌عبارت دیگر، شخص مورد نظر باید به‌شدت جذابیت جنسی داشته باشد. دومی *تناسب* (سازگاری) است. تناسب یعنی اینکه کسی حاضر باشد شخص مقابل را همان‌طور که هست بخواهد و قصد عوض کردنش را نداشته باشد.» اغلب، وقتی یکی از طرفین رابطه می‌خواهد طرف دیگر را عوض کند، رنجش پیش می‌آید. مردان زنی را می‌خواهند که با زندگی‌شان متناسب باشد، کسی که حقیقتاً با آنها سازگاری داشته باشد و نخواهد عوض‌شان کند. اگر این چیزی است که مردم در رابطه جستجو می‌کنند، پس باید تا مدت‌ها همچنان مجرد بمانند. یک رابطهٔ وفادارانه و عمیقاً وقف‌شده، تسلیم استقلال فرد را می‌طلبد.

شاید خیلی‌ها با این موافق باشند که رویکرد سنتی به ازدواج- مثلاً تعهد، وفاداری، تک‌همسری و وظیفه‌شناسی- ظالمانه، و نگرش مدرن به زناشویی، آزادی‌بخش است. جالب اینکه موضوع کاملاً برعکس است، زیرا آرمان‌گراییِ به‌اصطلاح نوین (اینکه شخص کاملی وجود دارد که قرار است همهٔ نیازهای ما را برآورده کند) انسان را به‌کلی به بردگی می‌کشد. آنچه واقعیت نشان می‌دهد این است که این مجموعه‌ای از توقعات غیرواقعی است که ما از شخصی دیگر داریم. البته، این فقط در مورد مردان صدق نمی‌کند؛ برای زنان هم چالشی

---

1. Tara Parker Pope; 2. Barbara Defoe Whitehead; 3. Timothy Keller

جدی به‌شمار می‌رود. جان تیرنی[۱] مقاله‌ای با عنوان "مشکل‌پسند، مشکل‌پسند، مشکل‌پسند" نوشته است. او توجه خوانندگانش را به این نکته جلب می‌کند که مردم تا چه اندازه می‌توانند در مورد میل‌شان به یافتن جفتِ کاملاً متناسب و سازگار، کسی که اصلاً وجود خارجی ندارد، دچار انکار شوند. کِلر می‌نویسد: «ازدواج واقعی مستلزم این است که زوجین از ثبات روانی و عاطفی برخوردار باشند. چنین زوج‌هایی کمتر با نیازهای عاطفی مفرطی روبه‌رو هستند که ناشی از کاستی‌های شخصیتی است و اصلاح آنها کار می‌برد.» این همان نوع شخصی است که همه آرزویش را دارند، یک جفتِ کاملاً متناسب و سازگار که به‌خوبی با طرف مقابلش مطابقت دارد و از لحاظ عاطفی هم نیازمند نیست، و تازه سرشار از احساس و جذابیت نیز هست. ولی حتی اگر چنین کسی- که عملاً وجود ندارد- نیز پیدا شود، و موافقتش را برای رابطه اعلام کند، باز هنوز آن جفت ایده‌آل نخواهد بود. به مجردی که این رابطه پا بگیرد، بلافاصله درهم‌می‌شکند، چون فردی که پیگیر این رابطه است با خود انواع و اقسام مسائل و مشکلات را وارد رابطه می‌کند.

استنلی هاورواس[۲] استاد برجستهٔ دانشگاه در زمینهٔ اخلاق، می‌گوید: «آنچه رابطهٔ زناشویی را به ویرانی می‌کشد، اخلاقِ "برآوردنِ خواست خود" است، که ازدواج و خانواده را در وهلهٔ اول نهادهایی برای ارضای نیازهای شخصی می‌پندارد، که برای "صحت" و خوشبختی ضرورت دارند. فرض بر این است که کسی وجود دارد که درست برای شما آفریده شده تا با هم ازدواج کنید و اگر خوب و بادقت کافی بگردید، آن شخص درست را خواهید یافت. این پنداشت اخلاقی یکی از جنبه‌های حیاتی ازدواج را نادیده می‌گیرد؛ اینکه نمی‌تواند این واقعیت را درک کند که ما همیشه با شخص نادرست ازدواج می‌کنیم.»

همچنان که ارنست بکر[۳] نویسنده و برندهٔ جایزهٔ پولیتزر می‌گوید، این یک عشق آخرالزمانی (غایی) است. این میل به یافتن کمالی الاهی در وجود شخصی دیگر است، ولی شخص دیگر از داشتن چنین متاعی بی‌بهره است. هیچ شوهری متاع لازم را در اختیار ندارد تا منجی زنش باشد، بلکه فقط شوهر اوست و بس. به همین ترتیب، هیچ زنی هم متاع لازم را در اختیار ندارد تا منجی شوهرش باشد. تنها دلیلی که متاع لازم برای همسر خوب بودن را به انسان می‌دهد همانا عمل کردن مطابق تصویر کهن‌الگوی (نمونهٔ اولیهٔ) زناشویی است.

اگر زندگی زناشویی با هدف خدمت به خود آغاز شود، زمانی که همسر نتواند برخی انتظارات را برآورده کند، آن حالتِ خود-خدمتگزار بیش از پیش تشدید می‌گردد. این رویکرد حاکی از خدمت به خود، زندگی جنسی را در درون ازدواج تحریف و مخدوش می‌کند. پولس در آیه‌های ۳-۵ تعادلی زیبا از خدمت متقابل فداکارانه و دگر-محور ارائه می‌دهد.

> مرد باید وظیفهٔ زناشویی خود را نسبت به زنش به جا آورد و زن نیز باید وظیفهٔ زناشویی خود را نسبت به شوهرش ادا کند. زن بر بدن خود اختیار ندارد بلکه

1. John Tierney; 2. Stanley Hauerwas; 3. Ernest Becker

> شـــوهرش، و مرد نیز بر بدن خود اختیار نـــدارد بلکه زنش. پس یکدیگر را محروم نکنید، مگر با رضای یکدیگر و برای مدتی، تا وقت خود را وقف دعا کنید. سپس باز به یکدیگر بپیوندید، مبادا شیطان شما را به‌سبب ناخویشتنداری در وسوسه اندازد.

وقتی هدف از رابطهٔ جنسی ارضای نیاز ما توسط شخص مقابل باشد، دیگر هدف اولیه از برقراری رابطهٔ جنسی در چارچوب زناشویی پایان می‌گیرد. فرهنگ شهوت‌آلود/ شهوت‌زدهٔ کنونی بر تجربهٔ جنسی برانگیزاننده، چنان تأکید می‌ورزد، که زیبایی رابطهٔ جنسیِ متعارف از بین می‌رود. شخص زاهد باید دریابد که رابطهٔ جنسی امری متعارف است و اشتباه، شرم‌آور، یا غیرعادی نیســـت. شخص لذت‌گرا باید بداند که رابطهٔ جنسی امری عادی است- غایت و نهایت به حساب نمی‌آید، زیرا تجربه‌ای که به تمام معنا کامل باشد، وجود ندارد. رابطهٔ جنسی زمانی فوق‌العاده می‌شود که ما به قدرت رابطهٔ جنسیِ عادی، دگر-محور، و تک‌همسری میان زن و شوهر پی ببریم- هر چیز دیگری جز این تحریف و تقلیدی از واقعیت است. وقتی آنان که یکی هستند طوری رفتار می‌کنند که گویی دو تن هستند، و وقتی کسانی که برای خدمتِ متقابل خوانده شـــده‌اند، بیشتر به خدمت کردن به خود علاقه نشان می‌دهند، همه چیز رو به فروپاشی می‌گذارد.

فروپاشی

گرچـــه ما به تعهد فرا خوانده شـــده‌ایم، لیکـــن ارزش‌های خودمحورانـــه و خدمت به خویشتن ســـرانجام به فروپاشی در ســـطوح گوناگون منجر خواهند شد. این نوع فروپاشی فرایندی تدریجی دارد. حتی با اینکه زناشـــویی عیناً مد نظر است، اما این امکان وجود دارد که عملکردی شـــبیه طلاق داشته باشد. هر ازدواجی این حالت را در سطوح گوناگون تجربه می‌کند. پس چگونه می‌توان به‌جای سرکوب زیبایی‌های ازدواج آنها را پرورش داد؟

کهن‌الگوی زناشویی[1]

زیبایی‌های زناشـــویی با غلبه بر تیرگی‌های آن آغاز می‌شـــوند، یعنی هنگامی که ازدواج دیگر مهمترین رابطه در زندگی شخص محسوب نشود. لیکن، اگر زناشویی همچنان موضوع محوری زندگی شـــخص باشد، مسائل دشـــوار خواهند شـــد. دیگر جایی برای رفتن باقی نمی‌ماند، چون آن شـــخص تبدیل به هدفِ عشـــق آخرالزمانی (غایی) شده است، و درست از همین جاســـت که همه چیز شروع به فروپاشـــی می‌کند. به همین علت است که به منبعی بیرون از آن رابطه- بیرون از آن محوریت- نیاز هســـت تا ســـوخت بالقوهٔ لازم را برای اوج گرفتن رابطهٔ زناشـــویی تأمین کند. مثلاً اگر زیان مالی وجود دارد و نقش محوری یافته، این نمونه‌ای از مادی‌گرایی آخرالزمانی است. اگر رابطهٔ جنسی در کانون توجه است، پس تبدیل به موضوعی آخرالزمانی می‌شـــود. اما در اینجا تأکید در خصوص عشق آخرالزمانی (غایی)

1. The Archetype of Marriage

است. فحوای کلام پولس این است که: «ازدواج شما باید نمونه‌ای از کهن‌الگوی زناشویی باشد.» کهن‌الگوی زناشویی همانا رابطهٔ عیسی با عروسش، کلیسا است. او داماد است. او شوهر است و با عروس خود، کلیسا، چنین رابطه‌ای داد.

با اینکه ازدواج یک برکت، موهبت، دعوت، و رابطه‌ای است که مسیحیان می‌توانند در آن عمیقاً رضایت خاطر بیابند، اما منبع رضایت نهایی محسوب نمی‌شود. اگر کسی از ازدواج توقع داشته باشد که آرزوهایش را برآورده سازد یا برایش شادی و سعادتمندی به همراه بیاورد، طرف مقابل خود را سرخورده خواهد کرد، که این اغلب به خشم می‌انجامد. از سوی دیگر، این دیدگاه می‌تواند خشم انسان را نسبت به دیگری- به‌خاطر ناتوانی‌اش در برآوردنِ امیال و آرزوها- برانگیزد. همهٔ اینها نتیجه آن است که از زناشویی چیزی را طلب کنیم که هرگز هدف آن نبوده است. مقصود از ازدواج این نیست که در لاک خود فروبرود- در نهایت ازدواج فقط به خودِ زوج مربوط نمی‌شود. منظور از ازدواج این است که نمونه‌ای از کهن‌الگوی زناشویی باشد. ازدواج انسانی در جایگاه دوم قرار می‌گیرد، چون یک ازدواج غاییِ دیگر نیز وجود دارد که بر آن بقا می‌یابد. عهدجدید به ما می‌گوید که این پیوند ابدی همان ازدواج مسیح با کلیسا است:

> ای شوهران، زنان خود را محبت کنید، آن‌گونه که مسیح نیز کلیسا را محبت کرد و جان خویش را فدای آن نمود، تا آن را به آب کلام بشوید و این‌گونه کلیسا را طاهر ساخته، تقدیس نماید، و کلیسایی درخشان را نزد خود حاضر سازد که هیچ لک و چین و نقصی دیگر نداشته، بلکه مقدس و بی‌عیب باشد. به همین‌سان، شوهران باید همسران خود را همچون بدن خویش محبت کنند. آن که زن خود را محبت می‌کند، خویشتن را محبت می‌نماید. زیرا هرگز کسی از بدن خود نفرت ندارد، بلکه به آن خوراک می‌دهد و از آن نگاهداری می‌کند، همچنانکه مسیح نیز از کلیسا مراقبت می‌نماید - زیرا اعضای بدن اوییم. از این رو مرد، پدر و مادر خود را ترک گفته، به زن خویش خواهد پیوست، و آن دو یک تن خواهند شد. این *راز، بس عظیم است- اما من دربارهٔ مسیح و کلیسا سخن می‌گویم.* (افسسیان ۵:۲۵-۳۲)

ازدواج مقصود خود را در رجوع به مسیح و کلیسا پیدا می‌کند. ازدواج مسیحی زمانی می‌تواند هدف خود را تحقق ببخشد که "راز بس عظیم" محبت مسیح را نسبت به عروسش عملاً به‌ظهور برساند. چطور زیبایی‌های ازدواج ظهور می‌کنند و تیرگی‌های آن را می‌پوشانند؟ باید به‌طور پیوسته انجیل را به یاد آورده، آن را باز کشف کنیم- یعنی در دل‌مان انجیل را تکرار و تمرین کنیم. از آنجا که نهاد ازدواج، مُعرفِ نهاد بزرگتری است، پس باید برای نحوهٔ عملکرد آن رهنمودهایی در دست داشته باشیم تا مسیحیان طبق دعوت‌شان، واقعیت را تصویر کنند و بازتاب دهند. این راز بس عظیم عیسای مسیح، تنها انسانِ کامل است. هیچ‌کس نمی‌تواند به‌طور کامل برای کسی دیگر شخص مناسبی باشد. تنها مسیح

است که همسر کاملی است. او به‌واسطهٔ زندگی و مرگ فداکارانهٔ خود، از جانش برای ما مایه می‌گذارد. وقتی او همه چیزش را قربانی می‌کند، وقتی از همهٔ حقوق خود می‌گذرد و از آنها بهره نمی‌گیرد و سوءاستفاده نمی‌کند، خویشتن را خالی می‌سازد تا نیازهای یک عروس زناکار و گناه‌آلود را برآورده نماید.

به ازدواج مسیح و کلیسا نگاه کنید.

تعهد ناگسستنی مسیح بر فروپاشی غلبه می‌کند

اگرچه بشریت تعهدش را زیر پا گذاشته و فروپاشی به بار آورده، اما مسیح خود را به عروسش، کلیسا متعهد ساخته است. این تعهد زمانی به‌وجود آمد که ایمانداران در تاریک‌ترین وضعیت قرار داشتند. همانند داستان هوشع و جومر، محبت خدا او را تا به آخر به‌دنبال همسری زناکار می‌کشد. او برای تعهدش هیچ الزامی نداشت. هیچ نظام رفتاری‌ای نبود که او برای متعهد ساختن خود در قبال کلیسا، مجبور به رعایتش باشد. این کاملاً تکان‌دهنده است. خدا بر اساس عهدی خود را به همسری زناکار متعهد ساخته- و آن همسر زناکار کلیسا است! تعهد مبتنی بر عهد خدا نسبت به قومش پایدار، پایان‌ناپذیر و همیشگی است. کلیسا فقط زمانی که خود را چنانکه هست (زناکار) می‌بیند، به آزادی فیض خدا واقف می‌گردد. فیض بنیادینِ خدا نسبت به ما منبعی است که باید بر اساس آن نسبت به همسرمان رفتار کنیم. وقتی یکی از طرفین به تضعیف و فروپاشیِ ازدواج رضایت می‌دهد، دیگری می‌تواند با پایداری متعهد بماند، زیرا خدا به تعهدش نسبت به کلیسا پایدار مانده است. در عین حال این همان چیزی است که در پَس فرمان پولس نهفته است، مبنی بر اینکه ایمانداری که پس از ازدواج به مسیح ایمان می‌آورد، باید با همسر خود بماند (آیه‌های ۱۲و۱۳). ازدواج موضوع مزایایی که شخص می‌تواند از همسرش به دست آورد نیست، بلکه دربارهٔ تعهدی است که می‌تواند به همسرش داشته باشد. می‌توان بر مبنای تعهد غاییِ مسیح به کلیسا، نسبت به همسر متعهد و وفادار ماند.

خدمت فداکارانهٔ مسیح بر خدمت ما به خود غلبه می‌کند

مسیح چگونه تعهد مبتنی بر عهد خود را به کلیسا نشان می‌دهد؟ او این تعهد را با در اختیار گذاشتن کامل وجود خوش مُهر می‌کند. او به خود خدمت نمی‌کند، بلکه ازخودگذشته است. او نیازهای همسرش (کلیسا) را بر احتیاجات خود مقدم می‌شمارد. او به‌طور کامل دگر-محور است. اشتباهات همسرش را ثبت نمی‌کند. در واقع، جانش را برای محو کردن اشتباهات ثبت‌شدهٔ همسرش قربانی می‌کند. او حتی به حقوق خودش هم متوسل نمی‌شود، بلکه همهٔ آنها را به کلیسا می‌دهد تا او بی‌عیب و لکه و ملبس به جامهٔ سپید پارسایی گردد. بهره‌مندی از پیروزی مسیح بر مرگ، و خدمت فداکارانه‌اش، به ما کمک می‌کند که دیگر دنبال اشتباهات همسرمان نباشیم. اکنون مسیحیان می‌توانند دست از داوری کردنِ همسران‌شان بردارند، چون مسیح داوری‌ای را که ایشان سزاوارش بودند، بر خود گرفت. حال می‌توانند

با ازخودگذشتگی همسران‌شان را خدمت کنند، چون عیسی، آن داماد نهایی، با فداکاری به عروسش، کلیسا، خدمت کرده است.

عمل متحدکنندهٔ مسیح جداییِ روابط را شفا می‌بخشد

مسیح تاروپود گسستهٔ رابطهٔ ایماندار را با خدا مرمت کرده و از نو دوخته است. عهدعتیق، در واقع، شکافی را که در اثر طلاق، میان خدا و اسرائیل به‌وجود آمده بود، توصیف می‌کند. گناهان اسرائیل چنان روی هم تلنبار شده بود که عاقبت خدا به همسر زناکارش «طلاقنامه‌ای داده»، بیرونش کرد (ارمیا ۳:۸). اسرائیل به‌سبب زناکاری‌اش به سرزمین آشور تبعید شد، اما عیسی به‌خاطر زناکاری *ما* بر صلیب تبعید گردید. عیسی غایت جدایی از پدر را تجربه کرد تا یگانگی غایی ما را با او تضمین کند. به دلیل اتحادمان با مسیح، همان که طلاق (فصالِ) صلیب را تجربه کرد، دیگر هرگز نمی‌ترسیم که مبادا روزی از محبت خدا جدا شویم. سوگندهای ازدواجی که مسیح برای عروسش خورد، تا ابد پایدار است، چون این سوگندها را با خون خود مُهر کرده است. در ازدواج کلیسا با مسیح، عبارت «تا مرگ ما را از هم جدا کند» وجود ندارد؛ بلکه: «مرگ من تضمین می‌کند که ما هرگز جدا نخواهیم شد.» این است بنیان یکی شدن در ازدواج. اتحاد جدایی‌ناپذیری که کلیسا با مسیح دارد، شالودهٔ اتحاد میان زن و شوهر است. وقف و تعهد پیمان مسیح باید محرک دل‌های ما باشد. زناشویی زیبا است، و منظور از آن به تصویر کشیدن راز بس عظیمِ مسیح و کلیسا می‌باشد. ولی حتی زیباترین رابطهٔ زناشویی هم تنها سایه‌ای از واقعیتی است که می‌توان به‌طور عینی در مسیح یافت. تعهد او، خدمت فداکارانه‌اش، و مرگ او که ضامن یگانگی است، تیرگی‌ها را به زیبایی مبدل می‌سازد. این است راز بس عظیمِ انجیل.

ما برای تحمل یک دل هوس‌باز، زودرنج و نابخشاینده، سراغ چه منابعی می‌رویم؟ از یادآوری انجیل مدد می‌گیریم و راز بس عظیمی را به یاد می‌آوریم مبنی بر این که آن شوهر/ انسان کامل و راست برای بودن با کسی که کاملاً ناراست بود، چه بهایی پرداخت. وقتی این راز بس عظیم را درک کنیم، شوهرْ خود را در وجود زن و زنْ خود را در وجود شوهر می‌بیند، «این ازدواج تنها به یک نفر مربوط نمی‌شود. فقط به من مربوط نیست. به ما مربوط است.» مسئلهٔ رفع نیازهای او در میان است، نه رفع نیازهای من. ولی آیا این بدان معناست که آزادی فرد از بین می‌رود؟ نه! زیبایی در همین است: وقتی مردی به‌دنبال خوشبختی و تقدس زن خود باشد، پس دارد همسرش را خوشبخت می‌کند، و این خوشبختیِ خود مرد را افزایش می‌دهد. همچنین قدوسیت خدا مشهود خواهد بود، چون آن فرد سعی دارد همسرش را از طریق شخصیت خود و یادآوریِ راز عظیم کار مسیح، تقدیس نماید. اما وقتی افراد در پی خوشبختی خودشان هستند، نه خودشان خوشبخت می‌شوند نه همسرشان، و به‌طور قطع از قدوسیت خدا هم نصیبی نمی‌برند. شاید این اشخاص بارها متحیر شده باشند که چرا همیشه به دردسر می‌افتند، چرا تیرگی‌های زناشویی بیش از زیبایی‌های آن است، و چرا نمی‌توانند اوج بگیرند؟ بدین‌خاطر که آنان فقط به خودشان خدمت می‌کنند.

توجه‌تان به راز عظیم کار مسیح برای قومش، باشد. با این منبع بی‌کران می‌توانیم در صدد رفع نیازهای همســـرمان برآییم. و به‌سبب استغنایی که در راز عظیم مسیح وجود دارد، دیگر نیازی به گله و شـــکایت نداریم. تنها راه ممکن برای دیدن همسر خطاکار در بطن زناشویی، و اصلاح کردنِ خطا، این اســـت که دریابیم شخصی کامل و راست برای اشخاص ناراست و خطاکار- یعنی همهٔ ما- آمده است.

۱۳

در باب فراخواندگی

اول قرنتیان ۷:۱۷-۲۴

نکتهٔ برجسته در مطالب متن‌های قبلی این است که مسیحیت برای زندگی همهٔ انسان‌ها مفاهیم گسترده‌ای دارد. سرسپردگی به مسیح، مادام‌العمر است، و برای اهداف زندگی و برداشت ما از تعهد، اقتدار، زناشویی، مسائل جنسی و غیره، مفاهیم ضمنی بسیاری دارد. طبیعتاً بسیاری از ایمانداران قرنتس می‌پرسیدند: «مسیح به‌کار و پیشهٔ من چکار دارد؟» «چگونه انجیل می‌تواند حس و عمل به فراخواندگی را در من شکل بدهد؟» مسئلهٔ فراخواندگی برای مردمان امروزی به‌طرزی باورنکردنی اهمیت دارد. اکثر مردم، چه مسیحی چه غیرمسیحی، عمدهٔ ساعات بیداری خود را صرف کار کردن می‌کنند. میان سنین بیست‌وپنج تا شصت‌وپنج سالگی، یک فرد عادی حدود ۹۶ /۰۰۰ ساعت از عمرش را به کار کردن می‌گذراند. بنابراین، خیلی مهم است که از خود بپرسیم: من دارم چکار می‌کنم؟ چرا دارم این کار را می‌کنم؟ چگونه این کار را می‌کنم؟ برای چه کسی این کار را می‌کنم؟ انگیزهٔ من برای کار کردن چیست؟ برای کار کردن چه اصول راهنمایی دارم؟ آیا کار من عمدتاً خدمت به خودم است یا خدمت به دیگران؟

مسیحیان معمولاً در تفکیک و دسته‌بندی کردن این قبیل سؤالات، چندان مفید عمل نکرده‌اند. در این رابطه دو دیدگاه غلط و بی‌فایده وجود دارد: ۱) یک دیدگاه بیش از حد روحانیزه از فراخواندگی، ۲) دیدگاهی عاری از روحانیت، که اغلب با مسیحیتِ فرهنگی ارائه می‌شود که افراد را تشویق به گشتن به‌دنبال فراخواندگیِ کاملاً مناسب می‌کند (گویی خدا در ارتباط با زندگی ما یک فراخواندگیِ کشف‌ناشدنی دارد که اگر بتوانیم آن را بیابیم، ما را به سرمنزل مقصود و سعادتمندی خواهد رساند). قضیه خیلی شبیه به چیزی است که گفتیم: در ازدواج هیچ «شخص کاملی» وجود ندارد؛ در اینجا هم هیچ فراخواندگی یا

شغل کاملی وجود ندارد. هدف از کار این نیست که نهایت انتظارات ما را تحقق ببخشد. جنبش‌های مبتنی بر تجربه و رمزآمیز در مسیحیت، بیشتر در پی آنند که به وقف روحانیِ زاهدانه، نقشی پررنگ‌تر بدهند، و از این‌رو به‌کار به دیدهٔ چیزی می‌نگرند که *باید انجامش داد* تا به‌واسطهٔ آن بتوان از کار "مهم‌تر" کلیسا پشتیبانی کرد.

برخلاف این دیدگاه، کتاب‌مقدس چنین تعلیم می‌دهد که هر کاری در ذات خود ارزشمند است. هدفی که خدا برای قومش در نظر گرفته این است که از کارشان لذت ببرند، از تأثیر کارشان در جهت مصلحت و صلاح عمومی استفاده کنند، و با مراقبت و پرورش خلقت و فرهنگ، وجود و حضور خدا را انعکاس بخشند. طبق معمول، پولس در دیدگاهش پیرامون کار و فراخواندگی، تعادلی خیره‌کننده نشان می‌دهد. از یک‌سو، دیدگاه او بیش از اندازه روحانی نیست: او بر فراخواندگی برای داشتن زندگی عادی و امین زیستن در حیطهٔ شغلی‌مان، تأکید می‌ورزد. از سوی دیگر، دیدگاه او عاری از روحانیت هم نیست: به‌زعم او، فراخواندگی‌های معمولی به‌خاطر هدفی که به سویش نشانه گرفته‌اند، دارای ارزش سرمایه‌گذاری کلان هستند. در ۱۷:۷-۲۴ سه مرحله وجود دارد که رهنمودهای مفیدی برای درک منظور پولس در اختیار خواننده قرار می‌دهند:

- دلیل زیستن همچون فراخوانده‌شدگان
- دشواری زیستن همچون فراخوانده‌شدگان
- نیروی زیستن همچون فراخوانده‌شدگان

دلیل زیستن فراخوانده‌شدگان

«طبق جدیدترین آمار ارائه شده توسط ادارهٔ کار، امروزه یک کارگر عادی ۴/۴ سال را سر کار فعلی خود می‌ماند، اما دورهٔ کاریِ کارگران جوان حدوداً نصف این زمان است. نودویک درصد متولدین آستانهٔ هزارهٔ جدید[1] (میان ۱۹۷۷-۱۹۹۷) انتظار دارند که حدود سه سال یا کمتر سر کار خود بمانند ... این بدان معناست که آنها در طول زندگی کاری خود ۱۵ تا ۲۰ شغل مختلف عوض خواهند کرد!» چرا مردم با این سرعت از شغلی به شغل دیگر می‌پرند؟ پاسخ این پرسش در سردرگمی میان هویت بنیادینِ شخص و فراخواندگیِ شغلی او نهفته است. به متولدین آستانهٔ هزارهٔ جدید گفته‌اند: «شما هرچه بخواهید، می‌توانید باشید.» فرض ضمنی‌ای که در پَس این عبارت قرار دارد این است که خوشبختی را زمانی می‌توان به‌دست آورد و تحقق بخشید که «شما بتوانید هر آنچه می‌خواهید، باشید.» کسانی که در دوران رشد سریع اقتصادی به دنیا آمده‌اند[2] آموخته‌اند که امنیت، آرامش و هویت خود را در کار جستجو کنند، که اغلب آنان را ناراضی رها می‌کند. آنها این ایده را به متولدین آستانهٔ هزاره منتقل کرده‌اند که آنچه امنیت، آرامش و هویت را تأمین می‌کند، کار است، اما به آن چیز دیگری هم افزوده‌اند: کار باید نهایت رضایت و تحقق انتظارات را هم تأمین کند. نتیجه

1. Millennials; 2. Boomers

این شـــده که نسلی از افراد پدید آمده‌اند که در کارشان به‌دنبال هویت و تحقق انتظارات‌شان می‌گردند، ولی از تعهد پایداری که سطحی از رضایت صحیح را در کارشان فراهم می‌سازد، بی‌بهره‌اند.

نیتن هچ[1] رئیس دانشـــگاه ویک فارست[2] به این نکته اشـــاره می‌کند که شمار بی‌تناسبی از دانشـــجویان در رشتهٔ مالی، حقوق و پزشکی مشغول تحصیل‌اند. هچ خاطرنشان می‌سازد که این واقعیت بازتاب باوری اســـت مبنی بر اینکه مشاغل مالی، حقوقی و پزشکی متضمن حقوق و دستمزد بالا، احترام، تشـــخص و موفقیتند. بنابراین، خیلی‌ها به‌جای آنکه بپرسند: «چه شغل‌هایی به شـــکوفایی دیگران کمک می‌کنند؟» اکنون سؤال می‌کنند: «چه شغل‌هایی به شـــکوفایی خودم کمک می‌کنند؟» این بازتاب دیدگاه‌های ما در مورد ازدواج نیز هســـت. ازدواج‌هـــای امروزی دیگر نه به "ما" که به "من" مربوط می‌شـــوند. ما پیوســـته از شـــریک زندگی‌مان می‌پرســـیم: «در این رابطه چه کاری می‌توانی برای من انجام دهی؟» دیگر تعجبی ندارد که امروزه زناشویی تا این اندازه ناکارآمد شده است. این نگرش خود-محور را می‌توان در رویکردهای ما به روابط و مشاغل نیز یافت.

این یک پدیدهٔ کاملاً مدرن نیســـت. قرنتیان و دیگر کلیســـاها هم با این مسئله دست به گریبان بودند. به همین‌خاطر است که پولس باید راهنمایی‌شان کند. آیهٔ ۱۷ می‌گوید: «باری، هر کـــس آن‌گونه زندگی کند که خداوند برای او در نظـــر گرفته و خدا او را بدان فراخوانده است. این اصلی است که من در همهٔ کلیساها بدان حکم می‌کنم.» قرنتیان هویت و شغل‌شان را قاطی کرده بودند. این تصور در آنها به‌وجود آمده بود که «حالا که هویت من به‌خاطر مسیح دگرگون شـــده، پس فراخواندگی شـــغلی‌ام نیز باید تغییر کند.» این اساساً پارسایی شغلی در ســـطح انسانی محسوب می‌شد. ایشان لزوماً به‌دنبال تغییر در رفتارشان برای خشنود ساختن خدا نبودند، بلکه می‌خواستند با عوض کردن هویت‌شان، انسان‌ها را خشنود سازند.

پولس با توســـل به موضوع فراخواندگی، هم به هویت بنیادین و هم به شـــغل ایشـــان می‌پـــردازد. از نظر پولس، هر مســـیحی *دو فراخواندگی* دارد. فراخواندگـــی اول هویتی و بنیادین اســـت (فراخواندگی عمودی): در این متن (به استثناء موردی در آیهٔ ۱۷)، هر بار که به واژهٔ *فراخواندگی* یا یکی از مشـــتقاتش برمی‌خوریم، منظورش همان فراخواندگیِ هویت بنیادین مسیحی اســـت. در آیه‌های ۱۸و۲۰و۲۱و۲۲و۲۴ از فیض نجات‌دهندهٔ خدا، با عنوان "فراخواندگی" یاد شـــده اســـت. این همان فراخواندگیِ تغییرناپذیر و بنیادین مسیحی است. این هویت چشـــمه‌ای است که هر چیز دیگر از درونش می‌جوشد. این همان جایی است که ایمانداران باید هویت، امنیت، رضایت، آرامش و امید خود را از آن بگیرند. این فراخواندگی پیش از هر چیز عمودی اســـت، چون ســـروکارش با نحوهٔ برقراری ارتباط شـــخص با خدا می‌باشد. بعد به فراخواندگیِ مکملِ شغلی می‌رسیم (فراخواندگیِ افقی). از این فراخواندگی در آیهٔ ۱۷ یاد شـــده اســـت: «هر کس آن‌گونه زندگی کند که خداوند برای او در نظر گرفته و *خدا او را بدان فراخوانده اســـت.*» این خواندگی ثانوی است. با وجودی که در این خواندگی

1. Nathan Hatch; 2. Wake Forest University

ثانویه عناصری از لذت، تعالی و سهیم شدن در مصلحت عمومی به چشم می‌خورد، اما برای آن طراحی نشده که منشأ هویت، رضایت یا امنیت باشد. این خواندگی پیش از هر چیز افقی است. در عین حال که خدا عمیقاً بدان اهمیت می‌دهد، اما عمدتاً سروکارش با نحوهٔ برقراری ارتباط شخص با دنیا است. مورخی در رابطه با دیدگاه مارتین لوتر پیرامون این دو خواندگی می‌نویسد: «لوتر متوجه بود که شخص مسیحی حقیقتاً دو رسالت دارد. او نخست به‌واسطهٔ انجیل به ایمان به عیسای مسیح فراخوانده شده و سپس خوانده شده تا در زندگی خود موقعیت یا جایگاه خاصی را اختیار کند. مفهوم دوم این خواندگی همهٔ کارهایی را که فرد مسیحی به‌عنوان خدمت به همسایه انجام می‌دهد، نه فقط در یک شغل به‌خصوص، بلکه به‌عنوان عضو کلیسا، شهروند، همسر، فرزند، و شاغل دربرمی‌گیرد. در اینجا فرد مسیحی با محبت نسبت به دیگر انسان‌ها زندگی می‌کند و ابزاری است که خدا به‌وسیلهٔ آن کارش را در دنیا به انجام می‌رساند.»[1]

توجه داشته باشید که دو رسالت مورد بحث بی‌ارتباط نیستند. آنها به‌طرزی حیاتی با هم مرتبطند، اما یکی از آنها فقط وسیله است. فراخواندگیِ هویتِ بنیادینِ شخص (نجات محض فیض) آن خواندگیِ دیگر، یعنی خواندگی شغلیِ مکمل (کار در دنیا) را شکل می‌دهد. این ترتیب هیچ‌وقت تغییر نمی‌کند. دلیل زندگی‌ای که ما بدان فراخوانده شده‌ایم، چیست؟ ما از نظر عمودی هویتی به‌دست آورده‌ایم که از نظر افقی به ما *آزادی* می‌دهد. آیه‌های ۱۸و۱۹ می‌گویند: «اگر کسی به هنگام فرا خوانده شدن ختنه شده بوده، در همان حال باقی بماند؛ و اگر کسی به هنگام فرا خوانده شدن ختنه نشده بوده، ختنه نشود. زیرا مهم ختنه شدن یا نشدن نیست، بلکه مهم نگاه داشتن احکام خداست.» یک هویت امن و تضمین‌شده تصمیم‌گیری کاری را آسان‌تر می‌سازد. هیچ‌کس نباید به‌خاطر کار دچار اضطراب و نگرانی شود، چون قرار نیست کار بیش از آنچه مقرر است، برایش انجام دهد! این به کسانی که شغل‌شان را دوست ندارند، امیدواری می‌دهد، زیرا شغل‌های ما برای این در نظر گرفته نشده‌اند که هویت بنیادین ما را تعریف کنند. و همین مبنای درستی است برای کسانی که شغل‌شان را دوست دارند، چون هویت بنیادین ما با از دست دادن شغل‌مان، از بین نمی‌رود.

ارنست بکر، چنانکه قبلاً هم اشاره کردیم، در این‌باره می‌گوید که چگونه می‌توان شخصی دیگر یا خود رابطه را به هدفی غایی در زندگی تبدیل کرد. به‌عبارت دیگر، خوشبختی و رضایت شخص در زندگی، به عشق همسر یا در کل، سلامت رابطه، بستگی تام می‌یابد. اگر اینها فرو بریزند، بلافاصله امید فرد در زندگی به‌طور کامل نقش بر آب می‌شود. به همین دلیل است که بکر این پدیده (یعنی تبدیل کردن عشق به هدف غایی) را عشق آخرالزمانی[2] می‌نامد. قطعاً همین مفهوم را می‌توان برای درک کار و پیشه هم به‌کار برد. اگر ما خواندگی شغلی خود را به هدف غایی تبدیل کنیم، خودمان را درگیر جاه‌طلبیِ شغلی یا پیشه‌گرایی[3]

1. John Pless, as quoted by Gene Edward Veith, "Our Calling and God's Glory," Modern Reformation Magazine, November/ December 2007, vol. 16, no. 6, pp. 22- 28.

2. Apocalyptic Romanticism; 3. Vocationalism

خواهیم یافت. خواندگی شغلیِ مکمل واقعاً اهمیت دارد، ولی قرار نیست آن را به منبع هویت بنیادین و امید نهایی خود تبدیل کنیم.

از جهاتی، خواندگی شغلی یعنی کاری که انجام می‌دهیم! اِشکال اینجاست که دیدگاه انسان‌های مدرن نسبت به دو فراخواندگی اغلب می‌تواند برای آنها به مشکلات جدی منجر شود.

دشواری زیستن همچون فراخوانده‌شدگان

اولین دشواری ما در جا افتادن در خواندگی شغلی این است که همیشه نسبت به خواندگی هویتی‌مان در وضعیت بلاتکلیفی زندگی می‌کنیم. قرنتیان هم با همین مسئله دست به گریبان بودند. «اگر کسی به هنگام فرا خوانده شدن ختنه شده بوده، در همان حال باقی بماند؛ و اگر کسی به هنگام فرا خوانده شدن ختنه نشده بوده، ختنه نشود. زیرا مهم ختنه شدن یا نشدن نیست، بلکه مهم نگاه داشتن احکام خداست» (آیه‌های ۱۸و۱۹). قرنتیان به‌دنبال پارسایی شغلیِ اجتماعی بودند. آنها می‌خواستند با تغییرات ظاهری، پذیرش هم‌رتبه‌های خود را به‌دست آورند. گروهی یهودی‌گرا بودند و ادعا می‌کردند که برای رسیدن به هویت کاملاً مسیحی، تغییر ظاهری هم لازم است. گروهی دیگر ضد-یهودی‌گرایی بودند و ادعا می‌کردند که ختنه آن‌قدر پیش‌پاافتاده است که اگر کسی دست بر قضا ختنه شده، باید به‌دنبال بازگشت به وضعیت اولیه باشد. پولس می‌گوید که هر دو گروه در اشتباهند. تغییر ظاهری نمی‌تواند متضمن هویت شخص باشد. شخص مسیحی باید مطابق هویتی که از قبل بدو بخشیده شده، زندگی کند. ما می‌خواهیم تأکید کنیم که در ارتباط با تغییرات ظاهری حکمت و مصلحتی وجود دارد، اما پولس می‌کوشد تا به ما بفهماند که آنچه در نهایت مهم است علایم ظاهری نیست.

پولس در آیه‌های ۲۰و۲۱ مثالی دیگر می‌زند: «هر کس در هر وضعی که فرا خوانده شده باقی بماند. آیا زمانی که فرا خوانده شدی، غلام بودی؟ تو را باکی نباشد. اما اگر می‌توانی آزادی خود را به‌دست آوری، فرصت را از دست مده.» سپس در آیهٔ ۲۳ چنین اظهار می‌دارد: «به بهایی گران خریده شده‌اید، پس غلام انسان‌ها مشوید.» در بعضی ترجمه‌ها به‌جای "غلام"، "برده" نوشته شده است. "برده" ترجمهٔ دقیق واژهٔ یونانی است، ولی اصطلاح "غلام" به ما کمک می‌کند تا تفاوت قطعی میان برده‌داری در دوران باستان و برده‌داری در دنیای پیشا-مدرن و مدرن را بهتر تشخیص دهیم. کتاب‌مقدس در هیچ جا برده‌داری را نادیده نمی‌گیرد و پیوسته شرایط اجتماعی خاصی به‌وجود می‌آورد که تحت آن برده‌داری با شکست مواجه می‌شود (اول تیموتائوس ۱۰:۱). با این همه، در کتاب‌مقدس و در ارتباط با موضوع برده‌داری عبارات دشواری هم وجود دارند که باید به آنها پرداخت.

توجه به تفاوت‌های موجود میان درک امروزی از مقولهٔ برده‌داری و برده‌داری‌ای که پولس در اول قرنتیان از آن صحبت می‌کند، حائز اهمیت است. درک امروزی از برده‌داری عمدتاً با کار سخت و طاقت فرسا همراه است؛ در دنیای قدیم برده‌داری همهٔ سطوح شغلی

را دربرمی‌گرفت. برده می‌توانست اداره‌کنندهٔ کسب و کار باشد، آموزگار باشد، یا حتی به مدیریت امور داخلی خانه بپردازد و غیره. در قرنتس بردگان کارگران ساده نبودند. برده‌داری مدرن بیشتر روی نیروی کار متمرکز بود؛ در دنیای باستان کارِ توان‌فرسا، اختیاری بود. خیلی‌ها برای برخورداری از مزایای اقتصادی و اجتماعی، خودشان را به بردگی می‌فروختند. برده‌داری مدرن بر مبنای نژاد صورت می‌گرفت؛ در جهان باستان برده‌داری ربطی به نژاد نداشت. هر کسی ممکن بود برده باشد. برده‌داری مدرن دایمی بود، در صورتی که برده‌داری در دنیای قدیم، موقتی بود. همچنین بردگان می‌توانستند آزادی خود را بخرند. برده‌داری قدیمی اغلب (نه همیشه) بیشتر به غلامیِ قراردادی شباهت داشت تا برده‌داریِ اجباری و ظالمانه‌ای که ما امروزه شاهدیم. حتی با همهٔ این توصیفات، پولس باز شرایط را به‌گونه‌ای می‌چیند که خودِ جامعه به یک جمع‌بندی منطقی رسیده، به برده‌داری پایان دهد. آیهٔ ۲۱ بردگان را تشویق می‌کند که آزادی‌شان را به‌دست آورند، و آیهٔ ۲۳ هم به افراد آزاد می‌گوید که به‌رغم مزایای بالقوهٔ بردگی، نباید خودشان را به بردگی بفروشند. پولس در جایی دیگر برای تشویق فیلیمون به آزاد کردن برده‌اش، به انجیل متوسل می‌شود. برای فهم بهتر و درست‌تر رهنمود پولس به مردمی که با شرایط شغلیِ نه چندان ایده‌آل روبه‌رو هستند، این قبیل شفاف‌سازی‌ها پیرامون موضوع برده‌داری لازم است. امنیت خواندگیِ هویتی باید وضعیت خواندگی شغلی را در سطحی پایین‌تر از جایگاه نهایی قرار دهد. شأن و هویت نهایتاً از شرایط شغلی اخذ نمی‌شوند یا به‌واسطهٔ آنها مورد تهدید قرار نمی‌گیرند.

اما نکته‌ای که پولس از طریق طرح مثال غلام، سعی در فهماندنش دارد این است که امنیت خواندگی هویتی شخص، خواندگی شغلی او را در سطحی پایین‌تر از جایگاه نهایی قرار می‌دهد. پس چگونه مردم می‌توانند بفهمند که آیا با شغل‌شان دارند از هویت‌شان مایه می‌گذارند یا نه؟ این خود به دو طریق عمل می‌کند: می‌تواند در وجود فرد *آرمان‌طلبی ناسالم* یا *فقدان بلندهمتی* پدید آورد. آرمان‌طلبی ناسالم از انسان موجودی فرصت‌طلب می‌سازد. چنین شخصی مدام روی آینده متمرکز است و پیوسته ناراضی است. او هیچ‌وقت نمی‌تواند در زمان حال حضور داشته باشد، و بدین‌خاطر هرگز نمی‌تواند در *این* مکان باشد. او با انگیزه‌ها و علل نادرست- یعنی دستیابی به قدرت، انباشت ثروت، کسب امنیت کاذب، گردآوری لوازم آسایش- خطر می‌کند. یکی از بدترین جلوه‌های این اقدامات فرصت‌طلبانه این است که فرد برای رسیدن به مدارج بالاتر اجتماعی دیگران را مورد استفاده یا سوءاستفاده قرار می‌دهد. در یک فرهنگ باستانی این کار می‌توانست شامل برده‌داری هم بشود- چیزی که پولس آن را مغایر با انجیل می‌بیند. در زمینهٔ امروزی، این می‌تواند دربرگیرندهٔ سوءاستفاده از قدرت، موقعیت، استثمار نیازمندان، و نادیده گرفتن تأثیری (یا فقدان تأثیر مثبت) باشد که کار شخص بر به‌حاشیه‌راندگان و محرومان دارد.

جلوهٔ ناسالم دیگر این است که فرد به‌کلی از بلندهمتی تهی می‌شود، در لاک خود فرو می‌رود، حس قربانی را به خود می‌گیرد و به‌سادگی وضعیت موجود را می‌پذیرد. چنین شخصی پیش از هر چیز بر گذشته تمرکز می‌کند، و پیوسته گوشه‌ای چمباتمه می‌زند، به هیچ

وجه حاضر به خطر کردن نیست. او از قبول فرصت‌های شغلی که سر راهش قرار می‌گیرند تا منابع موجود را به‌نفع دیگران مباشرت کند، خودداری می‌ورزد. این با غرق نشدن در آرزوهای خودخواهانه فرق دارد. بدترین جلوهٔ این سردرگمیِ هویتی رضایت دادن به چیزهایی است که راحت و آماده به‌دست می‌آیند. در یک فرهنگ باستانی، این وضعیت می‌تواند با فروش خود به‌عنوان برده، به‌خاطر بهره‌مند شدن از مزایای دریافتی، جلوه کند. دیدگاه کتاب‌مقدسی به مقولهٔ شغل، چیزی مابین این دو است– نه بیش از اندازه بر آینده متمرکز است و نه همیشه ساکن و بی‌حرکت می‌باشد. مسیحیان نباید همچون سنت‌گرایان خود را در گذشته محبوس سازند، و نباید از برخورد با دیگران پرهیز کنند. ما باید با آگاهی از فراخواندگی کنونی خودمان، به زمان حال وفادار باشیم. و جالب اینکه، چون دیگر لازم نیست منابع موجود را برای به‌دست آوردن هویت سرمایه‌گذاری کنیم، عملاً حتی می‌توانیم در خواندگی شغلی‌مان هم مؤثرتر باشیم. پس چگونه می‌توانیم روی طناب میان هویت و شغل قدم برداریم؟

نیروی زیستن همچون فراخوانده‌شدگان

> زیرا آن که در غلامی از سوی خداوند فرا خوانده شده است، آزاد خداوند است؛ و نیز آن که در آزادی فرا خوانده شده است، غلام مسیح است. به بهایی گران خریده شده‌اید، پس غلام انسان‌ها مشوید. بنابراین، ای برادران، هر کس در هر وضعی که فرا خوانده شده است، در همان وضع در حضور خدا باقی بماند. (آیه‌های ۲۲-۲۴)

انجیل از کلام فیض و چالشی که در وجود شنوندگانِ این کلام به‌وجود می‌آید، سخن می‌گوید. انجیل به آرمان‌طلب‌ها می‌گوید که ایشان غلام مسیح‌اند، زیرا به بهایی گران خریداری شده‌اند. ارباب جدید آنها فقط یک سهامدار نیست؛ او مالک ۱۰۰ درصد هویت آنهاست و فراخواندگی شغلی ایشان همین است که او را خشنود سازند. آنها چنان که می‌پندارند آزاد نیستند، و این باید باعث فروتنی‌شان شود. از سوی دیگر، انجیل خطاب به افراد بی‌انگیزه و عاری از بلندهمتی می‌گوید که ایشان در حقیقت آزادند. آنها در مسیح آزاد شده‌اند، چون به بهایی گران خریداری شده‌اند. هیچ ارباب دیگری نمی‌تواند بر آنها ادعای مالکیت داشته باشد؛ آنها به‌طور کامل به مسیح تعلق دارند. ایشان بسیار آزادتر از آن چیزی هستند که خود می‌پندارند، و این باید موجد جسارت بیشتر در وجودشان شود.

مسیحیان از بردگی وضعیت اجتماعی کنونی آزاد شده‌اند تا غلام مسیح باشند. اکنون لازم است که ما همان جایی که هستیم بمانیم و امین باشیم. مسیح تنش میان هویت و شغل را خنثی می‌سازد.

در کتاب دوم پادشاهان می‌خوانیم که نعمان، سردار سوری که نخست‌وزیر آن کشور و بعد از پادشاه سوریه (اَرام)، شخص دوم مملکت بود، نزد الیشع می‌رود تا از مرض جذام شفا پیدا کند. الیشع به نعمان می‌گوید که به رود اردن رفته، تنش را هفت بار در آب رودخانه

فرو کند. نعمان آنچه را که بدو گفته شده، انجام می‌دهد و شفا می‌یابد و چنین به نظر می‌رسد که ایمان می‌آورد. در پایان، نعمان نزد الیشع می‌آید و به او می‌گوید که می‌خواهد مبلغ قابل‌ملاحظه‌ای را بابت مزد به او بپردازد. الیشع مؤدبانه از دریافت مبلغ خودداری کرده، به او می‌گوید که چنین کاری لازم نیست. او در آن مقطع می‌توانست پول خوبی به جیب بزند. متن صراحتاً اعلام می‌کند که نعمان در اثر شفای معجزه‌آسا، خود را متعهد به پرستش یهوه می‌سازد (دوم پادشاهان ۱۷:۵). ولی نکتهٔ شایان توجه این است که نعمان با وجودی که دگرگون شده، اما هنوز به مسئولیت‌هایش به‌عنوان فرماندهٔ لشکریان پادشاه سوریه، پایبند است (دوم پادشاهان ۱۸:۵). او به‌خاطر تعهد تازه و جهان‌بینی نوینش، یک‌باره و به‌طور کامل از کار دست نکشید. او حقیقتاً به خدمت به ملتش متعهد بود، اما دیگر قرار نبود ملتش را بپرستد. به همین ترتیب، ما هم با وجودی که در کار و حرفه‌مان چیزهایی وجود دارد که مطابق میل‌مان نیست، نباید آن کار را صرفاً به دلیل مشکلات وابسته به شرایط ترک کنیم. اکنون نعمان می‌توانست به‌عنوان مردی دگرگون‌شده، با ایمان و تعهدی تازه، و به‌رغم ایده‌آل نبودنِ موقعیت، به محل کار سابق خود بازگردد. او حالا همچون گذشته وارد معبد رمون می‌شد، اما دیگر رمون را نمی‌پرستید. به پادشاه خدمت می‌کرد و همهٔ وظایفی را که به‌خاطر انجام‌شان فراخوانده شده بود، انجام می‌داد. او به ملتش خدمت می‌کرد، اما آن را نمی‌پرستید.

انجیل به ما اعلامیهٔ آزادی می‌دهد. این اقدامی رهایی‌بخش است. اینجاست که ما می‌توانیم شبات را در عمل درک کنیم. این عمل برای بعضی از مردمان امروزی بسیار دشوار است. اما وقتی به‌درستی چرخهٔ کار–استراحت را می‌پذیریم، عملاً می‌گوییم که کار ما را تعریف نمی‌کند، چون در حال استراحتیم. آنانی که نمی‌توانند این چرخه را در زندگی رعایت کنند، احساس می‌کنند که مفهوم زندگی را گم کرده‌اند؛ احساس می‌کنند که دیگر با واقعیت ارتباطی ندارند، زیرا هویت بنیادین‌شان با خواندگی شغلی تعریف شده است. برای خیلی‌ها، کسب و کار و ارزش شخصی یکی هستند. برخی دوست دارند مشغول باشند، چون مشغول بودن به آنها حس ارزش و اهمیت می‌دهد. اما در موقعیتی نظیر این، ما باید به خاطر داشته باشیم که در نهایت، تضمین هویت ما نزد خدا، هم‌اکنون انجام یافته است. این همان جایی است که استراحت حقیقی ما در آن قرار دارد. استراحت حقیقی ما در کاری که قبلاً عیسای مسیح به انجام رساند، نهفته است.

آیا ما شغل‌مان را به‌جای هویت‌مان اشتباه گرفته‌ایم؟ آیا از کارمان می‌خواهیم چیزی برای‌مان فراهم کند که انجامش تنها از عهدهٔ مسیح برمی‌آید؟ آیا دچار آرمان‌طلبیِ ناسالم هستیم؟ آیا کارمان همه چیزمان و غایت هدف‌مان (آخرالزمانی) شده است؟ آیا به‌دنبال آن نقش کامل در آینده می‌گردیم که همهٔ زندگی‌مان وقف آن باشد؟ یا اینکه از لحاظ کارآمدی عاری از بلندهمتی هستیم؟ آیا کسب آسایش و موقعیت برای ما در صدر همه چیز قرار دارد؟ آیا در لاک خود فرورفته‌ایم و میلی به تکان خوردن نداریم؟ به جلو بنگرید. هرجا که هستیم، باید امین باشیم (آیه‌های ۲۰و۲۴). هرجا که همین حالا هستیم، فراخواندگی ما برای همین لحظه است، و باید در آن امین بمانیم. زمان حاضر ما اهمیت بسیار دارد، چون خدا با ما است.

۱۴

تجرد

اول قرنتیان ۲۵:۷-۴۰

شهر قدیمی قرنتس شباهت خیره‌کننده‌ای به شهر امروزی بوستن (که من در آن شبانی می‌کنم) داشت. پس این نامه برای من و کلیسایم بسیار مرتبط است. و همین امر در مورد موضوعی که هم‌اکنون سرگرم بررسی آن هستیم نیز صدق می‌کند، زیرا برای نخستین‌بار در تاریخ بشر، اکثر آمریکائیان عملاً مجردند. مردم دیرتر از گذشته تن به ازدواج می‌دهند، و بیشتر عمر می‌کنند. زنان دیگر نیازی به مردان ندارند؛ راستش آنان در بیشتر مواقع بدون مردان بهتر از عهدهٔ کارها برمی‌آیند! شهرها نه فقط مجال، بلکه زیرکی لازم برای تنها زیستن را به ما می‌دهند. و همهٔ اینها البته با فردگراییِ قدیمی آمریکایی، که می‌گوید بهترین کاری که می‌توانیم انجام دهیم، مراقبت کردن از خودمان است، تقویت می‌شوند. در این پاراگراف پولس اساساً این بحث را مطرح می‌کند که وقتی پای تجرد به میان می‌آید، ما از آزادی قابل‌ملاحظه‌ای برخورداریم. اما چنین استدلال می‌کند که نوع دیگری از آزادی هم وجود دارد که بدان نیاز داریم تا بتوانیم از پَس این وضعیت برآییم. ما همهٔ این مطالب را در ذیل سه نکته بررسی خواهیم کرد:

- آزادی برای مجرد بودن
- آزادی لازم برای مجرد زیستن
- آزادیِ دوران تجرد

آزادی برای مجرد بودن

«و اما در خصوص باکره‌ها، حکمی از خداوند نیافته‌ام؛ ولی در مقام کسی که به‌واسطهٔ رحمت خداوند درخور اعتماد است، نظر خود را بیان می‌کنم. من بر این گمانم که به‌سبب

بحران زمان حاضر، برای انسان نیکو باشد در همان وضعی که هست، باقی بماند. اگر به زنی بسته‌ای، رهایش مکن، و اگر از زن آزادی، در پی همسر مباش. اما اگر همسر اختیار کنی، گناه نکرده‌ای؛ و اگر باکره‌ای شوهر کند، گناه نکرده است» (آیه‌های ۲۵-۲۸الف). حالا قدری جلوتر رفته، آیه‌های ۳۶-۳۸ را می‌خوانیم:

> اگر مردی بر این اندیشه است که نسبت به نامزد باکره‌اش به ناشایستگی عمل می‌کند، و اگر سن ازدواج دختر رسیده و آن مرد چنین می‌اندیشد که باید ازدواج کند، آنچه در نظر دارد انجام دهد؛ با این کار گناه نمی‌کند. پس بگذارید ازدواج کنند. اما اگر مردی در تصمیم خود راسخ است و در فشار نیست، بلکه بر ارادهٔ خود مختار است و عزم جزم کرده که با نامزد باکرهٔ خود ازدواج نکند، آن مرد نیز عملی نیکو انجام می‌دهد. پس آن که با نامزد خود ازدواج می‌کند، عملی نیکو انجام می‌دهد؛ اما آن که ازدواج نمی‌کند، عملی حتی بهتر انجام می‌دهد.

دربارهٔ این آیه‌ها سخن بسیار می‌توان گفت، و ما می‌کوشیم در این بررسی تا جایی که امکان دارد این مطالب را برای شما شرح دهیم. اما در آغاز موضوع مورد بحث پولس را به‌طور کلی و از بالا می‌نگریم، نه با وارد شدن به جزئیات. اساساً این بحث چنین مطرح می‌شود: وقتی به مسئلهٔ تجرد- و البته تأهل- می‌رسیم، *شما آزاد هستید تا آنچه را می‌خواهید انتخاب کنید*، چون «حکمی از خداوند» وجود ندارد (آیهٔ ۲۵). شاید امروزه این مسئله برای ما چندان تکان‌دهنده نباشد، اما به‌طور قطع برای شنوندگان اولیهٔ پولس بسیار تکان‌دهنده بوده است. به خاطر داشته باشید که در جهان باستان ازدواج، به‌ویژه برای زنان، جایگاه بسیار مهمی داشت. و این بدان‌خاطر بود که خانواده نه تنها امنیت اقتصادی شخص، بلکه مفهوم زندگی او محسوب می‌شد. در این دوران، زن بدون خانواده رانده‌شده از اجتماع به‌شمار می‌رفت، و تجردش نشانهٔ درماندگی اجتماعی او بود. بعضی از ما امروز هم همین را احساس می‌کنیم، این‌طور نیست؟ احساس می‌کنیم که بر پیشانی تجردمان داغ ننگی نشسته است؛ ما سرخورده‌ایم، چون مردم گمان می‌کنند که تنهایی ما بدین‌خاطر است که احتمالاً اشکالی داریم، و گاهی حتی خودمان هم این مطلب را باور می‌کنیم. اما پولس این الگو را به‌طور کامل به‌هم‌می‌ریزد و تجرد را وضعیتی معرفی می‌کند که نه تنها گزینه‌ای معتبر و ارزشمند است، بلکه حتی برتر هم می‌باشد! او در آیهٔ ۳۸ می‌گوید: «پس آن که با نامزد خود ازدواج می‌کند، عملی نیکو انجام می‌دهد؛ اما آن که ازدواج نمی‌کند، عملی حتی بهتر انجام می‌دهد.»

ولی او در عین حال ازدواج را هم مشروع تلقی می‌کند: «اما اگر همسر اختیار کنی، گناه نکرده‌ای» (آیهٔ ۲۸)؛ «با این کار گناه نمی‌کند» (آیهٔ ۳۶). به گمانم لازم است که این را هم بشنویم، زیرا اگرچه فرهنگ‌های سنتی ازدواج را به قیمت خوار کردنِ تجرد برتر می‌شمارند، لیکن فرهنگ‌های مدرن همین کار را در مورد تجرد نسبت به ازدواج انجام می‌دهند. تجرد نه تنها نشانهٔ درماندگی اجتماعی به حساب نمی‌آید، بلکه یک‌جور موفقیت اجتماعی هم به‌شمار می‌رود- علامت رهایی از الگوهای سنتی زندگی. ولی پولس از افراط و تفریط

خودداری می‌کند. او تصدیق می‌کند که مجرد بودن مجاز و مشروع است، اما ازدواج کردن هم مجاز و مشروع می‌باشد. چنانکه بعداً هم خواهیم دید، شاید بهتر باشد که شخص مجرد بماند (آیهٔ ۳۸)، شاید بهترین وضعیت برای شما این باشد که در هر وضعیتی که هستید- چه متأهل، چه مجرد و چه حتی بیوه- همان‌طور بمانید (آیهٔ ۳۹)، اما در همهٔ اینها آزادید تا خودتان انتخاب کنید. «من اینها را برای منفعت شما می‌گویم، نه تا در قید و بندتان بگذارم» (آیهٔ ۳۵الف).

من فکر می‌کنم بهترین کار این است که به پولس تأسی جسته، خودمان هم به این تعادل برسیم. آن‌دسته از ما که متأهلیم، باید از رفتار کردن با مجردها به‌گونه‌ای که انگار بیمار هستند، دست برداریم. «پس تو کِی ازدواج می‌کنی؟ دیگر داری پا به سن می‌گذاری!» «تو هنوز مجردی؟ شاید اگر کمی وزن کم کرده بودی یا به سر و وضعت رسیده بودی الآن همسر و بچه داشتی.» ولی یادتان باشد: «آن که ازدواج نمی‌کند، عملی حتی بهتر انجام می‌دهد.» از سوی دیگر، آن‌دسته از ما که مجردیم باید همین نصیحت را از وجه دیگرش بشنویم. ما که می‌گوییم: «اگر بیماری‌ای وجود داشته باشد، ازدواج است! آدم‌های نیازمند با هم جفت می‌شوند، چون خودشان به تنهایی از عهدهٔ مشکلات‌شان برنمی‌آیند.» واقعاً؟ همچنین، پرسیدن سؤالات احمقانه در مورد اینکه دیگران چه زمانی قرار است تغییر وضعیت دهند، هیچ کمکی نمی‌کند. می‌دانم، نومیدکننده است. اما به یاد داشته باشید که: «آنکه ... ازدواج می‌کند، عملی نیکو انجام می‌دهد.»

تنها یک چیز دیگر مانده که مایلم پیش از جلو رفتن در بحث، مورد ملاحظه قرار دهیم. لوری گاتلیب[1] در سال ۲۰۰۸ برای مجلهٔ آتلانتیک مقاله‌ای نوشت که چکیده‌ای بود از دیدگاه‌های او در کتابش با عنوان: *با او ازدواج کن: گزیدن شخص مناسب.*[2] این کتاب بحث و جدل بسیار برانگیخت، و زمانی که من مقاله را خواندم، متوجه شدم که چرا این‌قدر بحث‌برانگیز بوده است. هنگام خواندن مقاله سخت با خودم درگیر بودم، سرم را گاه به نشانهٔ تأیید و گاه به نشانهٔ تکذیب تکان می‌دادم. کاملاً گیج شده بودم، تا اینکه ناگهان قضیه برایم روشن شد- اگر هم تجرد و هم تأهل مجاز است، پس ما هم دقیقاً باید همین احساس را داشته باشیم! همچنین مقالهٔ مزبور کمکم کرد تا موضوع مورد بحث‌مان را از هر دو منظر ببینم. آن‌دسته از ما که متأهلیم، وقتی به دوستان مجردمان نگاه می‌کنیم، فقط دوست داریم تکان‌شان بدهیم و بگوییم: «دیگر باید دست از سخت‌گیر بودن برداری و سروسامان بگیری.» ولی اگر تجرد مجاز است، چرا باید دوستان‌مان را برای این مسئله زیر فشار بگذاریم؟ چرا سعی داریم خیر ثانوی را- که همانا ازدواج است- برای آنان بخواهیم، وقتی آنها در بهترین وضعیت- یعنی تجرد- قرار دارند؟ ولی حالا، آن‌دسته از ما که مجردیم، باید وجه دیگر قضیه را در نظر داشته باشیم. گاتلیب زنی است چهل‌وچندساله، اما آنچه می‌گوید هم برای مردان و هم برای زنان، صرف‌نظر از سن و سال‌شان، کاربرد دارد. او می‌نویسد:

---

1. Lori Gottlieb; 2. Marry Him: The Case for Settling for Mr. Good Enough

آنچه در دهۀ سی‌ام زندگی متوجه نشدم این بود که در عین حال که سروسامان گرفتن برای فرد مجرد مانند استعفا دادن از کار بزرگی است، لیکن وقتی بدان تن می‌دهید، احتمالاً به نسبت احساس رضایت می‌کنید. زیرا آنچه موجب ازدواج می‌شود الزاماً باعث رابطۀ عاشقانه نمی‌گردد. ازدواج ضیافتِ شورانگیز نیست؛ بیشتر به شراکتی می‌ماند که برای ادارۀ یک کسب و کار غیرانتفاعی کوچک، و اغلب خسته‌کننده به‌وجود آمده است. و منظور من از مثال شراکت، آن وجه خوبش است. این‌طور نیست که من آنچنان از حس و حال افتاده‌ام که دیگر به ارتباط عاشقانه اعتقادی ندارم. مسئله فقط این است که اولویت‌های شما از عشق و عاشقی به خانواده تغییر می‌کند، اولویت‌های به‌اصطلاح "تعیین‌کننده". بعضی‌ها آدم‌ها دنیاطلب نیستند، اما پدران خوبی از آب درمی‌آیند. یا مثلاً وارد اتاقی می‌شوید و با شخصی که فقط ۱۶۵ سانتیمتر قد و دماغی بدترکیب دارد، گرم صحبت می‌شوید، و او شما را "می‌فهمد". شرط می‌بندم بین آدم‌های پیر، چاق و تاس (که عاقبت همه این‌طور می‌شوند) می‌توان نظیر این قبیل افراد را بسیار پیدا کرد. بخشی از مشکل این است که ما با ایده‌آل‌سازی مقولۀ ازدواج پرورش می‌یابیم و چنین می‌پنداریم که ازدواج یعنی یافتن مرد رویاها (که دست برقضا اصلاً وجود ندارد، و دقیقاً بدین‌خاطر *که او را در رویاها ساخته‌ایم*) و به همین جهت از روابطی که ممکن است ما را در چارچوب یک خانواده به خوشبختی برسانند، می‌گریزیم. آن عده از ما که به‌دنبال یار جانی و نیمۀ گمشدۀ خود می‌گردیم، به نوجوانانی می‌مانیم که معتقدند نسبت به تصادف رانندگی در اثر مصرف الکل مصونیت دارند. ما بینش خودمان را نسبت به اخلاقیات از دست داده‌ایم. ما فراموش می‌کنیم که خودمان هم روزی پا به سن خواهیم گذاشت و از فریبندگی‌مان کاسته خواهد شد.

زیبایی، ثروت، آرمان‌طلبی، موفقیت، تشخص- همگی چیزهای خوبی هستند، ولی شما را از پا در خواهند آورد. پس در پی آنها نباشید. به‌جای آنها دنبال کسی باشید که فیض را می‌فهمد.

آزادیِ دوران تجرد

من بر این گمانم که به‌سبب بحران زمان حاضر، برای انسان نیکو باشد در همان وضعی که هست، باقی بماند. اگر به زنی بسته‌ای، رهایش مکن، و اگر از زن آزادی، در پی همسر مباش. اما اگر همسر اختیار کنی، گناه نکرده‌ای؛ و اگر باکره‌ای شوهر کند، گناه نکرده است. اما آنان که ازدواج می‌کنند، در این زندگی سختی خواهند کشید و من نمی‌خواهم شما رنج ببرید. برادران، مقصود اینکه زمان کوتاه شده است. از این پس، حتی آنان که زن دارند چنان رفتار کنند که

> گویی زن ندارند؛ و آنان که سوگوارند، چنان که گویی سوگوار نیستند؛ و آنان که شـادمانند، چنان که گویی شاد نیستند؛ و آنان که متاعی می‌خرند، چنان که گویی مالک آن نیستند؛ و آنان که از این دنیا بهره برمی‌گیرند، چنان که در آن غرقه نباشند. زیرا صورت کنونی این دنیا در حال سپری شدن است. (آیه‌های ۲۶-۳۱)

در اینجا هم مانند چهار آیهٔ بعد، پولس آزادی‌های گوناگون دوران تجرد را مورد بررسی قرار می‌دهد. اما پیش از آنکه بدان بپردازیم، لازم است به نکتهٔ خیلی مهمی اشاره کنیم که در شکل دادن به گفتگوی ما در باقی مسیر، کمک می‌کند. در مورد مفهوم «بحران زمان حاضر» در آیهٔ ۲۶، بحث‌های زیادی انجام شده است. خیلی‌ها گفته‌اند که پولس از پایان جهان سخن می‌گفته، و به همین‌خاطر است که در آیهٔ ۲۹ هم می‌گوید: «زمان کوتاه شده است» و در آیهٔ ۳۱ هم می‌گوید: «صورت کنونی این دنیا در حال سپری شدن است.» ولی من چندان مطمئن نیستم که او در اینجا پایان دنیا را مد نظر داشته باشد، چون در آیهٔ ۲۹ واژه‌ای که "کوتاه" ترجمه شده، بیشتر به معنای "وخیم" است. زمان وخیم (بحرانی) شده، نه کوتاه. دلیلش هم معلوم است. هزاران سال پیش خدا از آسمان فرود آمد تا با ما باشد، برای ما بمیرد، و برای آزاد ساختن ما از مردگان برخیزد. در پرتو همین اقدام بود که همه چیز دگرگون شد. الگویی کاملاً تازه شکل گرفت، الگویی که دنیا و چیزهایی را که در آن هستند بی‌اهمیت تلقی نمی‌کرد، بلکه همهٔ آن چیزها را سر جای درست‌شان قرار داد. پولس در آیه‌های ۲۹-۳۱ می‌گوید: «از این پس، حتی آنان که زن دارند چنان رفتار کنند که گویی زن ندارند؛ و آنان که سوگوارند، چنان که گویی سوگوار نیستند؛ و آنان که شادمانند، چنان که گویی شاد نیستند؛ و آنان که متاعی می‌خرند، چنان که گویی مالک آن نیستند؛ و آنان که از این دنیا بهره برمی‌گیرند، چنان که در آن غرقه نباشند.» توجه داشته باشید که او نمی‌گوید: «دیگر زن نگیرید، دیگر با دنیا مراوده نداشته باشید»، بلکه می‌گوید طوری زندگی کنید که گویی هیچ‌یک از این چیزها غایت محسوب نمی‌شوند. نه اینکه آنها را انکار کنید، بلکه آنها را نسبی بدانید. همسرتان را دوست بدارید، سوگواری کنید، شادی نمایید، به کسب و تجارت بپردازید، از دنیا بهره ببرید- اما هیچ‌یک از اینها را طوری انجام ندهید که گویی همه چیز فقط همین‌ها هستند.

بسیار خوب، ولی چرا بعد در آیهٔ ۳۱ خیلی بی‌پرده می‌گوید: «زیرا صورت کنونی این دنیا در حال سپری شدن است»؟ واژهٔ یونانیِ "صورت" در فرهنگ یونانی کاربردی گسترده داشت و برای توصیف نقاب بازیگر که در تئاتر و هنگام نمایش به صورت می‌زد هم به‌کار می‌رفت. «زیرا نقاب کنونی این دنیا در حال سپری شدن است.» اما این به چه معناست؟ همان‌طور که گفتیم، هرآنچه که داریم، خوب است. مشکل اینجاست که دنیا همه چیز را چنان جلوه داده که گویی غایی‌اند و آرزوی قلبی ما را به ما خواهند داد. اما همهٔ اینها فقط تظاهر است. اکنون که مسیح آمده، دیگر دست‌ها رو شده است. نقاب از چهرهٔ همه چیز به آهستگی، اما به‌طور قطع کنار می‌رود و واقعیت پدیدار می‌شود- اینها خوب هستند، اما غایی نیستند، همه چیز محسوب نمی‌شوند.

بسیار خوب، منصفانه است. اما اگر منظور پولس در اینجا پایان دنیا نیست، پس از چه سخن می‌گوید؟ زندگی! او فقط دارد می‌گوید که زندگی سخت است. زندگی رنج‌آور است و انسان را به ستوه می‌آورد، و هرچه بر تعداد انسان‌ها بیفزایید، اوضاع دشوارتر می‌شود. و دلیل این امر هم آن است که انسان‌ها مشکل دارند. شخصی را با مشکلاتش در کنار شخصی دیگر با مشکلاتش بگذارید، نتیجه‌ای که به‌دست می‌آید، مشکلات کمتر نخواهد بود، بلکه مشکلاتِ بیشتر. این یک حساب دو دو تا، چهار تا است! البته این‌طور هم نیست که اگر مجرد باشید، دیگر مشکلی نخواهید داشت. اما مشکل‌تان به عوض دوتا، یکی خواهد بود. در مورد نگرانی‌ها هم وضع به همین منوال است. پولس در آیهٔ ۳۲ می‌گوید: «خواست من این است که از هر نگرانی به دور باشید.» من هروقت تنهایی سفر می‌روم، همسرم شارون نگران می‌شود. او نگران است که آیا به پروازم خواهم رسید؟ آیا به سلامت فرود خواهم آمد؟ من هروقت شب تا دیروقت بیرون هستم، برای او نگران می‌شوم. آیا خوابش می‌برد؟ نکند وقتی من آنجا نیستم، کسی وارد خانه شود؟ اما وقتی مجرد هستید، از همهٔ اینها آزادید- از نگرانی، پریشانی و اضطرابی که ازدواج به همراه می‌آورد.

ولی اگر مجرد باشید، یک آزادی دیگر هم دارید آیه‌های ۳۲-۳۴الف می‌گویند: «مرد مجرد نگران امور خداوند است، نگران اینکه چگونه خداوند را خشنود سازد؛ در حالی‌که مرد متأهل نگران امور این دنیاست، نگران اینکه چگونه همسرش را خشنود سازد، و توجه او به امری واحد معطوف نیست.» البته منظور پولس این نیست که مجرد بودن بهتر است چون در وضعیت تجرد *به‌راستی* می‌توانید خدا را خشنود سازید، گویی همسر داشتن و خدا را خشنود کردن با هم در تعارض‌اند. در واقع، هر زمان که ما میان امور "روحانی" و "دنیوی" تفاوتی آشکار می‌بینیم، بدین‌خاطر است که داریم برداشت‌های خود را به متن تحمیل می‌کنیم. ولی منظور پولس چیست؟ در موردش این‌گونه فکر کنید. یکی از چیزهایی که خدا را خشنود می‌کند، وقتی است که ما مراقب دیگران- و نه فقط مراقب خانواده خودمان- هستیم. وقتی شما مجرد هستید، برای انجام کارهایی که یک فرد متأهل از انجام‌شان معذور است، آزادید. وقتی متأهل هستید، دیگر نمی‌توانید تصمیم‌های مستقل بگیرید. پولس قبلاً در ۱۹:۶ چنین گفته بود: «شما دیگر از آنِ خود نیستید»، و این در مورد زمان‌بندی‌های ما نیز صدق می‌کند! فرض کنیم که یکی از دوستان من به‌خاطر بروز بحرانی با من تماس می‌گیرد، اما من با همسرم هستم. من نمی‌توانم به او بگویم: «عزیزم، من باید بروم. دوستم به من نیاز دارد.» نمی‌توانم ناگهان بلند شوم و بروم، چون نسبت به همسرم وظایفی دارم که باید آنها را انجام دهم. البته این بدان معنا نیست که اگر متأهل باشید، دیگر نمی‌توانید به همسایگان خود محبت کنید. اغلب، افراد متأهل برای اینکه به همسایهٔ خود محبت نکنند، پشت خانواده‌شان مخفی می‌شوند. و این‌طور هم نیست که اگر مجرد باشید، دیگر هیچ وظیفه و تعهدی ندارید، بلکه فقط یک وظیفه کمتر دارید. دستِ‌کم در این زمینه، توجه‌تان به امری واحد معطوف است. شما آزاد هستید تا از کسانی که جزو خانواده‌تان نیستند، مراقبت کنید، و این خدا را خشنود می‌سازد!

به گمانم نکتهٔ مورد نظر پولس در آیهٔ ۳۴ نیز همین است، آنجایی که می‌گوید: «به همین‌سان، زن مجرد و یا باکره، نگران امور خداوند است، نگران اینکه چگونه در جسم و در روح، مقدس باشد؛ در حالی‌که زن متأهل نگران امور این دنیاست، نگران اینکه چگونه شوهرش را خشنود سازد.» ما اغلب منظور پولس را چنین برداشت می‌کنیم که زنان مجرد می‌توانند مقدس‌تر باشند، چون رابطهٔ جنسی ندارند، که برداشتی اشتباه است. ولی باز هم این تصورات خودمان است که وارد متن کرده‌ایم. پس این قبیل آیات را چگونه باید خواند؟ همان‌طور که احتمالاً متوجه شده‌اید، عبارت «در جسم و در روح» اساساً اصطلاحی کتاب‌مقدسی است برای اشاره به همه چیز، یعنی همهٔ ابعاد زندگی- جسم به ابعاد عمومی اشاره می‌کند و روح به جنبه‌های خصوصی. در واقع، پژوهشگران کتاب‌مقدس دریافته‌اند که منظور پولس از بیان این عبارت، هم‌افزاییِ فوق‌العاده‌ای است که می‌تواند بین این دو عرصه در دورهٔ تجرد به‌وجود بیاید- یعنی انسان خودش را طوری تربیت کند که *بتواند* در سطح عمومی کارایی بیشتری داشته باشد؛ و خودش را شخصاً طوری رشد بدهد که *بتواند* برای همسایگانش کارهای نیکوی بیشتری انجام دهد. شخص برای انجام این کارها آزاد است، زیرا هیچ محدودیت یا فشاری از ناحیهٔ ازدواج بر او اِعمال نمی‌شود.

اریک کلیننبرگ[1] استاد جامعه‌شناسی در دانشگاه نیویورک (NYU) کتاب جالبی با عنوان *تنها زیستن*[2] نوشته است. او در این کتاب افزایش تجرد و عوامل جامعه‌شناختیِ دخیل در این پدیده را مورد بررسی قرار می‌دهد. همچنین مزایای اجتماعی گوناگون و برخی باورهای ضمنی جامعه‌ای را که دیدگاهش با افزایش پدیدهٔ تجرد، به‌طرزی فاحش دستخوش دگرگونی شده، واکاوی می‌کند. یکی از مباحثی که او پیوسته بدان می‌پردازد، کم‌وبیش همان مطلبی است که پولس هم در اینجا بیان می‌کند. کلیننبرگ می‌گوید: «امروزه جامعه‌شناسیِ عمومی "تنهایی" را با افزایش تجرد، فروپاشی جامعهٔ مدنی، و زوال مصلحت عمومی در ارتباط می‌بینند. اما به نظر من این روند استدلال از گمراهی هم بدتر است.» «دو توکویل[3] در "تنهایی" به یک قانون اخلاقی پی برد که شهروندان را در کنار یکدیگر و در تشکیلاتی مدنی نگاه می‌دارد. دورکیم[4] چنین استدلال کرد که زمان اختصاصی، که افراد برای خودشان صرف می‌کنند، به آنها امکان می‌دهد که برای مشارکت اجتماعی انرژی ذخیره کنند.»

> تعالی‌گرایانی[5] همچون امرسن[6] و تورو[7] دیدگاهی مشترک داشتند. ایشان استدلال می‌کردند که تنها بودن امری ضروری است، نه بدین‌خاطر که تنهایی به

---

1. Eric Klinenberg; 2. Going Solo

۳. Alexis Charles-Henri-Maurice Clérel de Tocqueville – الکسی شارل آنری موریس کلرل دو توکویل (۱۸۰۵-۱۸۵۹) یکی از مهمترین متفکران قرن نوزدهم فرانسه است. وی تاریخ‌دان، حقوق‌دان، فیلسوف، سیاست‌مدار و یکی از پایه‌گذاران جامعه‌شناسی و علم سیاست امروزی بوده است- م.

۴. David Émile Durkheim– (۱۸۵۸-۱۹۱۷) ، جامعه‌شناس بزرگ سده نوزدهم و اوایل سده بیستم فرانسه. وی نخستین کسی بود که کرسی استادی جامعه شناسی را بنیان گذاشت- م.

5. Transcendentalists; 6. Emerson; 7. Thoreau

> ما آزادی از بار مسئولیت‌ها و قیود اجتماعی را می‌بخشد، بلکه چون به ما امکان می‌دهد که خود را پرورش دهیم، ایده‌های اولیه را بارور سازیم، و در بازگشت برای دنیا مثمرثمرتر شویم. از دیدگاه آنان، تنهایی همیشه مقدمهٔ بازگشت به اجتماع است، و مفاهیمی که از بطن این نظریه زاده شدند، هدف‌شان این است که مصلحت عمومی را ترویج دهند. در واقع، اکثر شخصیت‌های سردمدار این جنبش- امرسن، تورو، و نیز برانسن الکات[1] الیزابت پیبادی[2] و مارگارت فولر[3]- عمیقاً درگیر زندگی مدنی و سیاسی بودند.

«حتی امروز هم رشد فزایندهٔ تنها زیستن مزایای اجتماعی مهمی به همراه داشته است. به‌عنوان نمونه، جوانان و میان‌سالان مجردی را دیده‌ایم که به احیای زندگی عمومی شهرها کمک کرده‌اند، چون این قبیل افراد به نسبت زمان بیشتری را صرف بودن با دوستان و همسایگان خود و رفتن به بارها، کافه‌ها، و رستوران‌ها می‌کنند و در فعالیت‌های رسمی اجتماعی از قبیل گروه‌های مدنی، حضور فعال‌تری دارند. کسانی که تنها زندگی می‌کنند، به لحاظ اجتماعی فعال‌تر از اشخاصی می‌شوند که با دیگران زندگی می‌کنند و شهرهایی که شمار افراد تنها در آنها بیشتر است، از فرهنگ اجتماعی پویاتری برخوردارند.» و همهٔ اینها به دلیل آزادی‌ای است که شما در وضعیت تجرد از آن بهره‌مند هستید.

بنابراین، آزادی مجرد بودن، و همچنین آزادیِ برخورداری از آن را دیدیم.

آزادیِ لازم برای مجرد زیستن

> اما اگر مردی در تصمیم خود راسخ است و در فشار نیست، بلکه بر ارادهٔ خود مختار است و عزم جزم کرده که با نامزد باکرهٔ خود ازدواج نکند، آن مرد نیز عملی نیکو انجام می‌دهد. پس آن که با نامزد خود ازدواج می‌کند، عملی نیکو انجام می‌دهد؛ اما آن که ازدواج نمی‌کند، عملی حتی بهتر انجام می‌دهد. (آیه‌های ۳۷و۳۸)

پیشتر گفتیم که دنیای قدیم برای ازدواج جایگاه ویژه‌ای قائل بود. شاید این یک اقدام اعتراضی بود، اما در قرنتس وضع کاملاً برعکس بود. قرنتس شهری بسیار جاه‌طلب بود، و بسیاری این‌گونه استدلال می‌کردند که ازدواج جلوی رسیدن به آرمان‌های شخصی را می‌گیرد. از این‌رو مسیحیان قرنتس با فشارهای عجیب و متناقضی- از یک‌سو فشار برای ازدواج کردن و از سوی دیگر برای مجرد ماندن- روبه‌رو بودند. شما دقیقاً با این فشار آشنا هستید؛ این‌طور نیست؟ واکنش پولس هم اساساً این است که *صرفاً به این علت* که دیگران از شما می‌خواهند کاری انجام دهید، اقدامی نکنید، حتی اگر این کار ازدواج کردن یا مجرد ماندن باشد. چرا؟ چون وقتی تسلیم فشار اجتماعی می‌شوید، در واقع، زیر "فشار" هستید

1. Bronson Alcott; 2. Elizabeth Peabody; 3. Margaret Fuller

(آیهٔ ۳۷)، و هرگز زیر فشـــار نمی‌توان تصمیم درست گرفت. اگر می‌خواهید افسار تجرد یا تأهل خود را به‌خوبی در دست داشته باشید، باید از این فشار آزاد شوید.

ولی شــما نه تنها به آزادی از فشار دیگران، بلکه به آزادی از فشار خودتان- از *آرزوهای حریصانه‌تان*- هم نیاز دارید. در آیهٔ ۳۷ پولس می‌گوید که ما باید بر خواســته‌هامان مســلط باشــیم. اگر شــما به این دلیل مجرد مانده‌اید که می‌خواهید به همسایگان محبت کنید، دلیل خوبی اســت. اما اگر به این دلیل اســت که می‌خواهید روی کار خودتان متمرکز شوید، یا چون از فکر تعهد و وظیفه نســبت به دیگری بیزارید، یا در انتظار شخص بهتری هستید، این هیچ دلیل خوبی برای مجرد ماندن نیست. چون در هر مورد شما در صددید تا برای خودتان چیزی بیشتر به‌دست بیاورید، و بر خواسته‌های‌تان تسلطی ندارید. در واقع، آنها هستند که بر شــما تسلط دارند. یا بیایید موضوع را از زاویه‌ای دیگر نگاه کنیم. اگر در فکر ازدواج هستید، فقط بدین‌خاطر که می‌خواهید خودتان را به دیگری متعهد کنید، این دلیل خوبی اســت. اما اگر به این علت اســت که نمی‌توانید بدون آن زندگی کنید، چون مجرد بودن برای‌تان کشنده است- دیگر نمی‌توانید فکر تنها بودن را تحمل کنید، و وقتی تنها هستید دیگر حتی خودتان را هم نمی‌شناسید- پس بر خواسته‌های‌تان تسلط ندارید و قطعاً به همین علت همسرتان را هم خُرد خواهید کرد. هیچ انســانی قادر به تحمل باری نیست که شما بر دوشش می‌گذارید، هیچ انسانی نمی‌تواند بدین‌ترتیب شما را کامل کند.

هرگز از اول هم چنین مقصودی در میان نبوده اســت! تنها یک شــخص چنین بود. تنها یک شــخص می‌تواند. پولس آیهٔ ۴۰ را با این جمله پایان می‌دهد: «و فکر می‌کنم که من نیز روح خدا را دارم!» می‌بینید که پولس پاســخ نهایی را یافته بود. و این پاسخ نه خود او بود نه همســرش. پاســخ نه در تجرد بود نه در ازدواج. تنها در کسی بود که محبتش بهتر از هر دو گزینه بود، همان کسی که او را از تسلط خودش آزاد ساخته بود. هم تجرد و هم تأهل به شما وعدهٔ برآوردنِ آرزوهای قلبی‌تان را می‌دهند. اما اینها همه تظاهر است. اکنون که مسیح آمده، دست‌ها رو شده است. چهرهٔ واقعی هر دو آشکار شده، و از پَس نقاب بیرون آمده است- هر دو خوبند، اما هیچ‌یک غایی نیســتند؛ همه چیز به حساب نمی‌آیند. آنها همیشه شما را ناامید خواهند کرد. اما او هرگز شــما را ناامید نخواهد ساخت. حتی زمانی که با چهرهٔ تاریک مرگ روبه‌رو شد و بدان چشم دوخته بود، شما را ناامید نکرد و به حال خودتان وانگذاشت. وقتی چنین محبتی را بشناســید، به شما آزادی‌ای می‌دهد که با هر وضعیتی، و با هر آنچه که پیش روست، به‌خوبی روبه‌رو شوید.

بعضی از شما مجرد هستید و آرزو دارید ازدواج کنید. ای کاش می‌توانستم به شما بگویم کــه روزی این اتفاق برای‌تان خواهد افتاد. ولی نمی‌توانم. مــردم می‌گویند اگر نمی‌خواهی مجرد باشــی، پس حتماً عطای تجرد نداری. اما من فکر نمی‌کنم که این حرف درست باشد. ما در جهانی کامل زندگی نمی‌کنیم، جایی که ژرف‌ترین آرزوهای‌مان اغلب برآورده شــوند. گاهی شــما عطایی دارید که اصلاً خودتان آن را انتخاب نکرده‌اید. شــاید شما برای آشپزی اســتعداد دارید، اما از آشپزخانه متنفرید. چیزهایی از این قبیل گاه اتفاق می‌افتند. قصد ندارم

به شما بگویم که هر چیزی را که دوست دارید به دست خواهید آورد، چون ممکن است چنین نشود. می‌خواهم چیزی بهتر به شما بگویم. می‌خواهم به شما بگویم که فرصتی برای اقناع‌شدن در اختیار دارید- چه تنها چه با همسر- چون از محبتی بهره‌مندید که بهتر از هر دو است. محبتی که هرگز از شما دریغ نخواهد شد. محبتی که هرگز نومیدتان نخواهد کرد.

بعضی از شما هم مجرد هستید، اما نه بدین‌خاطر که *خواهان* ازدواج نیستید، بلکه چون از هیچ چیز به اندازه ازدواج نمی‌ترسید. از نظر شما ازدواج یعنی از دست دادنِ آزادی. یعنی از دست دادن فرصت‌ها. یعنی سرخورده شدن. شاید در گذشته زخم خورده‌اید، و نسبت به دیگران بدبین و مظنون شده‌اید. یا حتی بدتر، شاید از اینکه کسی اعماق درون‌تان را ببیند و بعد طردتان کند، وحشت دارید. ولی به یاد داشته باشید، عاشقی هست که اعماق درون شما را دیده و ماندن با شما را ترجیح داده است. پس دیگر لازم نیست از طرد شدن یا از دست دادن چیزی یا فرصتی بترسید. یکی از زنانی که اریک کلیننبرگ با وی مصاحبه کرد، می‌گوید: «ما یکی دو بار عاشق شدیم، اما عاشق شدن جواب نداد. عاقبت، کل اسطورهٔ نجات‌بخش بودنِ عشق و عاشقی رنگ باخت.» و همین امر در مورد آن روی قضیه هم صادق است. یکی دیگر می‌گفت: «من از خیلی‌ها شنیده‌ام که عاشق تنها زندگی کردن هستند، چون تنهایی به آنها امکان می‌دهد هر کاری که دوست دارند، در هر زمان و هر جا دل‌شان خواست انجام بدهند. ولی کاشف به عمل می‌آید که این خودش یک خدای دروغین است. این نمی‌تواند پاسخ ژرف‌ترین پرسش‌های شما باشد و یا هرآنچه را که دنبالش هستید، به شما بدهد.» و این بدین علت است که این چیزها هیچ‌وقت از عهدهٔ چنین کاری برنمی‌آیند، و قرار هم نبوده که خدا باشند. اینها تنها هدیه هستند و بس.

جمع‌بندی

بیاموزید که آنها را همان‌طور که هستند، ببینید و متناسب با همان با آنها رفتار کنید. آنها را همه چیز خودتان نکنید، بلکه از آنها برای محبت کردن، نه فقط به خانوادهٔ خودتان بلکه به همسایگان، استفاده کنید. و از عهدهٔ این کار برخواهید آمد، زیرا به این شناخت رسیده‌اید که محبتی عظیم‌تر شما را آزاد ساخته تا به‌خوبی از پَس امور برآیید.

۱۵

استفادهٔ درست از حقوق

اول قرنتیان ۸:‏۱-۱۳

کسانی که با چنین رویکردی سراغ یک متن می‌روند، ممکن است بگویند: «اصلاً مشکل من با مسیحیت و کتاب‌مقدس همین است. آن چنان با فرهنگ باستان عجین است که دیگر ارتباطش را با زندگی ما از دست داده است.» «آخر من به خوراکی که تقدیم بت‌ها شده، چه‌کار دارم؟» «ستیزهای مذهبی دوران قدیم به من هیچ ارتباطی ندارد.» اما باید محتاط باشید تا در دام دو اشتباه زیرکانه‌ای که غرب مدرن دچار آنها شده، نیفتید. ۱) *خودستاییِ مبتنی بر موقعیت جغرافیایی*.[1] مطالب این بخش از نامهٔ پولس هنوز برای بسیار از مردم جهان صدق می‌کند. قرار گرفتن در وضعیت فردی که نمی‌تواند از این موضوعات چیزی بیاموزد، خیلی خطرناک است. ۲) *نخبه‌گرایی تاریخی*.[2] پرسش‌ها و راه‌حل‌های گذشته گنجینهٔ خرد و حکمتند. فقط اندیشمندان پرافاده معتقدند که از زمینه‌های مختلف تاریخی نمی‌توان چیزی آموخت. وقتی شخص مسیحی خود را ذاتاً از انسان‌هایی که در مکان‌ها و زمان‌های دیگر هستند باهوش‌تر نپندارد، آنگاه می‌تواند با فروتنی شروع به مطالعهٔ این متن کند.

متن مورد بررسی ما پرسشی کلیدی مطرح می‌کند: اعضای یک اجتماع که با انجیل شکل گرفته است، چگونه باید آزادی و امتیازات مسیحی خود را به‌کار ببرند؟ روش صحیح بهره‌گیری از حقوق‌مان چیست؟ اصطلاح ″حقوق″ به آزادی یا امتیازات اشاره دارد، نه به ″حقوق بشر″ روزگار مدرن. ما باز بحث‌مان را حول چند نکتهٔ کلیدی دنبال می‌کنیم.

- جوهرهٔ حقوق- ما چه حقوقی داریم؟
- هدف از حقوق
- تنظیمِ جهتِ حقوق- چگونه می‌توانیم از حقوق‌مان به‌درستی استفاده کنیم؟

---

1. Geographical Snobbery; 2. Historical Elitism

جوهرهٔ حقوق- ما چه حقوقی داریم؟

دنیا از حقوق، امتیازات و آزادی چه درکی دارد؟ دریای فرهنگی‌ای که این نسل در آن شنا می‌کند، بر شخصی‌سازی حقوق تأکید دارد. اعتقاد راسخ بر این است که فرد، مادامی که فرد دیگری را به مخاطره نیندازد یا به او آسیبی نزند، حق انجام هر کار دلخواه را دارد. «اگر من بخواهم گوشت قربانی‌شده برای بت‌ها را بخورم، به کسِ دیگری که با این قضیه مشکل دارد چه مربوط است؟- بگذار خودشان مشکل‌شان را حل کنند. این حق من است.» ابراز عقیده و تبلور بخشیدن به توانِ بالقوه، کالای اعلا هستند، و هر چیز که جلوی این حق را بگیرد، اساساً بد تلقی می‌شود.

از آنجایی که حقوق فردی‌شده قابل توجیه هستند، به‌ندرت پیش می‌آید که کسی مسئله "باید" و "می‌باید" را مطرح سازد. «آیا باید این را بخرم؟ آیا باید این را مصرف کنم؟ تبعات شخصی و اجتماعی این تصمیم چه هستند؟» آخرین باری که کسی هنگام تصمیم‌گیری این سؤالات را از خود پرسیده، کی بوده؟ در عوض، همیشه از "توانستن" استفاده می‌کنیم (که فحوای "باید" دارد). «آیا می‌توانم این را بخرم؟ آیا می‌توانم این را مصرف کنم؟ تبعات شخصی انجام ندادن یا نداشتن فلان چیز، چه هستند؟» بسیاری از مسیحیان قرنتس همان سؤال‌هایی را از خود می‌پرسیدند که مردمان امروزی می‌پرسند و آنها هم به‌دنبال هر فرصتی می‌گشتند تا حقوق و امتیازات فردی خود را توجیه کنند.

در کلیسای قرنتس دو گروه وجود داشت؛ یکی گروه آسان‌گیر (پیشرو) و دیگری سخت‌گیر (محافظه‌کار). این گروه‌ها دغدغه‌های متفاوتی داشتند. دغدغهٔ اصلی پیشروها آزادی شخصی بود، در حالی که محافظه‌کاران در پی اخلاقیات فردی بودند. این دغدغه‌ها وقتی به افراط و تفریط کشیده می‌شدند، یک گروه را به هرزگی و شهوت‌رانی و دیگری را به شریعت‌گرایی سوق می‌دادند. در آیه‌های مورد بررسی ما، پولس مستقیماً گروه آسان‌گیر را مورد خطاب قرار می‌دهد. و در آیاتی که پس از اینها می‌آیند، روی سخن خود را به سمت گروه سخت‌گیر می‌گرداند.

> و اما در خصوص خوراک تقدیمی به بت‌ها: می‌دانیم که «همهٔ ما اشخاص دانایی هستیم.» اما دانش مایهٔ تکبر است، حال آنکه محبت، بنا می‌کند. آن که گمان می‌کند چیزی می‌داند، هنوز چنان که باید نمی‌داند. اما آن که خدا را دوست می‌دارد، نزد خدا شناخته شده است.
>
> پس در خصوص خوردنِ خوراک تقدیمی به بت‌ها، می‌دانیم که در این جهان «بت چیزی نیست،» و «به جز یک خدا، خدایی دیگر نیست.» (آیه‌های ۱-۴)

پیشروها که با خوردن گوشت قربانی‌شده برای بت‌ها هیچ مشکلی نداشتند، ضمن توضیحی الاهیاتی دیدگاه‌های خود را برای پولس نوشته بودند، با این انتظار که از موضع آنان پشتیبانی کند. عبارت «همهٔ ما اشخاص دانایی هستیم» (آیهٔ ۱)، اشاره‌ای است به اعضای این گروه.

آنهـــا متوجه این مطلب بودند، چون تنها یک خدا وجود دارد، و در بت یا ورای آن هیچ چیزی نیست. این شـــناخت موجب شده بود که ایشان از عادت فرهنگی خوردن گوشت قربانی‌شده برای بت‌ها استقبال کنند، و حتی در صورت لزوم در معبد بت‌پرستان هم غذا می‌خوردند.

ســـخت‌گیرها از پولس توقع داشتند که به آسان‌گیرها واکنش تند نشان دهد، اما او عملاً خواســـت پیشـــروها را مبنی بر حمایت از حقوق و امتیازات‌شـــان به‌عنوان مسیحیان، تأیید می‌کنـــد. پولس در آیهٔ ۸ تأیید می‌کند که واقعاً هیچ فرقی نمی‌کند که فرد چه می‌خورد، چون «خوراک ما را به خدا نزدیک نمی‌سازد.» هیچ‌کس با نخوردن بدتر و با خوردن بهتر نمی‌شود. از آنجایی که همه چیز توســـط خدا آفریده شده (آیهٔ ۶)، در نهایت هیچ ماده‌ای در ذات خود بد نیســـت. پولس همین مطلب را در ۲۳:۱۰ چنین بیان می‌کند: «"همه چیز جایز است" - اما همه چیز مفید نیست. "همه چیز رواست" - اما همه چیز سازنده نیست.»

مسیحیانی که درک درستی از انجیل و مالکیت خدا بر دنیا دارند، متعصب و بسته نیستند. اگر کســـی با مسیحیتی روبه‌رو شـــده که عمدتاً روی ســـنجش رفتار متمرکز است و مرتباً اخلاقیات را زیر ذره‌بین می‌برد، و کارهایی که نمی‌توان انجام داد، تصویری ناقص و مخدوش از مسیحیت به او ارائه شـــده است. وقتی انجیل زندگی ما را دگرگون می‌کند، بت‌های سابق و ماهیت آنها را- اینکه بی‌حیات، بی‌وجود و جعلی‌اند- برای ما برملا می‌ســـازد. مســـیحیان نمی‌توانند با خوردن خوراک مجلل به منتهای رضایت و خرسندی برسند. با این‌حال، وقتی مردم این نکته را بفهمند، می‌توانند از خوراک نهایت لذت را ببرند. به همین ترتیب، مسیحیان نمی‌توانند در دست‌ســـاخته‌های بشـــر، همچون فیلم، رمان و موسیقی داستانی حیات‌بخش بیابند. پس خوراک و مشروب و دست‌ســـاخته‌های فرهنگی همچون هنر، موسیقی و فیلم، هیچ‌یک نباید در کانون زندگی مســـیحی قرار بگیرند. حرف پولس این است که: «شما مطلقاً آزاد هســـتید تا از حقوق خود در همهٔ این زمینه‌ها اســـتفاده کنیـــد.» حقوق و امتیازات ما در مسیح بسیار بیش از آن است که حتی بتوانیم تصور کنیم. با این تعبیر، قضیه به‌نوعی ترسناک می‌شـــود. ما از همه نوع آزادی برخورداریم. پولس در غلاطیان ۵ می‌گوید که ما آزاد شده‌ایم چون دیگر زیر یوغ اسارت نیستیم.

وقتی این نکته را درک کنیم، می‌توانیم از محصولات فرهنگی چنان بهره بگیریم که ما را به‌طرف انجیل ســـوق دهند. حقوق و امتیازات ما در مسیح بسیار بیش از آن هستند که حتی بتوانیم تصور کنیم. ما آن‌قدر آزادییم که باید باعث نگرانی‌مان شود، و سبب گردد که در مورد روش‌های استفاده از آن برای جلال خدا، درست فکر کنیم.

هدف از حقوق

اگر حقوق و امتیازات ما در مسیح آن‌قدر شگرفند و اگر او همهٔ مخلوقات را برای جلال خودش و بهره‌مندی ما، در جای مقرر قرار داده، پس منشـــأ بهت و هراس موجود در قرنتس چیســـت؟ منشـــأ بهت و هراس در کلیســـای روزگار مدرن، در زمینه‌ها و موارد به‌اصطلاح خاکستری چیست؟

با وجودی که پیشروها الاهیات درستی داشتند، اما وقتی پای عمل به میان می‌آمد، نکتهٔ اصلی را به‌کلی گم می‌کردند. آنان درک خود را از انجیل به‌شیوهٔ نادرستی به‌کار می‌بستند و از این‌رو طوری زندگی می‌کردند که با انجیل در تعارض بود. طبق آیه‌های ۱و۲، شناخت یا دانایی آنها- که از لحاظ نظری درست بود- باعث فخرشان شده بود. گروه آسان‌گیر می‌گفت: «خب، همهٔ ما داناییم»، اما پولس به ایشان می‌گفت: «شما از دانایی متکبر شده‌اید، اما آنچه بنا می‌کند محبت است.» کاربرد واژهٔ "دانستن" یا "شناخته‌شدن" چندین بار به‌کار رفته است (مثلاً، «اما آن که خدا را دوست می‌دارد، نزد خدا شناخته شده است»، آیهٔ ۳)، که نشان می‌دهد اعضای این گروه بر این واقعیت که زیاد "می‌دانند" تأکید داشتند. ولی پاسخ پولس به آنان چنین است: «باید هدفِ حقوق خود را بدانید، باید بدانید که این حقوق برای چه منظوری به شما داده شده‌اند».

اگر حقوق و امتیازات مسیحیان در مسیح این‌چنین شگرفند، پس چرا این‌همه بهت و هراس وجود داشت؟ چون قرنتیان اگرچه در مورد «همهٔ ما اشخاص دانایی هستیم» و «بت چیزی نیست» (آیه‌های ۱و۴) الاهیات درستی داشتند، اما مشکل این بود که الاهیاتِ درست در اعماق دل‌شان رسوخ نکرده بود. بدبختانه عاقبت کارشان به آنجا کشیده بود که از شدت دانایی باد کرده بودند، و از هدف حقوق‌شان هیچ درکی نداشتند و نمی‌دانستند که باید آنها را به‌سوی محبت متمایل سازد.

اما تکلیف کلیسا با زمینه‌های خاکستری چیست؟ برخلاف برنامهٔ غذایی یک شهر امروزی، گوشت در برنامهٔ غذایی یک قرنتسی قدیمی جایگاه چندان متداولی نداشت. گوشت در آن زمان خوراکی مطبوع به‌شمار می‌رفت- تنها ثروتمندان می‌توانستند به‌طور مرتب از عهدهٔ خرید آن برآیند. تقریباً همهٔ گوشت‌های خوراکی، از مراسم قربانی برای بت‌ها به سفرهٔ مردم راه می‌یافتند. قسمتی از گوشت قربانی را برای کاهنان کنار می‌گذاشتند، قسمتی را در خود معبد می‌خوردند، و مابقی را در بازار می‌فروختند. برای فقرا، تنها زمانی که امکان خوردن گوشت وجود داشت، برپایی اعیاد مربوط به بت‌ها بود. اساساً مسیحیان سخت‌گیر مورد بحث ما در این متن، که پولس از ایشان با عنوان کسانی یاد می‌کند که "وجدان ضعیف" دارند، احتمالاً افراد فقیری بودند که اخیراً به مسیح ایمان آورده بودند. آنها نمی‌توانستند مصرف گوشت مرتبط با پرستش خدایان دروغین را از آزادی‌های مسیحی جدا کنند. به احتمال زیاد مسیحیان آسان‌گیر (در قیاس با گروه سخت‌گیر) در مسیحیت سابقهٔ بیشتری داشتند و از نظر مالی هم تأمین بودند (یعنی اغلب گوشت می‌خوردند). ایشان "می‌دانستند" که چون فقط یک خدا وجود دارد، بنابراین بت‌های معبد واقعیتی در بر ندارند. آنها مصرف گوشت قربانی برای بت‌ها را نمونه‌ای از آزادی مسیحی تلقی می‌کردند.

صحبت از افراد متعصبی نیست که نخوردن و ننوشیدن را بر خوردن و نوشیدن ترجیح می‌دهند. بحث سر افرادی است که وسوسه می‌شدند خدایان دیگر را بپرستند و به سبک زندگی قدیم خود، یعنی به دورهٔ پیش از مسیحی‌شدن، بازگردند. موضوع این است که پیشروها به‌کلی هدف از آزادی مسیحی، یعنی *بنا کردن یکدیگر در محبت*، را گم کرده بودند.

منظور از حقوق و آزادی‌های مسیحی آن است که انسان را به‌سوی محبت سوق دهد! این چیزی نبود که در مورد برادران "قوی‌تر" اتفاق می‌افتاد. پولس ناگزیر است در آیهٔ ۷ اشتباهات آنان را خاطرنشان سازد: «اما همه را این معرفت نیست. زیرا بعضی تا کنون چنان به بت‌ها خو کرده‌اند که هنوز هم اگر چنین خوراک‌هایی بخورند، می‌پندارند خوراک تقدیم شده به بت‌ها را خورده‌اند؛ و از آنجا که وجدان‌شان ضعیف است، ملوث می‌شود» و همچنین در آیه‌های ۹-۱۱: «اما مواظب باشید اختیار شما باعث لغزش ضعیفان نشود. زیرا اگر کسی که وجدانی ضعیف دارد، تو را که در این باره از معرفت برخورداری، در حال غذا خوردن در بتخانه‌ای ببیند، آیا او نیز ترغیب نمی‌شود خوراک تقدیمی به بت‌ها را بخورد؟ بدین‌گونه، معرفت تو باعث هلاکت آن برادر ضعیف می‌شود که مسیح به‌خاطرش مرد.» پیشروها بدون در نظر گرفتن تأثیر اجتماعی اعمال‌شان، بر آزادی‌های خود تأکید می‌کردند.

این صرفاً یک پدیدهٔ قدیمی نیست. *آزادی شخصی به هیچ وجه موضوعی شخصی نیست.* اگرچه مردم دوست دارند باور کنند که اعمال‌شان بر اطرافیان، یا در مجموع بر جامعه تأثیری ندارد، اما چنین باوری ساده‌لوحیِ محض است. فرهنگ برآیند آزادی‌ها و حقوق فردی بی‌شماری است که با اهداف خوب یا بد اِعمال شده‌اند. هیچ‌کس نمی‌تواند در خلأ از حقوق خود بهره بَرَد. دیوید بروکس[1] در مورد ابراز عقیده دیدگاهی درخور تأمل دارد: «بسیاری از رهبران جنبش‌های اجتماعی و سیاسی دههٔ شصت و هفتاد، به‌طرزی ساده‌لوحانه می‌پنداشتند که وقتی محدودیت‌های قدیم برداشته و افراد آزاد شوند، خودبه‌خود راه‌های بهتر زیستن پدیدار می‌گردند. ولی در زندگی اوضاع به این سادگی هم نیست. اگر ما کار را با پایان دادن به هنجارهای اجتماعی آغاز کنیم، به‌زودی متوجه خواهیم شد که هنجارهای ارزشمندی نظیر نزاکت و ادب هم تضعیف خواهند شد. با سست کردن پیوندهای اجتماعی به منظور آزاد ساختن افراد برای اظهار عقاید شخصی‌شان، پیوندهای ارزشمند جامعه هم فرسوده خواهند شد ... از آنجا که دغدغهٔ دهه‌های شصت و هفتاد آزادی و فردگرایی مفرط بود، اکنون ما با تبعات این آزادی و فردگرایی مفرط مواجه‌ایم و باید با آن کنار بیاییم.» وقتی کسی از فکر دست‌شستن از آزادی‌هایش برای صلاح عمومی برافروخته می‌شود، نشانهٔ آشکار آن است که اسیر حقوق خود شده است.

حضور آیهٔ ۶ در میانهٔ این بحث، جالب است. این آیه یکی از برترین عبارات مسیح‌شناختی در کتاب‌مقدس به‌شمار می‌رود، که بر الوهیت مسیح تأکید دارد: «اما ما را تنها یک خداست، یعنی خدای پدر، که همه چیز از اوست و ما برای او زندگی می‌کنیم؛ و تنها یک خداوند است، یعنی عیسای مسیح، که همه چیز به‌واسطهٔ او پدید آمده و ما به‌واسطهٔ او زندگی می‌کنیم.» حروف ربط "از" و "برای" به یگانه‌خدا، یعنی خدای پدر اشاره دارند، و مفعول حرف ربط "به‌واسطهٔ" هم به یگانه‌خداوند، یعنی عیسای مسیح دلالت می‌کند. ریچارد باکهم، پژوهشگر کتاب‌مقدس می‌گوید: «خدا نه تنها عامل یا علت مؤثر آفرینش ("همه چیز از اوست")، و علت غایی و هدف همه چیزهاست ("ما برای او زندگی می‌کنیم")، بلکه "علت

1. David Brooks

سببی"[1] نیز هست ("همه چیز به‌واسطهٔ او پدید آمده")».[2] پس پولس آن چیزی را که باکهم "علت سببی" می‌نامد ("همه چیز به‌واسطهٔ او پدید آمده") و همیشه به خدا نسبت داده شده، در مورد عیسی به‌کار می‌برد. به‌عبارت دیگر، پولس تنها به این قانع نیست که عیسی را به عاملی یا شخصیتی میانجی و والا مرتبط سازد. این اظهار عقیده در بطن یکتاپرستی یهودی جای داشت، که در آن خدا تنها خدای واحد حقیقی بود. همان‌گونه که بارها در تثنیه ۶:۴ می‌بینیم- این آیه‌ای است که یهودیان روزی دو بار تکرار می‌کنند- «یهوه، خدای ما، خداوند یکتاست.» همهٔ واژه‌های "خداوند"، "خدا"، "ما" و "یکتا" در اول قرنتیان ۸:۶ یافت می‌شوند. «*ما* را تنها یک *خدا*ست، یعنی خدای پدر، که همه چیز از اوست و *ما* برای او زندگی می‌کنیم؛ و تنها یک *خداوند* است، یعنی عیسای مسیح، که همه چیز به‌واسطهٔ او پدید آمده و *ما* به‌واسطهٔ او زندگی می‌کنیم.» پولس این موضوع را پیش می‌کشد بدین‌معنی که خدا پسرش، عیسای مسیح را در الوهیتش شریک ساخته است. به همین ترتیب، عیسی هم قومش- جماعت خدا- را در جلالش سهیم می‌سازد. تمایز، محبت و شراکت متقابلی که در درون اجتماع تثلیث و میان خدای پدر و خدای پسر وجود دارد، اکنون مبنای اشتراک حقوق میان قوم خدا قرار می‌گیرد، که به‌جای آنکه حول محور برآوردن انتظارات خود بگردد، برآوردن نیازهای دیگران را مد نظر قرار می‌دهد.

این ما را به طرح این پرسش هدایت می‌کند که چگونه قرار است جهت‌مان را تنظیم کنیم؟ اگر هدف از حقوق ما متمایل شدن به سمت محبت است، پس تنظیم جهت به چه معناست؟ چگونه می‌توانیم به نقطه‌ای برسیم که از حقوق‌مان در جهت مقاصد مورد نظر استفاده کنیم؟ چگونه می‌توانیم درک انفرادی خود را از حق و حقوق، به درکی جمعی تبدیل کنیم؟ چگونه می‌توانیم تمایل خود را به کاربردِ درون‌گرایانهٔ حقوق، به تمایل برای کاربردِ برون‌گرایانهٔ آنها در راستای محبت تبدیل سازیم؟ چگونه می‌توانیم از یوغ اسارتِ آزادی‌های ظاهریِ خودمان رهایی پیدا کنیم؟

تنظیم جهتِ حقوق- چگونه می‌توانیم از حقوق‌مان به‌درستی استفاده کنیم؟

مسیحیان می‌توانند از آزادی بهره‌مند باشند، زیرا کسی دیگر به نیابت از ایشان، آزادی خود را قربانی کرده است. حقوق آنان حاصل چشم‌پوشیِ مسیح از کلیهٔ حقوقش می‌باشد. آزادی‌های ما از آنِ ما هستند، چون برادر بزرگ و نیرومند ما آزادی‌اش را صرف تأمین آزادی‌های برادران ضعیف و کوچک خود، یعنی ما نمود!

شناخت حقیقی از انجیل متضمن دو چیز است: نخست، امتیازاتِ ما مشترکند. «بدین‌گونه، معرفت تو باعث هلاکت آن برادر ضعیف می‌شود که مسیح به‌خاطرش مرد» (آیهٔ ۱۱). مسیح نمرد تا یک فردِ تنها را نجات بخشد؛ او به‌خاطر عروسش، قوم برگزیده‌اش، کلیسایش مرد.

1. Instrumental Cause; 2. Richard Bauckham, Jesus and the God of Israel (Grand Rapids: Eerdmans, 2008), p. 29.

حقوق هرگز به‌صورت انفرادی اِعمال نمی‌شـــوند، چون همواره بر اطرافیان تأثیر می‌گذارند. ما هرگز نباید تبعات جامعه‌شـــناختی صلیب را از یاد ببریم. مسئله این نیست که یک فرد چه می‌تواند یا نمی‌تواند بکند. مسئله بر سر نحوهٔ خدمت کردن به دیگران و زندگی کردن مطابق انجیل است.

دوم، عدم توجه به عروس مسیح یعنی عدم توجه به خودِ مسیح. زمانی که کسی نسبت به برادر خود مرتکب گناه می‌شود، نسبت به مسیح گناه می‌کند. «وقتی این‌چنین به برادران خود گناه می‌کنید و وجدان ضعیف‌شان را ملوث می‌سازید، همانا به مسیح گناه می‌کنید» (آیهٔ ۱۲). تعلیم عیسی مبنی بر اینکه «آنچه برای یکی از کوچک‌ترین برادران من کردید، در واقع، برای من کردید» (متی ۴۰:۲۵)، نه تنها در مورد کســـانی که بیرون از کلیسا هستند، بلکه در درون کلیســـا هم کاربرد دارد. چطور می‌توانیم بدانیم که آیا تبعات ژرف صلیب را دریافته‌ایم یا نه؟ وقتی که از حقوق خودمان به‌خاطر محبت نسبت به برادر/ خواهرمان، چشم‌پوشی کنیم. هر اندازه که از جان برای حقـــوق برادر/ خواهر ضعیف خود مایه بگذاریم و فداکاری کنیم، به همان اندازه کاربرد انجیل را دریافته‌ایم. «از این‌رو، اگر آنچه می‌خورم ســـبب لغزش برادرم می‌شـــود، تا ابد گوشت نخواهم خورد تا باعث لغزش او نشـــوم» (آیهٔ ۱۳). ما تنها زمانی به معنای واقعی کلمه آزادیم که از آزادی خود به نفع دیگران صرف‌نظر کنیم. بحث این نیســـت کـــه از چه چیزهایی می‌توان گریخت- بحث این اســـت که چطور می‌توان به بهترین نحو از آزادی خود به نفع دیگران استفاده کرد.

هدف از وحدت مـــا بازتاب‌دادنِ وحدت در ذات الوهیت اســـت. «... مـــا را تنها یک خداســـت، یعنی خدای پدر، که همه چیز از اوســـت و ما برای او زندگی می‌کنیم؛ و تنها یک خداوند اســـت، یعنی عیسای مســـیح، که همه چیز به‌واســـطهٔ او پدید آمده و ما به‌واسطهٔ او زندگی می‌کنیم» (آیهٔ ۶). همه چیز در مســـیح از آنِ ماســـت؛ از این‌رو هدف از همه چیز آن اســـت که در جهت خدمت به مسیح و پرستش او به‌کار گرفته شود. تنها انجیل به ما می‌گوید که آن‌قدر آزادیم که می‌توانیم به‌خاطر دیگران از حقوق خودمان صرف‌نظر کنیم. هویت ما با ابراز عقیدهٔ شخصی گره نخورده است- هویت ما با ابراز عقیدهٔ نهاییِ خدایی گره خورده که خود را در محبت فداکارانه متجلی ساخته است. پسر داوطلبانه خود را فدا کرد؛ کار او حاکی از انکار نَفْس و خودناچیزشـــمردنِ داوطلبانه بود. شخصی که از بیشترین حقوق برخوردار بود، به‌خاطر ما از تمام حقوق خود دست شست. این یعنی قدرت.

۱۶

گذشتن از حق وحقوق

اول قرنتیان ۹:۱-۱۸

مسـیحیان از هر فرقه و سنتی، هر یکشـنبه گرد هم می‌آیند تا به کلماتی از کتاب‌مقدس که قرائت و موعظه می‌شـوند، گوش فرادهند. ولی وقتی با خدا در کلامش مواجه می‌شوند، ممکن است چیزی غیرمنتظره بیابند. یکی از شگفت‌انگیزترین ویژگی‌های کتاب‌مقدس این است که بسیار ملموس، این-جهانی و واقعی است. البته این‌طور نیست که اصلاً نتوان عبارات اسرارآمیز و دگر-جهانی در جای جای این کتاب یافت. هرچه باشد ما با خدا سروکار داریم. ولی در مجموع کتاب‌مقدس در سـطحی انسـانی جلوه می‌یابد. این کتاب به زبانی ساده و دربارهٔ آدم‌های معمولی نوشته شده است که زندگی معمولی دارند و سعی می‌کنند با خدایی که مرتباً پا به میان این دنیا می‌گذارد سـروکار بیابند. مـا در کتاب‌مقدس در مورد مردمانی می‌خوانیم که با تردید و اندوه و درد و خشم دست به گریبانند. آشفتگی روبطی وجود دارد- عشـاقی که خیانت می‌کنند، دوستی‌هایی که در آسـتانهٔ فروپاشی قرار دارند، کلیساهایی که در شـرف تجزیه شدن هستند. کتاب‌مقدس خدایی را معرفی نمی‌کند که فقط کمک می‌کند یا مشـکلات زندگی روزمرهٔ انسـان‌ها را نادیده می‌گیرد و یا کلاً فراتر از آن است که به این مشکلات بپردازد. بلکه مُعرفِ خدایی است که در بطن مشکلات روزمره با انسان‌ها ملاقات می‌کند.

بنابراین، چه خوانندهٔ این کتاب مسـیحی مؤمن باشد، چه شکاک، و چه شخصی مردد، کتاب‌مقدس کتابی است که در دنیای او تبلور می‌یابد- در دنیای ما. کلیسای قرنتس در میانهٔ یک آشـفته‌بازار واقعی قرار داشت، و یکی از بزرگترین موضوعات مطرح در این کلیسا این بود که برای رهبر و بنیانگذارش، پولس، احترام چندانی قایل نمی‌شد.

در یک کلام، قرنتیان اعتقاد داشـتند که مستحق داشـتن رهبری از نوع خاص هستند، و پولس فاقد صلاحیت لازم برای این منظور نیست. ایشان احساس می‌کردند که دنیا باید حول

محور خواست‌ها، علایق و سلایق ایشان بگردد. آنها فکر می‌کردند *سزاوار* وضعیتی هستند متفاوت با آنچه در آن زندگی می‌کردند. آنان احساس می‌کنند که گویی پولس وفق دادن شخصیتش، سبک کارش، و شیوه‌های خدمتش را بدیشان *مدیون* است.

این متن روی مفهوم استحقاق متمرکز است و می‌توان آن را در سه بخش مورد بررسی قرار داد:

- خطرات استحقاق
- واقعیت‌های استحقاق
- گذشت کردن از حقوق مسلم

خطرات استحقاق

دورهٔ کنونی ما، "عصر استحقاق" نام گرفته است. البته نمونه‌های دهشتناکی از شکایات نوجوانان به گوش می‌رسد که از رنگ ماشینی که والدین‌شان به آنها بخشیده‌اند، راضی نیستند! نویسنده‌ای می‌گوید: «اگر به مرکز خرید یا کنسرت یا رستوران بروید، آنها را رها و افسارگسیخته خواهید یافت- بچه‌هایی که هرگز نه نشنیده‌اند، و حس قدرت و محق‌بودن‌شان نفس بیننده را بند می‌آورد- که در حال لگد زدن، پا کوفتن، دست پیچاندن، ریشخند کردن، و نالیدن به پدر و مادرانی هستند که سزاوار همنشینی با هیولاهایی هستند که خودشان به‌وجود آورده‌اند!»[1] اگرچه این قدری تند به نظر می‌رسد، اما مسئله‌ای است که همه کم‌وبیش تجربه کرده‌اند؛ نه در دیگران، بلکه بین خودشان.

تیم اوربان[2] در مقاله‌ای که در *هافینگتن پست*[3] منتشر کرده، این پرسش را مطرح می‌سازد: «چرا یاپی‌ها (Y)[4] نسلی ناخشنودند؟» اوربان اصطلاح جدیدی برای یاپی‌های نسل گروه سنی Y ابداع کرده است: سردمدارانِ نسل Y و یاپی‌های خاص، یا GYPSYs.[5] حالا سرواژهٔ او قدری با بداقبالی مواجه شده، چون واژهٔ جیپسی (کولی) بر یک گروه قومی واقعی دلالت می‌کند، ولی جدای از این، اوربان مدعی است که «GYPSY علامتی است منحصربه‌فرد برای یاپی‌ها، یعنی کسانی که فکر می‌کنند شخصیت اصلی یک داستان بسیار ویژه هستند.» GYPSYs حسی از "خوشبینی و امکان نامحدود" دارند. والدین این افراد به آنان گفته‌اند که می‌توانند هرچه دل‌شان می‌خواهد باشند، که این هویتِ خاص را در اعماق ضمیر این افراد می‌نشاند. در نتیجه، «هر GYPSY تصور می‌کند که برایش چنین مقدر شده که از همهٔ اطرافیان بهتر باشد.» «GYPSYs مشاغل عالی را حق مسلم افرادی استثنایی همچون خودشان می‌دانند».

---

1. Jean M. Twenge and W. Keith Campbell, The Narcissism Epidemic: Living in the Age of Entitlement (New York: Free Press, 2009), p. 77.; 2. Tim Urban; 3. Huffington Post

۴. Yuppie- اصطلاحی است که برای متولدین دهه ۱۹۸۰ به کار می‌رود و منظورش جوانان متخصص شهرنشین است که اکنون جزو نیروی کار به‌شمار می‌روند. ("Young urban professional")

5. Gen Y Protagonists & Special Yuppies (GYPSYs)

وقتی مردم خودشان را بازیگران اصلی روایت خاص خود از زندگی می‌بینند، کارشان به جایی می‌کشد که حس می‌کنند سزاوار یا مستحق چیزی هستند. «خب، *البته* قرار است که من به فلان دانشگاه بروم. هرچه باشد این داستان من است. البته که در پایان مزد سخت‌کوشی را خواهم گرفت. البته که ترفیع خواهم گرفت. البته که صاحب همسر خواهم شد، خانه‌ای خواهم خرید. خانواده‌ای بی‌نظیر خواهم داشت. فرزندانی خواهم داشت که حتی از خودم هم خودمحورتر و خودشیفته‌تر خواهند شد. *البته.* این است داستان من.» مشکل زمانی بروز می‌کند که حباب انتظارات بترکد. و همیشه این اتفاق می‌افتد.

به آنچه پولس در آیه‌های ۱-۳ می‌گوید، نگاه کنید:

آیا آزاد نیستم؟ آیا رسول نیستم؟ آیا خداوندمان عیسی را ندیدم؟ آیا شما ثمرهٔ کار من در خداوند نیستید؟ حتی اگر برای دیگران رسول نباشم، دستِ‌کم برای شما هستم؛ زیرا شما مهر تأیید رسالت من در خداوند هستید. من در برابر آنان که دربارهٔ من به قضاوت می‌نشینند، این‌چنین از خود دفاع می‌کنم.

آیهٔ ۳ تصویری از واقعه ترسیم می‌کند. «من در برابر آنان که دربارهٔ من به قضاوت می‌نشینند، این‌چنین از خود دفاع می‌کنم.» در زبان یونانیِ این متن از اصطلاحات قضایی استفاده شده است. قرنتیان پولس را به محاکمه کشیده بودند. آنها دارند از پولس بازجویی می‌کنند. او را در گوشه‌ای گیر انداخته‌اند و حالا وی ناگزیر است از خود دفاع کند.

همه می‌دانند که چطور دیگران را محاکمه کنند. وقتی کسی با روایت خاص ما از زندگی جور درنمی‌آید، او را مورد بازجویی قرار می‌دهیم، و با دقتِ جراح او را موشکافی می‌کنیم. تک تک کلمات ایمیل‌هایی را که فرستاده زیر ذره‌بین می‌گذاریم. خط به خطش را می‌خوانیم. هر پیامک او برای ما یک تهدیدِ انفجاری محسوب می‌شود. هر برخورد شخصی با او با تنش و سردی و لبخندهای زورکی همراه است. چرا ما این شخص را از فیلتری خاص می‌گذرانیم؟ چون به‌خاطر ناجور بودنش با داستان‌مان، او را به محاکمه کشیده‌ایم.

فیلترهای قضایی در واقع برای تصفیه کردن افراد از زندگی‌مان به‌کار می‌روند. قرنتیان هم دارند سعی می‌کنند، پولس را تصفیه کنند. آنها به چه چیزی حمله می‌کنند؟ از چه چیزهایی ایراد بی‌جا می‌گیرند؟ آیه‌های ۱و۲ سرنخ را به ما می‌دهند. «آیا آزاد نیستم؟» چنان که خواهیم دید، آنها به شیوه‌های خدمت پولس حمله می‌کنند. «آیا رسول نیستم؟» آنها به شغل و فراخواندگی او حمله می‌کنند. «آیا خداوندمان عیسی را ندیدم؟» آنها دارند صحت گفته‌های او و مبنای خدمتش را مورد حمله قرار می‌دهند. «آیا شما ثمرهٔ کار من در خداوند نیستید؟» آنها دارند نقش پولس را به‌عنوان واسطهٔ آوردن خبر خوش در مورد عیسی نادیده می‌گیرند یا انکار می‌کنند.

آنها در مورد چه چیزی احساس محق‌بودن می‌کردند؟

چرا قرنتیان پولس را مورد محاکمه قرار می‌دهند؟ در یک کلام، آنها احساس می‌کنند که سزاوار رهبر به‌خصوصی هستند، و حق دارند کنترل اوضاع را به‌دست بگیرند تا رهبری را

که دل‌شان می‌خواهد به‌دست بیاورند. رهبری که مورد نظر آنهاست، قوی، فصیح، تأثیرگذار، خوش‌ظاهر و به‌لحاظ فرهنگی مقبول است. آنها می‌خواهند با کسی همذات‌پنداری کنند که محترم و خوش‌نام باشد- کسی که بتواند پنجه در پنجهٔ فیلسوفان شهر بیفکند، کسی که از کاریزما و فصاحت کلام خطیبان معروفی که این اواخر در شهر رفت و آمد می‌کردند، برخوردار باشد. پولس هیچ‌یک از این خصوصیات را نداشت، و پیام آنها خطاب به پولس رسول اساساً این بود که یا رفتارت را مطابق میل ما اصلاح کن یا کنار برو- پولس، خودت را با روایت خاص ما از زندگی مطابقت بده، وگرنه دیگر با تو کاری نداریم.

چه تغییراتی از پولس انتظار داشتند؟

جالب اینجاست که - اگرچه به دلیل تفاوت‌ها و فاصلهٔ فرهنگی ما با قرنتیان درکش قدری برای‌مان دشوار است- آنها از اینکه پولس پولی از ایشان دریافت نمی‌کرد، ناراحت بودند. رهبران و سخنوران قوی، محبوب، و به لحاظ فرهنگی مقبول آن روزگار از طریق جمع‌آوری پول و اطراق در خانهٔ مخاطبان، گذران می‌کردند. ثروتمندان از این طریق در رابطه با رهبران‌شان اِعمال نفوذ می‌کردند. این کار آنها نوعی دِین و بدهی برای رهبران به‌وجود می‌آورد- و تضمینی بود برای اینکه هرچند رهبری جماعتی را بر عهده دارند، اما در نهایت برای امرار معاش/ آسایش خود به "حامی" خویش وابسته باشند.

بنابراین، قرنتیان به‌دنبال تضمینی برای برنده شدن در بازی هستند. آنها رهبری درخور احترام می‌خواهند تا با او همذات‌پنداری کنند، و در عین حال بتوانند بر او مسلط هم باشند. ولی با پولس، باخت‌شان تضمین می‌شد. پولس از آن‌دسته رهبران چرب‌زبان نبود که بتوان به‌راحتی با او ارتباط برقرار کرد، و آنها هم برای اِعمال سلطه بر او هیچ راهی نداشتند، چون او از ایشان پول نمی‌گرفت! پس بنابر استحقاق، ناگزیرند در وضعیت دست ببرند تا بتوانند پولس را از داستان خود تصفیه کنند.

مردمان امروزی، و حتی مسیحیان چندان هم با حس محق‌بودن بیگانه نیستند. البته که ما مستحق اضافه حقوق هستیم. البته که ما سزاوار احترامی بیشتر از سوی همقطاران‌مان هستیم. البته که ما استحقاق همسری را داریم که این‌طور عمل و آن‌طور عمل نکند، مخصوصاً در انظار عموم. البته که ما سزاوار توجه و مراقبت و محبت و معنا و هدفمندی هستیم. ما حق داریم مسافرت کنیم، در بهترین رستوران‌ها غذا بخوریم، و عکس‌هایی که در اینستاگرام می‌گذاریم، هزاران لایک بگیرند. این چیزی است که دنیا به ما بدهکار است. آیا هیچ‌کس دیگر نمی‌داند که این روایت خاص من از زندگی است؟

تابستان همان سالی که من از کالج فارغ‌التحصیل شدم، دورهٔ کارآموزی را در کلیسایی که یک ساعت‌ونیم تا خانه‌ام فاصله داشت، آغاز کردم. بدین‌ترتیب هفته‌ای سه بار مجبور بودم تا کلیسا رانندگی کنم. هنوز چیزی نگذشته بود که احساس حق و حقوق کردم. قرار نبود زندگی من این‌طوری باشد. آیا اینها هیچ خبر دارند که من برای خدمت به آنها چه ایثاری می‌کنم؟ چند هفته‌ای از کارآموزی نگذشته بود که زوج شیرینی که از چند سال پیش

می‌شناختم بالاخره شروع به دیدن اوضاع از زاویهٔ دید من کردند- مگر غیر از این‌هم امکان داشت؟- و به من پیشنهادی دادند: «ما قرار است جایی برویم. تو هم بهتر است کمتر در رفت و آمد باشی. می‌توانی برای یک هفته در خانهٔ ما بمانی و مراقب سگ‌های ما باشی، و یک نفس راحتی بکشی. یک عالمه هم خوراکی در یخچال هست. حتماً خوشت خواهد آمد.» در دلم گفتم: *خداوندا شکرت، بالاخره یک‌بار هم شده اوضاع بر وفق مراد من شد. می‌توانم گوشه‌ای لم بدهم، تلویزیون تماشا کنم، و حتی می‌توانم در کنارش، چند دلاری هم کاسب شوم.*

خب، بی‌پرده بگویم، آن یک هفته برایم جهنم بود. سگ‌های‌شان تازی‌هایی غول‌پیکر یا ترکیبی از آن با نژادی دیگر بودند. هرجا می‌رفتم، آنها هم باید کنارم می‌بودند. اگر به اتاقی می‌رفتم و در را می‌بستم، سگ‌ها عصبی می‌شدند. تمام شب پارس می‌کردند. چند بار در روز باید آنها را به پیاده‌روی می‌بردم، که طی آن، مرا به این‌طرف و آن‌طرف می‌کشیدند. دیگر لازم نیست برای‌تان بگویم که چطور یک‌شب یکی از سگ‌ها از خانه بیرون رفت و من مجبور شدم با پیژامه زیر باران یک ساعت‌ونیم دنبالش بگردم.

زمانی که سرانجام زوج شیرین، استراحت‌کرده و سرحال به خانه برگشتند، همهٔ تلاشم را کردم تا قیافهٔ "هفتهٔ بی‌نظیری بود" را به خودم بگیرم و داستان سگ فراری را هم زیر آن مخفی کنم. همچنان برای شنیدن یک "دستت درد نکند" خشک و خالی، یک کارت پستال تشکر، یا پاکتی که حاوی چند اسکناس باشد- چیزی که سزاوارش بودم- منتظر ماندم و انتظار کشیدم. البته که حقم بود آنها چیزی به من بدهند! حتی یک ۱۰۰ دلاری ناقابل هم کفایت می‌کرد. اما نه، هیچ خبری نشد. همین‌طور که داشتم به‌سمت خانهٔ خودم رانندگی می‌کردم، متوجه شدم که ما اصلاً دربارهٔ پول با هم صحبت نکرده بودیم، و آن‌وقت تازه خونم به جوش آمد. ناسپاس‌ها ...

طی مدتی که آنها در تعطیلات بودند، من مجبور بودم با آن دو هیولای دورگه سروکله بزنم. چطور به خودشان اجازه داده بودند که اینچنین از من سوءاستفاده کنند. من سزاوار چیزی بیش از اینها بودم! وضعیت مزبور با روایت خاص من از زندگی مطابقت نداشت!

اینها را برای شما گفتم تا خطر سه‌گانهٔ احساس محق‌بودن را برای‌تان تشریح کنم.

اول اینکه، *احساس محق‌بودن برداشت ما را از واقعیت تحریف می‌کند.* خودبینیِ اغراق‌آمیز ما را محق می‌سازد، و دیگران را بدهکار و مدیون. این دقیقاً همان چیزی است که در کلیسای قرنتس اتفاق افتاد. آنها نمی‌توانستند درست ببینند. فکر می‌کردند سزاوار رهبری به‌خصوص هستند، و پولس به آنها بدهکار است که یا خود را با معیارهای آنها سازگار کند یا کنار برود.

دوم، *احساس محق‌بودن توانایی ما را برای دریافت هدایا تضعیف می‌کند.* برای یک هفته به من اتاق رایگان داده بودند! در هزینهٔ بنزین و زمان رفت و برگشت هم صرفه‌جویی کرده بودم. ولی تنها چیزی که می‌توانستم ببینم، چیزهایی بود که *به من نداده بودند.* به قرنتیان انجیل و یکی از بزرگترین رهبران تاریخ کلیسا داده شده بود، اما حس محق‌بودن‌شان بر آن هدیه سایه افکنده بود. آنها از قدردانی یا ابراز آن عاجز بودند.

سومین خطر احساس محق‌بودن این است که *ما را با دنیا و دوستان، به ستیز می‌افکند.* این زوج عزیز و شیرین که تنها سعی داشتند به یک کارآموز بخت‌برگشته کمک کنند، به آدم‌های شرور داستان تبدیل شدند. آنها تبدیل به دشمن شدند. این امر در روابط زناشویی و دوستی‌ها و روابط کاری هم اتفاق می‌افتد. من اعتقاد دارم که در این زمینه محق هستم، تو به من بدهکاری؛ اجرای این نقش را به من بدهکاری و باید آن‌طور که من می‌گویم بازی کنی، و با این لحن که می‌گویم با من حرف بزنی. این وظیفهٔ تو است، اگر از نقشت پیروی نکنی، من هم کس دیگری را خواهم یافت تا جای تو را بگیرد. احساس محق‌بودن قاتل روابط است، و قطعاً قاتل روابط قرنتیان با پولس نیز بود. او از سناریوی آنان پیروی نمی‌کند. آنها هم بر ضدش برخاسته، محاکمه‌اش کرده‌اند، و اکنون زمان آن فرارسیده که پولس از خودش دفاع کند، و این دفاع است که ما را وارد بخش دوم بحث‌مان می‌کند.

واقعیت‌های استحقاق

حس محق‌بودنْ دیدگاه قرنتیان را نسبت به پولس مخدوش ساخته بود. آنها قادر نبودند او را به مثابه هدیه‌ای که به‌دیشان عطا شده بود، ببینند. پولس به هنگام ایراد دفاعیهٔ خود با توسل به جوهر استحقاق، پردهٔ پندار قرنتیان را در خصوص محق‌بودن پاره می‌کند. به آیه‌های ۴-۷ نگاه کنید:

> آیا حق نداریم بخوریم و بنوشیم؟ آیا حق نداریم همچون سایر رسولان و برادران خداوند و کیفا، خواهر دینی را به‌عنوان همسر همراه خود داشته باشیم؟ و آیا تنها من و برنابا هستیم که باید برای تأمین معاش خود کار کنیم؟ کیست که با خرج خود سربازی کند؟ کیست که تاکستانی غرس کند و از میوه‌اش نخورد؟ کیست که گله‌ای را شبانی کند و از شیر آن بهره‌مند نشود؟

پولس می‌گوید: «بسیار خب، شما می‌خواهید از حق و حقوق خودتان حرف بزنید؟ می‌خواهید دم از استحقاق بزنید؟ دربارهٔ چیزهایی که سزاوراش هستید؟ باشد. بگذارید من هم از حقوق خودم برای‌تان بگویم.» سپس ملاحظه را کنار می‌گذارد و اولین چیزی که به آنها می‌گوید، این است: «با شما موافقم.» «من هم حق دارم از شما پول بگیرم. در واقع، اجازه بدهید قضیه را برای‌تان بشکافم تا متوجه حق و حقوق من هم بشوید.» و بعد از آیه‌های ۴-۱۴ بحثی طولانی را پیرامون علت استحقاق داشتنِ خودش برای گرفتن پول در ازای خدمتی که به ایشان انجام می‌هد، مطرح می‌سازد.

مفسرانی همچون دیوید پرایر[1] در استدلال پولس پنج مرحله یافته‌اند. ما هم به این مراحل نگاهی اجمالی خواهیم انداخت. نخست، در آیه‌های ۴-۷ پولس به *امور عرفی* رجوع می‌کند. سربازان به خرج خودشان خدمت نمی‌کنند. کسانی که تاک پرورش می‌دهند، خود را از خوردن انگور و نوشیدن شراب آن تاکستان محروم نمی‌سازند. شبانان مجبور نیستند

1. David Prior

بابت اســتفاده از فراورده‌های شیری گلهٔ خود، پولی بپردازند. به همین ترتیب، پولس هم که مانند سربازی از کلیسای قرنتس نگاهبانی کرده، همچون باغبان به آن رسیدگی نموده، و مثل شبان آن را سرپرستی کرده بود، حق داشــت در ازای خدمت به قرنتیان از آنها پول دریافت کند. عرف چنین اقتضا می‌کرد.

مرحلهٔ دوم استدلال او را می‌توان در آیه‌های ۸-۱۰ یافت، آنجایی که پولس برای حقوق خود به‌عنوان خادم، *سند کتاب‌مقدسی* رو می‌کند.

> آیا این ســخنم سخنی صرفاً انسانی است؟ آیا شریعت نیز چنین نمی‌گوید؟ زیرا در شــریعت موســی آمده که «گاوی را که خرمن می‌کوبد، دهان مبند.» آیا خدا در فکر گاوهاســت؟ آیا این را دربارهٔ ما نمی‌گوید؟ بله، به یقین، این کلام برای ما نوشــته شده است، زیرا هنگامی که کســی زمین را شخم می‌زند، و یا خرمن می‌کوبد، باید امیدوار باشد که از محصول بهره‌ای برد.

در اینجا پولس به تثنیه ۴:۲۵ اســتناد کرده، نشان می‌دهد که کارگران، و حتی نیروی کار غیرانسانی هم حق دارند از حاصل دسترنج‌شان بهره ببرند.

او در آیه‌های ۱۱و۱۲الف به *عقل سلیم* توسل می‌جوید: «اگر ما بذر روحانی در میان شما کاشــتیم، آیا امر بزرگی است که محصولی مادی از میان شما برداشت کنیم؟ اگر دیگران حق دارند که به لحاظ مادی حمایت‌شــان کنید، آیا ما بیشتر حق نداریم؟» حرف پولس این است که: «این با عقل و منطق شــما هم سازگار است. درست می‌گویید. من استحقاق دریافت پول را از شــما دارم. روال کار دنیا چنین است. اگر برای کاری وقت صرف کرده‌ای، باید مزدش را بگیری.»

اما افزون بر امور عرفی، ســند کتاب‌مقدســی و عقل سلیم، استناد پولس به *رسم مذهبی* است. «آیا نمی‌دانید آنان که خدمت معبد را می‌کنند، خوراک‌شان از معبد تأمین می‌شود، و نیز خادمان مذبح از آنچه بر مذبح تقدیم می‌شود، نصیبی می‌یابند؟» (آیهٔ ۱۳). پولس می‌گوید که دین را در نظر بگیرید، هر دینی را. به معبد یهود بروید، یا همین‌طور سر راه به بتکدهٔ آپولو یا اوکتاویا در قرنتس ســری بزنید، و همین امر را مشاهده خواهید کرد. کاهنان از شغل کهانت امرار معاش می‌کنند.

و اگر هنوز کافی نیســت، پولس در آیهٔ ۱۴ با استناد به سخنان خود عیسی استدلالش را قوام می‌بخشــد: «به همین سان، خداوند حکم کرده است که معاش واعظان انجیل، از انجیل تأمین شــود.» احتمالاً پولس متی ۱۰:۱۰ را مد نظر داشــته است. نکته این است که پولس با قرنتیان موافق است!

او حق دارد از آنها پول دریافت کند. عرف، پیشینهٔ کتاب‌مقدسی، عقل سلیم، رسم مذهبی و حتی خود عیسی، همگی پشتوانهٔ استدلال او به‌شمار می‌روند.

پس اســتحقاق، دارای جوهر و واقعیت اســت. همهٔ ما انســان‌ها از حقوقی اساسی و سلب‌ناشــدنی برخورداریم، و جامعه تنها زمانی کارایی دارد کــه ما از حقوق خود بهره‌مند

باشیم. ما حقوق ملی داریم که در چارچوب آنها زندگی می‌کنیم. ما استحقاق قانون را داریم. ما حق داریم برده نباشیم. ما سزاوار نیستیم دروغ بشنویم. مستحق نیستیم مورد خیانت قرار بگیریم. ما سزاواریم که در ازای کاری که انجام می‌دهیم، مزدی شایسته بگیریم.

ولی پیش از آنکه بیش از حد به‌خاطر حق و حقوق خودمان به هیجان بیاییم، باید مراقب باشیم که در این زمینه زیاده‌روی نکنیم. مردم سزاوارند که به‌خاطر دروغگویی مجازات شوند. آنها مستحق‌اند که به‌خاطر خیانت مورد سرزنش قرار بگیرند. آنها استحقاق دارند که به‌خاطر دریافت مزد کاری که انجام نداده‌اند، اخراج شوند. به‌عبارت دیگر، دنیای حقوق و استحقاق بدین‌خاطر امن است که در آن دو کفهٔ ترازو با هم برابرند، ولی خطرناک هم هست، چون در آن دو کفهٔ ترازو با هم برابرند.

کارکرد استحقاق تنها زمانی درست است که کفه‌های ترازو کاملاً برابر باشند. ما محق‌ایم که دروغ نشنویم، و البته دیگران هم همین حق را نسبت به ما دارند؛ پس اگر ما به دیگران دروغ بگوییم، سزاوار مجازات هستیم. البته مردم هزار راه برای فرار از قوانین می‌یابند. ما همیشه دروغ‌های کوچک مصلحت‌آمیز را نادیده می‌گیریم. ولی اگر مردم اصل استحقاق را به‌طور کامل رعایت کنند، همهٔ جوانب موضوع را در نظر بگیرند، کفه‌های ترازو با هم برابر باشند و از همهٔ حقوقی که دارند استفاده کنند، آن‌وقت باید برای هر خطایی مجازات را به موقع اجرا بگذارند.

از یک زاویه شاید این عین عدالت به نظر برسد، اما از چشم‌اندازی دیگر، به زندان می‌ماند. اگر بخواهیم طبق واقعیتِ اصل استحقاق زندگی کنیم، در جهان‌بینیِ ساختِ خودمان دست‌بسته و گرفتار خواهیم شد.

مردم شدیداً در سودای زندگی در جهانی به‌سر می‌برند که وابسته به امتیازات نیست، موضوع جلو زدن، حساب و کتاب، این به آن در، به‌دست آوردن و استحقاق نیست. مردم دوست دارند در دنیایی زندگی کنند که در آن دائماً مجبور نباشند با ترفندهای خلاقانه و تجدیدنظرطلبانه، اعتبار خود را تقویت کنند و بر اشتباهات خود سرپوش بگذارند، زیرا از قرار گرفتن در جایگاه متهم، تا حد مرگ می‌ترسند. همهٔ ما می‌خواهیم در جهانی زندگی کنیم که در آن ناگزیر نباشیم از دوستان، خانواده و رهبران، ظالمانه بخواهیم طبق نقشی که برای‌شان طرح کرده‌ایم، رفتار کنند. دل‌مان می‌خواهد از تصویه کردن مردم از زندگی‌مان، دست بکشیم. می‌خواهیم که مردم هم دیگر ما را از زندگی‌شان تصویه نکنند!

اما با قاطعیت بگویم که *اگر رویکرد اصلی ما در زندگی رویکرد احقاق حق باشد، دیگر دنیایی وجود نخواهد داشت.* چنان دنیایی وجود نخواهد داشت که در آن همهٔ ما بازیگران اصلی باشیم و همه چیز حول محور روایت خاصِ ما از زندگی بچرخد. اگر زندگی اساساً مبتنی بر خواستهٔ ما باشد، یعنی: آنچه من می‌خواهم، آنچه من نیاز دارم، آنچه من سزاوارش هستم، آنچه حق من است، آنچه حق دارم از دیگران مطالبه کنم؛ آن جهان آرمانی که ما صلح‌آمیز، شکوفا، هماهنگ، اقناع‌کننده و زیبا توصیفش می‌کنیم، هرگز نمی‌تواند وجود داشته باشد.

تنها دنیایی که به‌راستی آزاد است- دنیایی که ما دوست داریم در آن زندگی کنیم- دنیایی است که در آن ما از دست خودمان آزاد باشیم. آزاد از امتیازدادن‌های مداوم، کارت‌زدن‌های پیاپی، جلسهٔ تفهیم ضوابط، تلنبارکردنِ دستاوردها، بازبینی اعتبارات؛ دنیایی که خودمان برای خود ساخته‌ایم. ما در تلاش برای چسبیدن به حق و حقوق‌مان، برای خود نقش‌هایی نوشته‌ایم که نمی‌توانیم از عهدهٔ ایفای‌شان برآییم! همچنین از عهدهٔ ایفای نقش مطابق آنچه دیگران برای ما نوشته‌اند نیز برنخواهیم‌آمد.

حقوق و استحقاق ما را سخت مقید ساخته‌اند. آیا راهی برای خلاصی از این قید و بند هست؟ آیا جهانی موازی وجود دارد که در آن مردم ناچار به چسبیدن به حقوق خود نباشند؟ در کجا می‌توانیم دیگران را، حتی با وجودی که دوست‌داشتنی نیستند، دوست بداریم؟ در کجا دیگران می‌توانند ما را، با وجودی که دوست‌داشتنی نیستیم، دوست بدارند؟ در کجا می‌توانیم به مردم، بدون اینکه استحقاقش را داشته باشند، چیزی بدهیم؟ در کجا دیگران می‌توانند به ما، بدون اینکه حتی استحقاقش را داشته باشیم، چیزی بدهند؟ در کجا می‌توانیم کسانی را که حقوق ما را زیر پا گذاشته‌اند، ببخشاییم؟ در کجا دیگران می‌توانند ما را که حقوق‌شان را زیر پا گذاشته‌ایم، ببخشایند؟

پولس نکتهٔ مورد بحث خود را پیش می‌برد، و ما هم رویکرد او را در جمع‌بندی خود، بررسی می‌کنیم.

گذشتن از حقوق مسلم

پولس تازه دفاعیهٔ پنج‌مرحله‌ای خود را در باب حقِ تأمین زندگی از راه موعظهٔ انجیل، به پایان رسانیده است. نقطهٔ عطف جالب زمانی رخ می‌دهد که پولس می‌گوید حتی با وجودی که از همهٔ این حقوق برخوردار است، اما ترجیح نمی‌دهد از آنها استفاده کند. او در آیهٔ ۱۲ می‌گوید: «اگر دیگران حق دارند که به لحاظ مادی حمایت‌شان کنید، آیا ما بیشتر حق نداریم؟ اما ما از این حق بهره نجستیم، بلکه به هر چیز تن دردادیم تا مانعی بر سر راه انجیل مسیح ننهاده باشیم.»

در این متن اگر تنها یک نفر سزاوار باشد، آن شخص پولس است؛ با این‌حال او می‌گوید که به بهره‌گرفتن از حقوقش هیچ علاقه‌ای ندارد. او حقوقی دارد، اما علاقمند نیست از آنها استفاده کند. به بیانی دیگر، نمی‌خواهد از موقعیت و عنوان و تبارش به‌عنوان اهرم نفوذ بهره‌برداری کند. او بیشتر علاقمند به کاری است که باید انجام دهد (یعنی موعظه کردنِ انجیل مسیح)، تا باد به غبغب انداختن و استفاده از مزایایی که این موقعیت برایش به‌دنبال دارد، و البته پاداش مالی هم قسمتی از این مزایا به‌شمار می‌رود.

پولس را چه شده است؟ او چطور توانست به چنین آزادی‌ای دست پیدا کند؟ او عملاً به پول پشت پا می‌زند. او دارد با الگویی جدید کار می‌کند، الگویی که درکش برای ما تقریباً غیرممکن است. آیه‌های ۱۵-۱۸ به درک آنچه که دارد برای پولس روی می‌دهد، کمک می‌کنند:

> اما من از هیچ‌یک از این حقوق بهره نگرفتم و این را نیز نمی‌نویسم تا در حقم چنین کنید. مرگ را بر آن ترجیح می‌دهم که کسی این مایهٔ فخر را از من بگیرد. زیرا نمی‌توانم از بابت بشارت انجیل فخر کنم، چرا که ناگزیر از آنم؛ بلکه وای بر من اگر بشارت ندهم! زیرا اگر به اختیار این کار را انجام می‌دادم، از پاداش برخوردار بودم؛ ولی اگر به اختیار نباشد، فقط انجام وظیفه می‌کنم. در این حالت، چه پاداشی می‌توانم داشته باشم؟ تنها اینکه انجیل را به رایگان بشارت دهم و از حق خود در آن بهره برنگیرم.

پولس در آیهٔ ۱۵ تصریح می‌کند که طی موعظاتش در تلاش پنهانی برای به‌جیب‌زدنِ پول قرنتیان نبوده است. در واقع، او مدعی است که بیشتر ترجیح می‌دهد بمیرد تا اینکه از آنها پول دریافت کند. آیه‌های ۱۶و۱۷ از فراخواندگی پولس به‌عنوان رسول پرده برمی‌دارند. به او "مباشرتی" سپرده شده است. کسی دیگر گنجینه‌ای به او داده که وی مسئول محافظت، سرمایه‌گذاری و مباشرتِ آن است. این گنجینه همان انجیل است. او *ناگزیر* به موعظهٔ انجیل است. گزینهٔ دیگری پیش روی او قرار ندارد. لحن او در آیهٔ ۱۶، آنجایی که می‌گوید «وای بر من ...»، یادآور لحن انبیای عهدعتیق است. «وای بر من اگر بشارت ندهم!» از نظر پولس، موعظهٔ انجیل- فراخواندگی و رسالت او- امری اختیاری یا گزینشی نیست.

با این‌حال، آنچه پولس در مورد آن حق انتخاب دارد، بهره‌گرفتن از حقوق و چیزهایی است که استحقاقش را دارد. و آن چیست که به پولس امکان داده تا از حقوقش دست بکشد، چرخهٔ استحقاق را درهم‌بشکند، بدون مزد کار کند، شکوه و جلال رهبریِ قدرتمند و بافصاحت را ترک گوید، تا خودش باشد؟ تنها در یک جمله می‌توان گفت، *او چیزی بهتر از حق و حقوقش یافته است.*

او الگویی تازه کشف کرده و فهمیده است که دیگر خودش در مرکز زندگی قرار ندارد. او روایت خاص خود از زندگی و همهٔ مطالبات آن روایت را به سود روایتی تازه کنار گذاشته است؛ در این روایت تازه کسی دیگر در مرکز زندگی قرار دارد. آیهٔ ۱۸ دلیل پولس برای دور انداختنِ نقشِ خودمحورانه را بیان می‌کند: «در این حالت، چه پاداشی می‌توانم داشته باشم؟ تنها اینکه انجیل را به رایگان بشارت دهم و از حق خود در آن بهره برنگیرم.»

پولس پاداشی ارزشمندتر از حقوق خودش یافته است. او از رایگان بودن انجیل به وجد آمده است. او فریاد می‌زند: «رایگان است. همهٔ دنیای شما در خرید، پرداخت، کسب، شایستگی و استحقاق خلاصه شده است. انجیل مطابق این معیارها عمل نمی‌کند- انجیل رایگان است؛ و من می‌خواهم شما این موضوع را خوب بفهمید- می‌خواهم که این خبر خوش را شخصاً تجربه کنید- اینکه من به روشی زندگی می‌کنم که کل نظام شما را زیر سؤال می‌برد. من دیگر طبق سناریوی معمول بازی نمی‌کنم، و این شما را مستأصل می‌کند، اما باید بفهمید که بازی استحقاق بی‌معناست!»

چه خبری باعث می‌شود که شخص تن به کاری رایگان و بدون مزد بدهد؟ چه سخنانی باید بشنویم تا دست از نقش بازی کردن برداریم؟ باید به ما چه بگویند تا از حقوق‌مان بگذریم؟ چه پیامی لازم است تا نقش‌هایی را که برای همسر، فرزندان، خانواده، دوستان و همکاران‌مان نوشته‌ایم، پاره کنیم و دور بریزیم؟ به چه قیمتی حاضر می‌شویم سِمتِ کارگردانیِ روایت خودمان را از زندگی ترک کنیم؟ این همان چیزی است که ما بدان نیازمندیم! کسی باید ما را از روی صندلی کوچک و احمقانهٔ کارگردانی، که هر روز صبح رویش می‌نشینیم تا دنیا دور ما بگردد، بلند کند.

چه نوع انجیلی را باید بشنویم تا دست از احساس محق‌بودن برداریم؟ ما باید این پیام را بشنویم: دست از تلاش برای به‌دست آوردن، خریدن، و سزاوار بودن، بردار! «بفرما، این را بگیر! رایگان است».

حس امنیتی که ما سعی داریم به‌دست بیاوریم، حسی است که باعث شده روایتی خاص خود را از زندگی بخریم؛ «این را بگیر! رایگان است.» محبت و عطوفتی که کوشیده‌ایم با انتخاب دقیق کلمات و با نیروی ارادهٔ محض بخریم؛ «این را بگیر! رایگان است.» احترام و منزلتی که نومیدانه آرزویش را در سر می‌پرورانیم و باعث شده که به‌خاطرش دانشگاه برویم و هفته‌ای ۷۰ ساعت کار کنیم؛ «این را بگیر! رایگان است.»

اینها ادعاهای عجیبی هستند، اما ادعاهای عجیب انجیلِ رایگانی هستند که ما در کلام خدا بدان برمی‌خوریم. در این کلام ما می‌آموزیم که عیسای مسیح، کسی که از نهایت سزاواری برخوردار بود، به‌طرزی رازآمیز و از سر لطف ترجیح داد وارد سناریوی دنیای ما شود. او آمد تا به رهایی از روایتِ خاص ما از زندگی، موعظه کند. او آمد تا به رهایی از احساس محق‌بودن و خودمحوری موعظه کند. و ما چه کردیم؟ او را محاکمه کردیم. او را مورد بازخواست قرار دادیم و مجرمش یافتیم. ما او را از زندگی‌مان تصویه کردیم؛ از سناریوی خودمان حذفش کردیم. او برای سازوکار استحقاق ما و خودمحوری‌مان چنان تهدیدی به‌شمار می‌رفت که باید جلویش را می‌گرفتیم. ما او را زدودیم. حذفش کردیم. و او درست در لحظه‌ای که می‌توانست از حقوقش استفاده کند و از صلیب فرود بیاید، درست در لحظه‌ای که می‌توانست عملاً کل جهان را مطابق میل خودش کارگردانی کند، به این حذف شدن تن داد.

با وجود این- راز رازها و حکمتِ حکمت‌ها- چنانکه کتاب‌مقدس هم بدان اشاره می‌کند، برخلاف انتظار، در همان لحظه‌ای که ما داشتیم بدترین کارگردانی را می‌کردیم، یعنی لحظه‌ای که پسر خدا را کشتیم، همان لحظه خدا سناریوی تاریخ را از نو نوشت. و یک‌بار، و برای همیشه با رستاخیز عیسی اثبات می‌کند که در واقع، این ما نیستیم که داستان را می‌نویسیم. هرگز هم نبوده‌ایم. ما فریب خورده‌ایم، اغفال شده‌ایم، گول خورده‌ایم که تصور می‌کنیم دنیا را ما می‌گردانیم. ولی در عیسای مسیح، گردانندهٔ حقیقیِ جهان همهٔ دست‌ها را رو کرده است. و دست بر قضا این بهترین خبر ممکن است.

دست‌ها رو شده است. بازی تمام شد. هرآنچه سعی کرده‌ای بخری، اکنون به رایگان در اختیارت قرار دارد. «ای جمیع تشنگان نزد آبها بیایید، و همهٔ شما که نقره ندارید بیایید

بخرید و بخورید. بیایید و شراب و شیر را بی‌نقره و بی‌قیمت بخرید» (اشعیا ۱:۵۵). این انجیلِ رایگان است.

و همین انجیلِ رایگان است که ما را از قید حقوق‌مان آزاد می‌سازد. آزادیم تا از روی صندلی کارگردانی برخیزیم. و این بدان معناست که تازه شروع به درک صحیح جهان، بدون حس خودبزرگ‌بینی یا محق‌بودن، می‌کنیم. آزادیم تا دست از نقش‌نویسی برای اطرافیان برداریم چون دیگر لازم نیست که برای راضی کردن ما نقش‌های خاصی ایفا کنند. می‌توانیم آنها را از قید خودشان آزاد سازیم. می‌توانیم به‌جای متهم ساختن و زیر فشار گذاشتن‌شان برای اینکه به موجودات دلخواه خودمان تبدیل شوند، با آنها وارد رابطه شویم.

انجیلِ رایگان به ما امکان می‌دهد که دست از محاکمه کردنِ دنیا برداریم. می‌توانیم کسانی را هم که سعی دارند برای ما نقش بنویسند، ببخشیم و برای آنها هم جا باز کنیم. جالب اینکه، با چشم‌پوشی از حقوق خودمان، این توانایی را خواهیم یافت تا از حقوق دیگران دفاع کنیم. می‌توانیم برای عدالت بجنگیم، نه برای خودمان، بلکه برای دیگران. می‌توانیم مهارت‌های کارگردانی خودمان را به نفع همسایه‌مان به‌کار ببریم، چون به این نتیجه رسیده‌ایم که هرگز گردانندهٔ واقعی زندگی خودمان نبوده‌ایم.

انجیلِ رایگان به ما امکان می‌دهد که خود زندگی را همچون موهبت- هدیه‌ای که نه سزاوارش هستیم و نه به‌دست آوردنی یا خریدنی است- دریافت کنیم.

دعای من این است که این انجیل پرعمق و شگرف و رایگان ما را در مسیری که قرار داریم متوقف کند تا عیسی را ببینیم که وارد تالار مبادلات استحقاق ما شده، اعلام می‌کند: «دیگر دست‌ها رو شده! همه چیز رایگان است».

۱۷

یک شهادتِ تأثیرگذار

اول قرنتیان ۹:۱۹-۲۷

متن مورد مطالعهٔ ما، یکی از قسمت‌هایی است که خوانندگان احتمالاً با آن آشنا هستند، زیرا یکی از عبارات اصلی در ارتباط با شهادت مسیحی در دنیا، به‌شمار می‌رود. کسی که خود را مسیحی می‌خواند، و چیزهایی هم دربارهٔ اهمیت شاهد بودن آموخته، لابد ایمان دارد که چیزی مهمتر از شهادت دادن وجود ندارد. اما زمانه عوض شده و فرهنگ کنونی ما با آنچه که حتی یک دهه پیش رواج داشت، تفاوت‌های بسیار دارد. با در نظر گرفتن این تفاوت، بیشتر چیزهایی که ما دربارهٔ شهادت دادن آموخته‌ایم، باید از نو مورد بازبینی قرار بگیرند، و این متن دقیقاً برای چنین کاری مفید است. از سوی دیگر، برای شک‌گرایان کنجکاو، موضوع شهادت مسیحی بیشتر موضوعی نامعقول به نظر می‌رسد تا غیرسودمند. از شهادت دادن، بوی زور و اجبار و استعمارطلبی برمی‌آید، و این چیزی است که بسیاری از مردمان امروزی نمی‌توانند در مورد دین برتابند. باید اقرار کرد که زور و اجبار و استعمارطلبی دیگر در مباحث مدنی هیچ جایی ندارند. اما خبر خوش آنکه این دقیقاً شهادتی است که مد نظر کلیسا نیست. شهادت مسیحی، متقاعد کردن است نه مجبور کردن، جذب فرهنگی است، نه استعمارطلبیِ فرهنگی، و هر دوی اینها- یعنی متقاعد کردن و جذب فرهنگی- از ارکانِ بنیادین جامعهٔ تکثرگرا به‌شمار می‌روند. بذل توجه به موضوع شهادت- دستِ‌کم آن نوع شهادتی که ما در اینجا مد نظر داریم- برای همگان، صرف‌نظر از باور دینی‌شان، اهمیت دارد زیرا روشی است که ما به‌وسیلهٔ آن در دنیا با دیگران تعامل می‌کنیم. پس بهتر است که در مورد بهتر انجام دادن این تعامل قدری اندیشه کنیم. متن مورد بررسی این فصل سه رویکرد یا واقعیت را ارائه می‌دهد که لازم است برای شهادت مؤثر، آنها را مورد ملاحظه قرار داد.

- چابکيِ لازم برای وارد شدن
- انضباط لازم برای پایداری
- هدف لازم برای دنبال کردن

چابکيِ لازم برای وارد شدن

پولس در آیه‌های ۱۹-۲۲ می‌گوید:

زیرا با اینکه از همه آزادم، خود را غلام همه ساختم تا عده‌ای بیشتر را دریابم. نزد یهودیان چون یهودی رفتار کردم، تا یهودیان را دریابم. با آنان که زیر شریعتند همچون کسی که زیر شریعت است رفتار کردم تا آنان را که زیر شریعتند دریابم- هر چند خود زیر شریعت نیستم. نزد بی‌شریعتان همچون بی‌شریعت رفتار کردم تا بی‌شریعتان را دریابم- هر چند خود از شریعت خدا آزاد نیستم بلکه به شریعت مسیح پایبندم. با ضعیفان، ضعیف شدم تا ضعیفان را دریابم. همه‌کس را همه چیز گشتم تا به هر نحو بعضی را نجات بخشم.

مردمی که در شهر قرنتس زندگی می‌کردند به دو گروه تقسیم می‌شدند- «اهل شریعت» و «بی‌شریعتان»- یهود («اهل شریعت») و غیریهود («بی‌شریعتان»)، که عمدتاً یونانی بودند. این دو گروه با یکدیگر تفاوت‌های فاحشی داشتند. امیدها و آرزوهاشان با هم فرق داشت، مسائل و مشکلاتی که با انجیل داشتند متفاوت بود و همین تفاوت‌ها بر شهرشان استیلا یافته بود. و به دلیل همین تفاوت‌های فرهنگی بود که پولس اولویت اصلی خود را نه تنها درک این دو چشم‌انداز از دنیا، بلکه ورود به اعماق زندگی آنان قرار داده بود. در واقع، پولس چنان در عمق هر دو فرهنگ یهودی و یونانی غور کرده بود که هر دو جزو وجودش شده بود و می‌توانست هر دو فرهنگ را از درون ببیند. به گمانم، وقتی او در آیه‌های ۲۰ و ۲۱ می‌گوید: «با آنان که زیر شریعتند همچون کسی که زیر شریعت است رفتار کردم ... و نزد بی‌شریعتان (یونانیان) همچون بی‌شریعت رفتار کردم تا بی‌شریعتان را دریابم»، منظورش همین است. او فقط آنها را درک نمی‌کرد، بلکه یکی از خودشان شده بود. «همه کس را همه چیز گردیدم تا به هر نوعی بعضی را برهانم» (آیۀ ۲۲). به‌طور قطع چنین کاری نیازمند مهارت و چابکی بسیار در این زمینه است. و این دقیقاً همان چیزی است که پولس در وجود خود پرورش داده بود.

آیا مسیحیان چنین چابکی‌ای را در خود پرورش می‌دهند و آن‌قدر در فرهنگ شهرهای‌شان غور می‌کنند که بتوانند آن را از درون نظاره کنند؟ آیا ژرف‌ترین امیدها و آرزوهای همسایگان خود را احساس می‌کنند؟ آیا با مسائل آنها آشنا هستند و از ایراداتی که دربارۀ مسیحیت می‌گیرند، خبر دارند، و می‌توانند به‌گونه‌ای سخن بگویند که برای مردم واقعاً قابل‌فهم باشد؟ یا اینکه چنان در قلمرو بسته و کوچک مسیحيِ خود محبوس و چنان از شهر و فرهنگ

مردم جدا شده‌اند که از امیدهای آنان چیزی نمی‌دانند، و برای انتقال حقیقت بدون استفاده از واژگان مسیحی، مستأصل‌اند؟

از این سبب، توجه به موضوع مورد بحث ما حائز اهمیت است. زمانی که لسلی نیوبیگین[1] میسیونر نامدار سدهٔ بیستم، بریتانیا را به مقصد هندوستان ترک می‌کرد، مسیحیت در اوج نفوذش بود و اساساً بر فرهنگ بریتانیایی استیلای کامل داشت. به همین‌خاطر، امیدها و آرزوهای فرهنگ عامه هم طبعاً با امید و آرزوی کلیسا همسو بود، و مردم هم با مسیحیت مسئله و مشکلی نداشتند. اصطلاحات و واژگان مسیحی هم جزو زبان رایج آن روزگار به‌شمار می‌رفت. اما چند دهه بعد، وقتی نیوبیگین به بریتانیا بازگشت، دریافت که جامعه دچار تحول و دگرگونی شده است. او دیگر نمی‌توانست تصور کند که در جامعه‌ای مسیحی زندگی می‌کند. امیدها و آرزوها عوض شده بودند، مردم با مسیحیت مسئله و مشکلاتی پیدا کرده بودند، و واژگان مسیحی هم برای مردم عادی غیرقابل‌فهم شده بود. به‌قول تیموتی ریچارد، «واژگان مسیحی به عربده‌های زنگی مست می‌ماند.»[2] لیکن با وجود همه این تحولات، کلیسای بریتانیا در موضع خود تغییری ایجاد نکرد. کلیسا همچنان و طبق معمول گذشته به‌کار خود ادامه داد، و مسیحیت بیشتر و بیشتر مهجور شد، و در نتیجه بیشتر و بیشتر از فرهنگ گستردهٔ جامعهٔ بریتانیا جدا افتاد. در واکنش به این وضع، نیوبیگین با توانی خستگی‌ناپذیر کلیسا را به تغییر فراخواند- چیزی که خودش آن را «یک مواجههٔ میسیونری» می‌نامید- تا بار دیگر انجیل یارای تعامل با فرهنگ گستردهٔ جامعه را بیابد.

این مواجههٔ میسیونری دقیقاً همان چیزی است که ما امروزه بدان نیاز داریم. ما در فرهنگی پسا-مسیحی زندگی می‌کنیم که در آن همه چیز دستخوش تغییرات فاحش شده و دیگر نمی‌توانیم تصور کنیم که در جامعه‌ای مسیحی به‌سر می‌بریم. کلیسا باید رویکرد انطباقی سالمی در پیش بگیرد که نه همشکل فرهنگ میزبان شود، و نه در پیچ‌وخم فرهنگ درونی خود گیر کند. به‌کار خود پرداختن طبق معمول گذشته، دیگر کارآمد نیست. از آنجایی که چشم‌انداز به‌طرز فاحشی عوض شده، احتمالاً الگوهای آشنا، که با آنها احساس راحتی و قرابت می‌کنیم، دیگر برای آدم‌های عادی فهم‌ناپذیر شده‌اند، و «به عربده‌های زنگی مست می‌مانند.» کلیسا باید در خود تغییراتی ایجاد کند. ما باید بدون غرق شدن در انطباق فرهنگی با همسایگان، امیدها، مسائل و زبان ایشان را بیاموزیم. باید برای وارد شدن، چابکی لازم را پیدا کنیم.

در خصوص چابکی و غور فرهنگی، لازم است نکته‌ای را روشن کنیم. چابکی به معنای پیروی کورکورانه از وضعیت فرهنگی کنونی *نیست* و غور فرهنگی هم به معنای غرق شدن در فرهنگ تا جایی که دیگر نتوان آن را نقد کرد، *نیست*. در واقع، اگر کسی به‌راستی وارد فرهنگ شده، باید بتواند فرهنگ خود را مؤثرتر و دقیق‌تر ارزیابی کند، چون می‌تواند مسائل را از درون ببیند. این همان کاری است که پولس می‌کند و در آیه‌های ۲۰و۲۱ هم بدان اشاره دارد: «با آنان که زیر شریعتند همچون کسی که زیر شریعت است رفتار کردم ... و

1. Lesslie Newbigin

2. Andrew Walls, The Cross-Cultural Process in Christian History (New York: Orbis Books, 2002), p. 245.

نزد بی‌شریعتان همچون بی‌شریعت رفتار کردم تا بی‌شریعتان را دریابم.» او به‌عنوان کسی که تا عمق هر دو فرهنگ رسوخ کرده، هم فرهنگ یهودی را نقد می‌کند و هم فرهنگ یونانی را. یهودیان چنان در تأکید بر ظواهر شریعت افراط کرده بودند که به‌کلی روح شریعت را از یاد برده بودند. از آغاز شریعت با این هدف بنا شده بود که محبت ایجاد کند، اما پیروی سخت‌گیرانه از قواعد شریعت جای روح آن را گرفت و به اولویت آن بدل شد. همین باعث به‌وجود آمدن تفرقه و دشمنی میان پیروان شریعت و بی‌شریعتان شد- که درست برخلاف آن چیزی بود که شریعت به‌خاطرش به‌وجود آمده بود! مشکل یهودیان، رعایت شریعت بدون محبت بود. از سوی دیگر، فرهنگ یونانی پاندول را در خلاف جهت فرهنگ یهودی به حرکت درآورده بود. آنچه برای یونانیان در کانون توجه قرار داشت، آزادی از شریعت و هر چیز دست‌وپاگیر دیگر بود. مشکل یونانیان، محبت بدون رعایت شریعت بود. اما در اینجا نکته‌ای هست. محبت بدون رعایت شریعت به معنای واقعی کلمه، اصلاً محبت نیست. زیرا شریعت برای شکوفا شدن افراد شرایط اجتماعی لازم‌الاجرایی وضع می‌کند، تا در مورد همه عدالت و برابری رعایت شود، که بدون آن، محبت واقعی نمی‌تواند وجود داشته باشد. بدون شریعت شاید فرد احساس کند که در لفافه‌ای از محبت پوشیده شده، اما در واقع، از محبت خبری نیست. پولس از خطر افتادن در هر دو دام، آگاه بود. از این‌رو اساساً می‌گوید: «من از برده‌وار زیستن زیر شریعت، همچون یهودیان، خودداری می‌کنم [آیهٔ ۲۰]، اما در عین‌حال از لجوجانه سر باز زدن از شریعت، مانند یونانیان، هم اِبا دارم [آیهٔ ۲۱]. در عوض به‌عنوان کسی که در هر دو فرهنگ غور کرده، راه سومی را پیشنهاد می‌کنم- نه شریعتِ بدون محبت، و نه محبتِ بدون شریعت، بلکه شریعتِ محبت که به همهٔ انسان‌های دنیا آزادی می‌بخشد، ولی در عین‌حال در نحوهٔ کاربرد آزادی برای خیریت دیگران، ایشان را هدایت می‌کند.» «زیرا با اینکه از همه آزادم، خود را غلام همه ساختم تا عده‌ای بیشتر را دریابم» (آیهٔ ۱۹).

بدین‌ترتیب، اگر می‌خواهیم شاهدان خوبی باشیم، باید اول با چابکی وارد شویم. اما در مرحلهٔ دوم خواهیم دید که پس از ورود، باید برای پایداری انضباط را حفظ کنیم.

انضباط لازم برای پایداری

پولس در آیه‌های ۲۴-۲۷ چنین می‌گوید: «آیا نمی‌دانید که در میدان مسابقه، همه می‌دوند، اما تنها یکی جایزه را می‌برد؟ پس شما چنان بدوید که ببرید. هر که در مسابقات شرکت می‌جوید، در هر چیز، تن به انضباطی سخت می‌دهد. آنان چنین می‌کنند تا تاجی فانی به‌دست آورند؛ ولی ما چنین می‌کنیم تا تاجی غیرفانی به‌دست آوریم. پس من این‌گونه می‌دوم، نه چون کسی که بی‌هدف است؛ و مشت می‌زنم، نه چون کسی که هوا را بزند، بلکه تن خود را سختی می‌دهم و در بندگی خویش نگاهش می‌دارم، مبادا پس از موعظه به دیگران، خود مردود گردم.» این آیه‌ها بسیار معروفند و معمولاً برای تأکید بر لزوم داشتن انضباط برای شرکت در مسابقهٔ زندگی مسیحی، به‌کار می‌روند. این قطعاً درست است، و ما باید نسبت به آن هشیار باشیم، اما نکتهٔ مورد نظر پولس این نیست. نکتهٔ بحث پولس این

است که انضباط نه تنها برای پیشرفت ما در زندگی مسیحی، بلکه برای *شهادت ما در دنیا* نیز امری ضروری است.

دلیلش هم اینجا است. برای شخص مسیحی آسان‌تر است که در غار امن خود بخزد، تا اینکه در دنیا بماند. پایداری در دنیا زحمت بسیار و تمرکز آگاهانه برای شناخت همسایگان و فرهنگ وسیع را- یعنی حس کردن امیدها و آرزوها و تشخیص مسائل آنان- می‌طلبد. این کار بدون پناه بردن به واژگان خرده‌فرهنگ مسیحی ما، حتی دشوارتر هم می‌شود. این مستلزم زحمت زیاد و تمرکز آگاهانه است. *این مستلزم انضباط است*. پولس آن را با تمرینات شدیدی مقایسه می‌کند که یک ورزشکار به منظور آمادگی برای شرکت در مسابقه به آنها تن می‌دهد. همان‌طور که یک ورزشکار بدون تمرین مؤثر نمی‌تواند توقع آمادگی جسمانی داشته باشد، یک مسیحی هم بدون تلاش زیاد نمی‌تواند انتظار شاهد بودن داشته باشد. انضباط لازم برای شاهد ماندن مستلزم تمرین و تلاش سخت است.

اما با در نظر گرفتن این برههٔ فرهنگی خاص، کار ما نوع خاصی از انضباط را طلب می‌کند. در کنار تحول فرهنگی، تردیدها و سوءظن‌ها هم فزونی گرفته‌اند. به همین‌خاطر کلیسا نمی‌تواند از مردم انتظار داشته باشد که انجیل را به‌لحاظ ظاهر بپذیرند. مسیحیان باید برای انجیل دلیل و برهان متقاعدکننده ارائه دهند- آنها باید انجیل را نه تنها قابل‌فهم، بلکه به‌لحاظ عقلی موثق ارائه دهند.

جان نیکل فارکوار[1] میسیونر اسکاتلندی که در هند خدمت می‌کرد، در فرهنگ هندی متوجه چیزی شد که همانندی بسیاری با دنیای معاصر ما دارد. فارکوار به‌دنبال میسیونرهای بزرگی همچون الکساندر داف[2] و ویلیام میلر[3] پا بر خاک هندوستان نهاد. داف و میلر هر دو کار مهمی انجام داده بودند، و در نتیجهٔ تلاش‌های‌شان، مسیحیت بر فرهنگ وسیع‌تر استیلا یافته بود. ولی پس از مدتی، درست همان اتفاقی که برای بریتانیا روی داده بود برای هندوستان افتاد؛ زمینه تغییر کرده بود، اما در کنار این تغییر یک سوءظن فزاینده هم پدید آمده بود. در آغاز نخبگان فرهنگی دسته‌جمعی به مسیحیت روی آورده بودند، زیرا مسیحیت بر مدرن‌سازی جامعه تأثیر داشت، اما اکنون همان‌ها دریافته بودند که بدون مسیحیت هم می‌توان مدرن بود. از این گذشته، آنها تدریجاً به مسیحیت به دیدهٔ فرهنگی مهاجم نگریستند که می‌خواهد فرهنگ غربی را بر جامعه تحمیل کند، و اکنون زمان آن فرا رسیده که به ریشه‌های فرهنگی خود بازگشت کنند. در نتیجه انجیل *اعتبار* خود را از دست داد و بار دیگر لازم شد که کسی برای تأیید اعتبار آن دست به اقدام بزند. در اینجا بود که فارکوار بر آموزش عقلی و فرهنگی عمیق تأکید نمود. اما کسانی بودند که می‌گفتند: «چه لزومی دارد که ما وقت‌مان را با این چیزها تلف کنیم؟ فقط انجیل را موعظه کن. به آنها نشان بده که چطور می‌توانند خدا را بشناسند.» اما مسئله درست همین‌جا بود که او نمی‌توانست چنین کاری بکند، چون انجیل دیگر از سوی فرهنگ وسیع‌تر پذیرفتنی یا به لحاظ عقلی معتبر نبود. صحت آن به‌طور کامل زیر سؤال رفته بود و روش‌های معمول گذشته دیگر کارساز نبود.

1. John Nicol Farquhar; 2. Alexander Duff; 3. William Miller

این در واقع، شبیه برهۀ فرهنگی خود ماست. پیش از آنکه مردم حتی تصور جدی گرفتن مسیحیت را بکنند، باید به پرسش‌های بسیار آنان پاسخ داد. میان مسیحیت و علم چگونه آشتی ایجاد می‌کنید؟ میان خدای بامحبت و درد و رنج، دوزخ و پیشینۀ دهشتناک کلیسا چطور؟ آیا کتاب‌مقدس و رستاخیز عیسی به‌لحاظ تاریخی باورپذیرند؟ در دنیایی واقع‌گرایانه، با ادعاهای منحصربه‌فرد مسیحیت چگونه می‌توان طرف شد؟ انجیل چه تأثیراتی می‌تواند بر جامعۀ مدنی کثرت‌گرا- بر سیاست، اقتصاد، برقراری صلح، همسایه‌داری، و کلاً جوّ عمومی- بگذارد؟ اینها موضوعاتی هستند که لازم است با خردمندی و با روشی دفاعیاتی بدان‌ها پرداخته شود؛ در غیر این‌صورت مردم مسیحیت را جدی نخواهند گرفت. اگر به این مسائل نپردازیم، گفتار و کردار بسیاری از مسیحیان، صرف‌نظر از انگیزه‌های خوب‌شان، چیزی نخواهد بود جز «بی‌هدف دویدن» و «به هوا مشت زدن» (آیۀ ۲۶). آیا ما عمیقاً به این مسائل فکر می‌کنیم، و آیا برای ایجاد ارتباط با مردم به روشی که برای‌شان قابل‌فهم باشد، خوب گوش می‌کنیم و می‌آموزیم؟ بدون کمک، انجام همۀ اینها کاری بس دشوار است. در این زمینه، *دلیل باور کردنِ خدا* اثر تیم کلر[1] می‌تواند خیلی مفید باشد. این کتاب نه تنها مسائل درستی را مطرح می‌کند، بلکه از روش‌هایی سخن می‌گوید که می‌توانند برای مردم قابل درک باشند.

حقیقت این است که ما مجبور *نیستیم* هیچ‌یک از این کارها را انجام بدهیم. آزادیم که کاری نکنیم. آزادیم که طبق روال گذشته به کارمان ادامه بدهیم. یک ورزشکار مجبور *نیست* خود را زیر تمرینات بدنی سخت قرار دهد. او آزاد است که به‌جای خوردن سیب، کیک بخورد، یا به‌جای تمرین صبحگاهی، یک ساعت بیشتر بخوابد. ولی چنین کاری نمی‌کند، زیرا چیز مهمتری برایش وجود دارد، چیزی که ارزش تن دادن به انضباط را دارد. این امر در مورد شهادت دادن ما هم صادق است. ما آزادیم این کار را به روش خودمان انجام دهیم. آزادیم که ژرف‌ترین پرسش‌های همسایگان را نادیده بگیریم و به روش‌هایی حرف بزنیم که برای‌مان آسان‌تر است. ولی این کار را نمی‌کنیم، چون چیزی بسیار مهمتر هست، چیزی که ارزش پا گذاشتن روی این آزادی‌ها را دارد.

و این چیز مهم محبت است. اگر شخص مسیحی نخواهد تن به انضباط بدهد، پس حتماً یک جای کار به‌شدت می‌لنگد. می‌تواند به این معنی باشد که او چیز دیگری دارد که شبیه محبت است، اما در واقع، فقط احساساتی است که در لفافه‌ای پیچیده شده. این همان چیزی است که پولس با همۀ توانش می‌جنگید تا از آن خودداری کند. او در آیۀ ۲۷ می‌گوید: «بلکه تن خود را سختی می‌دهم و در بندگی خویش نگاهش می‌دارم، مبادا پس از موعظه به دیگران، خود مردود گردم.» واژه‌ای که "مردود" ترجمه شده، در اصل به معنای "جعلی از آب درآمدن" است. و این دقیقاً همان چیزی است که بر سر محبت ما خواهد آمد، اگر نخواهیم به‌کار سخت و پرورش خودمان تن بدهیم. اگر برای پایداری خودمان را تابع انضباط نکنیم، محبت‌مان جعلی از آب درمی‌آید، همچون بازی و ظاهرسازی.

1. Tim Keller, The Reason for God.

چابکی برای ورود- انضباط برای پایداری- اما حالا نوبت سومین و آخرین مورد است ...

هدف لازم برای دنبال کردن

در سراسر متن مورد بررسی، پولس از لحن نگران‌کننده‌ای استفاده می‌کند. او بارها می‌گوید که تمام هم و غمش را برای نجات یهود، یونانیان و ضعیفان صرف کرده، تا ایشان را دریابد. این طرز گفتار خیلی استعمارطلبانه به نظر می‌رسد، چیزی که این روزها بسیار می‌بینیم. شهادتی که ناخوانده است و می‌کوشد برای بردن در مباحثه، طرف مقابل را کنجی گیر بیندازد، یا با او به‌گونه‌ای برخورد کند که گویی طعمه‌ای بیش نیست، مخرب است. هرگونه شهادتی (بشارتی) که نشان از استعمارطلبی داشته باشد، در مغایرت با طبیعت انجیل است، که به ایمانداران می‌گوید که خدای مسیحیت نه با غلبه و شمشیرکشی، که با جان دادن و مصلوب شدن پیروز می‌شود. هر شهادتی که نام و عنوان مسیحی را بر خود دارد، باید چنین باشد.

نکتهٔ سخن پولس در آیهٔ ۲۳ هم همین بود: «این همه را به‌خاطر انجیل می‌کنم، تا در برکات آن سهیم شوم.» ولی به نظر می‌رسد که پولس در اینجا خلاف آن را می‌گوید. انگار او می‌گوید: «من این کار را به‌خاطر برکاتش- بردن جایزه، جذب نوایمانان، بردن مباحثات- انجام می‌دهم!» گویی به نوعی از شهادت اعتقاد دارد که ما را سخت برآشفته می‌سازد. ولی اگر کمی دقیق‌تر به مسئله نگاه کنیم، متوجه خواهیم شد که این‌طور نیست. ترجمهٔ تحت‌اللفظی آیهٔ ۲۳ این است: «من همهٔ این کارها را به‌خاطر انجیل می‌کنم، تا با دیگران در *آن سهیم شوم*.» نه در برکاتش، که در خودِ انجیل، در *طبیعتِ* آن. اما این به چه معناست؟ طبیعت انجیل چیست؟ اساساً انجیل با شهادت دادن در مورد کسی ارتباط دارد که آمد تا یکی از ما شود- کسی که میان ما آمد و ژرف‌ترین امیدها و آرزوهای ما را احساس کرد، با مسائل ما آشنا شد و از چیزهایی که ما را می‌آزرد، آگاه گردید. انجیل موضوع شهادت دادن در مورد کسی است که خودش را در فرهنگ سقوط‌کردهٔ دنیا غوطه‌ور ساخت، و به روشی قابل‌فهم سخن گفت و بخشید و زیست و محبت کرد- همه چیز را *با ما* سهیم شد، اما از همه بالاتر، جان خود را *برای ما و گناه ما* داد، ضعیف شد و همه چیز را از دست داد- چون هدفی داشت که به او انگیزه می‌بخشید. این هدف شما بودید. من بودم.

وقتی می‌بینیم که او همهٔ این کارها را به‌خاطر گناهکارانی همچون ما انجام می‌دهد، این به خود ما هم هدفی می‌دهد- اینکه نه تنها انجیل را با دیگران در میان بگذاریم، بلکه با انجام این کار در *طبیعت آن* هم سهیم شویم. چرا ما به همسایگان گوش می‌کنیم و با امیدها و سؤالات‌شان آشنا می‌شویم و به روشی قابل‌فهم با آنها صحبت می‌کنیم؟ چرا به سختی‌های تمرینات عقلانی و فرهنگی تن می‌دهیم و همسایگان را محبت می‌کنیم؟ به کار ادامه می‌دهیم تا نه تنها در *آنچه* خدا برای ما انجام داده، بلکه در *نحوهٔ* اجرای آن نیز سهیم شویم. هدفی که ما را به پیگیری تشویق می‌کند، بردن جان‌ها یا مباحثات نیست. بر خیل نوایمانان، پاداش، یا دانش و معرفت دنیا افزودن هم نیست. هدف این است که دوشادوش همسایگان بایستیم و

در طبیعت انجیلی که ما را نجات بخشیده، با آنان سهیم شویم و هرچه بیشتر بیاموزیم که با کلمات و محبت خودمان به یکدیگر آن را به هم بازتاب دهیم. «من همهٔ این کارها را به‌خاطر انجیل می‌کنم، که در آن با دیگران سهیم شوم».

جمع‌بندی

ایمانداران را باید تشویق کرد تا چابکی فرهنگی را در خود پرورش دهند، به لحاظ عقلی خود را زیر انضباط قرار دهند، ولی در همهٔ اینها از هدفی که در ذهن دارند- یعنی نه تنها سهیم کردن دیگران در انجیل، بلکه سهیم شدن در طبیعتِ آن- غافل نشوند.

۱۸

گریز از بت‌پرستی

اول قرنتیان ۱۰:۱-۲۲

در این متن، پولس تاریخ بشـریت را همچون تاریخچهٔ بت‌پرسـتی فهرسـت می‌کند. بت‌پرسـتی چیسـت؟ پولس در رومیان ۲۵:۱ استدلال می‌آورد که بشـر یا خدا را پرستش و خدمـت می‌کند یا مخلوقات، یعنی بت‌ها، را. به‌عبارت دیگر، بشـر وجود بت‌ها را برای شادی، هدفمندی و هویت خود، حیاتی‌تر از وجود خدا می‌شمارد. بت‌پرستی حتی می‌تواند میل مفرط و بی‌اندازه به چیزهای خوب از قبیل دارایی‌های مادی، شـغل، خانواده، ازدواج، موفقیت، کار، اسـتقلال، هدف سیاسی، امنیت مالی، تأیید انسـانی، و عشق باشد. همهٔ اینها فی‌نفسه چیزهای خوبی هستند اما برخی سرانجام این مخلوقات را به چیزهایی غایی تبدیل می‌کنند. وقتی چنین شـود، آنها مالکیت وجود بشـر را در دست می‌گیرند و نهایتاً به بتی در دلش بدل می‌گردند. اکثر مردم بر این باورند که وقتی دل‌شـان با این چیزها تسـخیر شود، زندگی بسیار شادتری خواهند داشت. بنابراین، همیشه بت‌پرستی عامل ارتکاب اشتباه توسط مردم است. به‌عبارت دیگر، بت‌پرستی قدرتی شکل‌دهنده و مایهٔ محرک‌ها، رفتارهای انسانی، و هر عامل انگیزشی دیگری است که میل بشر را به انجام هر کاری، باعث می‌شود.

در نامهٔ اول یوحنا باب ۲ فهرسـت‌وار به سـه شـهوت اشـاره شـده اسـت- هوای نَفْس، هوس‌های چشـم و غرورِ مال و مقام، یا مغرور شدن به دارایی‌ها. شایان توجه است که شـهوت فقط به شهوت جنسی محدود نمی‌شود. وقتی کتاب‌مقدس این واژهٔ به‌خصوص را به‌کار می‌برد، در واقع، منظورش میل بیش از اندازه یا اشتیاق مفرط به هر چیز است. افکار مخـرب، ایده‌ها و اعمال صرفاً در روابط افقی دیده نمی‌شـوند؛ بلکه با رابطهٔ عمودی همهٔ انسان‌ها هم مرتبطند، چه با اشتیاقی فوق‌العاده که در قلب‌شان پدید آمده، چه با خدا. این امر به‌طور همزمان هم افقی عمل می‌کند و هم عمودی؛ از این‌رو، همچون علامتی رفتاری نشان

می‌دهد که شـــخص در آن زمان به‌خصوص، در دل خود به چه چیزی اعتماد و توکل دارد و چه چیزی را می‌پرستد.

پس در این متن سه نکتهٔ شایان توجه به چشم می‌خورند.

- تشریح بت‌پرستی (تاریخی)
- تجربه کردنِ بت‌پرستی (شخصی)
- گریز از بت‌پرستی (تاریخی)

تشریح بت‌پرستی (تاریخی) (آیه‌های ۱-۱۰و۱۸-۲۲)

در این متن دو تاریخ در کارند: تاریخ اسرائیل و تاریخ قرنتس. در واقع، این دو نمونه‌هایی از یک تجربهٔ مشترک انسانی، یعنی بت‌پرستی هستند. هر دو تاریخ دربارهٔ مردمانی است که به‌وسیلهٔ خدا رهانیده شدند (آیه‌های ۱و۲) - بنی‌اسرائیل از مصر، قرنتیان از گناه و مرگ. هر دو تاریخ از مردمانی سخن می‌گوید که خدا نگهدارندهٔ آنهاست (آیه‌های ۳و۴) - بنی‌اسرائیل با خوراک و آشـــامیدنی روحانی (و مادی)، و قرنتیان با خوراک و آشـــامیدنی روحانی (شام خداوند). همچنین هر دو تاریخ از مردمی ســـخن می‌گویند که به‌رغم رهایی و نگهداری، به خدایان دیگر روی آورده‌اند.

این عبارات پیش از هر چیز از داوری و تنبیه خدا در زندگی این مردمان سخن می‌گویند. با وجودی که کتاب‌مقدس بت‌پرســـتی را به‌طور کلی محکوم می‌کند، اما انگشت اتهام را نه فقط به‌سوی دنیا، که به‌سوی کلیسا هم می‌گیرد. به بیان دیگر، این متن فقط شامل راهکارهای اخلاقی خطاب به افراد بیرون از اجتماع ایمان نیست بلکه اهل‌بیت ایمان را هم دربرمی‌گیرد. یکی از چیزهایی که شـــک‌گرایان و بی‌ایمانان خیلی از آن منزجرند، ریاکاری اســـت. انسان می‌تواند نســـبت به کسی که در اعتقاد و اعمالش راسخ اســـت، مدارای بیشتری نشان دهد، اما سر کردن با کســـی که حتی طبق معیارهای خودش زندگی نمی‌کند، کار دشواری است. کتاب‌مقدس هم از این امر منزجر است.

این دو تاریخِ بت‌پرســـتی با افرادی ســـروکار دارد که ادعای ایمان بـــه چیزی دارند، اما برخلاف ایمان‌شان عمل می‌کنند. آیهٔ ۵ خاطرنشان می‌سازد که به‌رغم مشیت و تدارک الاهی، بنی‌اسرائیل به‌گونه‌ای واکنش نشان داد که موجب ناخشنودی خدا گردید. آیه‌های ۷-۱۰ چند نمونه از این کارها را نشان می‌دهند. نمونهٔ اول (آیهٔ ۷) قضیهٔ اسرائیل و گوسالهٔ طلایی است. «پس بت‌پرست مشوید، چنانکه بعضی از ایشان شدند؛ به‌گونه‌ای که نوشته شده است: ”قوم برای خورد و نوش نشســـتند و برای عیاشـــی به پاخاستند.“» در اینجا پولس از خروج ۶:۳۲ نقل‌قول می‌کند. این صحنه‌ای به‌یادماندنی است: موسی بر فراز کوه سینا به دیدار خدا شتافته، و در همین زمان قوم اســـرائیل در حال ذوب کردن طلاهای‌شـــان هستند تا با آن برای خود گوساله‌ای بســـازند. توجه داشته باشـــید که آنچه آنها انجام می‌دهند امری عادی است؛ آنها به‌واسطهٔ زندگی در مصر می‌دانستند که ساختن بت امری فرهنگی و رایج است. آنها دوست

داشتند نمونه‌ای قابل رویت از خدای خود داشته باشند. بت‌پرستی حتی در سطح امور عادی زندگی- خوردن، نوشیدن، بازی‌کردن، فرهنگ‌سازی (بت‌سازی)- بر آنها تأثیر گذاشته بود.

بت‌سازی تنها گناه‌شان نبود، زیرا آنها با میل به داشتنِ تدارک‌بیننده‌ای، غیر از آنکه ایشان را از مصر رهانیده بود، به راه کج نیز رفته بودند. همیشه نکته‌ای سودمند، حتی در درک ما از بت‌پرستی، وجود دارد. Idolatry (بت‌پرستی) از دو واژهٔ لاتین تشکیل شده که اولی، "Idol" یا "تمثال، شمایل" است و دیگری بر پرستیدن آن تمثال دلالت دارد. انگیزهٔ پرستش، انگیزه‌ای سالم است. بشر برای پرستیدن آفریده شده است. اما مشکل در اینجاست که بت‌پرستی خدای حقیقی را کنار زده، تمثال یا شمایلی را جایگزینش کرده بود. آنان مشتاق خدایی بودند که بتوانند مطابق میل‌شان آن را بسازند و کنترل کنند.

از آنجایی که خدا می‌داند بت‌پرستی بن‌بست است، ابتکار عمل را در دست می‌گیرد. این امر را می‌توان در نمونهٔ دوم در آیهٔ ۸ دریافت: اسرائیل به یوغ بعل فعور گردن نهاده است؛ «و نه به بی‌عفتی دست یازیم، چنانکه بعضی از ایشان کردند، و در یک روز بیست‌وسه هزار تن به هلاکت رسیدند.» پولس داستانی را از اعداد ۲۵ یادآوری می‌کند، هنگامی که بنی‌اسرائیل با اقوامی که پیرو ادیان دیگر بودند، به مزاوجت پرداختند. یک‌بار دیگر عمیق‌ترین امیال قلبی در عادی‌ترین جنبه‌های زندگی - ازدواج، روابط جنسی و خوردن- نمایان می‌شوند. «در ایامی که اسرائیل در شطیم اقامت گزیده بودند، قوم با دختران موآب زناکاری آغاز کردند. ایشان قوم را به قربانی‌های خدایان‌شان دعوت می‌کردند، و قوم می‌خوردند و خدایان ایشان را سجده می‌نمودند. بدین‌سان اسرائیل به بعل فعور پیوستند، و خشم خداوند بر اسرائیل افروخته شد» (اعداد ۲۵:۱-۳). رفتن به‌دنبال امیال باعث شد اسرائیل به خدایی دیگر "بپیوندد" (زیر "یوغ" آن خدا قرار بگیرد). از دیدگاه ایشان، همهٔ اینها امری عادی بود! مردم همیشه با مردمانی از اقوام دیگر ازدواج می‌کنند. اما یهوه از ایشان سرسپردگی کامل می‌خواست- تمرکز مطلق. در نتیجه بلایی بر قوم اسرائیل نازل می‌گردد، که تنها توبه و اقدام قاطع و دسته‌جمعی قوم می‌تواند آن را متوقف سازد.

نمونهٔ سوم هم از تاریخ بت‌پرستی قوم اسرائیل گرفته شده است. در آیه‌های ۹و۱۰ دربارهٔ رد مشیت و تدارک الاهی می‌خوانیم: «و نه مسیح را بیازماییم، چنانکه بعضی از آنان کردند و به‌وسیلهٔ مارها کشته شدند. و نه شِکوه و شکایت کنید، چنانکه بعضی از ایشان کردند و هلاک‌کننده هلاک‌شان ساخت.» در اعداد ۲۱:۴-۹ آمده که بنی‌اسرائیل شکیبایی خود را در برابر خدا از دست دادند، و به‌خاطر خوراک و نوشیدنی لب به غرغر و شکایت گشودند. خدا هم با فرستادن مارهایی به اردوگاه، ایشان را تنبیه کرد، اما در عین حال مفّری نیز برای‌شان مهیا نمود. آنان اعتماد خود را نسبت به خدا از دست دادند، پس او هم زندگی‌شان را با بلایی آزمود تا به آنها نشان دهد که تنها راه خلاصی از بلا، اعتماد کردن به اوست.

بت‌پرستی قرنتیان که شباهت زیادی به بت‌پرستی قوم اسرائیل داشت، با همین مسائل عادی و پیش‌پاافتاده- مثل خوردن گوشت قربانی‌شده برای بت‌ها در معبد- مربوط می‌شد. در قرنتس، معبد در حکم مرکزی برای گردهمایی‌های عمومی بود. هنگام برگزاری اعیاد،

در محوطه‌های پیرامون معبد میزهایی قرار می‌دادند؛ بدین‌ترتیب، معبد نقش رستوران‌های امروزی را هم بازی می‌کرد. حضور در مراسم کوتاه قربانی و سپس ملحق شدن به دوستان برای صرف خوراکی لذیذ بسیار عادی بود. هیچ‌یک از اینها لزوماً با احساسی مذهبی توأم نبود. کاهنان کار خودشان را انجام می‌دادند، و بعضی از مؤمنان وقف‌شده هم به عبادت مشغول بودند، اما بسیاری از شرکت‌کنندگان نسبت به کل مراسم بی‌تفاوت بودند. این مراسم برای‌شان صرفاً یک گردهمایی اجتماعی به‌شمار می‌رفت. رفتن به معبد برای صرف غذا، عادت قرنتیان بود، و اکنون هم که ایشان دریافته بودند که بت‌ها فاقد محتوای حقیقی هستند، باز برای دیدار به معابد می‌رفتند.

پولس به چند دلیل ایشان را به دست کشیدن از حضور در این قبیل اعیاد و مراسم فرامی‌خواند. اول اینکه، شیوهٔ زندگی عادی و روزمره، امیال و احساسات شخص را شکل می‌دهد. از چیزهایی که زندگی انسان را شکل می‌دهند، آهنگ و ریتم زندگی، و نحوهٔ پرستش اوست. همان‌گونه که جیمز اسمیت[1] در کتاب *در آرزوی ملکوت* نوشته: «عادات رفتاری و روزمرهٔ ما، امیال و آرزوهای قلبی‌ما را شکل و قالب می‌دهند.» امیال و آرزوهای یک فرد را عادات، اعمال و روابطش شکل می‌دهند. شاید با خود فکر کنید که این کار یا آن کار خنثی و بی‌تأثیرند، اما پولس می‌گوید که اعمال هر کس تأثیری شکل‌دهنده در امیال او دارند. پذیرش معبد و شرکت در مراسم معبد از سوی قرنتیان باعث شده بود حساسیت خود را نسبت به اثرات خطرناک بت‌پرستی از دست بدهند.

دوم، واقعیاتی روحانی وجود دارند که انسان قادر به درک کامل آنها نیست. درست است که بت‌های درون معبد فاقد محتوای حقیقی هستند، اما در پَس این ظاهر بی‌محتوا یک نظام روحانی، بت‌پرستانه و شکل‌دهنده وجود دارد. پولس اظهار می‌دارد که نمی‌شود به‌طور همزمان هم به نظام کهنهٔ جهان وفادار بود و هم از نظام آفرینشیِ نوینی که در انجیل ارائه شده، تبعیت کرد. «آیا مقصودم این است که خوراک تقدیمی به بت چیزی است، یا اینکه بت چیزی است؟ نه، مقصود این است که قربانی‌های بت‌پرستان تقدیم دیوها می‌شود نه تقدیم خدا، و من نمی‌خواهم شما شریک دیوها باشید. نمی‌توانید هم از جام خداوند بنوشید هم از جام دیوها؛ نمی‌توانید هم از سفرهٔ خداوند بهره یابید، هم از سفرهٔ دیوها.» (آیه‌های ۱۹-۲۱)

در آیه‌های ۶ و ۱۱ پولس مدعی می‌شود که این موارد تاریخی، نمونه‌هایی برای ما محسوب می‌شوند، اما از چه نظر؟ موارد تاریخی اسرائیل و قرنتس چه ربطی به ما دارند؟

تجربه کردنِ بت‌پرستی (شخصی) (آیه‌های ۱۱و۱۲)

پولس در آیه‌های ۱۱و۱۲ می‌نویسد: «این امور چون نمونه بر آنان واقع گردید و نوشته شد تا عبرتی باشد برای ما که در زمانی به‌سر می‌بریم که غایت همهٔ اعصار تحقق یافته است. پس اگر گمان می‌کنید استوارید، بهوش باشید که نیفتید!» بت‌پرستی، همان‌گونه که پیشتر هم خاطرنشان ساختیم، در سطح امیال و آرزوهای ما به‌وقوع می‌پیوندد. آیهٔ ۶ را در نظر بگیرید:

1. James Smith

«حال، این رویدادها به‌وقوع پیوست تا نمونه‌هایی باشد برای ما، تا ما همچون آنان در پی بدی نباشـــیم.» در اینجا پولس رسول چندان هم نگران موقعیت به‌خصوصی نیست. او سعی دارد چارچوبی بزرگتر برای درک این مطلب ارائه دهد که انسان می‌تواند در تصمیمات کوچک و پیش‌پاافتادهٔ زندگی هم دست به گزینش‌های خردمندانه بزند.

بت‌پرســـتی در زندگی عادی به‌وقوع می‌پیوندد. این وسوســـه وجـــود دارد که ما هنگام خواندن گزارش‌های مربوط به بت‌پرســـتی بنی‌اســـرائیل و قرنتیان خودمان را از هر خطری مصون و مبری بدانیم، اما این اشتباه است. دیک کیز می‌نویسد:

> مطالعهٔ دقیق عهدعتیق و عهدجدید نشـــان می‌دهد که بت‌پرستی چیزی شبیه به تصویری زمخت و ساده‌انگارانه نیســـت که پیکرهٔ بتی را در کشوری دوردست به ذهن متبادر سازد. بت‌پرســـتی، به‌عنوان گزینهٔ اصلی برای توصیف بی‌ایمانی، موضوعی بسیار هوشمندانه است که تمام پیچیدگی‌های انگیزشی در روانشناسی فـــرد، محیط اجتماعی، و نیز جهان نادیده را بـــا خود یک‌جا دارد. بت‌ها را فقط بر مذبح بت‌پرســـتان نمی‌توان دید، بت‌ها را در ذهن و دل انســـان‌های بســـیار تحصیل‌کرده هم می‌شود یافت ... کتاب‌مقدس به ما اجازه نمی‌دهد که بت‌پرستی را به حواشی زندگی محدود سازیم ... بت‌پرستی نقش محوری می‌یابد.[1]

بت‌پرســـتی در پَس اعمال اتفاق می‌افتد؛ در ســـطح میل و گرایـــش، به‌وقوع می‌پیوندد. بت‌پرســـتی خود را به‌طور نامحســـوس به امیال و افعال عادی- خوردن، آشـــامیدن، بازی، ازدواج، و رابطهٔ جنســـی- می‌پیچد و بدین‌طریق سربرمی‌آورد. اغلب، کار این اعمال و امیال به خودشـــان ختم نمی‌شود، بلکه وسایلی هستند برای رسیدن به هدف‌هایی دیگر (احساس رضایت شخصی، آسایش، امنیت، قدرت، تســـلط و غیره). هروقت ما مخلوقی را به منظور برآورده ساختن نیازی یا تحقق آرزویی به‌کار ببریم که تنها آفریدگار می‌تواند از عهدهٔ تحقق غایی آن برآید، داریم مرتکب بت‌پرســـتی می‌شویم. وقتی از خوراک یا ثروت یا سکس برای ارضـــا یا بی‌حس‌کردنِ آرزوهای عمیق خود اســـتفاده می‌کنیم، در واقع، درگیر بت‌پرســـتی هســـتیم. بت‌پرســـتی در نهایت زندگی را ضایع می‌کند، چون نمی‌توانیم از هیچ چیز مطابق هدف و منظور آن لذت ببریم.

بت‌پرســـتی در هوایی که تنفس می‌کنیم مخفی اســـت، و به‌ندرت خود را عیان می‌سازد. اکثر مردم اصلاً خبردار نمی‌شـــوند که دارد چه اتفاقی می‌افتد. آنهـــا نمی‌گویند: «من این را به‌جای مسیح می‌خواهم»؛ می‌گویند: «من مسیح را *به اضافهٔ* این می‌خواهم.» برای اینکه متوجه بت‌های دل انسان شوید، باید به عقب برگشته امیالی را که زندگی او را شکل داده‌اند، ملاحظه کنید. انگیزه‌های ما برای کار کردن (یا کار نکردن) چه چیزهایی هســـتند؟ چه چیزی باعث می‌شـــود که ما بدین‌ترتیب بخوریم و بنوشیم (یا نخوریم و ننوشیم)؟ در پَس شیوهٔ رابطه (یا

1. Dick Keyes, "The Idol Factory," in Os Guinness and John Seel, eds., No God but God: Breaking with the Idols of Our Age (Chicago: Moody, 1992), p. 31.

عدم رابطهٔ) ما با همسرمان چه چیزی نهفته است؟ در سودای چه چیزی به‌سر می‌بریم؟ خیال چه چیزی را در سر می‌پرورانیم؟ آرزوی چه چیزی را داریم؟ آیا اغلب نمی‌گوییم: «اگر فقط فلان چیز را داشتم ...» یا «اگر فقط مثل فلانی بودم ...»؟ میل ما چه چیزی را نشانه گرفته است؟ احساسات‌مان ما را به کدام سو می‌کشانند؟ هدف نهایی ما چیست؟ پاسخ به این پرسش‌ها به کشف بخشی از سطوح بت‌پرستی در دل‌مان، کمک می‌کنند.

در نهایت تأثر باید گفت که بت‌پرستی اغلب به داشتن یک زندگی دوگانه می‌انجامد. عمیق‌ترین آرزوی قرنتیان این بود که راهی برای خدمت به مسیح پیدا کنند و در عین‌حال در نظر عامه هم مقبول بمانند. آنها هم مزایای نظام آفرینشیِ نوین را می‌خواستند و هم مشارکت در نظم آفرینشیِ قدیم را. آنها نمی‌خواستند شفاف عمل کنند. نمی‌خواستند ایمان‌شان به مسیح زندگی عادی‌شان را مورد تهدید قرار دهد. آنها می‌خواستند در شکل‌گیری پرستش کلیسا سهم داشته باشند، در حالی که همچنان شکل پرستش فرهنگ پیرامون را حفظ کرده بودند. در نتیجه، کارشان به جایی کشید که میان دو روایت متفاوت از خودشان به دام افتادند. آنها زندگی دوگانه‌ای را پیشه کرده بودند. بت‌پرستی گزینش میان دو خدا نیست، بلکه تلاش برای خدمت همزمان به چند خدا است. بت‌پرستی یعنی تلفیق کردن چند عقیده با هم. به بیان ساده‌تر، بت‌پرستی همان زناکاری است.

درست مانند مردی که هنوز همسرش را دوست می‌دارد، اما در این میان چیز دیگری هم هست که دلش می‌خواهد. اغلب، وقتی مردی مرتکب خیانت می‌شود، به‌طور بالقوه احساس پشیمانی می‌کند. او مدعی عشق نسبت به همسرش می‌باشد. به یک معنی، ممکن است واقعاً فکر کند که همسرش را دوست دارد، اما زندگی او عملاً خلاف این را می‌گوید. شاید با خودمان بگوییم: «من یک بت‌پرست بد نیستم»، اما هربار که چیزی را کنار خدا می‌نهیم یا در برابرش خم می‌شویم، داریم به خدا خیانت می‌کنیم. بت‌پرستی پدیده‌ای موذی، عادی، این‌جهانی، نامحسوس و تقریباً هنجارین است. به بیانی کاربردی، ما در کنار خدا معشوق‌های بسیاری داریم. خودمان را تسلیم امیال و آرزوهامان کرده‌ایم. بت‌پرستی یعنی سهیم شدن، مشارکت داشتن، و شریک شدن در یوغی جز یوغ خدا، و پولس می‌گوید که چنین چیزی نباید اتفاق بیفتد. در نتیجه، ما خودمان را در یک زندگی دوگانه می‌یابیم. دل‌مان چندپاره است و ذهن‌مان معطوف به چند چیز مختلف می‌باشد.

پیدایش ۳۱ داستان راحیل، زن یعقوب را برای ما بازگو می‌کند. در پیدایش ۲۹ آمده که او دختری زیباروی و خوش‌اندام بود. در کلام خدا چنین آمده که خواهر بزرگترش، لیه «چشمانی کم‌فروغ داشت» (۱۷:۲۹). راحیل دختر زیبای خانواده محسوب می‌شد و هر خواستگاری که پا به خانهٔ لابان می‌گذاشت، سراغ راحیل را می‌گرفت، نه لیه را. سرانجام یعقوب با هر دو زن ازدواج کرد، اما او عاشق راحیل بود و لیه را دوست نمی‌داشت. با وجود این، لیه تنها زن او بود که می‌توانست فرزند بیاورد و چهار پسر اول یعقوب از او زاده شدند: شمعون، رئوبین، لاوی، و یهودا. در این اثنا، راحیل نازا است. او کسی است که همه چیز– زیبایی و عشق همسر– دارد. با این‌حال، چون همهٔ فرزندان یعقوب از خواهر بزرگ

راحیل هستند، به یعقوب می‌گوید: «به من فرزندان بده، وگرنه خواهم مرد!» (۱:۳۰). یعقوب در تلاش است تا هرچه سریع‌تر خانهٔ لابان را ترک کند، و می‌کوشد همهٔ دارایی‌اش را هم بی‌سروصدا با خود ببرد، چون لابان با او منصفانه رفتار نکرده بود.

در حالی که لابان، پدر راحیل در مزرعه به‌سر می‌برد، راحیل چه می‌کند؟ به اقامتگاه پدر می‌رود و مخفیانه همهٔ بت‌ها و خدایان پدرش را برمی‌دارد و با خود می‌آورد. خواننده می‌تواند ببیند که او حتی پیش از آنکه بت‌های پدرش را بدزدد، بت‌پرستی را در دلش جای داده بود. او همان زمانی که به فکر افتاده بود که: «به من فرزندان بده، وگرنه خواهم مرد!» در دلش بت‌پرست بود. میل مفرط او، تعهدش و تمام دل‌مشغله‌اش فرزنددار شدن بود.

وقتی چیزی را بیش از اندازه بخواهیم، و آن چیز به میلی مفرط تبدیل شود، وقتی در دل ما حسرت چیزی باشد که بگوییم: «این را به من بده، وگرنه خواهم مرد»، دچار دوگانگی شده‌ایم. یک زندگی دوگانه داریم. در همان لحظه مرتکب زنا شده‌ایم.

این دقیقاً همان چیز مخرب است! ما باید متصف به صفاتی همچون امانت‌داری، صداقت، اصالت، و درستی باشیم. بت‌پرستی توانایی ما را برای کاملاً انسان بودن مضمحل می‌سازد. مطابق متن مورد بررسی ما، زندگی انسان می‌تواند با انجیل شکل بگیرد. وقتی شخص در شام خداوند، به‌طور نمادین بدن مسیح را می‌خورد و خون او را می‌نوشد، با او سهیم می‌گردد، و در پرستش و حیات کلیسا شریک می‌شود، و با وجود این، اگر به بت‌ها دلبسته باشد، همچنان خدایان دیگر را می‌پرستد. بسیاری از ما در رابطهٔ زناکارانه قرار داریم! ما داریم به خدا خیانت می‌کنیم. خدا می‌خواهد با ما رابطه‌ای انحصاری داشته باشد. او می‌خواهد که همهٔ بت‌ها را از چارچوب این رابطه بیرون کنیم. اگر با شنیدن این پیام با خودمان بگوییم: «من چنین آدمی نیستم!» باید خیلی مراقب باشیم که پولس در آیهٔ ۱۲ چه می‌گوید: «پس بهوش باشید که نیفتید» – زیرا ما در حس امنیت کاذب فرو می‌رویم. پس چگونه می‌توانیم از چسبیدن به بت‌هایی که در سطح امیال عادی به زندگی‌مان هجوم آورده‌اند، بگریزیم؟

گریز از بت‌پرستی (تاریخی)

خدای حقیقی در زندگی عادی و روزمره‌مان با ما ملاقات می‌کند. او در مسیح وارد یک زندگی کاملاً عادی و معمولی می‌شود. خدای حقیقی، برخلاف بت‌هایی که فکر می‌کنیم می‌توانند امیال و آرزوهای ما را برآورده سازند، واقعاً امیال ما را درک می‌کند، چون خودش همهٔ اینها را تجربه کرده است. عیسی نیز همچون ما با همه چیز دست و پنجه نرم کرده است، منتها بدون ارتکاب گناه. او هرگز تسلیم بت‌پرستی نشد. و به‌خاطر او، خدا همچنان به ملاقات با ما در بطن زندگی عادی ادامه می‌دهد. از نظر پولس، ما چگونه در مسیح سهیم می‌شویم؟ یک راه، شرکت کردن در شام خداوند است. «پس ای عزیزان، از بت‌پرستی بگریزید. با خردمندان سخن می‌گویم؛ خود دربارهٔ آنچه می‌گویم قضاوت کنید. آیا جام برکت که آن را مبارک می‌خوانیم، شریک شدن در خون مسیح نیست؟ و آیا نانی که پاره می‌کنیم، شریک شدن در بدن مسیح نیست؟ از آنجا که نان یکی است، ما نیز که بسیاریم، یک بدن هستیم،

زیرا همه از یک نان بهره می‌یابیم» (آیه‌های ۱۴-۱۷). اینکه خدا آیین‌های مقدس را به امری عادی، همچون نشانه و مُهر مادی تبدیل می‌کند، کار اشتباهی نیست. او ما را خوراک می‌دهد.

خدای حقیقی در سطح امیال با ما ملاقات می‌کند. او ضعف‌های ما را درک می‌کند و به نیاز ما به نجات واقف است. «هیچ آزمایشی بر شما نمی‌آید که مناسب بشر نباشد. و خدا امین است؛ او اجازه نمی‌دهد بیش از توان خود آزموده شوید، بلکه به وقت آزمایش، راه گریزی نیز فراهم می‌سازد تا تاب تحملش را داشته باشید» (آیهٔ ۱۳). عبارتی که در اینجا باید مورد تأکید قرار بگیرد، "راه گریز" است. حتی با وجودی که خدا داوری را نازل ساخت، اما راه گریزی هم مهیا نمود. عیسی هم به همین ترتیب- در بطن سختی‌ها، آزمایش‌ها، وسوسه‌ها و بت‌پرستی زناکارانهٔ ما- راه گریزی مهیا می‌کند. او همیشه راه گریزی از بت‌پرستی، می‌آفریند. او اغلب از آزمایش‌ها استفاده می‌کند تا مردم را به خودشان بیاورد- تا پوچ بودن بت‌پرستی را بر آنان آشکار سازد و باعث شود که به او اعتماد کنند.

بنی‌اسرائیل در بیابان به نشانی که خدا برای گریز از داوری برافراشته بود، چشم دوختند. چشم دوختن به مسیح، که بر صلیب برافراشته شد تا داوری خدا را به نیابت از ما متحمل گردد، وسیلهٔ گریز ماست. او کاری نکرده بود که لازم باشد به‌خاطرش توبه کند، و مرتکب گناهی نشده بود که به‌سبب آن مجرم باشد. و با همهٔ اینها به‌خاطر پیامدهای گناه *ما* رنج کشید. او ترجیح داد نگریزد تا ما بتوانیم با نگاه کردن به او بگریزیم. عیسی راه گریز ما از بت‌پرستی است.

خدای حقیقی با وفاداری بر زناکاری ما غالب می‌آید. سخنان پولس ممکن است برای آنانی که وجدان حساسی دارند، آزاردهنده باشد. چگونه کسی می‌تواند بفهمد که در مسیح است؟ از کجا می‌فهمد که دارد از بت‌پرستی می‌گریزد؟ شاید با خود فکر کنید: «من جنگ سختی داشته‌ام- من دلی زناکار دارم!» در اینجا انجیل کلامی تسلی‌بخش دارد: ما اعتماد خود را بر وفاداریِ مسیح می‌گذاریم، نه بر وفاداریِ خودمان به مسیح. «و از یک آشامیدنی روحانی نوشیدند؛ زیرا از آن صخرهٔ روحانی می‌نوشیدند که از پی ایشان می‌آمد، و آن صخره مسیح بود» (آیهٔ ۴). عیسی صخرهٔ اطمینان ماست. او صخره- بنیانی نامتزلزل- است. او صخره‌ای است که از پی ما می‌آید و با ما همراهی می‌کند. او در نیازها با ما همراه می‌شود و حتی زمانی که سر به طغیان بلند می‌کنیم هم با ما ملاقات می‌کند. خدا هر روزه در انجیل خود را به قومش نزدیک می‌سازد. او قاعده را تغییر نمی‌دهد. او هنوز هم در شام خداوند، خود را به ما می‌دهد. انجیل یک‌بار برای همیشه فیضی رایگان را اعلان می‌کند. عیسی در بطن زندگی عادی به ملاقات ما می‌آید. او ما را در سطح امیال و آرزوهامان ملاقات می‌کند، و حتی زمانی که اثبات می‌کنیم موجوداتی زناکاریم، وفاداری‌اش را به ما نشان می‌دهد. ما باید از بت‌پرستی بگریزیم. باید به مسیح بیاویزیم، زیرا او هم به ما می‌آویزد.

۱۹

جلال خدا و صلاح همسایه
اول قرنتیان ۱۰:۲۳-۱۱:۱

در این متن، پولس می‌خواهد به قرنتیان کمک کند تا از میان حیطه‌های خاکستری زندگی- به‌ویژه در قسمت خوراک تقدیم شده به بت‌ها- با خردمندی عبور کنند. در اینجا توجه داشته باشید که پولس بر پایهٔ بایدها و نبایدها، به موضوع اشاره نمی‌کند، بلکه بر مبنای آنچه که به صلاح همسایه است و خدا را جلال می‌دهد، موضوع را بررسی می‌کند. کلید ورود به حیطه‌های خاکستری و بحث‌برانگیز زندگی، قانون محبت است. نظر پولس مبنی بر جلال دادن خدا از طریق محبت کردن به همسایگان را می‌توان در سه نکته مورد بررسی قرار داد:

- جلال خدا
- صلاح همسایه
- فیض خدایی پرجلال

جلال خدا (جلال دادن خدا به چه معناست؟) (۱۰:۳۱)

پس هر چه می‌کنید، خواه خوردن، خواه نوشیدن و خواه هر کار دیگر، همه را برای جلال خدا بکنید.

موضوع جلال خدا، یا جلال دادن خدا، ممکن است دشوار باشد. این مفهومی است که افراد مذهبی زیاد به‌کار می‌برند، اما به‌ندرت در موردش فکر می‌کنند. از جهاتی ساده کردن مفهوم آن دشوار است، چون در فرهنگ امروزه، جایی نیست که واژهٔ *جلال* در آن کاربرد درست خود را حفظ کرده باشد. این اصطلاح معمولاً بار معنایی منفی‌ای دارد: «این فیلم

خشونت را می‌ستاید (جلال می‌دهد)»؛ «این یعنی خودستایی (جلال دادنِ خود).» حتی برای ترغیب هم به‌کار می‌رود: «جرأت یعنی جلال!» یا «چه گذشتهٔ پرجلالی!» تعریف صحیح واژهٔ *جلال* این است: «ستایش عمومی، افتخار و شهرت.» جلال دادن یک چیز یعنی جلال بخشیدن به آن. همچنین جلال دادن یعنی نور تاباندن به چیزی و درخشان کردن آن. پولس پیشنهاد می‌کند که مسیحیان طوری زندگی کنند- با شروع کردن از عادی‌ترین چیزهای زندگی مانند خوردن و نوشیدن- که موجب ستایش، افتخار و شهرت خدا در نظر عموم شود. او در ذات و وجود خود به‌راستی وزین و پرجلال است. به‌زعم پولس رسول، همهٔ امیال و آرزوهای ما باید در نهایت سبب شوند که جلال خدا به مردمان شناسانده شود. فعالیت‌های روزانهٔ ما، هرچه نیز ساده و معمولی باشند، باید با هدف جلال دادن خدا انجام گیرند. زندگی ما با این منظور شکل می‌گیرد که زیبایی خدا را به‌طرزی درخشان برای اطرافیان روشن سازد.

با این‌حال، مردم اغلب مرتکب خطای فاحش محدود کردنِ جلال به پرستش و عبادت دسته‌جمعی می‌شوند. اشتباه اونجلیکال‌ها اغلب جدا کردن زندگی از پرستش است. آنها توان بالقوهٔ امور عادی برای جلال دادن خدا را نادیده می‌گیرند، چون به‌طور خاص روی دینداری و عبادتِ آشکار خدا متمرکز می‌شوند. بدین‌لحاظ، اهمیت، برجستگی و توانِ بالقوهٔ جلال دادن خدا توسط همهٔ جنبه‌های زندگی را کوچک شمرده‌اند. در عین حال که خدا خواهان پرهیزگاری، پرستش دسته‌جمعی و انضباط روحانی ما است، لیکن خواهان چیزی فراتر از اینها نیز هست. ما باید متوجه ارتباط آشکار میان ایمان و عمل، خدا و علم، ایمان و عدالت، و غیره باشیم، همچون شهروندانی که همیشه آمادهٔ تلاش برای شکوفایی انسان و صلاح عمومی هستند.

درک این نکته حائز اهمیت است که جلال دادن خدا امری صرفاً عمودی (چیزی میان فرد و خدا) نیست، بلکه افقی (میان فرد و همسایگان/ اجتماع) نیز هست. جلال خدا را باید به‌طور جامع و کامل محقق ساخت. اگر به‌راستی قضیه از این قرار است، پس ماهیت رابطهٔ میان کارهای نیک ما در حق همسایگان و جلال دادن خدا، دقیقاً چیست؟

صلاح همسایه (چگونه عمل کردن به صلاح همسایه، خدا را جلال می‌دهد؟) (آیه‌های ۲۳-۳۰)

دعوت ما این است که در مورد انتخاب‌ها و تصمیماتی که با توجه به خیر و صلاح همسایگان می‌گیریم، قدری بیندیشیم. در بحث پیرامون موضوع خوراک قربانی برای بت‌ها، پولس این پرسش را مطرح می‌کند: «تبعات گستردهٔ این کار برای همسایگان چیست؟»

کشمکش برای محبت کردن به همسایگان (آیه‌های ۲۳-۲۶)

«همه چیز جایز است» - اما همه چیز مفید نیست. «همه چیز رواست» - اما همه چیز سازنده نیست. هیچ‌کس در پی نفع خود نباشد، بلکه نفع دیگران را بجوید.

هر گوشـــتی را که در قصابخانه می‌فروشـــند، بدون نظر به وجدان بخورید، زیرا «جهان و هر آنچه در آن است از آن خداوند است.» (آیه‌های ۲۳-۲۶)

در کلیسای قرنتس دو گروه هســـتند که پولس آنها را مورد خطاب قرار می‌دهد. یکی از آنها را می‌توان گروه *بی‌بندوبار* نامید. روی سخن او در آیۀ ۲۳ با ایشان است: «همه چیز جایز است.» آنها از حقیقت الاهیاتی آزادی انجیل به منظور بی‌بندوباری و بی‌قیدی در انجام هرچه دوست داشتند، استفاده می‌کردند و به مخالفان هم کوچکترین اهمیتی نمی‌دادند. و اما گروه دوم شـــریعتگر*اها* هستند که پولس آنها را در آیه‌های ۲۵و۲۶ مورد خطاب قرار می‌دهد: «هر گوشتی را که در قصابخانه می‌فروشند، ... بخورید.» این گروه آزادی‌ای را که در انجیل داشتند کاملاً درک نکرده بودند و محذورات اخلاقی‌شـــان را در مورد کل جماعت به‌کار می‌بردند، و بدین‌ترتیب وجدان جماعت را هم به‌طرزی نادرست مقید می‌ساختند. پولس اشتباه ایشان را با نقل از مزمور ۱:۲۴ پاســـخ می‌دهد: «جهان و هر آنچه در آن است از آن خداوند است»- آیه‌ای که یهودیان به هنگام صرف غذا آن را به‌صورت دعا بر زبان می‌آوردند.

این دو گروه در کلیســـای امروز هم حضور دارند- افرادی که در جمع شریعت‌گرا و در خلوت بی‌بندوبارند، و آنها که در جمع زاهدمآبند و در خلوت لذت‌جو. پاسخ به هر دو گروه همان کلام اســـت: «هیچ‌کس در پی نفع خود نباشـــد، بلکه نفع دیگران را بجوید» (آیۀ ۲۴). شـــریعت‌گرایان در پی نفع خود بودند و اصلاً توجه نمی‌کردند که رویکردشـــان چه تأثیری بر وجدان همســـایگان می‌گذارد. بی‌بندوباران هم به‌دنبال نفع خود بودند و پیامدهای اسفبار کارشـــان را بر وجدان همســـایگان، نادیده می‌گرفتند. برای هر دو گروه کلام یکی است: «از تلاش برای نفع شـــخصی دست بردارید. در پی نفع همسایۀ خود باشید، و از این طریق خدا را جلال دهید.»

نسبت به خدا و همسایه سه رویکرد بالقوه وجود دارد (آیه‌های ۲۷-۳۰). دیندار شریعتگرا می‌کوشـــید بدون محبت کردن به همسایه‌اش، خدا را جلال دهد. «اگر شخصی بی‌ایمان شما را به صرف غذا دعوت می‌کند و شما نیز مایل به رفتن هستید، هر آنچه در برابرتان می‌گذارد بدون نظر به وجدان بخورید» (آیۀ ۲۷). در این دیدگاه، محبت کردن به همســـایه امری است غیرضروری، ولـــی می‌تواند ضمیمه یا افزودۀ خوبی بر اخلاص و دینداری فرد باشـــد. این رویکرد نادرست خدا را جلال نمی‌دهد. در واقع، با نادیده گرفتنِ خواست خدا یا برتر دانستنِ روحانیتِ خودمحوران‌مان بر خواســـتِ خدا، جلال را از او دریغ می‌دارد. این مثال را در نظر بگیرید: شریعت‌گرایی به خانۀ شخصی بی‌ایمان دعوت می‌شود. میزبان غیرمسیحی خوراک لذیذی را که با گوشـــت تهیه کرده، به میهمان خود تعارف می‌کند. اما فرد شریعت‌گرا با خود چنین فکر می‌کند: «آیا این گوشت به خدایان دروغین و بت‌ها تقدیم شده؟» فرد شریعت‌گرا به‌جای آنکه خوراک را بگیرد و بخورد و خدا را به‌خاطرش شکر کند، دچار تردید می‌شود و در نهایت آن خوراک را پس می‌زند. چنین فردی نمی‌تواند همسایۀ خوبی باشد. برای این فرد شریعت‌گرا، انجام کار نیکو به نفع همسایه، امری است اضافی، نه ضروری. پولس می‌خواهد

مردم را به سمت دست‌برداشتن از همرنگی با اخلاقیاتِ انحصاری هدایت کند، زیرا نهایتاً به انعطاف‌ناپذیری و سلطه‌گری منجر خواهد شد.

از طرف دیگر، فرد آزادی‌طلب می‌کوشید بدون جلال دادن خدا، همسایه‌اش را محبت کند. «مگر اینکه کسی به شما بگوید: ”این گوشت به بت‌ها تقدیم شده است.“ تنها در این صورت، به‌خاطر کسی که این را به شما گفت و به‌خاطر وجدان، از آن مخورید - البته مقصودم وجدان آن شخص است نه وجدان شما. زیرا چرا باید وجدان شخصی دیگر بر آزادی من حکم کند؟» (آیه‌های ۲۸و۲۹). روی سخن پولس با کسانی است که بیش از خیر و صلاح همسایگان، دغدغهٔ آزادی خودشان را دارند. پولس آزادی مسیحی را نفی نمی‌کند، بلکه ایمانداران را به کوتاه آمدن به‌خاطر همسایه فرامی‌خواند. قرنتیان می‌کوشیدند بدون معطوف نمودن عمل‌شان به منبع غایی محبت (یعنی خدا)، همسایهٔ خویش را محبت کنند. در این دیدگاه، محبت کردن به همسایه امری است ضروری، اما هیچ هدف و نتیجهٔ دیگری در پس آن وجود ندارد. خودِ شخص جلال می‌یابد، زیرا بازتاب عملش به خود وی بازمی‌گردد. این یعنی ربودن جلال از خدا به‌واسطهٔ نادیده گرفتن او و ترجیح دادن میل و خواستهٔ خود بر خواست خدا. گونه‌ای از این رویکرد را می‌توان در بی‌علاقگی هم نسبت به خدا و هم نسبت به همسایه مشاهده کرد. فرد آزادی‌طلب می‌تواند نسبت به فرد شریعت‌گرایی که می‌خواهد حقوق وی را محدود کند، موضع بگیرد. این با حال و هوای عصر ما هم مرتبط است. سازشکاری زمان مدرن ممکن است به عدم سازش با متعصبان، یعنی شریعت‌گرایان، تبدیل شود. افراد «متجدد» تصور می‌کنند که دینداران انسان‌هایی متعصبند، پس خودشان هم در برابر آنها موضع متعصبانه‌ای می‌گیرند. چنین فرد مدرنی ممکن است بگوید: «من می‌توانم آدم آزاداندیشی باشم و حقوق هر کس دیگری را به رسمیت بشناسم، اما نه حقوق افراد مذهبی را.» سازشکاریِ عصر مدرن گاه هم خودش را نفی می‌کند و هم دچار عدم انسجام می‌شود.

ولی برای پرداختن به این موضوع رویکردی دیگری هم وجود دارد، یک راه سوم که همانا رویکرد انجیل-محور است. این رویکرد پولسی همسایه را به قصد جلال دادن خدا محبت می‌کند. محبت همسایه وسیله‌ای است برای جلال دادن خدایی که نخست ما را محبت نمود. در این دیدگاه، محبت کردن به همسایه امری است ضروری، اما خودْ هدف نیست- هدف جلال خداست که همهٔ اسباب و علل بدان معطوف می‌باشد. خدا جلال می‌یابد چون آن را از طریقی دریافت می‌کند که خواستِ خودِ اوست. ما خوانده شده‌ایم تا خدا را به‌روشی شایسته، چنان که خودش می‌خواهد، جلال دهیم. باید اجازه بدهیم که خواست خدا همهٔ اقدامات ما را در راستای جلال دادن او، شکل و جهت بدهد. از طریق این رویکرد انجیل-محور، دیگران لازم می‌شوند، اما نه کافی (یعنی رابطهٔ میان محبت کردن خدا و محبت کردن همسایه عیناً متقابل و همسان نیستند)؛ دیگران لازم می‌شوند، اما نه انحصاری (یعنی راه‌های دیگری هم برای جلال دادن خدا وجود دارد، از جمله انضباط‌های روحانی و غیره).

مشکل اینجاست که همهٔ ما واقعاً علاقمند به محبت کردن همسایگان نیستیم. از خودمان می‌پرسیم: «خب این چه سودی برای من دارد؟» وقتی محبت کردن به همسایه بر مبنای آنچه می‌کنیم یا آنچه عایدمان نمی‌شود قرار بگیرد، در واقع، همسایهٔ خود را محبت نمی‌کنیم- فقط داریم از او استفاده می‌کنیم! هدف ما در نهایت جلال دادن خدا نیست؛ و سرانجام به ربایندگانِ جلال تبدیل خواهیم شد. حتی وقتی می‌توانیم عملاً اذعان کنیم که خدا وجود برتری است که نهایتاً شایستهٔ همهٔ جلال می‌باشد، هنوز به‌دنبال تکه‌ای از جلال برای خود هستیم.

سی. اس. لوئیس، در خطابهٔ معروفش، "اهمیت جلال" می‌نویسد: «اگر از انسان مدرن بپرسید که برترین فضیلت چیست، پاسخ خواهد داد: "ایثار" یا ازخودگذشتگی. اما گذشتگان این‌گونه پاسخ نمی‌دادند. این شیوهٔ پاسخگویی انسانِ امروزی است. اما برترین فضیلت چیست؟ قدما حتماً "محبت" را برترین فضیلت می‌دانستند.» لوئیس ادامه می‌دهد: «ازخودگذشتگی به‌مثابه یک آرمان که تکیه‌اش بر چشم‌پوشیدن و صرف‌نظرکردن است، آنچه در درجهٔ اول به ذهن می‌رساند، نه خواستن چیزهای خوب برای دیگران، بلکه چشم‌پوشی از آنها برای خود است تا جایی که مهم‌ترین چیز، نبودن آنهاست، نه خوشیِ حاصل از بودنِ آنها.» می‌توان در مورد محبت نیز به مفهومی منفی/ سلبی اندیشید، که بسیار خودارجاعانه است- اینکه فکر کنیم ازخودگذشتگی است، نه واقعاً محبت. در مورد جلال هم می‌توان به همین ترتیب فکر کرد.

فرد مسیحی چگونه می‌تواند از چنبرهٔ خودمحوری بیرون بیاید؟ چگونه می‌توانیم خطرات زهدفروشی و شریعتگرایی را پشت‌سر بگذاریم؟ چگونه می‌توانیم خطرات عملگرایی و بی‌بندوباری را پشت‌سر بگذاریم؟ چگونه می‌توانیم همسایه‌مان را همچون خودمان محبت کنیم و بدین‌ترتیب خدا را جلال بدهیم؟

فیض خدایی پرجلال (۱۰:۳۲-۱۱:۱)

> هیچ‌کس را آزرده خاطر مسازید، چه یهودیان، چه یونانیان و چه کلیسای خدا را، همان‌گونه که من نیز می‌کوشم تا همه را به هر نحو که می‌توانم خشنود سازم. زیرا در پی نفع خود نیستم، بلکه نفع بسیاری را می‌جویم، تا نجات یابند. (۱۰:۳۲و۳۳)

دعوت مسیحیان این است که محبتی دگر-محور، یعنی فداکارانه داشته باشند. رسالت مسیحیان این است که بیش از علایق و نیازهای خودشان، در فکر علایق و نیازهای دیگران باشند (ر.ک. فیلیپیان ۲). همچنین بحث فداکاری مطرح است، نه دنبال منافع شخصی بودن. پولس از ایمانداران قرنتس می‌خواهد که به‌خاطر دیگران از نفع شخصی چشم بپوشند. این است رسالت محبت: «تا نجات یابند» (آیهٔ ۳۳). پولس می‌تواند دیگران را چنین فرابخواند، زیرا خودش بر پایهٔ همین فراخوان زندگی کرده است. این عبارت، جملهٔ مقصد[1] است. از

1. Purpose Clause

طریق رفتار دگر-محور و فداکارانه است که می‌توانیم همسایهٔ خوبی باشیم، چون نهایتاً دغدغهٔ ما خیر و صلاح، یعنی نجات همسایگان است. اگرچه این نباید به هدف انحصاری ما برای تماس ما با همسایگان بدل شود، و نباید هم چنین شود، اما باید هدف اول ما باشد. خدا زمانی جلال می‌یابد که محبت ما نسبت به همسایگان به جایی بینجامد که آنان خدا را دریابند. پولس خود را به‌عنوان سرمشق این نوع محبت معرفی می‌کند. خدمت او نمونه‌ای است از خدمت کسی که با همهٔ شرایط گوناگون کنار می‌آید تا انجیل مسیح را با قاطعیت به کرسی بنشاند. اما الگوی او بر دستاوردها و سرمشق شخصی بزرگتر، استوار است. تنها راه خلاصی ما از خودکامی و خودمحوری، و زندگی کردن بر مبنای رسالتِ محبت دگر-محور و فداکارانه، این است که بفهمیم خودمان دریافت‌کنندگان محبت دگر-محور و فداکارانهٔ مسیح هستیم!

«پس، از من سرمشق بگیرید، چنانکه من از مسیح سرمشق می‌گیرم» (۱:۱۱). پولس می‌گوید: «هیچ‌کس در پی نفع خود نباشد، بلکه نفع دیگران را بجوید» (۲۴:۱۰). و جوهر کلام عیسی هم این است که: «من در پی خیر و صلاح دشمنانم بودم، نه خیر و صلاح خودم!» عیسی- کسی که در نهایت جلال یافت- به مفهومی، خالی از جلال شد تا ما، دشمنانش، بتوانیم محبتش را دریافت کنیم. عیسی تنها انسانِ تاریخ بشر بود که همسایه‌اش (و دشمنش) را برای جلال خدا به‌طور کامل محبت کرد. او در عین‌حال که از افتادن در دام زهدفروشیِ شریعت‌گرایان اجتناب ورزید، شریعت را هم به انجام رساند- او هرگز برای جلال دادنِ خدا از همسایگان دوری نورزید. او آزادی را تأمین نمود و به موقع اجرا گذاشت، و در عین‌حال در دام عمل‌گراییِ لذت‌جویانه گرفتار نشد- او هرگز از همسایگان برای کسب جلال سود نجست. مسیحیان می‌توانند همسایگان خود را برای جلال خدا محبت کنند، زیرا عیسی ما- دشمنانش- را برای جلال خدا محبت نمود. ما می‌توانیم به‌خاطر دیگران از منافع خود چشم‌پوشی کنیم، زیرا عیسی هم نهایتاً به‌خاطر ما از منافع خود چشم پوشید.

برخورداری از محبت دگر-محور و فداکارانهٔ خدا در مسیح، چگونه قلب انسان را متحول می‌سازد؟ توان روحانی ما دیگر در تلاش برای جلب محبت خدا سرمایه‌گذاری نمی‌شود، بلکه در ابراز محبتی که او قبلاً در حق ما کرده، به‌کار می‌رود. تولیان چیویجیان[1] می‌گوید:

> وقتی درمی‌یابیم که همه چیز میان ما و خدا به‌طور کامل و نهایی درست شده- که مسیحیان زیر پرچمی زندگی می‌کنند که بر آن نوشته "تمام شد"- توجه‌مان را از خود برگرفته، به همسایگان معطوف می‌سازیم. ما که برای همیشه از بازپرداخت تاوان به خدا یا تأمین محبت و پذیرش او آزاد شده‌ایم، می‌توانیم با آزادی و فراغ بال دیگران را محبت و خدمت کنیم. از جنبهٔ افقی برای دیگران کار می‌کنیم، چون خدا از جنبه عمودی برای ما کار کرده است. شخص مسیحی از محبوب بودن تا محبت کردن در عمل، سیر می‌کند. محبت خدا نسبت به ما، در وجودمان

1. Tullian Tchividjian

> محبت پدید می‌آورد ... از آنجا که در مسیح هم‌اکنون به هر چیز مهیاییم، آزادیم تا بدون چشم‌داشت برای دیگران همه کار بکنیم. اکنون می‌توانیم، فعالانه زندگی خود را صرف دادن به‌جای گرفتن، آخر شدن به‌جای اول شدن، و فداکاری برای دیگران به‌جای فدا کردن‌شان برای خود، بکنیم.

این نوع حقیقت، مسیحیان را در برابر قضاوت‌های مردم محافظت می‌کند. ما هر روز آرزو می‌کنیم که مردم ما را خوب، شایسته و ارزشمند بشمارند. پس هر روزه با این فکر که قرار است مورد قضاوت دیگران قرار بگیریم، سراغ کارهای خودمان می‌رویم. زندگی ما روی واکنش‌های دیگران متمرکز شده است. راه‌حل پولس برای این عدم احساس امنیت آن است که بدانیم دورۀ محاکمه به پایان رسیده است. برای آنان که در مسیح عیسی هستند، دیگر هیچ محکومیتی نیست (رومیان ۸:۱). دانستن این حقیقت بی‌اندازه دلگرم کننده است، چون مسیح به‌جای ما محاکمه شده است، و دیگر لازم نیست ما مورد مورد محاکمه قرار بگیریم. در واقع، جلسۀ دادگاه خاتمه یافته است. ما آزادیم تا همسایگان را محبت کنیم و خدای‌مان را جلال دهیم. دیگر در دادگاه نیستیم. ما عاشقانی با انگیزه‌های تازه‌ایم، زیرا تصویر زیبای عیسی که به نیابتِ ما به دادگاه می‌رود و همۀ امتیازاتش را به ما می‌بخشد، عواطف‌مان را هدایت کرده است. او از همۀ حقوق خود صرف‌نظر کرد تا ما حقوق خود را به‌کار گیرم، نه برای فرقه‌گرایی و سوءاستفاده از دیگران و نادیده گرفتن‌شان، بلکه برای خدمت کردن به ایشان، و چشم‌پوشی از منافع‌مان برای خیر و مصلحت‌شان. اکنون می‌توانیم زندگی آزادی داشته باشیم، بدون اینکه از آزادی‌های خود سوءاستفاده کنیم؛ می‌توانیم از آنها برای جلال دادن خدا از طریق محبت کردن به همسایگان استفاده کنیم.

در انجیل یوحنا ۲۱، عیسی سراغ پطرس، که به‌تازگی به او خیانت کرده بود، رفت و سه‌بار پرسید: «آیا مرا دوست می‌داری؟» پطرس درهم‌شکسته و آشفته بود، اما عیسی را هم دوست می‌داشت. عیسی برای پطرس برنامۀ بازپروری در نظر نگرفت؛ در عوض، در بطن همان شکستگی‌ها، به او مأموریتی بخشید: «گوسفندان مرا خوراک بده.»- یعنی از قوم من مراقبت کن. عیسی در آن لحظه به پطرس کمک می‌کرد تا به این نکته پی ببرد که دوست داشتن و محبت کردنِ خدا به معنای محبت کردن همسایگان است. به همین ترتیب، جلال دادن خدا به معنای انجام دادن کارهای نیکو برای همسایگان است. ما هم مثل پطرس در گناه کوفته و شکسته‌ایم- با زندگی خودمحورانه مسیح را انکار می‌کنیم و جلال خدا را می‌دزدیم. اما خدا به ما می‌گوید که حتی با وجودی که به او خیانت کرده‌ایم، باز ما را در جایگاه‌مان ابقا می‌کند. لازم است روی این محبت بنیادین و احیاکننده تأمل کنیم و دیگران را در آن سهیم سازیم.

۲۰

موضوعات مطرح در بطن کلیسا
اول قرنتیان ۱۱:۲-۱۶

این متن نقطهٔ عطفی در روند فکری نامه به‌شمار می‌رود. تا اینجا پولس دربارهٔ نحوه به‌کاربردنِ حقوق و آزادی‌های اعضای کلیسا در دنیا- خارج از کلیسا- صحبت کرده است. ولی اکنون شروع به سخن گفتن در مورد نحوهٔ اِعمال حقوق و آزادی‌های ایمانداران در درون کلیسا- در میان پرستندگان- می‌کند. موضوع بحث او از زندگی ایمانداران در دنیا، به زندگی آنها در کلیسا تغییر می‌یابد. در فصل‌های ۱۱-۱۴ پولس شماری از موضوعات مختلف شایع در زندگی کلیسا، نظیر پوشاندن سر، شام خداوند، عطایای روحانی، نبوت و زبان‌ها و پرستش همراه با نظم را مطرح می‌کند.

آیه‌های ۲ و ۱۶ مطالب یاد شده را در زمینهٔ مورد نظر قرار می‌دهند: «شما را تحسین می‌کنم که در همه چیز *مرا* به یاد *می‌آورید و سنت‌ها* را به همان شکل که به شما سپردم، حفظ *می‌کنید*» (آیهٔ ۲). آنان منصب رسولی پولس و نیز تعالیم رسولی او را (یعنی "سنت‌هایی" که به آنها سپرده بود) به یاد می‌آورند. «اما اگر کسی بخواهد آهنگی دیگر ساز کند، باید بگویم که *ما را* و نیز کلیساهای خدا را چنین رسمی نیست» (آیهٔ ۱۶). پولس قرنتیان را تشویق می‌کند که مطابق آداب و سنن پرستش کلیسای جهانی، رفتار کنند. بدین‌ترتیب رشتهٔ اصلی بحث در این مورد است که کلیسا چگونه می‌تواند با پرستش خدا را خشنود سازد. پولس کلیسا را به ارزیابی آداب و مناسک پرستشی خود فرامی‌خواند تا از این رهگذر اطمینان حاصل شود که توجه لازم، چنان که باید، به خدا معطوف گردد نه به‌سوی اعضای کلیسا.

خدا از ما می‌خواهد که در پرستش دسته‌جمعی، و قواعد پرستش، سه نکته را در نظر داشته باشیم:

- آزادیِ جنجال‌برانگیز در پرستش
- شیوهٔ جنجال‌برانگیز در پرستش
- واقعیت جنجال‌برانگیز محبتِ الاهی

آزادیِ جنجال‌برانگیز در پرستش

برطرف کردن سوءبرداشت در مورد این متن

اول از همه، بسیار محتمل است که خوانندگان امروزی، چه مسیحی چه غیرمسیحی، با خواندن یا شنیدن این متن برآشفته شوند. میان ما و کلیسای قرنتس فاصلهٔ فرهنگی قابل‌ملاحظه‌ای وجود دارد. بعضی از چیزهایی که برای آنان امری عادی به‌شمار می‌رفت، برای ما عجیب به نظر می‌رسد؛ البته خیلی از چیزهایی که برای ما عادی است هم برای آنها غیرقابل درک می‌بود. ولی میان ما و آنها، به‌ویژه در سطح اصول، نقاط مشترک بسیاری وجود دارد. با وجودی که کاربرد اصول کتاب‌مقدسی می‌تواند در فرهنگ‌های مختلف اَشکال گوناگونی به خود بگیرد، اما اصول همیشه ثابتند.

دوم اینکه، متن مورد بررسی صرفاً زنان را مورد خطاب قرار نداده است. در این متن عملاً میان زنان و مردان تعادلی ساختاری به چشم می‌خورد، جز یک استثنا که خطاب به زنان گفته شده و مشابه آن برای مردان وجود ندارد (آیهٔ ۱۰).

و نکتهٔ سوم، متن مورد بررسی، افراد را با تنها دو گزینهٔ تفسیری رها نمی‌کند. برخی از لیبرال‌ها سخنان و مقصود پولس را به‌کلی رد می‌کنند. برخی از محافظه‌کاران سنت‌گرا هم به تبعیتِ سفت و سخت از کلمات پولس معتقدند و اصل زیربنایی و روح کلام را از یاد برده‌اند. راه سومی هم وجود دارد: «سنت‌گراییِ آزاداندیشانه».

صحنه‌آرایی با در نظر گرفتنِ پس‌زمینه

موضوع مورد بررسی، آرایش و پوشش در هنگام پرستش مسیحی بود: «هر مردی که سر پوشیده دعا یا نبوت کند، سر خود را بی‌حرمت کرده است» (آیهٔ ۴). بعضی از مردان طوری سرهای خود را می‌پوشاندند یا موی‌شان را چنان بلند می‌کردند که یادآور آرایش و پوشش بت‌پرستان به هنگام پرستش بت‌ها بود. این تلاشی بود در جهت همشکل‌شدن با فرهنگ بت‌پرستی. این کار کلیسا را به فضاحت کشانده بود. «و هر زنی که سر نپوشیده دعا یا نبوّت کند، سر خود را بی‌حرمت کرده است؛ این کار او درست مانند این است که سر خود را تراشیده باشد» (آیهٔ ۵). برخی از زنان نیز از رسم فرهنگی متداول، یعنی پوشاندن مو یا انداختن روسری در حین پرستش، خودداری می‌کردند. آنها به نام آزادی در پرستش، موی‌شان را روی شانه‌هاشان می‌ریختند. معنای ضمنی این کار آن بود که ایشان "در دسترس" هستند. این کار تلاشی بود برای گذشتن از هنجارهای فرهنگی. این عمل رسواییِ فرهنگی بود. اظهارات پولس تنها زمانی معنا پیدا می‌کند که خواننده آن را بفهمد ...

کلیسا یک نهاد فرهنگی پیشرو بود

آزادی‌ای که در هنگام پرستش به اعضای کلیسا داده شده بود، در خودِ آن فرهنگ جنجال‌برانگیز بود. زنان را تشویق به دعا و نبوت می‌کردند. آیهٔ ۵ حاکی از همین امر است:

«هر زنی که ... دعا یا نبوت کند.» این امر مغایر با پرستش یهودی در کنیسه‌ها بود که در آنها، زنان اعضای کامل به حساب نمی‌آمدند و باید پشت پرده می‌نشستند. در کلیسای مسیح، و به هنگام پرستش، زنان شرکت‌کنندگانِ کاملِ محسوب می‌شدند- پدیده‌ای که تا آن زمان سابقه نداشت. مسیحیت به برابری کامل و وابستگی متقابل مرد و زن اذعان دارد. هر دو به صورت خدا آفریده شـــده‌اند. پیدایش ۲۷:۱ می‌گوید: «پس خدا انســـان را به صورت خود آفرید، او را به صورت خدا آفرید؛ ایشـــان را نر و ماده آفریـــد.» پولس در آیه‌های ۱۱و۱۲ قرنتیان را به تشخیص این وابســـتگیِ متقابل فرامی‌خواند: «با وجود این، در خداوند، نه زن از مرد بی‌نیاز اســـت، نه مرد از زن. همان‌گونه که زن از مرد پدید آمد، مرد نیز به‌واسطهٔ زن پدید می‌آید، اما پدیدآورندهٔ همه چیز خداست.»

چنین درکی از وابســـتگی متقابل و برابری مرد و زن هم جنجال‌برانگیز و هم بی‌ســـابقه بود. این امر برای جامعهٔ مبتنی بر سلســـله‌مراتب، که در آن زنان کمتر از مردان تلقی می‌شدند، چالشی به‌شمار می‌رفت. برابری و وابستگی متقابل زن و مرد به قرنتیان آزادی جنجال‌برانگیزی در پرســـتش داده بود. امروزه مسیحیان به هنگام پرستش خدا در جماعتی مختلط و متحد، از همین آزادی بهره‌مندند. مسیحیان با هم و بدون در نظر گرفتن سن، قومیت، طبقه اجتماعی یا جنسیت، به حضور او می‌آیند. با این‌حال، ممکن است تأکید بیش از حد بر آزادی، "سنت‌ها" را (یعنی تعالیم رســـولی و کتاب‌مقدسی؛ آیهٔ ۲) مورد تهدید قرار دهد. ممکن است کلیسا این حقایق کلام خدا را بپذیرد، و با وجود این، برخی از تعالیم صریح کتاب‌مقدس را نادیده بگیرد. این همان کاری است که قرنتیان می‌کردند- آنها از شیوهٔ نکوهیدهٔ پرستش‌شان غافل بودند.

شیوهٔ جنجال‌برانگیز در پرستش

قصد پولس این نیســـت کـــه قرنتیان از آزادی و اختیارات خود دســـت بکشـــند، بلکه می‌خواهد آنها را به مســـیری هدایت کند که بتوانند از آزادی خود برای جلال دادن خدا در پرستش دسته‌جمعی استفاده کنند. اینجا است که خیلی‌ها برآشفته می‌شوند. آیهٔ ۳ را ملاحظه کنید: «اما می‌خواهم آگاه باشـــید که سر هر مرد، مسیح است، سر زن مرد است، و سر مسیح خداست.» شگفت اینکه مشخصهٔ آزادی به‌وجود آمده توسط خدا، نظم است.

ریشه داشتن در نظام تثلیث

«سر مسیح خداست.» منظور پولس از گفتن «سر زن مرد است»، تحقیر کردن، کم‌اهمیت جلوه دادن، یا تهدید کردن جایگاه زن به‌عنوان انســـانی برابر با مرد نیســـت، زیرا خودِ مسیح هم ســـری دارد. پســـر با آرامشِ خاطر خود را تســـلیم پدر می‌کند. پولس در اینجا از جوهر افراد ســـخن نمی‌گوید. زیبایی این عبارت در اینجاست که او ریشهٔ این سلسله‌مراتب را در نظم تثلیثی جســـتجو می‌کند. او می‌گوید که تثلیث، پدر، پسر و روح‌القدس در وجود و ذات برابرند، اما به‌طور ارادی، و به منظور ابراز محبت مشترک‌شـــان، نقش و کارکردی متفاوت بر عهده می‌گیرند. به‌عبارت دیگر، اینکه عیســـی در چارچوب نظام تثلیث به‌طور ارادی خود را

مطیع ارادهٔ پدر می‌سازد، نشانهٔ فروتنی و قدرت است، نه ضعف. من معتقدم که نگاه کردن به رابطهٔ زن و شوهر از این دریچه، ما را آزاد می‌سازد و توانایی لازم را برای مشاهدهٔ زیبایی آن به ما می‌دهد.

نمایان در نظام آفرینش

جوهر نهی پولس این است: «سهواً مایهٔ نکوهش نظام آفرینش مشوید.» خدا انسان‌ها را به صورت خود آفرید- مرد و زن، از مزیتی برابر برای بازتاباندنِ شباهت خدا برخوردارند. اگرچه آنها کاملاً برابرند، اما در آفرینش نظمی وجود دارد: «مرد نباید سر خود را بپوشاند، زیرا او صورت و جلال خداست؛ اما زن، جلال مرد است. زیرا مرد از زن پدید نیامده، بلکه زن از مرد پدید آمده است؛ و مرد برای زن آفریده نشده، بلکه زن برای مرد آفریده شده است» (آیه‌های ۷-۹). پولس چیز تازه‌ای نمی‌گوید. پیدایش به ما می‌گوید که حوا آفریده شد، چون آدم یاوری مناسب نداشت. سرانجام زمانی که چشمان آدم به حوا افتاد، گفت: «این است اکنون استخوانی از استخوانهایم و گوشتی از گوشتم؛ او زن نامیده شود، زیرا که از مرد گرفته شد» (پیدایش ۲۳:۲). وقتی خدا به مرد می‌نگرد، صورت خود را در او می‌بیند. وقتی مرد به زن می‌نگرد، صورت خود را در او می‌بیند.

وقتی مسیحیان این نظم آفرینشی را در پرستش (و ازدواج) به نمایش می‌گذارند، خدا خشنود می‌شود. تمایزات جنسی لعنت نیستند که پوشیده شوند، بلکه برکتند و باید آنها را پاس داشت.

حرف پولس اساساً این است: «هرکه به خواستِ خود تسلیم چیزی می‌شود. بنابراین، چنان رفتار نکنید که مایهٔ بی‌حرمتیِ سرورتان گردد. ای مردان با پوشیدن لباس بت‌پرستان به هنگام پرستش، خدا را بی‌حرمت نسازید. ای زنان، با پوشیدن لباس نامناسب برای متأهلان، خدا و شوهرتان را بی‌حرمت نکنید. پولس به‌طور ضمنی به آنها می‌فهماند که بعضی از زنان رسم معمولِ پوشاندن مو یا بر سر کردن پوشش به هنگام پرستش را تحریف کرده‌اند. آنان احساس می‌کردند که در پرستش آزادند، که چنین نیز بود، و موی خود را بر شانه‌هاشان می‌ریختند. نکته اینجاست که هنجار فرهنگی، چه در کلیسا و چه حتی در جهان یونانی-رومی، برای زنان این بود که سرشان را نه به‌طور کامل، بلکه با انداختن شالی بر سر، بپوشانند.

البته این موضوع برای فرهنگ مدرن ما گیج‌کننده است. در واقع، امروزه اگر زنی در پرستش دسته‌جمعی شال، روسری یا هر نوع پوشش دیگری بر سر بیندازد، عجیب می‌نماید. اما در آن فرهنگ به‌خصوص، سرِ باز آمدنِ زن بدین معنا بود که: «من چندان هم به رابطه‌ام با همسرم اهمیت نمی‌دهم»، چون برای زن متأهل، سرِ باز و موی عریان، مثل این بود که کسی را بالای سر ندارد و به‌نحوی می‌گوید: «من در دسترسم».

یکی از مفسران کتاب‌مقدس می‌گوید: «فقط hetairai یا معشوقه‌های "سطح بالای" متنفذین قرنتس سرشان را نمی‌پوشاندند. همچنین بردگان ناگزیر به تراشیدن موی سر بودند، و نیز موی سر زناکاران را به‌عنوان مجازات، می‌تراشیدند.» پس، از قرار معلوم برخی زنان وسوسه

می‌شدند در گرمای پرستش موی خود را پَس بزنند، و پولس به آنها می‌گوید: «گرچه درک آزادی در پرستش اهمیت دارد، لیکن این عمل شما شایسته نیست».

بخشی از نظام فرهنگی

جنبهٔ دیگر رهنمود پولس این است که نمی‌خواهد عمل قرنتیان بی‌جهت مایهٔ اغتشاش نظم فرهنگی شود. «خود قضاوت کنید: آیا برای زن شایسته است که سر نپوشیده به درگاه خدا دعا کند؟ آیا طبیعت امور، خود به شما نمی‌آموزد که اگر مردی موی بلند داشته باشد، برای او شرم‌آور است، اما اگر زنی موی بلند داشته باشد، مایه افتخار اوست؟ زیرا موی بلند به‌عنوان پوشش به زن داده شده است» (آیه‌های ۱۳-۱۵). شاید پولس دارد به تأکید بیش از اندازه بر سنت، که آزادی فردی را تهدید می‌کرد، اشاره می‌کند. پولس مستقیماً به "طبیعت" متوسل می‌شود و با این کار می‌گوید: «روال امور بدین‌ترتیب است.» او خوب می‌داند که مردان می‌توانند موهای بلند داشته باشند (مثلاً برای نذر)، اما برای تأیید استدلال خود به رسم متداول متوسل می‌شود. استدلال او شاید به برای ما چندان مقبول نباشد، زیرا به دلیل زمینهٔ فرهنگی متفاوت شواهد کمتری برای درک استدلال پولس ارائه می‌دهد.

نکته‌ای در مورد زمینه‌مندی (انطباق فرهنگی)

باید سراغ اصل (نظام آفرینش) رفت و نحوهٔ کاربرد آن را در نظم فرهنگی کنونی مشخص کرد. اطاعت از این بخش از کلام خدا در روزگار ما بیشتر به معنای پرهیز از پوشاندن سر است، زیرا فرهنگ را بی‌دلیل و با تأکید بیش از اندازه بر رسوم شریعت‌گرایانه به دردسر می‌اندازد. خدا دوست دارد که مسیحیان نظم مبتنی بر تثلیث و آفرینش را به‌گونه‌ای بازتاب دهند که بی‌دلیل در نظم فرهنگی اخلال ایجاد نکند. اگر خطر آزادی در این است که فرد بتواند آن را به بهای زیر پا گذاشتن سنت رسولی ابراز نماید، خطر نظم هم در این است که فرد ممکن است در دام سلسله‌مراتب‌گرایی و سنت‌گرایی- یعنی دو آفتِ آزادی- گرفتار شود. نکتهٔ ظریفِ مورد نظر ما این است: سنتِ فراغ‌بال/ رهایی‌یافته. اِشکال اینجاست که افراد به افراط یا تفریط می‌روند. اگرچه هنوز موارد سنت‌گراییِ عنان‌گسیخته قویاً حضور دارند، لیکن بسیاری به سمت آزاداندیشیِ (لیبرالیسم) عنان‌گسیخته متمایل شده‌اند. فراخوان ما این است که آزادی را در چارچوب نظامی که خدا در آفرینش به ودیعه نهاده، به‌کار ببریم؛ نظامی که به شکوفاییِ نهایی انسان منجر می‌شود. ولی چگونه می‌توان اطمینان یافت که خدا واقعاً می‌داند چه چیزی برای شکوفایی انسان، بهترین است؟

واقعیتِ جنجال‌برانگیز محبت الاهی

کتی کلر می‌نویسد:

> عدالت، سرانجام، همان چیزی است که خدا حکم می‌کند ... پس اینکه ما شاهد عدالت الاهی در تعیین نقش‌های جنسیتی باشیم، یا نباشیم، تا حد زیادی به میزان

> اعتماد ما به شخصیت خدا بستگی دارد ... و اگر اعتماد را باید به‌دست آورد، آیا خدا صراحتاً اعتماد ما را جلب نکرده است؟ [و اگر می‌توان به خدا اعتماد کرد، پس] باید از نقش‌های جنسیتی، با همهٔ موهباتی که خدا به بشر بخشیده، بهره‌مند شد و از آنها لذت برد، نه اینکه آنها را به زور تحمل کرد و از آنها بیزار بود.[۱]

واقعیت مبتنی بر تثلیث به خواننده امکان می‌دهد که جایگاه مسیحیان را در سنتی آزادی‌بخش دریابد. هر نظام مقرری که در آفرینش می‌توان یافت، ثمرهٔ طرح نیکوی خداست، و مقصود از آن بازتاب سرشت خود او بوده است. پسر مجبور نبود تسلیم پدر شود، مگر به دلیل نجات بشریت. او مجبور یا ناگزیر نبود؛ او با میل و ارادهٔ قلبی تسلیم گردید تا نجات ما را تضمین کند. تمکین شخصی و فداکاری جزئی از انگشت‌نگارهٔ آفرینندهٔ ماست. آری، تلاش‌های ما در جهت بازتاب دادن این نشان، ناقص و درهم‌شکسته‌اند. درست است که سوءاستفاده‌هایی وجود دارد. اما تسلیم توأم با محبتی که خواننده در تثلیث مشاهده می‌کند، به او نشان می‌دهد که روابط انسانی میان نجات‌یافتگان چگونه باید باشد. مشاهدهٔ رابطهٔ پدر و پسر به انسان‌ها امکان می‌دهد که نگرش خود را در زمینهٔ تفاوت در نقش یا عمل، اصلاح کنند. رابطهٔ مسیح با پدر، مطلوبِ غایی است و شکل تسلیم ارادی به خود می‌گیرد. این سبب می‌شود که انسان دریابد تسلیم نه تنها نشان تحقیر نیست، که ابراز محبتی زیبا است.

این را سرانجام می‌توان در واقعیتی فداکارانه دید که به ما امکان می‌دهد جایگاه‌مان را در سنتِ نجات‌یافته پیدا کنیم. در نهایت، مسیح هرچند سر است، اما جانش را برای کلیسا فدا کرد.

> ای زنان، تسلیم شوهران خود باشید، همان‌گونه که تسلیم خداوند هستید. زیرا شوهر سر زن است، چنان که مسیح نیز سر کلیسا، بدن خویش، و نجات‌دهندهٔ آن است. پس همان‌گونه که کلیسا تسلیم مسیح است، زنان نیز باید در هر امری تسلیم شوهران خود باشند.
>
> ای شوهران، زنان خود را محبت کنید، آن‌گونه که مسیح نیز کلیسا را محبت کرد و جان خویش را فدای آن نمود، تا آن را به آب کلام بشوید و این‌گونه کلیسا را طاهر ساخته، تقدیس نماید، و کلیسایی درخشان را نزد خود حاضر سازد که هیچ لک و چین و نقصی دیگر نداشته، بلکه مقدس و بی‌عیب باشد. به همین‌سان، شوهران باید همسران خود را همچون بدن خویش محبت کنند. آن که زن خود را محبت می‌کند، خویشتن را محبت می‌نماید. زیرا هرگز کسی از بدن خود نفرت ندارد، بلکه به آن خوراک می‌دهد و از آن نگاهداری می‌کند، همچنانکه مسیح نیز از کلیسا مراقبت می‌نماید -زیرا اعضای بدن اوییم. (افسسیان ۵:۲۲-۳۰)

1. Kathy Keller, Jesus, Justice, and Gender Roles: A Case for Gender Roles in Ministry (Grand Rapids: Zondervan, 2014), p. 492.

تمامی نقش‌ها و وظایف در ازدواج مسـیحی، تحت تأثیر رابطهٔ مسـیح با کلیسـا قرار دارد. در رابطهٔ مسـیح با کلیسـا هیچ چیز ارتجاعی، خودکامانه یا تحکم‌آمیز وجود ندارد. او برای خاطر نجات عروسش حتی حاضر می‌شـود از جان خود بگذرد. او برای زیبا ساختن عروسـش جانفشانی می‌کند. شوهران هم باید آمادهٔ جانفشانی باشند. آنها هم باید زنان خود را همچون بدن خود محبت کنند. زنان فراخوانده شـده‌اند تا فداکاری شوهر خود را بپذیرند و بدان پاسخ دهند. وقتی زوج‌ها در برقراری این تعادل زیبا و شکوهمند در رابطه‌شان قاصر می‌مانند همچنان فیض خدا به یاری‌شـان می‌آید. افراد با هم برابر و به‌طور متقابل وابسته‌اند، و در رابطه‌ای مبتنی بر فداکاری متقابل عمل می‌کنند.

و همهٔ اینها از خدای پدر (سـر مسـیح) و از مسیح است که سـر کلیسایِ خود است. این فیض ما را برمی‌انگیزد تا به‌گونه‌ای زندگی کنیم که نظام آفرینشـی نیکوی خدا را چنان منعکس سـازیم که فرهنگ (به‌جای آنکه بی‌جهت مختل شـود) مجاب گردد. رابطهٔ زوج مسیحی رازی است که انجیل را به دنیای نظاره‌گر نشان می‌دهد.

۲۱

تشخیص دادن بدن
اول قرنتیان ۱۱:۱۷-۳۴

کمتر عملی است که به اندازهٔ همسفره‌شدن بتواند بیانگر همنشینی و مصاحبت باشد ... آنکه با ما خوراک می‌خورد، احتمالاً یا دوست ماست یا قرار است به‌زودی دوست‌مان شود. در جهانی آرمانی، میز غذا چیزی بس فراتر از فضای کاربردی است که انسان به‌طور مکانیکی در آن تغذیه کند. میز غذا جایی است که در آن اجتماع به‌وجود می‌آید و تثبیت می‌شود؛ جایی است که میهمان‌نوازی به حد اعلا می‌رسد و گفتگوها صورت می‌گیرد. همچنین جایی است که ناکارآمدی یا شکست رابطهٔ جمعی در آن دیده یا احساس می‌شود. غذا حامل ارزش است؛ از کسانی که آن را آماده کرده‌اند، از کسانی که در آن سهم داشته‌اند، و حتی از کسانی که از آن محروم شده‌اند، حکایت‌ها دارد.

غذا خوردن در شهر قرنتس «فرصتی بود برای کسب یا به نمایش گذاشتنِ موقعیت اجتماعی ... از بسیاری جهات، جهان کوچکی از آرزوها و اهداف کل فرهنگ تلقی می‌شد.»[1] میهمانی شام یکی از اولین جاهایی بود که شخص می‌توانست در آن طبقه‌بندی شدید اجتماعی را مشاهده کند. شام خداوند برای این بنا نهاده شده بود که الگویی کاملاً متفاوت را به نمایش بگذارد. هدف از پایه‌گذاری این آیین به‌وجود آوردن، نگاه داشتن و نشان‌دادن جامعه‌ای جایگزین بود- جامعه‌ای با نظام اجتماعیِ وارونه. شام خداوند ضیافت، میز غذا، غذا و خوراک دادن به اجتماعی است که حول محور انجیل شکل گرفته است. امروزه برخی از مسیحیان برای تازه شدن انجیل در زندگی‌شان روی عزلت‌گزینی و همایش‌های ویژه حساب می‌کنند. در عین‌حال که این اقدامات و فرصت‌های خاص می‌توانند مفید و حتی مهم باشند، اما نکتهٔ مهم برای ایمانداران مسیحی این است که خدا از طریق شام خداوند می‌تواند به‌طور مرتب دل‌های‌شان را احیا کند. تجربهٔ احیا و هماهنگی با خدا بر روش‌های ارتباطی ما

---
1. Ben Witherington, Conflict and Community in Corinth (Grand Rapids: Eerdmans, 1995), p. 244.

با دیگران هم تأثیر می‌گذارد. پولس از قرنتیان می‌خواهد که تمرکز خود را بر مفاهیم همگانی و جامعه‌شـــناختیِ شام خداوند معطوف کنند. اندیشه‌های او را در سهٔ نکته زیر می‌توان دنبال کرد:

- زیبایی شام خداوند در جماعت
- چالش شام خداوند در جماعتی ازهم‌گسیخته
- فیض شام خداوند برای جماعتی ازهم‌گسیخته

زیبایی شام خداوند در جماعت

شام خداوند به‌عنوان واسطهٔ عمودیِ فیض

این مبحث در طول تاریخ کلیســا پرسش‌های الاهیاتی بسیاری برانگیخته است. خیلی‌ها از منظر دیدگاه‌های شخصی و الاهیاتی به این موضوع پرداخته‌اند. دیدگاه‌های زیر به منظور هدایت افکار ما در ارتباط با شام خداوند، مطرح شده‌اند.

شام خداوند به‌عنوان یادبود

ایماندار با شــرکت در این شـــام به‌طور ذهنی حضور مسیح را درک می‌کند. پس عشای ربانی تا حد زیادی به توانایی فرد به تمرکز بر مسیح، فکر کردن به او و یاد آوردنِ مرگ مسیح مربوط اســت. مشکل اینجاست که فیض عشای ربانی به تواناییِ یاد آوردن بستگی دارد. اگر رشتهٔ افکار فرد پاره شود و نتواند تمرکز کند، هیچ تسلایی نخواهد یافت. اگر کسی نخواهد چیزی را به یاد بیاورد، یا دچار نســیان یا فراموشی انجیل شـــده باشد، یا قلبش خواهان یاد آوردن کار عیسای مسیح نباشـــد، چه خواهد شد؟ اگر شام خداوند صرفاً یادبود باشد، برای کسی که نمی‌تواند چیزی را به یاد بیاورد، هیچ تسلی خاطری به همراه خواهد داشت.

شام خداوند به‌عنوان آیین

مســیح به‌صورت عینی در نان و پیاله حضور دارد. عشـــای ربانی عمدتاً فرایندی مادی و رازآمیز دارد که طی آن نان و شـــراب به چیزی تغییر شـــکل می‌یابد که برای انجام تکلیفی دینی باید آن را خورد. مشـــکل این رویکرد غیرشخصی بودنِ آن است. این رویکرد بدون در نظر گرفتن رابطهٔ فرد با مســیح «عمل می‌کند.» برخلاف دیدگاه اول، که تأکید شدید بر فاعل (شخص) دارد، این دیدگاه بر اهمیت مفعول (نان و شراب) متمرکز است.

راه سوم: شام خداوند به‌عنوان مشارکت (عشای) روحانی

«آیا جام برکت که آن را مبارک می‌خوانیم، شریک شدن در خون مسیح نیست؟ و آیا نانی که پاره می‌کنیم، شـــریک شدن در بدن مسیح نیست؟» (۱۶:۱۰). واقعیت عینی کار مسیح، با

کار روح‌القدس تناسب ذهنی می‌یابد. مسیح واقعاً از نظر روحانی (اما نه جسمانی) حضور دارد- اما نه به مفهومی مادی. تجربهٔ ذهنی فرد مسیحی اهمیت دارد- اما نه به تعبیری ابزاری. در شام خداوند، مسیحیان در مسیح و به‌واسطهٔ روح‌القدس با خدا مشارکت می‌یابند. در کتاب تعلیمات دینیِ وستمینستر[1] آمده: «برای تغذیهٔ روحانی [خود] و رشد در فیض، از بدن و خون او بخورید و بنوشید.» پولس از خوانندگانش می‌خواهد که ورای هر توجیه الاهیاتی، متوجه عملکرد شام خداوند در زندگی کلیسا باشند.

شام خداوند چه نقشی باید در تجربهٔ ایماندار داشته باشد؟ واقعیت‌های روابطی (افقی) این ضیافت چیست؟ متن مورد بررسی تصویری وارونه از آنچه فیض باید در جماعت به‌عمل آوَرَد، ارائه می‌دهد. «... وقتی شما گرد هم می‌آیید، به‌جای فایده باعث ضرر است. نخست اینکه می‌شنوم آنگاه که به‌عنوان کلیسا جمع می‌شوید، در میان شما جدایی‌ها روی می‌دهد» (آیه‌های ۱۷و۱۸الف). "فایده‌ای" که از کلیسا انتظار می‌رود به نمایش بگذارد، غلبه بر تقسیم‌بندی‌ها و جدایی‌های مرسوم جامعه (موقعیت اجتماعی، نژاد، طبقه، ثروت، جنسیت، و غیره) است. با این‌حال، قرنتیان درگیر نفاق‌اند. پولس این پدیده را تا اندازه‌ای ناگزیر، اما غیرقابل‌توجیه می‌بیند. «و این را تا اندازه‌ای باور می‌کنم. شکی نیست که تفرقه‌ها نیز باید در میان شما باشد تا بدین‌گونه آنانی که اصالت‌شان در بوتهٔ آزمایش به ثبوت می‌رسد، در میان شما شناخته شوند.» در عین‌حال که برای جدایی‌های ضد-انجیل هیچ عذر و بهانه‌ای وجود ندارد، اما خدا می‌تواند برای آشکار ساختن مسیحیان اصیل و شکل‌گرفته با انجیل، از آنها استفاده کند. «زمانی که شما در یک جا گرد هم می‌آیید، به‌راستی برای خوردن شام خداوند نیست. زیرا هنگام صرف غذا، هر یک از شما بی‌آنکه در فکر دیگری باشد شام خودش را می‌خورد، به‌گونه‌ای که یکی گرسنه می‌ماند، در حالی که دیگری مست می‌شود» (آیه‌های ۱۸ب-۲۱). از مسیحیان انتظار می‌رود که در شام با یکدیگر مشارکت داشته باشند. بدن پاره‌شدهٔ مسیح و خون ریختهٔ او هر جدایی و نفاق را که در فرهنگ شهر مشهود است، ریشه‌کن می‌کند. در جایی که اکثر گروه‌ها با مرزبندی‌های مختلف فقیر/ غنی، برده/ آزاد از هم جدا شده‌اند، کلیسا باید یگانه نهادی باشد که همهٔ این ارزش‌گزاری‌ها در آن وارونه می‌شود.

همچنین کلیسا جایی است که مردم به هدایایی که خدا در آفرینش قرار داده (مانند خوراک و شراب) دسترسی می‌یابند و به‌طور مرتب از آن بهره‌مند می‌شوند و خدا را هم جلال می‌دهند. ولی ایمانداران قرنتس اهل زیاده‌روی هستند. آنها این کار را به بهای گرسنه و تشنه ماندن دیگر ایمانداران انجام می‌دهند. وقتی مسیحیان در خوردن نان با هم شریک می‌شوند و از یک پیاله می‌نوشند، این نماد و نمونه‌ای مصور از برچیدن بساط جدایی و تفرقهٔ دنیای ما، در مسیح است. ما دوست داریم کسانی را که با ما فرق دارند، به حاشیه برانیم. مایلیم به مردم، صِرف اینکه مثل ما نیستند، انگ "بیگانگی" بزنیم. از این‌رو، به‌جای آنکه به علایق دیگران توجه کنیم، خودمان را در مرکز قرار می‌دهیم و از بقیه می‌خواهیم دورمان

1. Westminster Catechism

بگردند. اما زیبایی شام خداوند در این است که در آن نان و پیالهٔ مشترک وجود دارد. شام خداوند نمود عینی این واقعیت است که جدایی و نفاقِ مرسوم دنیای ما، در مسیح مغلوب شده‌اند.

چالش شام خداوند در جماعتی ازهم‌گسیخته

قرنتس جامعه‌ای ازهم‌گسیخته بود، و این را می‌شد در گردهمایی‌های آنان نیز مشاهده کرد. بلومبرگ زمینهٔ این جامعهٔ ازهم‌گسیخته را چنین تشریح می‌کند:

> پولس یک‌بار دیگر به «جدایی‌ها» اشاره می‌کند. ولی در اینجا منظور او گروه‌ها و احزاب رقیب نیستند که احتمالاً جماعت‌های جداگانه‌ای برای خود به‌وجود آورده بودند، بلکه جدایی میان فقیر و غنی در یک کلیسای خانگیِ واحد است. اقلیت ثروتمند ایمانداران، و از جمله حامیان مالی اصلی و صاحبان خانه‌هایی که ایمانداران در آنها گرد می‌آمدند، وقت آزاد و امکانات بیشتری داشتند، زودتر می‌رسیدند و انواع خوراک‌های مطبوع را با خود می‌آوردند. خوراک بقیهٔ اعضای کلیسا به خوبی خوراک‌های ثروتمندان نبود. آنان هم به پیروی از شیوهٔ مرسوم میزبانی جشن‌ها در قرنتس باستان، اتاق ناهارخوری دنج و کوچک را اشغال می‌کردند. کسانی که دیرتر به جلسه می‌رسیدند (یعنی اکثریت اعضا، آنهایی که احتمالاً مجبور بودند تا پیش از آمدن به جلسهٔ شنبه‌شب یا یکشنبه‌شب، کار کنند- زیرا در امپراتوری روم هیچ روز تعطیلی در هفته وجود نداشت)، جدا از بقیه در راهرو یا حیاط می‌نشستند. آنهایی که توانایی فراهم کردن یک وعده خوراک کامل و خوب را نداشتند، از فرصت سهیم شدن در غذای دیگران، آن‌گونه که روش اتحاد مسیحی اقتضا می‌کند، محروم بودند.[1]

عناصر شام یا توزیع آن چندان مد نظر پولس نیست- این موضوعی است که به عدالت اجتماعی مربوط می‌شود. موضوع اصلی "طبقه‌بندی اجتماعی مشخصی" است که بین آنها وجود دارد. طنز قضیه در اینجاست که همان چیزی که قرار بود زمینهٔ وحدت (یعنی نشان و مُهر کار مسیح) باشد، به مجالی برای بروز جدایی‌ها در میان ایشان تبدیل شده بود. چیزی که قرار بود ریشهٔ جدایی‌ها را از میان‌شان برکَنَد، آنها را تشدید کرده بود. آنها به‌جای آنکه بر محبت فداکارانهٔ مسیح تمرکز کنند، به فکر اندوختن برای خودشان بودند. «زمانی که شما در یک جا گرد هم می‌آیید، به‌راستی برای خوردن شام خداوند نیست. زیرا هنگام صرف غذا، هر یک از شما بی‌آنکه در فکر دیگری باشد شام خودش را می‌خورد» (آیه‌های ۲۰ و ۲۱الف). این دیگر شام خداوند نیست- ایشان آن را به شام خودشان تبدیل کرده‌اند! طوری شام خداوند را بی‌حرمت کرده‌اند که دیگر حتی قابل تشخیص نیست. آنها آیین مقدس عشای ربانی را تحریف کرده‌اند، و به‌جای پاس‌داشتن دستاوردهای مسیح، آن را

1. Craig L. Blomberg, I Corinthians, NIV Application Commentary (Grand Rapids: Zondervan, 1995), p. 228

موضوع دســـتاوردهای خودشان ساخته‌اند. این شام دیگر بازتاب‌دهندهٔ نیاز آنها نیست، بلکه برتری و اهمیت آنها را منعکس می‌کند.

حرف پولس اساســـاً این است که: «شاید شما مراسم را به‌جا بیاورید، اما زندگی‌تان نشان می‌دهد که این آیین در وجود شما ریشه نگرفته است!» ایشان در اتاق غذاخوری به پرخوری و باده‌گساری مشغول می‌شـــدند، در حالی که دیگران در اطاق اصلی گرسنه بودند و چیزی برای خوردن نداشـــتند. این دقیقاً اتفاقی بود که در کلیســـای قرنتس می‌افتاد. چه این کار را با منظور می‌کردند چه از ســـر غفلت، اکثریت مردم که فقیر بودند، از شـــام خداوند محروم می‌شـــدند. در مشارکت مزبور، آنها شـــهروندان درجه دوم به حساب می‌آمدند. «زیرا هنگام صرف غذا، هر یک از شما بی‌آنکه در فکر دیگری باشد شام خودش را می‌خورد، به‌گونه‌ای که یکی گرسنه می‌ماند، در حالی که دیگری مست می‌شود. آیا خانه‌ها برای خوردن و نوشیدن ندارید؟ یا اینکه کلیسای خدا را خوار می‌شمارید و اشخاص بی‌چیز را شرمسار می‌سازید؟» (آیه‌های ۲۱و۲۲الف). این تصویری است از افول مشارکت مسیحی. واکنش پولس هم کاملاً طبیعی است: «به شما چه بگویم؟ آیا برای این کار تحسین‌تان کنم؟ به هیچ روی تحسین‌تان نخواهم کرد» (آیهٔ ۲۲ب).

سخن پولس آن است که این نمی‌تواند تصویر کلیسا باشد. لوسین، از نویسندگان باستان، این تصویر دردناک را به‌وضوح توصیف می‌کند: «تو صدف پرورشـــیِ دریاچه را می‌خوری، حال آنکه من باید پوســـتهٔ صدف را بمکم. نصیب تو قارچ خوراکی اســـت و سهم من قارچ وحشـــی. قمری طلایی و چاق، با ران‌های پف‌کرده‌اش شکم تو را پر می‌کند، اما نصیب من زاغ مرده‌ای اســـت که در قفس افتاده.»[1] این واقعیتِ اجتماعی ازهم‌گسیخته است. هیچ‌کس سزاوار نیســـت که پس‌ماندهٔ دیگران را بخورد. در اجتماع مســـیحی هیچ‌کس نباید ته‌ماندهٔ دیگران را بخورد. زیبایی انجیل عیسای مسیح باید زنده و فعال باشد و بر همهٔ موانع موجود در اجتماع ازهم‌گسیخته فائق آید.

حال چون واقعیتِ درهم‌شکستگیِ این دنیا در شام خداوند نیز مکرراً به چشم می‌خورد، و چون هنوز اجتماعی که برای ســـاختنش فراخوانده شده‌ایم، به‌وجود نیامده، آیا باید به‌کلی آن را رها کنیم؟ البته که نه! باید واقعیت فیضی را که در بدن و خون مســـیح عرضه شـــده، ژرف‌تر بکاویم.

فیض شام خداوند برای جماعتی ازهم‌گسیخته

عملِ تاریخیِ مســـیح به نیابت از ما، دربرگیرندهٔ *فیضی تاریخی* است (آیه‌های ۲۳-۲۵). «زیرا من از خداوند یافتم آنچه را به شـــما نیز ســـپردم، که عیسای خداوند در شبی که او را تسلیم دشمن کردند، نان را گرفت و شکر نموده، پاره کرد و فرمود: "این است بدن من برای شـــما. این را به یاد من به جای آورید." به همین‌سان، پس از شـــام، جام را گرفت و فرمود: "این جام، عهدجدید اســـت در خون من. هر بار که از آن می‌نوشید، به یاد من چنین کنید."»

1. Blomberg, I Corinthians, p. 236.

(آیه‌های ۲۳-۲۵). شـــام نشان و مُهر عمل نجات‌بخش مسیح در حق اجتماعی ازهم‌گسیخته اســـت. به مسیح، وفادارترین انسان، خیانت شد تا مســـیحیان، یعنی خائنان بزرگ، از محبت پایدار و وفادارانهٔ خدا برخوردار شـــوند. این امر ریشـــه در رویدادهایی دارد که در سراسر تاریخ اسرائیل بر قوم خدا واقع شد. در شام خداوند ما تحقق شام پسخ را می‌بینیم. شام پسخ واجد عناصر معینی بود. چهار پیاله که برای شرکت‌کنندگان، یادآور فصل ۶ خروج بود، آنجا که خدا در ارتباط با رهایی و آزادی قوم اسرائیل، چهار وعده می‌دهد.

مســـیح به‌عنوان ناظر شام پسخ حضور داشـــت، و این در ذهن مردم امری کاملاً انقلابی به‌شمار می‌رفت. درک یهودیان از پسخ، تداعی‌گر نظام قربانی‌ها بود. اما عیسی با گفتن: «این اســـت بدن من»، شام پسخ را برهم‌ریخت. او اساساً می‌گوید: «من نان حیاتم» (یوحنا ۳۵:۶). او داشـــت بر دنیای نظاره‌گر آشکار می‌ســـاخت که در حقیقت خودش تحقق همهٔ چیزهایی اســـت که شام پسخ نمادشان محسوب می‌شد. عیســـی برای تحکیم این هدف، آیینی دائمی بنیان می‌نهد که مرگ نیابتی‌اش در کانون آن قرار دارد. پاره کردن بدن واقعی او، مسیحیان را در بدن رازآمیز او پیوند می‌زند. مشارکت، بر پایهٔ فیض جاودان او شکل می‌گیرد. خون مسیح هر مانعی را- اعم از اجتماعی، اقتصادی، نژادی، طبقاتی، جنسیتی، سنی و غیره- برمی‌دارد.

یک فیض آتی هم وجود دارد، چشـــم‌انتظاری برای بازگشت مسیح به نیابت از ما. «زیرا هر گاه این نان را بخورید و از این جام بنوشـــید، مرگ خداوند را اعلام می‌کنید تا زمانی که بازآید» (آیهٔ ۲۶). شام خداوند مسیحیان را به‌سوی آینده، یعنی زمانی که مسیح برای درست کردن همه چیز باز خواهد گشـــت، فرامی‌خواند. اگرچه ممکن است وضعیت کنونی ما تیره باشد، اما شـــام خداوند سبب می‌شود با امید به آینده چشـــم بدوزیم. شرکت کردن در شام خداوند "اعلان" این واقعیت است که عیسی قوُت و قوّتِ ما در این دنیاست- اعلام می‌کنیم که مرگ او برای نجات و امید ما کفایت می‌کند.

علاوه بر فیض تاریخی، یک فیض شـــخصی هم وجود دارد، یعنی اینکه شخص با توجه به کار مســـیح، به آزمودنِ خود می‌پردازد. «پس هر که به شیوه‌ای ناشایسته نان را بخورد و از جام خداوند بنوشـــد، مجرم نســـبت به بدن و خون خداوند خواهد بود. اما هر کس پیش از آنکه از نان بخورد و از جام بنوشد، خود را بیازماید» (آیه‌های ۲۷-۲۸). توجه داشته باشید که پولس می‌گوید: «به شیوه‌ای ناشایسته» نه «شخص ناشایسته.» او نگران این موضوع نیست که آیا کسی که به میز عشا نزدیک می‌شود، شایستگی شراکت در نان و پیاله را دارد یا نه. مسئله این است که آیا آن شخص با بی‌تفاوتی یا دل ناتوبه‌کار در عشا شرکت می‌کند یا نه. اگر کسی از گناه صدمه دیده، عشا مایهٔ تسلی است. اما اگر کسی با گناه سازش کرده، شام خداوند مایهٔ مصیبت او اســـت. پولس ایمانداران را به آزمودن خودشان می‌خواند، نه برای اینکه مواردی دال بر بی‌لیاقتی خود بیابند، بلکه تا شـــواهدی از یک دل توبه‌کار بیابند- شواهدی که نشان دهد فیض در کار اســـت. اگر ایمانداری دلی توبه‌کار دارد، باید در شام خداوند شرکت کند. پولس از ایمانداران می‌خواهد که خودشـــان را نه در جســـتجوی کمال، که برای تشخیص نیازشـــان به کاملیتِ مسیح به نیابت از آنها، بیازمایند. تنها زمانی که مسیحیان باید از میز عشا

دوری کنند، وقتی است که در دل خود نسبت به رابطه‌شان با خدا/ یا دیگران، بی‌تفاوتیِ نهادینه احساس می‌کنند. خدا پیوسته سر میز عشا بهره‌ای از فیضش را مهیا می‌کند، تا آنان دلگرم شوند و با اشتیاق در شام شرکت کنند، پاسش بدارند و از آن لذت ببرند و از مسیح تغذیه کنند. نکتهٔ کلیدی این است که تنش میان سنگینی/ وقار و شور و شعف را حفظ کنیم. هم به‌خاطر اهمیت شام خداوند می‌توانیم انتظار سنگینی و وقار، و هم به‌خاطر کار مسیح، می‌توانیم انتظار شور و شعف داشته باشیم.

همچنین *فیض جمعی* (آیه‌های ۲۹-۳۴) وجود دارد، که حول موضوع «تشخیص بدن» می‌گردد. «زیرا هر که بدون تشخیص بدن بخورد و بنوشد، در واقع، محکومیت خود را خورده و نوشیده است» (آیهٔ ۲۹). پولس مردم را به توجه کردن به اطراف‌شان فرامی‌خواند. «تشخیص بدن» اشاره‌ای است به کلیسا. بدن عیسی به‌خاطر ایمانداران پاره شد تا آنها بتوانند سالم و کامل باشند. جدایی در بدن مسیح نمی‌تواند اعلان وفادارانهٔ انجیل محسوب شود. مسیحیان باید مراقب روابط خود با دیگر اعضا باشند و از رابطهٔ سالم و ثمربخش بهره‌مند شوند. اگر طبقه‌بندی‌های اجتماعی، نژادی یا اقتصادی به‌نوعی در کلیسا ترویج می‌شوند، اعضا باید توبه کنند. باید فیض خدا بر روابط ما حاکم باشد و ما را کنار کسانی قرار دهد که با ما متفاوتند. مسیحیان باید به‌دنبال راهی برای خنثی کردنِ تفرقهٔ سازمان‌یافته باشند. وقتی متوجه شویم که مسیح به‌خاطر ما زخم خورد، آنگاه می‌توانیم به‌جای اندوختن، به‌دنبال توزیع موهبات باشیم. «پس ای برادران من، چون برای خوردن گرد هم می‌آیید، منتظر یکدیگر باشید. اگر کسی گرسنه است، در خانهٔ خود غذا بخورد تا گرد هم آمدن شما به محکومیت نینجامد» (آیه‌های ۳۳و۳۴الف). «منتظر یکدیگر باشید» یعنی نیازهای دیگران را بر نیازهای خود مقدم بشمارید، زیرا مسیح هم نیازهای شما را بر نیازهای خودش ارجح شمرد. می‌توانیم از پرخوری و شکمبارگی دست برداریم، چون مسیح به‌خاطر ما از جان خود دست شست.

دان کارسن در کتابش، *محبت در مقاطع دشوار* می‌نویسد: «[کلیسا] از دشمنان بالفطره تشکیل شده است. آنچه ما را متحد نگاه می‌دارد، تحصیلات مشترک، نژاد مشترک، سطح درآمد مشترک، دیدگاه‌های سیاسی مشترک، ملیت مشترک، گویش مشترک، شغل مشترک، یا هر چیز مشترک دیگری از این دست، نیست. مسیحیان گرد هم می‌آیند چون عیسای مسیح همگی ایشان را نجات داده است و همگی وفاداری مشترک را مرهون اویند ... آنان جمعی از دشمنان بالفطره‌اند که به‌خاطر عیسی یکدیگر را محبت می‌کنند.»[1]

در کلیسای اولیه تصویر زیبایی از این امر وجود دارد. در کتاب اعمال باب ۱۶ در مورد اعضای کلیسای خانگی لیدیه می‌خوانیم. یکی از مورخان می‌گوید که سه نوایمان نامبرده در این فصل نمایندهٔ سه نژاد گوناگون هستند. لیدیه از اهالی آسیا بود، دختر برده (کنیزک) احتمالاً یونانی بود، و زندانبان فیلیپی رومی. ولی آنها به طبقات اقتصادی مختلفی هم تعلق داشتند. لیدیه بازرگان بود، دختر برده فقیر بود و زندانبان هم از طبقهٔ کارگر محسوب می‌شد.

1. Don A. Carson, Love in Hard Places (Wheaton: Crossway, 2002), p. 61.

نحوهٔ ادراک آنها نیز متفاوت بود. لیدیه اهل منطق، دختر برده حسی (شهودی)، و زندانبان به‌شدت ارتباطی بود. انجیل آنها را کنار هم جمع کرد و "برادران" و "خواهران" یکدیگر ساخت (اعمال ۱۶:۴۰). در جهان باستان دعایی مرسوم بود با این مضمون: «خدایا شکرت می‌کنم که زن نیستم، برده نیستم، و از امت‌ها نیستم.» آنچه که در فصل ۱۶ اعمال می‌یابیم جماعتی است که از انواع گوناگون مردم تشکیل یافته است- مردم به‌حاشیه‌رانده‌ای که محض فیض پایان‌ناپذیر خدا نجات یافته‌اند. شام خداوند جنبه‌های عمودی اتحاد با خدا را از طریق عیسای مسیح خداوند، آشکار می‌کند، اما جنبه‌های افقی و مفاهیم اجتماعی دیگری هم وجود دارند مبنی بر اینکه اولویت دادنِ نیازهای دیگران بر نیازهای خود به چه معنا است.

۲۲

خدای بخشندهٔ عطایا

اول قرنتیان ۱۲:۱-۱۱

در فصل پیش به موضوع طبقه‌بندی اجتماعی-اقتصادی و جدایی میان دارا و ندار، که در زندگی و عرف کلیسای قرنتس مشهود بود، پرداختیم. پولس مبهوت مانده بود. سبک زندگی کلیسا و بازتاب دادنِ نفاق رایج در فرهنگ جامعه از سوی کلیسا، با انجیل فیضی که قرنتیان دریافت کرده بودند، تضاد کامل داشت. در متن مورد بررسی ما، پولس به طبقه‌بندی موقعیت روحانی می‌پردازد. اعضای کلیسا به یکدیگر نگاه می‌کنند و بر اساس عملکرد، قابلیت و کاریزما یکدیگر را قضاوت ارزشی می‌کنند. بعضی از اعضا نسبت به دیگران از استعداد، مهارت و عطایای بیشتری برخوردارند، و دل‌مشغولی قرنتیان به قدرت و موقعیت باعث شده است که ایشان نقش برخی از اعضا را مهمتر از دیگران بدانند. با توجه به این زمینه، پولس سعی دارد همه را برابر بشمارد- یعنی روی برابری ذاتی همهٔ اعضا و نقشی که در جماعت ایفا می‌کنند، تأکید کند.

این متن حاوی نقطهٔ عطف دیگری در روند اندیشه پولس است، چنانکه پولس با این جمله بحث تازه را آغاز می‌کند: «و اما در خصوص تجلیات روح ...» (آیهٔ ۱). واژهٔ پنوماتیکون *pneumatikon* که در اینجا به‌کار رفته، با واژهٔ کاریزما *charismata* که در آیهٔ ۴ برای عطایا به‌کار برده شده، فرق می‌کند. بهترین ترجمه برای واژهٔ پنوماتیکون (در آیهٔ ۱) ″امور روحانی″ است. قرنتیان نامه‌ای خطاب به پولس نوشته‌اند، و علاقهٔ خود را در مورد فراگیری پیرامون ″امور روحانی″ ابراز کرده‌اند. حالا پولس در جواب آنها می‌گوید: «نمی‌خواهم غافل باشید.» این نشان می‌دهد که آنچه پولس می‌خواهد مخاطبانش بدان توجه کنند، موضوع مهمی است. منطق پولس در مورد موضوع مهم ″امور روحانی″ را می‌توان در سه مقطع مورد بررسی قرار داد:

- بخشش عطایا
- دریافت عطایا
- بخشندۀ عطایا

بخشش عطایا

بحث پولس در مورد "عطایای روحانی" شاید برای بعضی‌ها، و به‌ویژه شک‌گرایان، عجیب به نظر برسد. عطایای روحانی دیگر چیست؟ آیا خدا واقعاً به مسیحیان عطایا، استعدادها و توانایی‌های خاصی می‌بخشد که به دیگران نمی‌دهد؟ "عطایای روحانی" مقوله‌ای متداول برای انواع چیزهایی است که افراد به‌درستی درک‌شان نمی‌کنند. وقتی مردم عطایای روحانی را عمدتاً دارای ماهیتی معجزه‌آسا می‌بینند، در مورد آنها دچار سوءبرداشت می‌شوند. به قول دی. ای. کارسن، "عطایای روحانی" را می‌توان "عطایای فیض" هم ترجمه کرد. عطایای روحانی چیزی افزوده بر فیض یا بهتر از فیض نیستند، بلکه تجلیات فیض خدا نسبت به قومش می‌باشند. عطایای روحانی، در اصل هدایا هستند؛ چیزهایی هستند که خدا به قومش هدیه می‌دهد. هیچ‌کس نمی‌تواند با لیاقت خود یکی از هدایای فیض را دریافت کند. چیزی است که به اشخاص ناسزاوار داده می‌شود.

درک این موضوع برای مردم دشوار است، چون ما در فرهنگی دستاورد-محور زندگی می‌کنیم. اگرچه مردم زبان هدیه را می‌فهمند، اما در فرهنگی زندگی می‌کنند که در آن "هدیۀ واقعی" مقوله‌ای رایج نیست. حتی جشن‌هایی که در آنها هدیه داده می‌شود نیز اغلب بازتاب ارتباط هدیه با دستاوردند. بچه‌ها در ایام کریسمس "هدیه" می‌گیرند، چون به‌جای بازیگوشی، مؤدب بوده‌اند. بزرگسالانی که فارغ‌التحصیل می‌شوند، هدیه می‌گیرند چون برنامه‌ای را به پایان رسانده‌اند. "هدایا" را زمانی می‌دهند که تحولی فرهنگی (عروسی، ترفیع، بازنشستگی) رخ داده باشد. عمل محبت‌آمیزی که وابسته به دستاورد نباشد، کمیاب، و بسیار زیباست. معنا و مفهوم در چیزهایی یافت می‌شود که انسان به‌دست می‌آورد، کسب می‌کند یا می‌برد. دستاورد به انسان حس رسیدن به کمال می‌دهد، و برنده‌شدن به او اطمینان می‌دهد که فرد خاصی است. دستاوردها به انسان اطمینان می‌دهند که حق و حقوق دارد. از آنجایی که زندگی توسط فرهنگ دستاورد-محور تحریف شده، حتی مواجهه با هدایا هم به‌واسطۀ عملکردگرایی مخدوش گردیده است. مردم به "هدایا" به دیدۀ چیزهایی می‌نگرند که باید به‌دست‌شان آورد یا کسب‌شان کرد. مردم با استادی فهرست علایق خود را با عزیزان‌شان در میان می‌گذارند. وقتی کسی "هدیه‌ای" دریافت می‌کند که دوستش ندارد، آن را برمی‌گرداند یا به کسی دیگر هدیه می‌دهد. مردم بر این باورند که حق دارند حتی نوع هدیه‌ای را که می‌گیرند، خودشان انتخاب کنند. آیا تا به‌حال نشده که برای همسرتان هدیه‌ای بهتر از آنچه او به شما داده گرفته باشید و بعد احساس کنید که سرتان کلاه رفته است؟ آیا عمل "هدیه دادن" این حق را برای شما ایجاد نکرده که هدیه‌ای هم‌ارزش یا ارزشمندتر از آن بخواهید؟

یک‌بار داشتم با یکی از اعضای کلیسایم، که عضو هیئت علمی دانشگاهی طراز اول در بوستن است، صحبت می‌کردم. او قبلاً درخواست بورس تحقیقاتی منتخب و معتبر داده و حالا آن را دریافت کرده بود. سپس ایمیل‌های تبریک همکارانش به‌سوی او سرازیر شده بود: «ما به تو افتخار می‌کنیم، تو سزاوارش هستی ... حق تو بود ....» او به آنچه دیگران می‌گفتند، اذعان داشت، اما در عین‌حال با این پرسش کلنجار می‌رفت که: «آیا واقعاً سزاوارش بودم؟» این برای او لحظهٔ حساسِ هشیاری بود، چون اکثر مردم دوست دارند چنین فکر کنند: «البته که سزاوارش هستم. برایش سخت زحمت کشیده‌ام. حالا به‌خاطر دستاوردهایم، به جایی که باید برسم، رسیدم.»

نگرش مبتنی بر دستاورد، مسموم‌کننده است. خود-انگارهٔ انسان را آلوده می‌سازد. شخص با خودش فکر می‌کند که سزاوار زندگی بهتری است، و می‌پندارد که اگر بیشتر بکوشد، می‌تواند آن زندگی بهتر را برای خود فراهم سازد. بدین‌ترتیب، نمی‌تواند هدیه بودنِ کل زندگی را ببیند. حال در بطن فرهنگی مبتنی بر دستاورد، پولس مخاطبانش را به تغییر الگو فرامی‌خواند. او از ما می‌خواهد که هویت‌مان را موهبت بدانیم. «می‌دانید که وقتی بت‌پرست بودید، به هر نحوی اغوا شده، به‌سوی بت‌های گنگ کشیده می‌شدید. پس به شما می‌گویم که هر که به الهام روح خدا سخن گوید، عیسی را لعن نمی‌کند، و هیچ‌کس جز به‌واسطهٔ روح‌القدس نمی‌تواند بگوید "عیسی خداوند است"» (آیه‌های ۲و۳). در این جهان کثرت‌گرا، اشخاص به‌خاطر تصمیمات آگاهانه و هوشمندانه‌ای که در زمینهٔ دین و جهان‌بینی می‌گیرند، به خود می‌بالند. پولس در عین‌حال که به هیچ روی اهمیت تلاش ذهنی، پرسیدن سؤالات به جا، یا بیان تردیدها و مسائل را نادیده نمی‌گیرد، اما ادعایی بنیادستیزانه مطرح می‌کند؛ اینکه چیزی به نام مسیحیت مبتنی بر دستاورد وجود ندارد! هویت بنیادین یک مسیحی- که با اعتراف ایمانیِ «عیسی خداوند است»، تعریف شده- چیزی نیست که بتوان به دستش آورد، کسبش کرد یا با تکاپوی شخصی بدان رسید. اعتراف ایمان را تنها «به‌واسطهٔ روح‌القدس» می‌توان بر زبان آورد. ایمان بخشیدنی است؛ ایمان هدیه است. این هر تکبر و خودپسندی را از بین می‌برد، چون همهٔ توانایی‌ها و مهارت‌های شخص، هدیه به‌شمار می‌روند.

در کمال شگفتی، پولس ادعا می‌کند که بیشتر آنچه مسیحیان آن را خوی ذاتی و توانایی طبیعی می‌پندارند، در واقع، "هدیه" است. هویت بنیادین و عملی به‌صورت هدیه به انسان بخشیده شده‌اند. عطایا (آیهٔ ۴)، خدمت‌ها (آیهٔ ۵) و عمل‌ها (آیهٔ ۶) همگی به انسان داده می‌شوند، زیرا خدا «همه را در همه به عمل می‌آورد» (آیهٔ ۶). این چالش و تهدیدی مستقیم برای فرهنگ دستاورد-محور و شعار «من همانم که انجام می‌دهم/ کسب می‌کنم/ به‌دست می‌آورم» به‌شمار می‌رود. از این گذشته، چیزهایی که به ما داده شده، پیش و بیش از همه با هدف سرمایه‌گذاری روی بنای شخصی نبوده است بلکه با هدف بنای دیگران. «ظهور روح، به هر کس برای منفعت همگان داده می‌شود» (آیهٔ ۷). عطایا بدین منظور به ایمانداران داده می‌شوند تا آنها را «برای منفعت همگان» به‌کار ببرند. هدف نهایی از هویت و توانایی‌های فرد بنا کردن دیگران است، نه بنا کردن خود. غرض از هدیه دادن به کلیسا ایجاد پویایی در آن است.

اذعان می‌کنم که عطا شمردنِ هویت و توانایی‌های انسان، دشوار است. افراد برای تعیین ماهیت دقیق عطایای‌شان به زحمت می‌افتند، چون بخش عمده‌ای از کیستی‌شان را ساخته و پرداختهٔ خودشان می‌دانند. بسیاری دیگر شاید فکر کنند: «من هیچ عطایی ندارم» یا «نمی‌دانم چه عطایایی دارم.» همه از این فکرها می‌کنند، و ما در بخش دوم بحث خود به‌طور اجمالی بدان می‌پردازیم.

دریافت عطایا

هر کسی از خدا عطیه (یا عطایایی) دریافت کرده است. «ظهور روح، به هر کس برای منفعت همگان داده می‌شود» (آیهٔ ۷). ما در این بخش دوم، توجه‌مان را روی "همگانی بودنِ" عطایا متمرکز می‌کنیم. این برای کسانی که می‌پرسند: «آیا من اصلاً عطایی دارم؟» «آیا چیزی برای سهیم کردنِ دیگران دارم؟» «چه چیزی برای ارئه در جماعت دارم؟» «عطایای من چه هستند؟» مایهٔ تسلی بسیار است. تک تک ایمانداران عطایی دریافت کرده‌اند تا از آن "برای منفعت همگان" استفاده کنند. ایمانداران نباید در مورد داشتن عطایا، تردید به خود راه دهند. عطایا کسب‌کردنی نیستند، بلکه باید با آنها زندگی کنیم. عطایا چیزهایی نیستند که ایماندار باید آنها را به‌دست بیاورد، بلکه موجودیتِ شخص ایماندارند. عطایای روحانی عطایای فیض‌اند، و هرکه فیض خدا را در مسیح تجربه کرده باشد، باید یقین بداند که یکی از عطایای فیض را هم با هدف "منفعت رساندن به همگان" دریافت کرده است. این مایهٔ دلگرمی است. ولی چالشی هم وجود دارد: اگر مسیحیان عطایای خاص‌شان را، هرچه باشند، برای منفعت همگان به‌کار نبرند، بقیهٔ اعضای بدن را محروم ساخته‌اند. آنان عطای خود را دریغ داشته‌اند و خِسَت به خرج داده‌اند. شخص مسیحی مسئول برکت رساندن به جماعت از طریق عطایای خود است. خیلی‌ها فکر می‌کنند: «من نمی‌توانم کسی را برکت بدهم»، اما پولس می‌گوید: «البته که می‌توانی! چون به هر کس ... داده شده است».

هر هدیهٔ فیض مناسب حال شخصی است، و عطایایی که خدا می‌بخشد، تنوع خیره‌کننده‌ای دارند. «به یکی به‌وسیلهٔ روح، کلام حکمت داده می‌شود، به دیگری به‌واسطهٔ همان روح، کلام معرفت، و به شخصی دیگر به‌وسیلهٔ همان روح، ایمان و به دیگری باز توسط همان روح، عطایای شفا دادن. به شخصی دیگر قدرت انجام معجزات داده می‌شود، به دیگری نبوت، و به دیگری تشخیص ارواح. و باز به شخصی دیگر سخن گفتن به انواع زبان‌های غیر بخشیده می‌شود و به دیگری ترجمهٔ زبان‌های غیر» (آیه‌های ۸-۱۰). با اینکه در اینجا مجال کافی برای پرداختن به هر یک از این عطایای فیض وجود ندارد، باید توجه داشت که عطایا بسیار متنوعند. فهرست ارائه شده توسط پولس، جامع و کامل نیست. کاملاً منطقی است که باور کنیم گسترهٔ عطایای فیض بسیار فراتر از فهرست‌هایی است که در کلام خدا می‌توان یافت، هرچند طبقه‌بندی و انواع عطایا در اینجا فهرست شده‌اند. وانگهی، باید این عطایا و توانایی‌های ذاتی را متمایز شمرد.

خدا به‌واسطهٔ فیض عام خود، با انواع استعدادها، قابلیت‌ها و توانایی‌ها، به همهٔ انسان‌ها در سطح آفرینش برکت داده است. به همه فرصت داده شده تا به‌واسطهٔ فیض عام، جهان را

زیبا ســـازند. اما این نوع قابلیت، توانایی یا استعداد، با تشویق کردن کسی از نظر روحانی و به‌واسطهٔ عطای فیض، یکی نیست. شخص مسیحی اساساً به‌واسطهٔ عطای فیض این واقعیت را به ثبوت می‌رســـاند که عیســـی بر همهٔ ابعاد زندگی خداوند است. هیچ‌کس نمی‌تواند این کار را با قابلیت‌ها و عطایای طبیعی و ذاتی خود به انجام برســـاند. بنابراین، عطایای فیض به ایماندار داده شـــده‌اند تا او منابعی را که خدا در اختیارش قرار داده، امانتدارانه مباشرت کند و پرورش دهد. تیم کلر می‌گوید: «هیچ‌کس صرفاً مصرف‌کنندهٔ خدمات نیســـت، لیکن همه توزیع‌کننده‌اند.» ایماندار مسیحی باید توزیع‌کنندهٔ عطایای فیض باشد، نه صرفاً مصرف‌کنندهٔ خدمات.

وقتی فهمیدیم که عطایای فیض را خدا به ایمانداران می‌بخشـــد و اینکه عطایای او تنوع بســـیار دارند، چگونه می‌توانیم عطا(یایی) را که خدا به شـــخص ما داده، شناسایی کنیم؟ ما در اینجـــا چند طبقه‌بندی مفید را که در کتاب‌مقدس وجود دارد، به شـــما ارائه می‌کنیم تا در مورد الگوی عطایای روحانی در چارچوب این طبقه‌بندی‌ها فکر کنید. همهٔ عطایا در سه رده می‌گنجند- این سه طبقه‌بندیِ مسیحایی، نبوتی، کهانتی و پادشاهی هستند.

عطایای نبوتی «توانایی‌هایی هستند بر پایهٔ درک و بیان حقیقت.» «کلام حکمت» (آیهٔ ۸)، «کلام معرفت» (آیهٔ ۸)، نبوت، زبان‌ها و ترجمهٔ زبان‌ها (آیهٔ ۱۰)، تشـــخیص ارواح (آیهٔ ۱۰) و دیگر نمونه‌هایی که در عهدجدید می‌بینیم، نظیر بشارت (افسسیان ۱۱:۴)، تعلیم (۲۹:۱۲)، و سخنگویی (اول پطرس ۱۰:۴و۱۱) در این زمره‌اند. کلام حکمت و معرفت اساساً یعنی در میان گذاشتن حقیقت کلام خدا با وضوح و دقت. وقتی کسی مشکلاتش را با دیگری در میان می‌گذارد اما مردد اســـت که چگونه باید این دشواری را طی کند، و دوست دیگری با عطای نبوتی قادر است با بیان کلام حکمت یا کلام معرفت، به‌وضوح و با دقت به ثبوت برساند که عیســـی خداوند [و بر شرایط حاکم] است، شخص دوم دارای عطای مزبور است. در کلیسا اغلب برای این عطایا زیاد سر و دســـت می‌شکنند، چون ماهیتی علنی و عمومی دارند. ولی اگر متوجه باشـــیم که عطایا هدایایی هستند که به ما داده شده‌اند، دیگر برای‌مان مایهٔ تکبر و مباهات نخواهند بود. آنها ذاتاً نه بهتر از عطایای دیگرند نه ارزشمندتر.

عطایـــای کهانتی «توانایی‌هایی هســـتند بر پایهٔ درک و تأمین نیازهـــای اولیه.» این عطایا شامل تشویق یا نصیحت (رومیان ۸:۱۲)، شبانی (افسسیان ۱۱:۴)، خدمت (رومیان ۷:۱۲)، کمک به نیازمندان (رومیـــان ۸:۱۲)، امداد (اول قرنتیان ۲۸:۱۲)، و شـــفا و انجام معجزات (آیه‌های ۹و۱۰) می‌شوند. همهٔ این عطایا به‌خوبی گویا هستند، اما یکی از آنها نیاز به توضیح دارد. در مورد این عطای فیض خاص لازم به ذکر اســـت که نمی‌گوید *عطای* شـــفا. هر دو اصطلاح یونانی، جمع هســـتند؛ به‌طور تحت‌اللفظی یعنی: ”عطاهای شفاها“. به‌عبارت دیگر، هرکه این عطا را دارد، می‌تواند همچون وســـیله‌ای برای شـــفای عاطفـــی، روحانی یا حتی جســـمانی اعضای کلیســـا اقدام کند. اما در اینجا تأکید روی شخص دارای عطا نیست بلکه اینکه آیا مایل اســـت مجرای انتقال هدیهٔ خدا به دیگران باشد؟ چون در نهایت خداست که شفا می‌دهد و از طرق گوناگون این عطا را به‌کار می‌برد.

عطایای پادشاهی «توانایی‌هایی هستند بر پایهٔ درک مسیر و نیازهای گروه.» به «توانایی پیش‌بینیِ صریحِ هدف»، عطای ایمان (آیهٔ ۹) گفته می‌شود. دیگر عطایای پادشاهی عبارتند از عطایای رسولَی (تأسیس یا پایه‌گذاری کلیسا) (افسسیان ۴:۱۱) یا داشتن دید رسالتی برای افزودن بر شمار ایمانداران، رهبری (رومیان ۱۲:۸)، و مدیریت (اول قرنتیان ۱۲:۲۸). منظور پولس ایمان نجات‌بخش، یا وفاداری نیست، بلکه بیشتر به توانایی پیش‌بینیِ صریحِ هدف اشاره دارد.

تنوع عطایای فیض، بسیار زیباست، و می‌توان باور کرد که فهرست حتی بلندتر از اینهاست. یکی از راه‌های سریع و کارگشا برای تعیین عطایای روحانی این است که در مورد دلبستگی (به چه چیزی علاقه داری؟) و توانایی (در چه کاری خوب هستی؟) شخص سؤال کنیم.

مشکل زمانی بروز می‌کند که به‌جای اینکه عطایا را هدیه بدانیم و جایگاه‌مان را در جماعت برای منفعت همگان بیابیم، به‌دنبال کسب مقام و موقعیت باشیم و درگیر هدیه‌-قاپی شویم. عده‌ای دیگر هم از زیر بار شانه خالی می‌کنند و به‌دنبال توجیه هستند. این قبیل اعضا به این نتیجه رسیده‌اند که عطایی دارند و دیگر لازم نیست به طرق دیگر در خدمت منفعت همگان باشند. آیا اعتیاد به فرهنگ دستاورد-پرور می‌تواند توانایی فرد را برای پذیرش تأکید کتاب‌مقدس بر ترویج فرهنگ عطایا، تضعیف کند؟ کاملاً! چون این رویکرد تهدیدی است برای میل به خود-شکوفایی. چگونه می‌توانیم از چنبرهٔ دستاورد، رقابت و پیش افتادن از رقیب، خلاص شویم؟ چگونه می‌توانیم به جایی برسیم که بتوانیم زندگی را همچون هدیه دریافت کنیم و به دیگران بدهیم؟

بخشندهٔ عطایای فیض

پاسخ دو مشکلِ هدیه-قاپی و شانه خالی کردن از عطا، مواجهه‌ای تازه با بخشندهٔ عطایا است. «بارَی، عطایا گوناگونند، اما روح همان است؛ خدمت‌ها گوناگونند، اما خداوند همان است؛ عمل‌ها گوناگونند، اما همان خداست که همه را در همه به عمل می‌آورد» (آیه‌های ۴-۶). اتفاقی نیست که پولس وقتی می‌گوید «عطایا گوناگونند ... روح همان است»، «خدمت‌ها گوناگونند ... خداوند همان است»، واضحاً از یک تشبیه (توازی) استفاده می‌کند. او سعی دارد بر حیات درونی ذات الوهیت تأکید کند: روح‌القدس می‌دهد، پسر خدمت می‌کند، و خدای پدر هم قوم خود را با قدرتی عظیم برای خدمت در جهت منفعت همگان، تقویت می‌نماید. پسر روح را می‌فرستد؛ پدر پسر را می‌فرستد؛ روح نیز حیات و عطایا می‌بخشد. پس دیگر بحث هدیه-قاپی در میان نیست، چون عیسای مسیح عطایا و توانایی‌های خود را دودستی نچسبید. او خود را درگیر قاپیدن، گرفتن، یا احتکار عطایا نکرد، بلکه جانش را فدا کرد. پس از آنکه عیسای مسیح جان خود را از طریق خدمت به گناهکاران قربانی ساخت، روح‌القدس عطایای فیض را به تک تک اعضای کلیسای مسیح بخشید.

خدا طبیعتاً بخشنده (دهنده) است. پدر پسر را برای رهایی ما داد. خدا مجبور به دادنِ [فرزند یگانه‌اش] نبود. اگر تنها یک نفر بود که سزاوار دریافت چیزی را داشت، خود او بود!

ولی او به ما که در وضعیت گناه‌آلود، احتکار و نابخشنده‌ای بودیم، نگریست و خود را به رایگان به ما داد.

پسر کار را به انجام رساند و رستگاری را به‌دست آورد. عیسی آنچه را که گناهکاران هرگز قادر نبودند به‌دست بیاورند، به‌طور کامل حاصل کرد، تا ایشان بتوانند با آزادی هدیه‌ای را دریافت کنند که به هیچ وجه سزاوارش نیستند. او فرهنگ دستاورد را واژگون ساخت و فرهنگ بخشیدن را به جایش پدید آورد.

پسر روح را فرستاد. درست در زمانی که مردم فکر می‌کردند او همه چیزش را داده، عیسی به آسمان بالا رفت و باز چیزی بیشتر داد. او روح‌القدس را فروریخت! و روح‌القدس است که حیات می‌بخشد. روح‌القدس همهٔ دستاوردهای مسیح، یعنی فیضش را به‌کار می‌برد. او فقط به هدیهٔ فیض نجات‌بخش، اکتفا نمی‌کند؛ او پیوسته هدیه می‌دهد. روح‌القدس هم عطایا می‌بخشد. خدا به‌طور مداوم می‌بخشد؛ او عطایای خود را مطابق اراده‌اش به ایمانداران می‌بخشد، «آنها [عطایا] را به ارادهٔ خود تقسیم کرده، به هر کس می‌بخشد» (آیهٔ ۱۱). خدا با بخشیدنِ خویش، بر فرهنگ دستاور-محور ما فایق می‌آید. خودِ هویت ما هدیه‌ای است که به ما داده شده است. این به گناهکاران امکان می‌دهد که دست از تلاش برای کسب مقام و موقعیت بردارند. همچنین به گناهکاران امکان می‌دهد که دیگران را ذاتاً و صرف‌نظر از مقام و موقعیت‌شان، ارزشمند ببینند. توانایی‌ها، مهارت‌ها و عطایای فرد جملگی ثمرهٔ فیض‌اند-به ایماندار بخشیده شده‌اند. این مسیحیان را فروتن می‌سازد. آنچه داریم خودمان به‌دست نیاورده‌ایم. نیز به مسیحیان امکان سرمایه‌گذاری می‌دهد زیرا عطایای ما به منظور منفعت همگان به ما داده شده‌اند. ایمانداران، دیگر هدیه-قاپی نمی‌کنند، چون هرآنچه مورد نیازشان بوده، بدیشان داده شده است. آنها دیگر از زیر مسئولیتِ دریافتِ عطایا شانه خالی نمی‌کنند، چون هرآنچه بدیشان عطا شده باید برای منفعت همگان به‌کار گرفته شود. به‌کار بردن عطایا نتیجهٔ نیروبخشیدن توسط روح‌القدس است. در حالی که ما با دقت و توجه عطایای‌مان را به‌کار می‌بریم، منبع قدرت عمل‌مان بخشندگی مداوم خدا از طریق روح‌القدس است. مسیحیان می‌توانند اطمینان داشته باشند که از منابع ضروری برای به‌کار بردن عطایای‌شان برای منفعت همگانی برخوردارند، زیرا خدای بخشندهٔ عطایا، برای استفاده از آنها قدرت نیز می‌بخشد.

هدفِ قوم خدا این است که طبیعت فداکارانهٔ خدا را بازتاب دهند. به‌کار بردن عطایا راهی است برای بنا کردن بدن (نه برای امتیاز شخصی). عطایا مجرایی هستند که جماعت مسیحی باید از طریق آن به هم بپیوندند و با خدا و یکدیگر مشارکت داشته باشند. کاربرد نادرست عطایا به این دلیل مخرب است که مشارکت با خدا و یکدیگر را درهم‌می‌شکند. اعضای بدن برای به‌دست آوردن اتحاد، باید به‌طور منفعل [از خدا] دریافت کنند و به‌طور فعال ببخشند. در اقتصاد فیض، اصلْ تداوم است. وقتی اهداکننده‌ای سرمایه‌گذاری می‌کند، دریافت‌کننده فقط نمی‌گوید «متشکرم»، و خودِ هدیه را فراموش نمی‌کند؛ بلکه با سرمایه‌گذاری آنچه دریافت کرده، تلاشی مثبت ارائه می‌دهد. کار مؤثر و مولد روح‌القدس به کلیسا نیرو می‌بخشد و آن را

قادر می‌سازد تا عطایایش را با دیگران قسمت کند. این فیض است که همواره به استفاده از عطایا منجر می‌شود، نه اینکه عطایا باعث به‌دست آوردن فیض خدا شوند.

فیلم کارتونی یخزده[1] که بر اساس داستانی از هانس کریستین اندرسن ساخته شده، یکی از بهترین فیلم‌های دیزنی است. زمانی که برای اولین بار دربارهٔ داستان این فیلم شنیدم، مثل دیگران فکر می‌کردم: «باز هم داستانی دیگر از دیزنی دربارهٔ لذت‌جویی و رستگاری از طریق عشق پرشور و صادق بودن با خود، با زنی قهرمان که قرار است در پایان فیلم ترانه‌ای در وصف استقلال و روی پای خود ایستادن بخواند- "من از محدودیت بیزارم، من از هر مانعی بیزارم، می‌خواهم واقعاً خودم باشم".» ولی این فیلم به‌طرز اعجاب‌آوری با بقیه فرق داشت. نکتهٔ جالب این بود که واقعاً وجدان اخلاقی را نشان می‌داد و فرهنگ کم‌مایهٔ لذت‌جویی را که اغلب در فیلم‌های دیزنی شاهدیم، به چالش می‌کشید. مضمون ترانهٔ آن هم عملاً دربارهٔ خود-کاوی بود، ولی باید آن را در زمینهٔ باقی داستان تفسیر کنیم. ترانه نه در انتهای طرح داستان و خود-رستگاری، وقتی شخصیت زن داستان قهرمان بزرگی است، بلکه در لحظه‌ای خوانده می‌شود که او در عمق سقوط قرار دارد و به کوهستان می‌رود تا به نشانهٔ انزوا، قلعه‌ای برپا کند.

باد همچون گردباد درون می‌وزد
نمی‌توانم آن را در درونم نگاهدارم، خدا می‌داند که سعی کردم!
نگذار وارد شوند، نگذار ببینند
همان دختر خوب همیشه باش
پنهان کن، احساس نکن، نگذار بفهمند
خب، حالا آنها می‌دانند!
دیگر نمی‌توانم نگاهش دارم
بگذار برود، بگذار برود
برگرد و در را به‌هم بکوب!
اهمیت نمی‌دهم که
آنها چه خواهند گفت
بگذار توفان دیوانه‌وار بوزد،
دیگر هرگز سرما مزاحم من نخواهد شد!
چه جالب که از دور
همه چیز کوچک به نظر می‌رسد
و ترسی که زمانی بر من مسلط بود
دیگر در من اثر نخواهد داشت!
زمانش فرارسیده که ببینی چه کاری از من ساخته است
زمان فرارفتن از محدودیت‌ها و پیروز شدن
درست و غلط و مقررات برای من نیست، من آزادم!

---
1. Frozen

داستان اصلی در عبارت کوچکی خلاصه می‌شود که آدم برفی کارتونی به زبان می‌آورد: «عشق حقیقی قلب یخ‌زده را گرم می‌کند.» السا[1] خواهر بزرگ، کسی که آواز می‌خواند، تصور می‌کرد به‌دنبال آزادی است. «نمی‌خواهم کسی به من بگویم چکار کنم. می‌خواهم هر طور که دوست دارم، زندگی کنم. می‌خواهم در را محکم بکوبم. من آزاد خواهم بود.» با این‌حال، او اسیر بود، و در پایان داستان، که نتیجه‌گیری وارونه و خلاف‌انتظاری داشت، خواهر کوچک، آنا، که نقش نجات‌دهنده را بازی می‌کند، حاضر است برای نجات خواهر بزرگ، جان خود را قربانی کند- عملی از سر محبت حقیقی. دل یخ‌زدهٔ ما فقط زمانی گرم می‌شود که عملی ناشی از محبتِ فداکارانه انجام بگیرد، نه ناشی از دستاوردی خود-کاوانه.

تنها به‌واسطهٔ قدرتِ هدیه‌دهنده و ایثارگرانهٔ منجی است که دل سخت گناهکاران نرم و قلب یخ‌زده‌شان گرم می‌شود. نیروی اعجاب‌آور فیض خدا برای ما این است که فیضی را دریافت می‌کنیم که تنها عیسی سزاوارش بود، زیرا هدیهٔ طردشدن را که ما سزاوارش بودیم، پذیرفت.

---

1. Elsa

۲۳

عطای وابستگی متقابل

اول قرنتیان ۱۲:۱۲-۳۱الف

مردم امروزی از وابستگی خوش‌شان نمی‌آید. آنها متخصص خودمختاری‌اند؛ نه دوست دارند *محتاج* کسی باشند، نه می‌خواهند هویت‌شان وابسته به دیگران باشد. وابستگی یک‌جور ضعف یا بی‌کفایتی به نظر می‌رسد. این بیشتر بدین‌خاطر است که مردم از خودمختاری لذت می‌برند و بدان می‌بالند. وقتی خوانندگان به متنی از کتاب‌مقدس برمی‌خورند که دربارهٔ وابستگی متقابل در کلیسا سخن می‌گوید، اگرچه بسیاری از مردمان امروزی شیفتهٔ اجتماعی هماهنگند، لیکن دوست ندارند به بهای وابستگیِ متقابل به این هماهنگی برسند. شاید خواهان اجتماع باشند، اما چیزی که دوست ندارند برایش بها بدهند، از دست دادنِ آزادی و خودمختاری‌شان است. پولس در دنبالهٔ بحثش پیرامون موضوعات درون‌کلیسایی، وارد چنین تنشی می‌شود. او نگران اولویت پرستش مسیحی است و می‌خواهد اطمینان یابد که زندگی مسیحیان در کنار یکدیگر بازتابی است از طبیعت وارونهٔ انجیلی که دریافت کرده‌اند. واقعیت موضوع آن بود که اجتماع مسیحی قرنتس چنین چیزی را بازتاب نمی‌داد. آنها بیشتر مطابق دورهٔ پیش از دریافت انجیل رفتار می‌کردند. آنها اساساً کل فرهنگ خود (اعم از سلسله‌مراتب، طبقه‌بندی اجتماعی، انحراف جنسی و غیره) را وارد زندگی کلیسایی کرده بودند. هدف پولس این است که وادارشان کند نگاهی جدی به خود بیندازند و یاری‌شان نماید تا تغییر جهت دهند، تا جماعت‌شان گواهی بر زیبایی انجیل شود.

نکتهٔ اصلی و مورد نظر پولس این است: خدا این کلیسا را برای این منظور طرح‌ریزی کرده که اجتماعی از *وابستگی متقابل*، و مکمل باشد. کلیسا باید کامل‌کننده باشد؛ یعنی هر عضو با خود چیزی را که دیگران بدان نیازمندند، ارائه می‌دهد و با وابستگی متقابل بر کیفیت می‌افزاید. همچنین کلیسا جایی است که هر عضو می‌تواند در کمال هماهنگی، هویتی وابسته به دیگران داشته باشد. ما بحث پولس در مورد وابستگی متقابل را زیر سه عنوان اصلی بررسی خواهیم کرد:

- زیبایی وابستگی متقابل
- نبود وابستگی متقابل
- احیای وابستگی متقابل

زیبایی وابستگی متقابل

پولس برای بنای استدلال خود پیرامون زیبایی کلیسا (که در آیه‌های ۱۲-۲۰ مطرح و در آیهٔ ۲۷ تکرار شده است)، از استعارهٔ بدن استفاده می‌کند. در آیهٔ ۲۷ می‌گوید: «بدین‌قرار، شما بدن مسیح هستید و هر یک عضوی از آنید.» کلیسا همچون مجموعه‌ای از افراد مجزا عمل نمی‌کند. کلیسا حتی به شیوهٔ دموکراسی هم عمل نمی‌کند. در کلیسا هیچگاه ۵۱ درصد بر ۴۹ درصد پیروز نمی‌شود. کلیسا از خطوط حزبی تبعیت نمی‌کند. ارتباط اعضا در کلیسا بسیار زنده‌تر از این چیزهاست. کلیسا همچون بدن عمل می‌کند.

بدن خودمان را در نظر بگیرید. وقتی انگشت پای‌مان آسیب می‌بیند، کل بدن واکنش نشان می‌دهد. پاهای‌مان واکنش نشان می‌دهند؛ زانوی‌مان را خم و پای‌مان را بلند می‌کنیم. دست‌های‌مان واکنش نشان می‌دهند؛ دست‌مان را دراز می‌کنیم و انگشت پای‌مان را می‌گیریم. دهان‌مان منقبض می‌شود و فریاد می‌زنیم. چشمان‌مان سریع به محل آسیب‌دیدگی دوخته می‌شوند. بدن یکپارچه و هماهنگ عمل می‌کند. در این میان هیچ عضوی تصمیم فردی نمی‌گیرد. بدن همچون یک کل واحد تصمیم می‌گیرد. چنین نیست که بعضی از اعضا به‌خاطر عدم احساس همدردی، از مداخله پرهیز کنند. با همهٔ اینها، بدن تنوع چشم‌گیری دارد. انگشت پا به گوش شباهتی ندارد؛ چشم شبیه آرنج نیست. تنوع اعضا و اندام‌ها نه تنها مانعی برای وحدت آنها به‌شمار نمی‌آید، بلکه کاملاً برای این وحدت ضروری است. اگر بدن از ۱۰۰ گوش یا ۱۰۰ آرنج تشکیل شده بود، نمی‌توانست عملکردی طبیعی داشته باشد. پولس می‌خواهد که اعضای کلیسا خودشان را همچون اعضای مختلف بدن انسان، کاملاً به یکدیگر پیوسته ببینند.

زیبایی وابستگیِ متقابل در *ناگزیر بودنِ* نیاز تک تک اعضا به یکدیگر ریشه دارد. آیه‌های ۲۱-۲۴الف می‌گویند: «چشم نمی‌تواند به دست بگوید، "نیازی به تو ندارم!" و سر نیز نمی‌تواند به پاها گوید، "نیازمند شما نیستم!" برعکس، آن اعضای بدن که ضعیف‌تر می‌نمایند، بسیار ضروری‌ترند. و آن اعضای بدن را که پست‌تر می‌انگاریم، با حرمت خاص می‌پوشانیم، و با اعضایی که زیبا نیستند با احترام خاص رفتار می‌کنیم؛ حال آنکه اعضای زیبای ما به چنین احترامی نیاز ندارند.» تصورش خنده‌دار است که اعضای بدن فکر کنند که به یکدیگر احتیاج ندارند. به‌زعم پولس، قصور در درک ناگزیر بودنِ نیاز اعضا به یکدیگر بسیار نامعقول است. حتی ضعیف‌ترین اعضای بدن- احتمالاً اندام‌های حساس داخلی- وجودشان ضروری است.

این پیامی است که بسیاری از مسیحیان باید بشنویم: همهٔ ما از غیرضروری بودن وحشت داریم- ما دوست نداریم از ما استفاده کنند و بعد کنارمان بگذارند. ما به‌طور پیوسته نگران این هستیم که آیا به چشم می‌آییم؟ آیا پذیرفته هستیم؟ بسیاری از مردم برای یافتن جای مناسب خود از این شاخه به آن شاخه می‌پرند. اگر ما عضو کلیسای محلی هستیم، وجودمان در آنجا ضروری است. وجود همهٔ اعضای دیگر هم برای زندگی ما ضروری است. آنها هم عضوی از بدنی هستند که خدا کنار یکدیگر قرار داده تا زیبایی انجیل را به نمایش بگذارند.

به‌عنوان مثال، در بیمارستان بخش‌های مهم و ضروری بسیاری وجود دارد. مدیریت پزشکی، رئیس بخش، پزشکان، سرپرست پزشکان، سرپرست ارشد، سرپرست تازه‌کار، دستیاران و دانشجویان پزشکی، همگی اعضای ضروری این کادر پزشکی به‌شمار می‌روند. اما این ضرورت شامل پرستاران، کارمندان اجرایی، پرسنل تأسیسات ساختمانی و نظافتچی‌ها نمی‌شود. با وجود این، هر یک از این گروه‌ها را که حذف کنید، همه چیز در نهایت از هم می‌پاشد. اما کلیسا بیمارستان نیست. عملاً در آن سلسله‌مراتب کمتری به چشم می‌خورد؛ ما کاملاً و متقابلاً به یکدیگر وابسته‌ایم، و این را می‌توان در ضرورت وجود هر یک از اعضا مشاهده کرد.

اگر کسی که کمردرد دارد چیزی بلند کند و کمرش آسیب ببیند، دیگر اعضای بدن وظیفهٔ کمر را به‌جا می‌آورند. وقت مسواک زدن، مجبور است قدری به یک‌سو خم شود. برای خم کردن زانو، ناگزیر است یک دستش را روی پیشخوان بگذارد تا بتواند وزن بدنش را تحمل کند. حالا اگر دستش نخواهد به او کمک کند و به او بگوید: «تو باید باشگاه می‌رفتی و نرمش می‌کردی»، چه می‌شود؟ ولی اعضای بدن این‌گونه واکنش نشان نمی‌دهند. آنها به‌طور غریزی واکنش و پاسخ می‌دهند. اگر یکی از اعضا از کار بیفتد، اگر با مشکلاتی مواجه شود، اگر کاستی‌هایی داشته باشد، دیگر اعضا به‌طور طبیعی آن را جبران می‌کنند. اگر آسیب دیده باشد، بی‌تردید اعضای دیگر به درد خواهند آمد، ولی این ذات و طبیعت بدن است که زیبایی وابستگی متقابل را به نمایش می‌گذارد.

زیباییِ وابستگیِ متقابل، ثمرهٔ ترتیبات خدا

آیهٔ ۲۴ می‌گوید: «حال آنکه اعضای زیبای ما به چنین احترامی نیاز ندارند. اما خدا بدن را چنان مرتب ساخته که حرمت بیشتر نصیب اعضایی شود که فاقد آنند.» وابستگی متقابل به‌جای آنکه نشانهٔ ضعف باشد، بیانگر طرح خدا برای کلیساست. کلیسا قرار است مصداقی کوچک[1] از بشریتِ احیاشده باشد و مقصود اولیهٔ خدا را از آفرینش انسان (یعنی وابستگیِ متقابل)، بازتاب دهد. کلیسا به‌جای آنکه سلسله‌مراتب و فرهنگ شهرت‌پرور رایج در دنیای پیرامونش را بپذیرد، فرا خوانده شده تا اجتماعی ضدفرهنگی (مغایر با فرهنگ رایج) باشد. ضعیف‌ترها، ضروری‌ترند. "پست‌ترها" و "ارائه‌ناشدنی‌ها" در واقع، شایستهٔ حرمت و مراقبت بیشترند. خدا بدن را به‌گونه‌ای مرتب ساخته که "اعضایی" که در دنیا جایی ندارند- آنها که ضعیف، زشت یا ارائه‌ناشدنی هستند- از جایگاه برتری برخوردار شوند.

1. Microcosmic

زیبایی وابستگی متقابل که به‌واسطهٔ مراقبت متقابل ابراز شده

در آیه‌های ۲۵و۲۶ می‌خوانیم: «... تا جدایی در بدن نباشد، بلکه اعضای آن به یک اندازه در فکر یکدیگر باشند. و اگر یک عضو دردمند گردد، همهٔ اعضا با او همدرد باشند؛ و اگر یک عضو سرافراز شود، همه در خوشی او شریک گردند.» اگر اعضای کلیسا به‌طور طبیعی به هم وابسته باشند، خوشی و درد بدن را به‌صورت یک واحد تجربه خواهند کرد. اگر دست ما در سانحه‌ای آسیب ببیند، کل بدن ما متحمل درد خواهد شد. از این گذشته، اگر دست ما آسیب دائمی ببیند، کل بدن برای جبران آن می‌کوشد. و اگر دست‌مان قطع شود، بدن ما برای همیشه فقدان آن را احساس خواهد کرد (لازم به ذکر نیست که دست بریده، جدا از بدن خواهد مرد). به همین ترتیب، وقتی دست به‌طور طبیعی عمل می‌کند، کل بدن از مزایای دست سالم بهره‌مند می‌شود. همچنین، اگر دستی زایل شود، و به هر دلیلی، دیگر در خدمت بدن نباشد، کل بدن متحمل زیان بزرگی خواهد شد. این یعنی انکار وابستگی متقابل.

مراقبت متقابل که به‌واسطهٔ به‌کارگیری عطایای روحانی ابراز شده

آیه‌های ۲۷و۲۸ می‌گویند: «بدین‌قرار، شما بدن مسیح هستید و هر یک عضوی از آنید. خدا قرار داد در کلیسا، اول رسولان، دوم انبیا، سوم معلمان؛ بعد قدرت معجزات، سپس عطایای شفا دادن و امداد و مدیریت و سخن گفتن به انواع زبان‌های غیر.» پولس می‌گوید: «خدا قرار داد.» به همان ترتیبی که خدا بدن را برای وابستگی متقابل مقرر ساخته، عطایای فیض را هم «قرار داده» تا به منظور مراقبت متقابل به‌کار برده شوند. به همان ترتیب که هر عضو از بدن ما با انجام نقش خود، عطیهٔ منحصربه‌فردش را در اختیار بقیهٔ اعضای بدن می‌گذارد، از هر مسیحی نیز انتظار می‌رود که در خدمتِ مراقبت متقابل برای بدن مسیح، سهیم باشد. در همین چیزهاست که ما زیبایی وابستگی متقابل را مشاهده می‌کنیم. با این‌حال، به‌ندرت کلیسایی را می‌بینیم که بدین‌ترتیب عمل کند. اگر چنین می‌کردیم، اکنون در کلیسا جای سوزن انداختن نبود؛ جماعت‌های ما از چنان گیرایی و طراوتی برخوردار می‌بودند که نمی‌شد جلوی مردم را برای آمدن به آنها گرفت. بدبختانه، این چیزی نیست که معمولاً شاهدش هستیم.

فقدان وابستگی متقابل

اگر کتاب‌مقدس برای جماعتِ فیض خدا الگویی دیگر در نظر گرفته، پس چرا کلیسا خلاف آن را نشان می‌دهد؟ چرا کلیسا اغلب مکانی است که در آن سلسله‌مراتب، شهرت، و غیبت و غیره به چشم می‌خورد؟

در کلیسا شاهد فقدان وابستگی متقابل هستیم زیرا دیگران را غیرضروری می‌بینیم. یکی از بدترین ترس‌ها، غیرضروری، کنارگذاشتنی یا قابل‌تعویض به‌شمار رفتن است. جالب اینکه، مردم در تلاش برای مقابله با این ترس، به دیدگاهی اغراق‌آمیز از خود (یعنی، "من ضروری هستم") و تحقیرآمیز از دیگران (یعنی، "تو غیرضروری هستی") متوسل می‌شوند.

به‌عبارت دیگر، آنها خودشـان را بزرگ می‌کنند و دیگـران را کوچک. ما تصور می‌کنیم که بعضی‌ها غیرضروری هسـتند، و می‌توان دیگران را جایگزین‌شـان کرد. در روش ارزیابی دیگـران، به‌جای به‌کار گرفتن اصول خدمتِ متقابلِ مبتنی بر عهد، اصول تجارت و مبادلات را به‌کار می‌بریم.

مصرف‌کنندگان به روش‌هایی با هم‌نوعان ارتباط برقرار می‌کنند که فقط مصرف‌کنندگان از آن خبر دارند. مردم این کار را در تلاش برای محافظت از خودشـان انجام می‌دهند، ولی نتیجه‌اش منزوی سـاختن خودشان اسـت. این فرهنگی به‌وجود می‌آورد که در آن دیگران کالاهایی قابل مصرفند. خود جماعت هم به کالایی مصرفی تبدیل می‌شـود. آنها دیگران را غیرضروری می‌بینند، چون ضرورت تنوع را تشخیص نمی‌دهند. آیه‌های ۲۹ و ۳۰ می‌گویند: «آیا همه رسولند؟ آیا همه نبی‌اند؟ آیا همه معلمند؟ آیا همه دارای قدرت معجزه‌اند؟ آیا همه از عطایای شـفا دادن برخوردارند؟ آیا همه به زبان‌های غیر سخن می‌گویند؟ آیا همه ترجمه می‌کنند؟» دستور زبان نشان می‌دهد که پاسخ به همهٔ پرسش‌های بالا منفی است. اگر اعضای کلیسا با وابستگی متقابل عمل نکنند، کلیسا ناقص خواهد بود.

خدا مجموعه عطایای گوناگونی را در اختیار اعضـای کلیسـا قرار داده اسـت. بعضی‌ها عطاهای نبوتی (رسـولان، انبیا، معلمان، زبان‌ها) دارند، دیگران عطایای کهانتی (معجزات، شفا)، یا عطایای پادشاهی (امداد، مدیریت [دقیقاً "رهبری"]). خدا به هر یک از اعضا عطایای فیض بخشیده، اما همهٔ عطایای فیض را به یک نفر نداده است. حتی اگر عطایای فیض کسی، آنهایی باشـند که بیشتر به چشـم می‌آیند (مانند موعظه، تعلیم و غیره)، باز ما بدون عطایای دیگران ناقص هسـتیم. به‌عبارت دیگر، اگر به ترکیب عطایا نـگاه کنیم، می‌بینیم که به انواع عطایای نبوتی، انواع عطایای کهانتی و انواع عطایای پادشاهی نیازمندیم.

علاوه بر این، از آنجا که بشریت سـقوط‌کرده است همهٔ عطایای فیض ما می‌توانند یک روی تاریک هم داشـته باشـند. به‌عنوان مثال، آنان که عطایای نبوتی قوی دارند، ممکن است ناشـکیبا شوند، و این باعث شـود که از خصوصیات شبانی و روابطی فاصله بگیرند. برخی دیگر که کهانتی و شـبانی هستند و مردم را به‌خوبی شـبانی می‌کنند، ممکن است از درایت لازم برای مدیریت امور برخوردار نباشـند. عده‌ای از اعضا ویژگی‌های پادشاهی دارند؛ آنها می‌توانند با درایت و با توجه به زمـان و امکانات موجود، به انجام امور بپردازند، اما ممکن است در روند کار مردم را به حال خود رها کنند، چون فقط می‌خواهند کارشان را به مؤثرترین روش انجام دهند. عطایای گوناگونی که اعضا از آنها بهره‌مندند، روی تاریک بالقوه‌ای دارند. خدا همهٔ اعضای گوناگون را کنار هم جمع می‌کند و در مجموعه‌ای قرار می‌دهد تا در آن به خدمت متقابل و سودرسـانی به کل بدن مشغول شوند. هرچه از درک ضرورت تنوع عطایا در بدن قاصر شویم، به همان اندازه دیگران را غیرضروری خواهیم انگاشت، و طرحی را که خدا برای بشریت ترتیب داده، از دست خواهیم داد.

وقتی طرح جامع خدا برای بشریت از دسـت برود، دیگر چیـزی باقی نمی‌ماند، جز ترتیبات خودمان. فقدان وابسـتگی متقابل مشـهود خواهد بود، زیرا اعضای بدن بیشتر به

ترتیبات خودشــان علاقمندند. قرنتیان به‌جای آنکه خـدا را ترتیب‌دهندهٔ بدن و مقررکنندهٔ عطایا ببینند، خودشــان را ترتیب‌دهنده می‌دیدند و معتقد بودند که با سخت‌کوشی می‌توان مهارت‌ها و صلاحیت‌های لازم را به‌دســت آورد. به همین ترتیب، اگر ایمانداران امروزی بر این باور باشند که خودشان می‌توانند هویت‌شــان را بسازند، آنگاه ناگزیرند از آن محافظت کننـد و این کار را با فاصله گرفتن از دیگران و خودداری از وابســتگی متقابل، انجام دهند. نتیجه این خواهد بود که آنان خود را از بافت و زمینهٔ به‌وجود آمده جدا می‌سازند و نمی‌توانند دریافت‌کنندهٔ فیض خدا باشند. بدین‌سان، عاقبت کار مسیحیان به جایی می‌کشد که خودشان را در موقعیتی قرار دهند که عاجز از تشخیص زیبایی ترتیب جمعی خدا شوند. ضعفا را نباید غیرضروری و فاقد حرمت دانست.

فقدانِ وابستگی متقابل به دلیل پرداختن به خود

از آنجایی که اعضای کلیسا اغلب به محافظت و مراقبت از خود علاقه دارند، نمی‌توانند نقش خود را (یعنی مراقبت متقابل) در بدن ایفا کنند. ایشــان فرا خوانده شــده‌اند تا با رنج دیگران رنجور شــوند، و با خوشی دیگران شــادی کنند. ولی از قرار معلوم شریک شدن در رنج‌های دیگران بهای سنگینی دارد. پس ســر به نااطاعتی و عصیان می‌گذارند و در جریان کار، هویت خود را به‌عنوان اعضای بدن، از دست می‌دهند. دست‌ها دیگر عملکرد مقرر برای دســت را ندارند، و در نهایت نمی‌توانند در خوشی دیگران هم سهیم شوند. عطایای فیض آنان به فرصتی برای رقابت و ایجاد اختلاف طبقاتی تبدیل می‌شود. اگر فردی به‌جای مراقبت متقابل فقط به فکر مراقبت از خود باشــد، عطایایش به‌وسیله‌ای برای متمایز ساختن خود از دیگران و نفع شخصی به‌جای طلبیدنِ نفع دیگران تبدیل می‌شود.

کلیسا اغلب بدین‌طریق تصویری از فرهنگ پیرامونش را بازتاب می‌دهد. ما باید صادقانه از خودمان بپرســیم که آیا کلیســاهای محلی چنین فرهنگی را بازتاب می‌دهند؟ آیا در ارج نهادن به خِـرَد، ارج و ارزش دل را پایین نیاورده‌اند؟ آیا در پیِ کمال، ســادگی را بی‌ارزش نشــمرده‌اند؟ آیا عطایای فیض برخی از اعضا بــه دلیل توجه بیش از اندازه به عطایای فیض دیگران، نادیده گرفته نشــده‌اند؟ آیــا ما علاقمند به ترتیبات خودمان نشــده‌ایم و بینش‌مان را نســبت به ترتیبات خدا از دســت نداده‌ایم؟ آیا در ترتیبات خودمان گروه‌های خاصی را غیرضروری تلقی نکرده‌ایم؟ آیا بیش از آنکه به فکر مراقبت متقابل باشیم، دغدغهٔ مراقبت از خود را نداشته‌ایم؟ پاسخ بسیاری از این پرسش‌ها احتمالاً غم‌انگیز است. آیا امیدی به تبدیل در جماعت ما هســت تا بتوانیم شاهد بازتاب وابســتگی متقابل زیبایی باشیم که منظور نظر خدا است؟

احیای وابستگی متقابل

وابستگی متقابلِ مکمل را می‌توان احیا نمود، نخست به این دلیل که مسیح هم می‌توانست گناهــکاران را غیرضروری بینگارد، اما به‌خاطر فیضش آنان را ضروری شــمرد. در واقع، او

به‌جای ایشان، غیرضروری شمرده شد. تمثیل بدنْ عام نیست بلکه خاص است. منظور بدن مسیح است. سلامت، صحت و آیندۀ این بدن در دستان مسیح، یعنی سر، است. فرد فرد گناهکاران به‌واسطۀ فیض در بدن او عضو شده‌اند. هیچ‌کس راه خود را به درون این بدن به‌دست نیاورده است. حتی اگر به غلط ما را غیرضروری دانسته باشند، سر بدن اعلام کرده که ما غیرضروری نیستیم! شاخص‌ترین عضو بدن- یعنی سر- به خواست خود مورد بی‌حرمتی واقع شد تا جزئی‌ترین اعضا- یعنی من و شما- از حرمت برخوردار شویم. نیرومندترین عضو ضعیف و غیرضروری گردید تا اعضای ضعیف- یعنی من و شما- ضروری تلقی شویم. این محبت، ماهیتِ شخص گناهکار را دگرگون می‌کند. لازم است مسیحیان دریابند که به‌طور کامل به مسیح و جماعتی که او ایشان را در آن قرار داده، وابسته‌اند. وقتی درمی‌یابند که غیرضروری‌اند، آنگاه فیضی را می‌یابند که بدیشان می‌گوید: شما ضروری هستید.

دوم، وابستگی متقابل را می‌توان احیا کرد، چون مسیح گناهکاران را از اوهام خود-سری می‌رهاند. خدا ما را تلفیق نموده، و اوست که ما را عضوی از بدنش ساخته است.

وقتی زن و مرد در مراحل آشنایی و آغاز رابطۀ دوستی هستند، شناساندن خود ممکن است برای طرف مقابل خسته‌کننده و مثل بازاریابی به نظر برسد. شخص ممکن است احساس کند که همیشه باید آماده باشد و پیوسته طرف مقابل را تحت تأثیر قرار دهد، زیرا مطمئن نیست که چگونه دیده یا ارزیابی می‌شود. بنابراین، می‌خواهد کاملاً هوشیار باشد و تصمیمات درست بگیرد؛ می‌خواهد بهترینش را ارائه دهد. وقتی به این مسئله ژرف می‌اندیشیم، درمی‌یابیم که این رفتاری مبتنی بر عهد نیست؛ در واقع، رابطۀ بده‌بستانیِ بازاری میان مصرف‌کننده و فروشنده است. به‌عبارت دیگر، مردم درگیر روابط مصرفی هستند و از این‌رو همیشه احساس ناامنی می‌کنند و مضطربند.

از آنجایی که ما مسیحیان به‌واسطۀ فیض در بدن مسیح متحد شده‌اند، باید دست از تلاش برای خود-آفرینی و خود-سری برداریم. اعضا نباید خودشان را متمایز سازند یا برای رسیدن به موقعیتی بالاتر رقابت کنند؛ موقعیت آنان در بدن تأمین شده است. آنها می‌توانند به این واقعیت تکیه کنند که هویت‌شان را مسیح بدیشان بخشیده و جماعت مسیحی هم آن را تصدیق کرده است.

وابستگی متقابل را می‌توان احیا کرد، چون مسیح با وابسته ساختن اعضای بدنش به یکدیگر، از گناهکاران مراقبت می‌کند. ما متقابلاً از یکدیگر مراقبت می‌کنیم چون مراقبت او را شخصاً تجربه کرده‌ایم. مسیح به‌خاطر ما از حفاظت و مراقبت از خود، به‌طور کامل خودداری کرد. کار نهاییِ کسی دیگر، در نهایت مراقبت مسیحیان را برای خدمت به دیگران برمی‌انگیزد. هر که محبت فداکارانۀ دیگری را- آن عطای فیض نهایی- تجربه کرده، می‌تواند از عطایای فیض خود به‌عنوان مجرایی برای ابراز محبت فداکارانه استفاده کند.

۲۴

محبت چیست؟

اول قرنتیان ۱۲:۳۱ب-۱۳:۱۳

باب ۱۳ نامهٔ اول قرنتیان متن زیبایی است. مطالعهٔ برخی از قسمت‌های نامهٔ اول قرنتیان، بعضاً مایهٔ سردرگمی خوانندگان می‌شود. پوشش سر، گوشت قربانی برای بت‌ها، میگساری در کلیسا، تنها شماری از این موارد را تشکیل می‌دهند. از آنجا که مسیحیان اعتقاد دارند تمام کتاب‌مقدس از جانب خداست، از خواننده انتظار نمی‌رود که اهمیت و ارتباط قسمت‌های دشوار را نادیده بگیرد. اما در کتاب‌مقدس متونی هم وجود دارند که کمی آسان‌تر از قسمت‌های دیگرند. متن مورد بررسی این فصل یکی از همان متن‌های خوب و آسان است.

این متن را معمولاً در مراسم عروسی، حتی عروسی‌های غیرمذهبی می‌خوانند. چرا؟ چون "جاودانگیِ محبت"، اینکه هرگز از بین نمی‌رود، و می‌تواند هر چیز را تاب بیاورد، بسیار زیبا و دلنشین است. وقتی عروس و داماد در مراسم عروسی "یکدیگر را می‌بوسند"، چنین محبتی در ذهن‌شان نقش می‌بندد. محبت طنین‌انداز است. محبت، حتی اگر اغلب زودگذر نیز باشد، حقیقی به نظر می‌رسد.

ولی خیلی‌ها که مدت‌ها به کلیسا رفته‌اند، و در مورد اول قرنتیان ۱۳ بسیار شنیده‌اند، شاید با خود فکر کنند: «آره، محبت هرگز پایان نمی‌پذیرد! فهمیدم. [خمیازه].» اگر شما هم جزو این دسته از افراد هستید، لطفاً شتاب نکنید! پولس رسول، که این نامه را خطاب به کلیسای شهر قرنتس نوشته، در صدد است تا پیامش را به کسانی برساند که هزاران بار آن را شنیده‌اند.

مسیحیان قرنتس امور مذهبی را خوب می‌فهمیدند. آنها آنچه را که مسیحیان هر هفته انجام می‌دهند (به کلیسا رفتن، دعا کردن، سرود خواندن، شنیدن موعظه، و حتی صرف غذا با دیگران) انجام می‌دادند. اما در همهٔ این رفت و آمدها، و در همهٔ این فعالیت‌های کلیسایی،

به‌رغم همهٔ موعظه‌هایی که در مورد باب ۱۳ اول قرنتیان شنیده بودند، هنوز با قراردادنِ محبت در کانون زندگی‌شان، مشکل داشتند.

در این مورد به‌خصوص، قرنتیان خود را گرفتار بحث‌هایی از این قبیل کرده بودند که چه کسی خوش‌بیان‌تر، چه کسی باهوش‌تر، و چه کسی به‌لحاظ روحانی هشیارتر است؛ چه کسی پول بیشتری درمی‌آورد، چه کسی بیشترین خدمت کلیسایی را انجام می‌دهد، و غیره. آنان به‌دنبال برتری بودند، تا ایشان را از دیگران متمایز سازد.

پولس وارد چنین زمینه‌ای می‌شود- زمینه‌ای که امروز ما هم در آن قرار داریم- و می‌گوید: «اما شما با اشتیاق تمام در پی عطایای بزرگتر باشید. و اینک من عالی‌ترین طریق را به شما نشان می‌دهم» (۳۱:۱۲)- طریق محبت. آنان می‌پرسند: «محبت چیست؟» پاسخ به این پرسش را می‌توان در زیر چهار نکته پیرامون محبت، بررسی کرد:

- محبت زندگی را با معنایِ لازم پر می‌سازد
- محبت زندگی را با ناممکنی زیبا پر می‌سازد
- محبت زندگی را با اهمیتی پایدار پر می‌سازد
- محبت زندگی را از نو تعریف می‌کند

محبت زندگی را با معنایِ لازم پر می‌سازد (آیه‌های ۱-۳)

به غیر از برخی افراد عیب‌جو، اکثر مردم محبت را چیز خوبی می‌دانند. وقتی جان لنون و پال مک‌کارتنی می‌خواندند: «تنها نیاز تو عشقه»[1] مردم قدری در مورد این حرف مشکوک بودند، و البته حق هم داشتند. اما مردم همیشه با خواننده همراه می‌شوند، زیرا قلب انسان باور دارد که رگه‌ای از حقیقت در این جمله نهفته است. ما دوست داریم که این حرف راست باشد. از جهتی ما به راست بودنِ این گفته نیازمندیم: «با وجود این دنیای بی‌رحم، ما احتیاج به ترانه‌های عاشقانه داریم، تا در تحمل آنچه که باید، به ما کمک کنند؛ و اگر بتوانیم، پس به عشق ورزیدن ادامه می‌دهیم.»

در هر مورد، عموم مردم بر این باورند که محبت، هرچه که باشد، درست قلب مفهوم انسان بودن را نشانه گرفته است، یعنی ضرورت معنا را برای انسان فراهم نموده است. ما بدون خیلی چیزها می‌توانیم به زندگی ادامه بدهیم، اما محبت از آن جمله نیست. در یکی از محبوب‌ترین ترانه‌های سال ۱۹۹۷ آمده: «مادامی که دوستم داری، برایم مهم نیست تو کی هستی، اهل کجایی، چکار کردی.»[2] محبت آن عنصر حیاتیِ زندگی است که همزمان همه چیز را بااهمیت و هر چیز دیگر را بی‌اهمیت می‌سازد. اگر این عنصر حیاتی از زندگی گرفته شود، زندگی به ناچار معنایِ لازمهٔ خود را از دست می‌دهد، اما اگر بتوان آن را به زندگی افزود، آن‌وقت می‌توان با هر پیشامدی با شجاعت و امید روبه‌رو شد.

1. "All You Need Is Love", John Lennon & Paul McCartney.

۲. ترانه‌ای معروف از گروه Back Street Boys- م.

به قول جیمز آلتیوس[1] روان‌درمانگر روابط: «محبت کردن صرفاً یکی از چیزهایی نیست که به انجامش فرا خوانده شده‌ایم. محبت چیزی مازاد نیست. محبت ذات و جوهرهٔ وجود بشر، بافت جدایی‌ناپذیر واقعیت، و هوای زندگی است.» محبت مثل اکسیژن است. اگر اکسیژن نباشد، تنفس دشوار می‌شود؛ بدون اکسیژن و بدون محبت، بخشی از وجود هر انسانی می‌میرد.

در تأکید بر ضرورتِ محبت، و پوچیِ اختلاف طبقاتیِ جماعت قرنتس بر سر موضوعات برتری‌جویانه، پولس ایشان را به سراییدن سرودی فرامی‌خواند که معکوس این بندگردان است: «مادامی که مرا دوست داری.» او از آنان می‌خواهد که جهانی بدون محبت را در ذهن مجسم کنند. به آیه‌های ۱-۳ نگاهی بیندازید:

> اگر به زبان‌های آدمیان و فرشتگان سخن گویم، ولی محبت نداشته باشم، زنگی پرصدا و سنجی پرهیاهو بیش نیستم. اگر قدرت نبوت داشته باشم و بتوانم جملهٔ اسرار و معارف را درک کنم، و اگر چنان ایمانی داشته باشم که بتوانم کوه‌ها را جابه‌جا کنم، اما محبت نداشته باشم، هیچم. اگر همهٔ دارایی خود را بین فقیران تقسیم کنم و تن خویش به شعله‌های آتش بسپارم، اما محبت نداشته باشم، هیچ سود نمی‌برم.

پولس در این سه آیه سه عنصر بااهمیت را که باید به خاطر سپرد، مطرح می‌کند. او عمداً آنچه را که مسیحیان *می‌گویند*، *می‌دانند* و *انجام می‌دهند* مد نظر دارد. و در هر مورد، از ایمانداران می‌خواهد که دنیایی بدون محبت را تصور کنند.

پولس در آیهٔ ۱ روی گفتار مسیحیان، متمرکز می‌شود: «اگر به زبان‌های آدمیان و فرشتگان سخن گویم، ولی محبت نداشته باشم، زنگی پرصدا و سنجی پرهیاهو بیش نیستم.» سخنرانی‌های تأثیرگذار دل‌مشغلهٔ قرنتیان بود، و نیز هرچه می‌توانست به آنها مجال سخن گفتن به زبان‌ها بدهد، تحریک‌شان می‌کرد. حال اینکه شما در مورد صحبت کردن به زبان‌ها چه فکر می‌کنید، یا نمی‌کنید، در حاشیهٔ بحث قرار می‌گیرد. در هر صورت، پولس از این موضوع خشنود نیست. هر کسی می‌تواند به هر زبانی که دلش می‌خواهد، سخن بگوید، و می‌تواند هرچه دوست دارد، فصیح و خوش‌بیان باشد. اما اگر اینها با محبت برانگیخته و تقویت نشوند، چیزی جز صداهای گوش‌خراش نخواهند بود.

حرف پولس این است که ایماندار می‌تواند هر سرودی در وصف محبت بخواند، اما اگر هدفش محبت نباشد، وسیله‌ای است برای رسیدن به مقصودی دیگر، و این چیزی است که پولس نمی‌خواهد بشنود. این فقط هیاهو است. آن سنج‌های پرهیاهو را خاموش کنید! آنچه می‌گویید تأثیرگذار است، شیوا است، اما عاری از معنایِ لازم است. محبت، گفتار را با معنایِ لازم پر می‌سازد.

1. James Olthius

محبت همچنین در رابطه با آنچه که می‌دانیم (آیهٔ ۲)، اهمیت دارد: «اگر قدرت نبوت داشته باشم و بتوانم جملهٔ اسرار و معارف را درک کنم، و اگر چنان ایمانی داشته باشم که بتوانم کوه‌ها را جابه‌جا کنم، اما محبت نداشته باشم، هیچم.» قرنتیان مجذوب برتری بودند، و این به درک‌شان از معرفت نیز سرایت کرده بود. آنها برای عقل، بینش، و معرفتِ سری جایگاه بالایی قایل بودند. این ایده که می‌توانند به عرصه‌های بالاتری از شناخت روحانی دسترسی داشته باشند، ایشان را برمی‌انگیخت. پولس باز ابراز نگرانی می‌کند و از آنها می‌خواهد توجه داشته باشند که معرفت زمانی به حساب می‌آید که با محبت همراه باشد.

مردم امروزی خوب این مطلب را درک می‌کنند. شخص بسیار باهوش و آگاهی که عاری از مهربانی، انسانیت و عطوفت است، به هیچ وجه بر دیگران تأثیر مثبت نمی‌گذارد. معرفت بدون محبت هیچ است. دانایی منهای محبت برابر است با نادانی. حتی اگر حق با ما باشد، احتمالاً دیگران نمی‌خواهند به حرف‌مان گوش بدهند. پولس می‌گوید که هروقت کسی روی معرفت تکیه کند و محبت را نادیده بگیرد، هیچ است.

اگر آنچه می‌گوییم و می‌دانیم، با محبت و معنایِ لازم عجین باشد، به اعمال‌مان هم معنا خواهد بخشید: «اگر همهٔ دارایی خود را بین فقیران تقسیم کنم و تن خویش به شعله‌های آتش بسپارم، اما محبت نداشته باشم، هیچ سود نمی‌برم» (آیهٔ ۳). تقسیم دارایی میان فقرا کاری الهام‌بخش است، ولی نیکوکاریِ بدون محبت چطور؟ بیایید فرض کنیم که شخصی به‌شدت نیازمند مساعدت مالی است، و خانوادهٔ ما هم پول بسیار در اختیار دارد، و ما موافقت می‌کنیم که تنها به یک شرط به او کمک کنیم: او باید بفهمد که ما دوستش نداریم، و هیچ اهمیتی برایش قایل نیستیم. در واقع، بدین‌خاطر به او کمک می‌کنیم که این کار وجههٔ خوبی از ما ارائه می‌دهد، و از میزان مالیاتی که باید بپردازیم نیز کاسته می‌شود. همین اندازه که او بفهمد که برای ما پشیزی ارزش ندارد و برای‌مان هیچ است، کافی است. «آیا پول ما را می‌خواهی؟» البته اگر فردی مصلحت‌گرا در بین ما باشد، خواهد گفت: «البته. رد کن بیاد.» ولی شخص مشتاقِ محبت، خواهد گفت: «لطفاً پولت را برای خودت نگهدار! اگر مرا دوست نداری، ترجیح می‌دهم از گرسنگی بمیرم. ترجیح می‌دهم بی‌خانمان باشم، ترجیح می‌دهم ورشکسته شوم. اگر مرا دوست نداری، این کمک مالی هیچ معنایی ندارد. نیکوکاری و بخشش‌ات هیچ ارزشی ندارد.»

جای شکر است که ما در دنیایی کاملاً عاری از محبت زندگی نمی‌کنیم. محبت زندگی را با معنایِ لازم پر می‌سازد. اشتیاق ما به محبتْ فصاحت، هوش و حتی نیکوکاری را مغلوب می‌سازد. عمل شخصی که واقعاً و از صمیم قلب دوست‌مان دارد بسیار بامعناتر از حرف اوست که می‌گوید «دوستت دارم.»

همه خواهان چیزی فراتر از سروصدای توخالی هستند. همهٔ ما دوست داریم بشناسیم و شناخته شویم- واقعاً کسی را داشته باشیم و تماماً از آنِ کسی باشیم- و بدانیم که ″هیچ و پوچ″ شمرده نمی‌شویم. چرا ما مشتاق این چیزها هستیم؟ چون محبت زندگی ما را پر ساخته است.

محبت زندگی را با ناممکنی زیبا پر می‌سازد (آیه‌های ۴-۷)

پرطنین‌ترین آیه‌های متن، در آیه‌های ۴-۷ جای گرفته‌اند. پولس چشم‌اندازی از محبت ترسیم می‌کند که به‌طرز خیره‌کننده‌ای زیبا است، هرچند فراتر از تجربهٔ انسان به نظر می‌رسد. «محبت بردبار و مهربان است؛ محبت حسد نمی‌برد؛ محبت فخر نمی‌فروشد و کبر و غرور ندارد. رفتار ناشایسته ندارد و نفع خود را نمی‌جوید؛ به آسانی خشمگین نمی‌شود و کینه به دل نمی‌گیرد؛ محبت از بدی مسرور نمی‌شود، اما با حقیقت شادی می‌کند. محبت با همه چیز مدارا می‌کند، همواره ایمان دارد، همیشه امیدوار است و در همه‌حال پایداری می‌کند.»

ما در بهترین روزهای زندگی آرزوی ابراز چنین محبتی را داریم، و در بدترین روزها هم دریافت چنین محبتی را آرزو می‌کنیم. مردم دست به هر تلاشی می‌زنند تا با عزیزان خود بیشتر بردبار و مهربان باشند. و هیچ چیز زیباتر از این نیست که دیگران به‌طرزی غیرمعمول با ما بردبار و مهربان باشند. ما همواره بارقه‌هایی از اینها را می‌بینیم، و قلب‌مان مجذوب زیبایی آنها می‌شود. این مصادیق محبت، امید را در برابر نومیدی تثبیت می‌کنند. آنها زندگی را به کالبد مردهٔ موقعیت‌های ما می‌دمند. آنها ما را از خودمان بیرون می‌کشند. آنها ما را انسان‌تر و زنده‌تر می‌کنند.

با این‌حال، آیا دلیلی وجود ندارد که نسبت به چنین محبتی آرمانی مشکوک شویم؟ هرچه باشد، شواهد بسیاری بر ضد آن وجود دارد که نشان می‌دهد دستیابی به محبت آرمانی، احتمالاً ناممکن است.

شاید کسی بپرسد، این شواهد کجا هستند؟ خوب، موارد بسیاری از آنها را می‌توانید در زندگی خودتان بیابید. تنها کافی است نگاهی سریع به هر رابطه‌ای بیندازید، و در آن ذره‌ای از بی‌محبتی مشاهده کنید. اگرچه برخی مواقع محبت به‌شکلی اسرارآمیز و زیبا وارد معرکه می‌شود، اما پلشتی‌های بسیاری نیز به ظهور می‌رسند.

یک‌بار دیگر به آیه‌های ۴-۷ نگاه کنید. بردباری؟ فردی را تصور کنید که در صف کافی‌شاپ عصبی شده، چونکه نفر جلویی هنوز برای خرید تصمیم نگرفته است. مهربانی؟ هیچ‌کس چنین برخوردی را مهربانانه توصیف نمی‌کند. ولی در اینجا چیزهایی هستند که برای ما آشنا به نظر می‌رسند (و خود ما هم چنین هستیم). "حسد". همان فرد مورد مثال، دقیقاً این هفته به یکی از همکارانش حسد ورزیده- چون همکارش کارها را به نحو احسن انجام داده است. "رفتار ناشایسته". آه! بله. "نفع خود را جستن"؟ باید گفتگوی پنجشنبهٔ مرا با پدرم می‌شنیدید. در واقع، به او حالی کردم که چی به چی است. «به آسانی خشمگین شدن!» بله. "کینه به دل گرفتن!" حتماً. آیا می‌خواهید ادامه بدهیم؟

چیز زیبایی که همه، بیش از هر چیز در دنیا، آرزویش را دارند، دور از دسترس به نظر می‌رسد- در واقع، ناممکن است. اما چیز عجیب این است که: همان ناممکن ما را به‌سوی خودش می‌کشد. این همان چیزی است که محبت را وسوسه‌انگیز و فریبنده می‌سازد. واقعاً مثل بازی است. هربار نمی‌شود آن را درست انجام داد، اما لذت بازی کردن و زیبایی

تجربه کردنِ محبت، به‌نحوی بر واقعیتِ دردی که همه از فقدان محبت تجربه می‌کنند، می‌چربد.

در بازی بیسبال، بهترین بازیکنان معمولاً از هر ده توپ، فقط سه توپ را با موفقیت پرتاب می‌کنند. بهترین بازی‌کن تاریخ بیسبال- یعنی تد ویلیامز[1] اسطوره‌ای وسواسی که حتی چند گرم اضافه وزن چوب بیسبالش نیز برایش مهم بود- از هر ۱۰۰ ضربه، تنها ۳۴ ضربه را با موفقیت می‌زد. و با این‌حال باز هم وسواس داشت. شب‌ها از فکر گیرندهٔ توپ که قرار بود فردا مقابلش بایستد، خوابش نمی‌برد. لذت بازی کردن- دیدن توپی که تنها با شانس ۳۴ درصد با ضربهٔ او به پرواز درمی‌آمد- باعث می‌شد که او ادامه دهد.

ممکن است محبت اساسی‌ترین بازی زندگی ما باشد. بیشتر مواقع ما توپ را اشتباه می‌زنیم. پیچ و تابی که توپ زندگی می‌خورد، بیش از آن چیزی است که بتوان کنترلش کرد. یا سرعت توپ زندگی شهری امان ما را می‌برد. اما هرازگاه ناممکن، ممکن می‌نماید و ما بارقه‌ای از محبت را می‌بینیم و از این‌رو زندگی را دنبال می‌کنیم. محبتْ گفتار و پندار و کردار ما را شکل می‌دهد. ما هم مانند تد ویلیامز، از فکر مواجهه با کسانی که قرار است فردا ملاقات کنیم، شب‌ها خواب‌مان نمی‌برد. روی کلمات‌شان دقیق می‌شویم. به چشمان‌شان خیره می‌شویم. اعمال‌شان را می‌سنجیم- و همهٔ این کارها را برای یافتن نشانه‌هایی از محبت انجام می‌دهیم. زیرا محبت چیزی است که بیش از هر چیز دیگر در دنیا، به‌دنبالش هستیم.

من می‌خواهم از زبان شما بشنوم که مرا دوست دارید- و وقتی که به همهٔ خصوصیات ناپذیرفتنیِ من پی بردید، باز می‌خواهم که مرا دوست بدارید- باز می‌خواهم که دوستت دارم را از زبان شما بشنوم- و بعد از شما می‌خواهم که آن را اثبات کنید، اثبات کنید که هرگز ترکم نمی‌کنید، اثبات کنید که این بازی نیست، بلکه آنچه ما با هم در آن سهیم هستیم، در مقولهٔ "مرگ و زندگی"، در مقولهٔ "تا مرگ ما را از هم جدا سازد" می‌گنجد. بعد از شما می‌خواهم قول بدهید که هرگز از محبت دست نکشید. این موضوع ما را به قسمت سوم بررسی‌مان رهنمون می‌شود.

محبت زندگی را با اهمیتی پایدار پر می‌سازد (آیه‌های ۸-۱۳)

در دههٔ ۱۹۶۰، گروه شیرلز- اولین گروه موسیقیِ زن- با ترانهٔ "آیا فردا هم مرا دوست می‌داری؟"[2] به جایگاه اول در بیلبورد ترانه‌های محبوب دست یافت. شاید شما هم آن را شنیده باشید. بیتِ پایانی ترانه چنین است: «دوست دارم بدانم که عشقت واقعی و مطمئن است؛ پس به من بگو، که دیگر از تو نمی‌پرسم؛ آیا فردا هم مرا دوست می‌داری؟» حتی با وجودی که خواننده قول می‌دهد دیگر سؤالش را تکرار نکند، ترانه در حالی در زمینهٔ موسیقی محو می‌شود که او سه بار دیگر می‌پرسد: «آیا فردا هم مرا دوست می‌داری؟» در شنونده این احساس به‌وجود می‌آید که حتی با اینکه صدای خواننده محو شده، هنوز دارد می‌پرسد. آیا این پرسشِ همگان نیست؟

1. Ted Williams; 2. "Will You Still Love Me Tomorrow?", Shirelles

حتی با وجودی که محبت زندگی انسان را با معنایی لازم پر می‌سازد، و بازی محبت بارقه‌هایی از ناممکن زیبا را بر او می‌نمایاند، حسی آزاردهنده می‌گوید که محبت هم مثل هر چیز دیگر است- فناشدنی، زودگذر، محدود، ناپایدار و موقتی.

پولس رسول شخص ساده‌لوحی نیست. او متوجه محدودیت‌های انسانی ما هست. «نبوت‌ها از میان خواهد رفت و زبان‌ها پایان خواهد پذیرفت و معرفت زایل خواهد شد. زیرا معرفت ما جزیی است و نبوت‌مان نیز جزیی؛ اما چون کامل آید، جزیی از میان خواهد رفت» (آیه‌های ۸ب-۱۰). او در اینجا سراغ طبقه‌بندی‌های ارائه شده در آیه‌های ۱-۳ می‌رود. آنچه ما می‌گوییم و می‌دانیم و انجام می‌دهیم، سپری خواهند شد. همه چیز نسبی است. عطایای ما، مهارت‌های ما، اعمال ما، حتی بینش روحانی ما فناپذیر و زوال‌پذیرند. مرگ همه جا به‌دنبال ماست و گفته‌ها، دانسته‌ها و کرده‌های ما هیچ کمکی به گریز از آن نمی‌کنند. در نهایت هیچ‌یک از مهارت‌هایی که در این بازی محبت به‌دست آورده‌ایم، به کارمان نخواهند آمد.

با این‌حال، تنها یک چیز است که نه فنا می‌شود، نه زایل می‌گردد نه می‌میرد- خودِ محبت. آیهٔ ۸ می‌گوید: «محبت هرگز پایان نمی‌پذیرد.» محبت به‌لحاظ طبقه‌بندی متفاوت است. محبت زندگی را با اهمیتی جاودان پر می‌سازد. به اکنون، مفهومی ابدی تزریق می‌کند. و باز این دقیقاً همان چیزی است که مردم آرزویش را دارند. مردم در آرزوی محبت بی‌پایانند، چیزی متفاوت با محدویت‌های ما که کسی نتواند آن را در بند بکشد.

بعضی از زیباترین داستان‌های عشقانه آنهایی هستند که شمه‌ای از عشق پایدار را به تصویر می‌کشند. برای نمونه، مواردی را در نظر بگیرد که زن یا شوهر برای مراقبت از همسر، که دیگر نمی‌تواند مانند گذشته یار و همراه وی باشد، تصمیمی جانکاه می‌گیرد. من به مادربزرگم فکر می‌کنم که به تشخیص پزشکان مبتلا به آلزایمر بود و در واپسین سال‌های زندگی، میان حال و گذشته گیر کرده بود. او دیگر شوهرش را نمی‌شناخت و حتی برای صدا کردنش، نام دوست‌پسر قدیمش را بر زبان می‌آورد. خانواده دورش را گرفته بودند و به‌خوبی از وی مراقب می‌کردند، اما کاملاً واضح بود که او چیزی برای ارائه کردن نداشت.

میل ما به معنا و ارزشمندیِ پایدار محبت باعث می‌شود که بپرسیم: «آیا حاضری زمانی که من در این رابطه هیچ چیزی برای ارائه ندارم، من را همیشه ارزشمند و بامعنی بدانی؟» «آیا حتی وقتی که دیگر بازی‌ای در کار نیست، باز هم مرا دوست داری؟ حتی زمانی که من نمی‌توانم توپ را بگیرم؟» «آیا محدودیت‌ها و شروطی وجود دارد؟» «آیا این محبت بر پایهٔ بده-بستان بود؟ وابسته به اینکه آیا من چه چیزی برای ارائه دارم؟»

اینها سؤالات دشواری است، اما همه اینها را می‌پرسند، زیرا آشکارکنندهٔ ژرف‌ترین ترس‌های بشرند. حتی با وجودی که همهٔ ما آرزوی محبتی نامحدود و جاودان داریم، اما در وجودمان محدودیت و ناپایداری هست. آیا کسی هست که بتواند همه چیز را تاب بیاورد، و همه چیز را تحمل کند؟ این مایهٔ فروپاشی عصبی است. انسان مخزنی بی‌پایان از باور و امید در اختیار ندارد. ما اغلب حتی نمی‌توانیم یک گفتگوی ده دقیقه‌ای را تاب بیاوریم، چه رسد به "همه چیز". محبت ناممکن است. پس انسان چه باید بکند؟

باربارا فردریکسن[1] استاد روان‌شناسی در دانشگاه کارولینای شمالی، در کتاب تازهٔ خود "محبت ۲/۰" می‌گوید که محبت نیازمند ارتقا است. محبت قدیمی- محبتی که ما در موردش حرف زدیم- دیگر از مد افتاده، و ما به محبتی با مدل جدید نیازمندیم. محبتی که فردریکسن "مدل جدید" می‌خواند، چگونه محبتی است؟ او می‌گوید: «محبت انحصاری نیست.» «عمر محبت بسیار کوتاه‌تر از چیزی است که معمولاً تصور می‌رود. محبت، چنانکه خواهید دید، پایدار نیست.» «و شاید چالش‌انگیزتر از همه این باشد که محبت بی‌قید و شرط نیست.»

پس از نظر فردریکسن، محبت چیست؟ «محبت آن کوتاه-لحظهٔ گرما و ارتباطی است که با موجود زندهٔ دیگر سهیم می‌شوید.» نتیجهٔ ارتقای این محبت به ۲/۰ چیست؟ «هم‌اکنون- در همین لحظه که این جمله را می‌نویسم- شوهرم را دوست ندارم. طنین محبت ما مادامی ماندگار است که سرگرم پرداختن به یکدیگریم. در مورد شما و عزیزان‌تان هم وضع به همین منوال است. اگر، در همین لحظه، کسی را در آغوش نکشیده و این کلمات را با صدای بلند برایش نمی‌خوانید، دوستش ندارید.» آیا به نظر شما محبتِ ۲/۰ نسخهٔ ارتقایافته‌ای از محبت است؟ درست بدین می‌ماند که آیفون ۶ را کنار بگذاریم و سراغ تلفنی قدیمی برویم.

ولی در واقع، این حرکت بسیار منطقی است. فردریکسن محدودیت‌های محبت انسان را تشخیص می‌دهد و به‌دنبال تعریف دوبارهٔ آن است، تا به تعریفی برسد که با نحوهٔ عملکرد معمولِ محبت انسانی، همراستا باشد. به نظر من با توجه به خصوصیاتِ: بامعنی، ناممکن و جاودان‌بودنِ محبت، تنها دو گزینه پیش روی ماست: ۱) می‌توانیم در تلاش برای انجام کاری که توانش را نداریم- یعنی ناممکن است- به بازی کردن ادامه بدهیم و سعی کنیم در محبت بی‌نظیر باشیم. یا ۲) می‌توانیم محبت را از نو تعریف کنیم- یعنی قواعد بازی را از نو بنویسیم تا محبت به آسانی تحقق پذیرد. ولی به گمانم محبتِ ۲/۰ در برابر محبت قدیمی و اصیل، دفاع‌ناپذیر و نامطلوب است. ما دوست نداریم از گوشی موبایل هوشمند خود دست بکشیم. ما نباید رویای محبتی را رها کنیم که *بامعنا است، به‌طرزی زیبا ناممکن، و جاودانه بامفهوم می‌باشد*؛ باید دیگران را هم تشویق کنیم که چنین نکنند. ولی چگونه می‌توانیم چنین رویایی را حفظ کنیم؟

ما می‌توانیم با تشخیص این واقعیت که مرتکب خطایی مهلک شده‌ایم، این رویا را حفظ کنیم. اما این خطا چیست؟ ما محبت را در درون خودمان جسته‌ایم. آن را همچون چیزی که خود انجام می‌دهیم، ماهیچه‌ای که خود پرورش می‌دهیم، حالی که خود احساس می‌کنیم، و تجربه‌ای که خود داریم، نگریسته‌ایم. بهای جستنِ محبت در درون خودمان این است که برایش تاریخ انقضا قایل شده‌ایم.

محبت برای آنکه محبت باشد، برای آنکه چیزی باشد که ما به شناخت همهٔ سرّ و سِحرش برسیم، برای آنکه محبتی باشد که آرزو و تمنایش را داریم، باید از بیرون ما نشأت گرفته باشد. به همین دلیل پولس اظهار می‌دارد که محبت اساساً متفاوت و جاودانه بامعنی

1. Barbara Fredrickson

است. محبت بیرون از ما پدید می‌آید. محبت بر ما واقع می‌شود. محبتْ بیان ما نیست. حالی نیست که احساسش می‌کنیم. حتی عمل ما نیست. محبت چیزی است بس بزرگتر از همهٔ اینها، و تنها چنین محبتی است که می‌تواند زندگی ما را از نو تعریف کند.

محبت زندگی را از نو تعریف می‌کند

اگر محبت باید بیرون ما باشد تا محبتی که خواهانش هستیم بماند، پس خودِ خدا تنها وجود مناسب برای ایفای این نقش می‌باشد.

محبت چه می‌گوید؟ محبت می‌گوید که شما سروصدا نیستید- محبت می‌گوید: «من صدایت را می‌شنوم، تو را درک می‌کنم. تو را کاملاً می‌شناسم، و به‌رغم ژرف‌ترین ترس‌هایت، موجودی بی‌ارزش و "هیچ" نیستی. تو ارزش والایی داری.» محبت می‌گوید: «تو ارزش آن را داری که همه چیزم را به تو بدهم.» محبت می‌گوید: «من حاضرم برای تو بمیرم.» آیا در خبر خوشی که در مورد عیسای مسیح شنیده‌ایم، چیزی کمتر از این به چشم می‌خورد؟ عیسی به همهٔ مسائل ما، به بی‌محبتی‌های ما، به تلاش‌های ناموفق‌مان، و هر افتضاحی که اخیراً به بار آورده‌ایم، نگاه می‌کند و نه تنها می‌گوید: «من حاضرم برای تو بمیرم»، بلکه می‌گوید: «من برای تو مردم. این کار قبلاً انجام پذیرفته است. من هیچ شدم تا تو بدانی که هیچ و پوچ نیستی.» بدین‌ترتیب، خدایی که محبت است (اول یوحنا ۸:۴و۱۶)، زندگی را با معنایِ لازم و بایسته‌ای که آرزویش را داریم، پر می‌سازد.

اما از ایمانداران انتظار می‌رود که با نابردباری، سنگدلی، حسد، کبر، غرور، رفتار ناشایست، سودجویی، زودخشمی، کینه‌جویی، و هر خصلتِ بد که در خود می‌یابند، چه کنند؟ در مورد این همه محدودیت چطور؟ با دشواریِ محبت کردن همسر و فرزندان چه کنند؟ محبت کردن کلیسا، کار بسیار سختی است! اگر در مورد گناه‌مان کاملاً صادق باشیم، باید بگوییم که در مواقعی حتی محبت کردن خدا هم کار سختی است! سوخت ما ته کشیده است.

به‌جای شنیدن آنچه باید برای خدا، یا حتی دیگران انجام دهیم، باید بشنویم که محبت چه کاری برای ما کرده است. این موضع خدا نسبت به همهٔ شکستگی‌های وجود ما است. خدا با محبتش نسبت به انسان گناهکار بردبار است. خدا با محبتش ما را به‌رغم تحمل‌ناپذیربودن‌مان، تحمل می‌کند. نمی‌توانیم کاسهٔ صبر او را لبریز کنیم؛ او از انجام کارش پا پس نمی‌کشد. محبت او هرگز پایان نمی‌پذیرد. محالِ زیبای محبت مجالِ زیبایی است در دستان خدا.

اگر بازیِ اصلی انسان محبت است- که وقت، انرژی، کلام، افکار و اعمال خود را صرف آن می‌کنند- انجیل بردنِ این بازی را اعلام می‌کند. بازی قبلاً با برد مسیح به پایان رسیده است. خالق بازی محبت، در مسیح پا بر زمین بازی نهاد و به‌واسطهٔ آنچه که غم‌انگیزترین باخت در تاریخ به نظر می‌رسید- باختی که حتی مرگ او را هم شامل می‌شد- پیروزی نهایی را محقق ساخت- ظفری که با شکست مرگ از طریق رستاخیز او، مُهر شد. بشریت این‌گونه می‌فهمد که محبت هرگز پایان نمی‌پذیرد. مرگ هم‌اکنون درهم‌کوفته شده است. محبت مرگ را هلاک نمود.

اما این به چه معناست؟ بدین معناست که ما می‌توانیم همهٔ بازی‌هامان را در پرتو این واقعه بنگریم. وقتی بچه بودم، عادت داشتم در حیاط جلوی خانه بازی کنم و وانمود کنم که ورزشکار محبوبم، لری برد[1] هستم. خودم را با مهارت‌ها و تردستی‌های او تجسم می‌کردم. البته که هیچ مهارتی نداشتم، اما می‌توانستم از وانمود کردن، لذت ببرم چون بازی‌ای بود که برنده‌اش خودم بودم. او قهرمان زندگی من بود. اما اگر خودم را فریب می‌دادم و واقعاً می‌پنداشتم لری برد هستم و مسئولیت دارم تیم سلتیک‌ها را به قهرمانی برسانم، چه می‌شد؟ این دیگر اصلاً جالب نبود.

ما بیشتر دوست داریم این‌گونه عمل کنیم! برندهٔ بازی از پیش تعیین شده و ما تنها خوانده شده‌ایم تا از یک بازی برده لذت ببریم و در مزایایش سهیم شویم، اما طوری رفتار می‌کنیم که گویی جهان دارد روی شانه‌هامان سنگینی می‌کند و باید این بار گران را تحمل کنیم. اما این بار گران را قبلاً کسی دیگر تحمل کرده است؛ محبت با مرگ رودررو شد، و پیروز این پیکار گردید. همهٔ ما چنان در بازیِ محبت کوشیده‌ایم که گویی زندگی‌مان وابسته به آن است، در حالی که عیسی- تجسم محبت- سعی داشته مداخله کند و بگوید: «محبت به مرگ من وابسته است. شما باید زندگی و محبت کنید، زیرا من در محبت، برای محبت، برای شما محبوبانم، مردم!»

آلن دو بوتون[2] یکی از فیلسوفان تأمل‌برانگیز و ملحد، نوشتهٔ جالب توجهی در مورد محبت دارد:

روزی زنی بینوا از خیابانی می‌گذشت، دوست‌دخترم از من پرسید: «اگر من هم مثل این زن نشان ماه‌گرفتگی روی صورتم داشتم، آیا باز هم مرا دوست می‌داشتی؟» هر کسی آرزو دارد که پاسخ به پرسش مثبت باشد- پاسخی که عشق را مقدم بر ظواهر جسمی، یا فراتر از آن، مقدم بر ظواهر تغییرناپذیر و ظالمانه بداند (یعنی «من تو را نه فقط به‌خاطر استعداد و زیبایی‌ات، که صرفاً به‌خاطر خودت دوست دارم. تو را برای آنچه در ژرفای روحت هستی دوست دارم، نه برای رنگ چشمان یا بلندای قامت یا رقم حساب بانکی‌ات»). همهٔ ما آرزو داریم که عاشق‌مان، جدا از ظواهر، لب به ستایش‌مان بگشاید و گوهر وجودمان را ارج بنهد، نه دستاوردهامان را ... حتی اگر زیبا و دارا باشیم، باز دوست نداریم که به‌خاطر این چیزها دوست‌مان داشته باشند، زیرا ممکن است همهٔ اینها را از دست بدهیم، و همراه آن، محبت را ... من خواهان آنم که حتی اگر همه چیز را از دست دادم، باز دوستم داشته باشند: ترک همه چیز کنند جز من، این منِ اسرارآمیز که در ضعیف‌ترین و آسیب‌پذیرترین جایگاه قرار گرفته است. آیا اگر ضعیف باشم، باز مرا دوست خواهی داشت؟ همه عاشق قدرتند، اما آیا مرا به‌خاطر ضعفم دوست می‌داری؟

---

1. Larry Bird; 2. Alain de Botton

و پاسخ محبت- پاسخ خدایِ محبت- آری است.
به خدایی که محبت است اجازه دهید زندگی‌تان را با معنایِ لازم و بایسته پر سازد.
به خدایی که محبت است اجازه دهید با ناممکنِ زیبا در زندگی‌تان فوران کند.
به خدایی که محبت است اجازه دهید با معنایی جاودان در زندگی‌تان سرمایه‌گذاری کند.
«محبت هرگز پایان نمی‌پذیرد».

۲۵

یک پروژهٔ بناکننده

اول قرنتیان ۱:۱۴-۲۵

برای درک این بخش از نامهٔ اول قرنتیان، باید آن را در زمینهٔ ادبی و فرهنگیِ درست قرار دهیم. پولس دارد به ستیز درونی کلیسایی در شهر قرنتس، پیرامون کاربرد نبوت و زبان‌ها، اشاره می‌کند. این قبیل عطایای گفتاریِ ظاهراً اعجازآمیزتر- به‌ویژه عطای زبان‌ها- به مشغولیت ذهنی مسیحیان قرنتس تبدیل شده بود. در این اثنا، غیرمسیحیان از سخنان نامفهوم ایشان، گیج شده بودند. پولس قرنتیان را به تأکید بر سخن گفتن به زبان قابل‌فهمی که مایهٔ بنای کلیسا می‌شود، فرامی‌خواند. عطایای فیض، که برای بنای کلیسا به ایمانداران بخشیده شده‌اند، نباید به مجالی برای جدایی در درون کلیسا تبدیل شوند. پولس این نکته را بسیار روشن بیان می‌کند. پس وقتی بحث عطایای کاریزماتیکِ گفتاری همچون زبان‌ها یا نبوت به میان می‌آید، باید متوجه باشیم که پولس می‌خواهد این مقوله را در بستر بنای کلیسا در نظر بگیریم.

اگرچه بسیاری در کلیساها یا فرقه‌های مختلف با این موضوع به‌خصوص هیچ مشکلی ندارند، اما قطعاً این روزها بر سر همان عطایایی که پولس در اینجا به آنها اشاره می‌کند، اختلاف‌نظرهایی وجود دارد. ولی نتیجه همان است: غیرمسیحیان اغلب گیج می‌شوند. صحبت کردن در مورد "زبان‌ها" و "نبوت" برای آنان بیگانه است. وقتی خودِ مسیحیان از درک این مسائل عاجزند، طبیعی است که مانعی جدی در برابر ایمان آوردنِ دیگران به‌وجود آید. قصد ما قرار دادن این عطایا در جایگاهی است که پولس برای‌شان تعیین کرده (یعنی بنای کلیسا)، نه کندوکاو در نحوهٔ کاربرد زبان‌ها و نبوت در دورهٔ معاصر. وقتی به بررسی این متن می‌پردازیم، تمایزاتی در تعلیم پولس پدیدار خواهند شد. در اینجا (در متن عطایای گفتاری) تمرکز اصلی پولس بر بنا کردن کلیساست، آن‌هم به شیوه‌ای ارتباطی که برای همهٔ حضار قابل درک باشد. این موضوع را در سه مبحث جداگانه مورد بررسی قرار خواهیم داد:

- فراخوان برای بنای کلیسا با عطایا
- خطر فروپاشی کلیسا با عطایا
- زیبایی یک کلیسای احیاشده

فراخوان برای بنای کلیسا با عطایا

پولس در اول قرنتیان ۱۱:۱۲ این بحث را مطرح می‌سازد که روح‌القدس عطایای به‌خصوص را میان همهٔ اعضا تقسیم می‌کند. هر ایمانداری قالبی از عطایا در اختیار دارد- احتمالاً عطایایی مرکب از مجموعه عطاهای مختلف (یعنی عطایای نبوتی، کهانتی، و پادشاهی). عطایای پادشاهی شامل مدیریت، امداد و راهنمایی/ رهبری می‌شوند. عطایای کهانتی میهمان‌نوازی، شفا و مشورت را دربرمی‌گیرند. موعظه، تعلیم، نبوت و زبان‌ها هم مشمول عطایای نبوتی هستند. هیچ عطایی فی‌نفسه بهتر از عطایای دیگر نیست ("به هر کس"، ۷:۱۲). عطایا چیزی نیستند که بشود آنها را به‌دست آورد ("داده می‌شود"، ۷:۱۲)، و وجود هر عضو در به کارگیری عطایای خاص او ضروری است (حتی اعضای "ضعیف‌تر"، ۲۲:۱۲).

کلیسای قرنتس ناکام از درک زیباییِ وابستگیِ متقابل و ضرورت همهٔ این عطایا، بیش از اندازه بر عطایای فیضِ "گفتاری" تأکید می‌کردند. این امر در بخش‌هایی از کلیسای امروز هم رایج است. مثلاً، آخرین باری که شنیدید بر سر عطای میهمان‌نوازی، در کلیسای محلی نزاع به پا شده، کی بوده؟ در مورد عطای میهمان‌نوازی هیچ موضع‌گیری یا جناح‌بندی دوگانه‌ای وجود ندارد. بر سر عطایایی از دسته عطایای نبوتی هم نباید اختلاف‌نظری وجود داشته باشد. با وجودی که بعضی از عطایا نادیده گرفته می‌شوند و بر عطایای گفتاری بیش از حد تأکید می‌گذارند، اما نباید چنین باشد. همهٔ عطایا متفاوت و سودمندند. به هر ایماندار دستِ‌کم یک عطا بخشیده شده (و همهٔ اعضا همان عطا را ندارند)، و شخص ایماندار قالبی در اختیار دارد که ترکیبی است از تمامیِ عطایای مختلف در مجموعهٔ عطاها.

عطایای روحانی «برای منفعت همگان» (۷:۱۲) و برای بنای کلیسا داده شده‌اند. پولس در فصل ۱۴ روی دو عطای به‌خصوص، که در طبقه‌بندی عطایای نبوتی می‌گنجند (یعنی نبوت[1] و زبان‌ها[2])، متمرکز می‌شود. دلیل تمرکز پولس بر این دو عطای به‌خصوص نشان

---

۱. «... نبوت چیزی است شبیه موعظه کردن ما، ولی با آن یکی نیست. نبوت ایراد خطابه‌ای نیست که با دقت آماده شده، بلکه بیان کلماتی است که مستقیماً از سوی خدا الهام شده‌اند.»

Leon Morris, The First Epistle of Paul to the Corinthians, The Tyndale New Testament Commentaries (Grand Rapids: Eerdmans, 1989), p. 187

کاربرد آن برای بنا، تشویق و نصیحت است (آیهٔ ۳). این عطا برای گروه خاصی از مسیحیان نگه داشته نشده، بلکه در واقع باید عطایی است که همهٔ مسیحیان باید آن را بطلبند.

Witherington, Conflict and Community in Corinth, p. 280

۲. به ساده‌ترین بیان، عطای زبان‌ها (به یونانی، glossolalia) زبانی است دعایی یا شیوه‌ای است برای حرف زدن با خدا، آن‌هم نه به زبانی انسانی ...، که از اسرار روح سخن می‌گوید.

Witherington, Conflict and Community in Corinth, p. 281

می‌دهد که صرف‌نظر از اینکه خدا چه عطایایی به یک ایماندار می‌بخشد، منظور آن است که عطایا برای بنای کلیسا به‌کار برده شوند. موضوع عطایای نبوت و زبان‌ها در کلیسای قرنتس، پیشینهٔ کتاب‌مقدسی داشت. تاریخچهٔ طولانی نبوت به عهدعتیق و عهدجدید بازمی‌گشت. موسی اولین نبی بود (تثنیه ۱۸)، و عهدعتیق در ارتباط با انبیایی که پیوسته قوم اسرائیل را به بازگشت به عهد خدا با ایشان فرامی‌خواندند، سابقه‌ای غنی دارد. از این گذشته، انبیا اسرائیل را به طلبیدن خدا، رها کردن مکان‌های بلند، مذبح‌ها و بت‌های‌شان، و نیز توبه و اطاعت از فرمان‌های خدا فرامی‌خواندند.[1] ولی اکنون برای کلیسا، شخص عیسی تحقق منصب نبوت است («اما در این زمان‌های آخر به‌واسطهٔ پسر خود با ما سخن گفته است» عبرانیان ۲:۱). پس نبوت کلامی است قابل‌فهم از جانب خدا که قومش را به وفاداری و حفظ ایمان دعوت می‌کند (یعنی عمدتاً پیشگویانه نیست). خدا کلامش را در دهان نبی می‌گذارد، و جماعت مسئول است از آن اطاعت کند. تثنیه ۱۸:۱۸و۱۹ می‌گوید: «نبی‌ای برای ایشان از میان برادران‌شان همچون تو برخواهم‌انگیخت و کلام خود را در دهان وی خواهم نهاد، تا هرآنچه به او فرمان می‌دهم به ایشان بازگوید. هرکه سخنان مرا که او به نام من خواهد گفت نشنود، من خود از او بازخواست خواهم کرد.»

تکلم به زبان‌ها هم در عهدعتیق و هم در عهدجدید پیشینه دارد. تعدد زبان‌ها را اولین‌بار در داوری خدا در پیدایش ۱۱ (برج بابل) شاهد هستیم. به همین ترتیب، وقتی قوم خدا به کلام نبوت صریح او گوش نسپرد، او هم به‌عنوان آیتی از داوری، مردمانی را به سوی‌شان فرستاد که به زبان‌های دیگر سخن می‌گفتند. پولس در آیهٔ ۲۱ به اشعیا ۲۸ اشاره می‌کند: «خداوند چنین می‌گوید: "به زبان‌های غریب و با لب‌های بیگانگان با این قوم سخن خواهم گفت. با این همه به من گوش نخواهند گرفت."» در عهدجدید، زبان‌ها دیگر نشانهٔ رهایی هستند، نه داوری. در اعمال ۲، در جریان رویداد پنتیکاست، وقتی روح‌القدس بر کلیسا می‌ریزد، داوری برج بابل اساساً برعکس می‌شود. کلام خدا به زبان‌های قابل‌فهم متعدد گفته و شنیده می‌شود. پس در عهدجدید، "زبان‌ها" گویش‌هایی هستند که مردم به‌طرزی اعجازآمیز توان تکلم به آنها را پیدا می‌کنند؛ زبان‌هایی که قبلاً با آنها آشنایی نداشتند. پس گویش را یا شخصی بومی می‌فهمد (که نشانه‌ای از قدرت خداست) یا یکی دیگر از اعضای کلیسا، که قبلاً زبان مزبور را نمی‌دانسته و به‌طرزی معجزه‌آسا عطای ترجمهٔ آن زبان بدو بخشیده شده، آن را ترجمه می‌کند (که این هم نشانه‌ای از قدرت خداست).

اساساً نبوت و زبان‌های ترجمه‌شده یک کار را انجام می‌دادند: هر دو کلماتی قابل‌فهم از جانب خدا خطاب به قومش بودند که با هدف بنای کلیسا و متقاعد ساختن بی‌ایمانان به واقعیت ایمان، بیان می‌شدند. مشکل کلیسای قرنتس در این بود که مطلب را وارونه

پولس بر این باور است که نبوت ذاتاً عطایی برتر از زبان‌هاست، زیرا نیازی به ترجمه ندارد. اما بحث «بزرگتر-کوچکتر» بودنِ عطایا به معیار فهم‌پذیری و آموزنده بودن آنها بازمی‌گردد، نه به ارزش ذاتی برخی از عطایا (همان، ص. ۲۸۲).

۱. مراجعه کنید به: اول پادشاهان ۳۲:۱۳؛ دوم پادشاهان ۳:۱۲؛ ۴:۱۴؛ ۴:۱۵؛ ۳۵:۱۵؛ ۴:۱۸؛ دوم تواریخ ۳:۱۴و۵؛ اشعیا ۷:۳۶؛ ارمیا ۵:۱۹؛ ۳۵:۳۲؛ هوشع ۸:۱۰؛ عاموس ۹:۷؛ میکاه ۳:۱.

گرفته بودند. آنها بیشتر علاقمند به زبان‌های غیرقابل‌فهم و ترجمه‌ناشده بودند. در نتیجه جماعت بنا نمی‌شدند، و غیرمسیحیان هم نامتقاعد باقی می‌ماندند. آنها تأثیرگذاشتن را بر قابل‌فهم بودن برتری می‌دادند. مشکل آنجا بود که این "تأثیرگذاری" ثمر خوبی نداشت؛ در واقع، کاملاً برعکس بود. پولس در صدد است که سوءاستفادهٔ ایشان را از عطایای فیض، اصلاح کند، تا کلیسا بنا شود. آیه‌های ۱-۴ چنین می‌گویند:

> طریق محبت را پیروی کنید و با اشتیاق تمام در پی تجلیات روح باشید، به‌خصوص اینکه نبوت کنید. زیرا آن که به زبان غیر سخن می‌گوید، نه با انسان‌ها بلکه با خدا سخن می‌گوید، زیرا هیچ‌کس سخنش را درک نمی‌کند؛ او به الهام روح، رازها را بیان می‌کند. اما آن که نبوت می‌کند، با انسان‌های دیگر برای بنا، تشویق و تسلی‌شان سخن می‌گوید. آن که به زبان غیر سخن می‌گوید خود را بنا می‌کند، اما آن که نبوت می‌کند باعث بنای کلیسا می‌شود.

توجه داشته باشید که یک‌بار دیگر، محبت طلایه‌دار است: «طریق محبت را پیروی کنید.» و در اینجا به ثمرات نبوت- آنچه که باید هدف همهٔ عطایای فیض باشد- می‌رسیم: ۱) «بنا»: اگر یکی از عطایای فیض برای کوبیدن کسی، یا حتی اگر بدون منظور بنای دیگران به‌کار برود، هدف تحقق نیافته است. ۲) «تشویق»: واژهٔ یونانی paraklesis (تشویق) با واژهٔ paraclete (مدافع، مشاور) که در انجیل یوحنا فصل ۱۴ در توصیف روح‌القدس ذکر شده، همریشه است. معنای تحت‌اللفظی آن «به همراهی خواندن» برای مساعدت و پشتیبانی می‌باشد. ۳) «تسلی»: این واژه نجوا کردن در گوش کلیسا را تداعی می‌کند، و احتمالاً به مفهوم کاستن از ترس و توان بخشیدن به قوم خدا برای حفظ آرامش در زیر فشار است. در مجموع، خواست پولس از ما این است: «بکوشید که در بنای کلیسا ترقّی کنید» (۱۲:۱۴). و بخشی از این کوشش، شامل آمادگی برای تشخیص سوءاستفاده‌های بالقوه از عطایای فیض در کلیسا می‌شود.

خطر فروپاشی کلیسا با عطایا

پولس می‌خواست قرنتیان ببینند که حتی اگر حین صحبت کردن به زبان‌ها خلسهٔ روحانی را تجربه کرده باشند، نتیجهٔ کارشان زیانبار است. آیهٔ ۹ می‌گوید: «در مورد شما نیز چنین است. اگر به زبان خود کلماتی مفهوم نگویید، چگونه می‌توان فهمید که چه می‌گویید؟ در آن صورت، بدین می‌ماند که با هوا سخن بگویید.» وقتی از عطایای فیض‌مان برای اهداف و مقاصد شخصی و بدون توجه به دیگران استفاده کنیم، یکی از نتایجش این می‌شود که غیرمسیحیان در تاریکی می‌مانند و نمی‌توانند انجیل را بشنوند: «... اگر تو در روح به شکرگزاری مشغول باشی، چگونه کسی که زبانت را نمی‌فهمد به شکرگزاری تو آمین بگوید؟ چرا که نمی‌داند چه می‌گویی!» (آیهٔ ۱۶). کلیسا هم نمی‌تواند بنا شود: «زیرا تو به راستی نیکو شکر می‌کنی، اما شکر تو باعث بنای دیگری نمی‌شود.» (آیهٔ ۱۷)

این امر در مورد همهٔ عطایای فیض صدق می‌کند. می‌توان عطایای فیض را برای مقاصد شخصی به‌کار برد. بیایید عطای تعلیم را در نظر بگیریم. این امکان وجود دارد که عطای روحانی تعلیم با هدف هوشمند جلوه کردن، هوادار جمع کردن، یا تأثیر گذاشتن روی شنونده، مورد سوءاستفاده قرار بگیرد. وقتی شبانان در تعلیم از اصطلاحات فنی و الاهیاتی و ناآشنا برای مسیحیان و غیرمسیحیان، استفاده می‌کنند، دقیقاً مطابق قرنتیان عمل کرده‌اند، زیرا درک ابتدایی ایمان را برای شنونده مبهم می‌سازند. یا عطای میهمان‌نوازی را در نظر بگیرید: امکان دارد عطای میهمان‌نوازی مورد سوءاستفاده قرار بگیرد، بدین‌ترتیب که تنها از کسانی پذیرایی کنیم که با آنها راحتیم، یا برای ارضای خودپسندی‌مان میهمان‌نوازی کنیم. این کارها خودِ عطا را نفی نمی‌کنند، اما عملاً آن را بی‌استفاده می‌سازند.

ممکن است عطایا به‌نوعی مورد استفاده قرار بگیرند که بی‌معنی به نظر برسند. اگر میهمان‌نوازی ما مملو از سنت‌های عجیب و غریب باشد- اگر ما فقط به سلیقهٔ خودمان مردم را بپذیریم و از فراهم کردن محیطی راحت برای ایشان، که بتوان در آن مشارکت و فیض را تجربه کرد، غافل بمانیم- «میهمان‌نوازی» ما بی‌معنی است. در واقع، اگر به‌جای تلاش برای اینکه مهمان احساس کند پیش ما مقدمش گرامی است، بیشتر نگران آن باشیم که پذیرایی‌مان (مطابق معیارهای خودمان) چگونه است، هدف را گم کرده‌ایم. اشکال از خود عطا نیست، بلکه در نحوهٔ به‌کار بردن عطا توسط ماست. پولس در ادامه و در آیه‌های ۱۸و۱۹ می‌گوید: «خدا را شکر می‌کنم که بیش از همه شما به زبان‌های غیر سخن می‌گویم؛ اما در کلیسا ترجیح می‌دهم پنج کلمه با عقل خود سخن بگویم که دیگران را تعلیم داده باشم، تا اینکه هزاران کلمه به زبان‌های غیر بگویم.» پولس قصد ندارد از قدر و اعتبار زبان‌ها بکاهد- هرچه باشد آن هم عطایی از جانب خداست! کار او بی‌اعتبار کردن سوءاستفاده از عطای زبان‌ها است.

اگر عطا یا ابزاری به ما داده شده، باید آن را به‌درستی و شایستگی به‌کار ببریم. چکش و اره دو ابزار متفاوتند که برای دو منظور متفاوت به‌کار می‌روند. شما می‌توانید هرچه می‌خواهید روی میخ اره بکشید، ولی سر سوزنی در چوب فرو نخواهد رفت، و تازه ممکن است میخ خراب هم بشود. همچنین، می‌توانید هرچه دوست دارید با چکش روی چوب بکوبید، اما هرگز نمی‌توانید آن را با چکش صاف ببرید. چوب تکه می‌شود و می‌پاشد. ما خوانده شده‌ایم تا طبیعت ابزاری را که به ما داده شده‌اند، تشخیص دهیم و درست از آنها استفاده کنیم. مهم نیست که به فرد چه عطایی داده شده، آن عطا باید در جهت بنای کلیسا به‌شکلی بامعنی به‌کار برود.

وقتی ما از عطایا سوءاستفاده می‌کنیم، آنها را از دست نمی‌دهیم، ولی آنها توان و هدف‌شان را از دست می‌دهند. به‌کار بردن خودخواهانه و بی‌جای عطایا باعث می‌شود تأثیر آنها کاملاً از بین برود: آیه‌های ۲۱-۲۳ به ما می‌گویند: «در شریعت چنین نوشته شده است: خداوند چنین می‌گوید، "به زبان‌های غریب و با لب‌های بیگانگان با این قوم سخن خواهم گفت. با این همه به من گوش نخواهند گرفت." پس زبان‌های غیر، نشانه‌ای است نه در مورد ایمانداران بلکه

در مورد بی‌ایمانان؛ اما نبوت نشانه‌ای در مورد ایمانداران است و نه بی‌ایمانان. بنابراین، اگر همهٔ اعضای کلیسا گرد هم آیند و همه به زبان‌های غیر سخن گویند، و در این حین اشخاص ناآگاه یا بی‌ایمان به مجلس درآیند، آیا نخواهند گفت که شما دیوانه‌اید؟»

باب ۲ کتاب اعمال رسولان و کاربرد ترجمهٔ زبان‌ها نشانهٔ کار احیاکنندهٔ خدا در سطح جهان بود- پیام انجیل در میان همهٔ ملت‌ها پراکنده شد. وقتی زبان‌ها ترجمه شوند (و بدین‌ترتیب قابل‌فهم گردند)، این نشان می‌دهد که شنوندگان دیگر در ارتباط با اهداف و مقاصد نجات‌بخش خدا دچار ابهام نیستند. لیکن، وقتی قرنتیان از به‌کار بردن عطای زبان‌ها مطابق منظور خدا (یعنی قابل‌فهم برای تهذیب) غفلت ورزیدند، کاربرد آن هم که نشانه‌ای از رهایی بود از میان‌شان رخت بربست و برعکس به نشانهٔ داوری تبدیل شد. ما که می‌دانیم ممکن است این بلا بر سر همهٔ عطایای‌مان بیاید، باید با وسوسهٔ تحریف عطایای نیکوی الاهی و استفاده از آنها برای پیشبرد مقاصد خودخواهانه، مقابله کنیم. چگونه می‌توانیم کاربرد اولیه و اصیل را به عطایای خودمان بازگردانیم؟ چگونه می‌توانیم مسیرمان را طوری تغییر دهیم که عطایای‌مان قابل‌فهم، زمینه‌مند و با هدف تهذیب به‌کار گرفته شوند؟

زیبایی یک کلیسای احیاشده

مسیحیان اغلب می‌پندارند که غیرمسیحیان نیازمند فیض هستند، اما جماعت‌های درهم‌شکستهٔ خودِ مسیحیان اثبات می‌کند که آنها بیش از غیرمسیحیان محتاج فیض‌اند! فرد فرد مسیحیان به خدایی نیاز دارند که عطایای فیض را بدیشان بخشیده تا فیضِ بیشتر به آنها ببخشد! برای آموختن نحوهٔ صحیح استفاده از عطایای فیض، به فیض نیاز داریم. پولس در انتهای سخنانش پیرامون این عطایا، احیای کاربرد درست آنها را پیش چشم خوانندگانش مجسم می‌سازد: «اما اگر شخصی بی‌ایمان یا ناآگاه در حینی که همه نبوت می‌کنند به مجلس درآید، از سوی همگان مجاب خواهد شد که گناهکار است، و مورد قضاوت همه قرار گرفته، رازهای دلش آشکار خواهد شد. آنگاه روی بر زمین نهاده، خدا را پرستش خواهد کرد و تصدیق خواهد نمود که: "به راستی خدا در میان شماست."» (آیه‌های ۲۴و۲۵)

وقتی عطایا به‌شکلی بامعنی و به منظور تهذیب به‌کار می‌روند، طنین پیام انجیل شفاف و حقیقی به گوش می‌رسد. وقتی کلام خدا اعلام می‌شود، بی‌ایمانان و همچنین ایمانداران *مجاب می‌شوند.*[1] ما متوجه می‌شویم کجا خارج از ارادهٔ خدا گام برداشته‌ایم. ما *مورد قضاوت قرار می‌گیریم.*[2] ما اجازه نداریم بی‌حرکت یا بی‌اثر بمانیم. «رازهای دل‌مان آشکار خواهد شد.» برای درک شدن تقلا نمی‌کنیم، زیرا می‌دانیم خدا عمیقاً ما را درک می‌کند. «روی بر

---

۱. واژهٔ یونانی‌ای که «آشکارشده» ترجمه کرده‌اند، elenchetai است به معنای «فاش‌شده»، «ملامت‌شده» یا «نکوهش‌شده» (ر.ک. متی ۱۵:۱۸؛لوقا ۱۹:۳؛ یوحنا ۲۰:۳؛ ۴۶:۸؛ ۸:۱۶؛ افسسیان ۱۱:۵ و ۱۳؛ اول تیموتائوس ۲۰:۵؛ دوم تیموتائوس ۲:۴؛ تیتوس ۹:۱ و ۱۳؛ ۱۵:۲؛ عبرانیان ۵:۱۲؛ یعقوب ۹:۲).

۲. – واژه یونانی‌ای که «مورد قضاوت قرار گرفته» ترجمه شده، anakrinetai است به معنای «آزموده» یا «داوری‌شده» (ر.ک. ۲ قرنتیان ۱۴:۲و۱۵؛ ۳:۴و۴؛ ۳:۹؛ ۲۵:۱۰و۲۷؛ نیز لوقا ۱۴:۲۳؛ اعمال ۹:۴؛ ۱۹:۱۲؛ ۱۱:۱۷؛ ۸:۲۴؛ ۱۸:۲۸).

زمیـــن می‌نهیم.» وقتی درمی‌یابیم که خدا در کلامش حاضر اســـت، حالت فروتنی و توبه به خود می‌گیریم. «خدا را پرســـتش می‌کنیم.» از علایق شـــخصی می‌گذریم و خدا را در مرکز زندگی‌مان جای می‌دهیم.

چطور می‌توانیم مطمئن شـــویم که چنین اتفاقی خواهد افتاد؟ «به‌راســـتی خدا در میان شماســـت» (آیهٔ ۲۵). در متن این آیه هیچ تردیدی به چشـــم نمی‌خورد. سؤال این است که آیا این واقعیت هویداســـت؟ می‌توانیم یقین داشته باشیم که کلیسا را می‌توان از ویرانه‌ای که ما به‌وجود آورده‌ایم، بازســـازی کرد زیرا به‌راستی خدا در میان ماست. تهذیب و بنای کلیسا بر پایهٔ کار سازنده خدا اســـتوار است. ما جزو ساختمانی هستیم که مسیح «سنگ اصلی» آن به‌شمار می‌رود (افسسیان ۲:۲۰). این مسیح است که کلیسا را می‌سازد، و «دروازه‌های دوزخ بر آن اســـتیلا نخواهد یافت» (متی ۱۶:۱۸). اگر دروازه‌های دوزخ بر کلیسا استیلا نخواهند یافت، پس چه چیزی سبب می‌شـــود فکر کنیم شکست‌هامان باعث فروریختن آن خواهند شد؟ عیسی در مورد کلیسایش دچار وهم نشده است؛ او آن را بر صخره‌ای شکسته (پطرس) بنا نهاد.

عملکـــرد قابل‌فهم و زمینه‌منـــد ما، بر مبنای کار قابل‌فهم خدا در مســـیح قرار دارد. او با وجودی که می‌توانست نفع خود را بجوید، نفع دیگران را ترجیح داد. با اینکه می‌توانست به زبانی دیگر ســـخن بگوید- زبانی که ورای زبان ما انسان‌هاست، زبانی آسمانی و رمزگذاری شـــده- اما به معنای واقعی کلمه از *زبان میانجی* اســـتفاده کرد. خود را با زبان ما تطبیق داد تا بتوانیم او را بفهمیم. و برای اینکه تعهدش را نســـبت به ما آشکار کند، و بر خودکامی و گناه مـــا فایق آید، با قابل‌فهم‌ترین کار ممکن- یعنی مصلوب شـــدن- جانش را برای ما فدا کرد. این عمل برای همیشه و به‌طور انکارناپذیری روشن ساخت که «خدا جهان را آن‌قدر محبت نمود ...» دیگر چگونه می‌توانست از این آشکارتر عمل کند؟ و اکنون هدف از بخشیدن همهٔ عطایا به ما این است که آنها را به‌طرزی روشن و مجاب‌کننده در اعلام کار نجات‌بخش خدا، به‌کار ببریم.

هنگامی که پولس رســـول واژهٔ «بنا» را به‌کار می‌برد (آیهٔ ۲۶؛ در بعضی از ترجمه‌ها آمده: «تهذیب»)، از یک اصطلاح معماری بهره می‌گیرد.[1] این واژه غالبا به‌طور استعاری به‌کار برده می‌شـــود، مثلاً وقتی که کسی می‌گوید: «آه، می‌خواهم فلانی را بنا کنم.» اما این یک اصطلاح معماری اســـت که به‌طور ارگانیک در مورد اندام‌های مختلف بدن کلیســـا به‌کار رفته است. پولس رســـول اســـتعاره‌ها را با هم ترکیب می‌کند و از اصطلاحات معماری برای توصیف حیاتی بودن رشد و تهذیب برای اعضای کلیسا بهره می‌جوید.

این تمثیلِ معماری، افسسیان ۲:۱۹-۲۲ را در ذهن خواننده تداعی می‌کند: «پس دیگر نه بیگانه و اجنبی، بلکه هموطن مقدسان و عضو خانواده خدایید؛ و بر شالودهٔ رسولان و انبیا بنا شـــده‌اید، که عیسای مسیح خود سنگ اصلی آن بناست. در او تمامی این بنا به هم می‌پیوندد

۱. واژهٔ یونانی oikodomen از ریشهٔ oikos یا "خانه" گرفته شده است.

و به‌صورت معبدی مقدس در خداوند برپا می‌شود. و در او شما نیز با هم بنا می‌شوید تا به‌صورت مسکنی درآیید که خدا به‌واسطۀ روحش در آن ساکن است.» مقصود پولس این است که ما اگر می‌خواهیم به هم پیوستن را خوب بیاموزیم، باید بدانیم که همۀ ما سنگ‌های این ساختار بزرگ، و این معبد عظیم، یعنی کلیسا هستیم، و عیسای مسیح سنگ اصلی این عمارت است. وقتی به رابطۀ خودمان با یکدیگر پی ببریم، رشد کردن و بنا شدن‌مان تداوم می‌یابد.

هیچ چیز زیباتر از این نیست که کسی بتواند عطایای گفتاری فیض را به‌کار ببرد و دل‌های مردم را به جنبش آوَرَد. کسی که این عطا را دارد، با گیرایی سخن می‌گوید، و طی سخنانش، شنونده‌ای که بت خاصی را می‌پرستد (اسارتی دارد) عمیقاً مجاب می‌شود. کاربرد زیبای عطای گفتاریِ فیض زمانی است که کسی حقیقت را با محبت بیان می‌کند و شنونده مجذوب آن حقیقت مطبوع می‌شود، بنابراین، نباید از بیان آن کلمات خودداری کرد یا آنها را رد نمود. فردی که این عطای به‌خصوص را دارد، باید از آن استفاده کند و آن را با دقت و فروتنی به‌کار ببرد، نه برای سود شخصی، نه برای تأثیر گذاشتن بر دیگران، بلکه برای بنای دیگر ایمانداران.

در اینجا نکته این نیست که آیا من عطای نبوت دارم یا عطای زبان‌ها یا عطای شفا؟ این بحث مطرح نیست که به‌خاطر داشتن فلان عطا، می‌توان دیگران را تحت تأثیر قرار داد. مهم این است که این عطایای گفتاری به‌طرزی استادانه برای بیان انجیل و وارد ساختن آن به زندگی مردم به‌کار برده شوند و قلب آنها را برای درک واقعیت کار عظیم مسیح، آماده سازند.

۲۶

نظم از دل بی‌نظمی

اول قرنتیان ۱۴:‏۲۶-۴۰

از فصل ۱۱ به بعد، پولس داشت دربارهٔ زندگی در بدن مسیح، یعنی کلیسا صحبت می‌کرد. او به‌طور خاص نسبت به نظم صحیح در پرستش مسیحی، علاقه نشان می‌دهد. جایگاه و نقش هر عضو در بدن مسیح، به‌واسطهٔ کاربرد عطایای فیض او مورد تأکید قرار می‌گیرد. در این زیر-بخشِ آخر، پولس توجه خود را به موضوع *نظم* در *پرستش عمومی* معطوف می‌کند.

درک این نکته برای خواننده حائز اهمیت است که برخی از عناصر به‌کار رفته در این متن، بحث‌انگیز بوده‌اند. مسلماً بعضی چیزها برای ما عجیب، یا شاید حتی ناراحت‌کننده به نظر برسند. میان پژوهشگران و در درون کلیساها بحث و جدل وجود دارد. مسیحیان شاید با این مسئله مشکل داشته باشند، اما لحن تند پولس در مورد نقش زنان در گردهماییِ عمومی کلیسا زمینه و بستر خاصی دارد. آنچه پولس را به بیان این سخنان واداشته، موضوع نقش جنسیتی نیست؛ او دارد به یک مورد یا موقعیت خاص در کلیسای قرنتس پاسخ می‌دهد. موضوع آشفتگی در کلیسا *دلیل* تعلیم او است. *محتوای* تعلیم او نظم به‌خاطر آزادی است. این مشابه تعلیم او در باب عطایای روحانی است، که در آن فرصت را برای پرداختن به موضوع سوءاستفاده از عطایای نبوت و زبان‌ها، مغتنم می‌شمارد. محتوای تعلیم، وحدت و بنا کردن است.

مسیحیان باید مطیع تعلیم کاملِ کلام خدا باشند، چون در برخی مواقع زمینهٔ فرهنگی و پیش‌فرض‌ها باعث می‌شوند که شخص با کتاب‌مقدس درگیر چالش شود. پرسش این است که آیا ما به کتاب‌مقدس اجازه می‌دهیم پندارهای ما را به چالش بکشد؟ آیا به آن اجازه می‌دهیم حرفش را بزند؟ آیا با آنچه که واقعاً می‌گوید کلنجار می‌رویم، یا اینکه از پیش معین کرده‌ایم که چیست و اجازهٔ سخن گفتن به آن نمی‌دهیم؟ وقتی خواننده با صداقت برای

فهمیدن متن می‌کوشد، ظرایف بسیاری در خصوص زمینهٔ متن می‌یابد که باعث شده‌اند پولس چنین سخن بگوید. وقتی سراغ متنی از کتاب‌مقدس می‌رویم، با پیش‌فرض‌ها یا مجموعه‌ای از باورهای شکل‌گرفته، که به لحاظ فرهنگی ما را مقید ساخته‌اند، به آن نزدیک می‌شویم. پس وقتی نوبت به موضوعات یا مسائل معینی می‌رسد که - مانند این یکی - اندکی چالش‌انگیزند، باید بدانیم که ما با مجموعه‌ای از پیش‌درک‌ها، پیش‌فرض‌ها و باورهای شکل‌گرفته با فرهنگ، سراغ متن رفته‌ایم. بدین‌سان، نه تنها باید در تفسیر متن فروتنی داشته باشیم، بلکه باید توسط متن مجاب هم بشویم، زیرا این متن می‌تواند مستقیماً با دیدگاه مردم امروزی در مورد واقعیت، اصطکاک پیدا کند.

وقتی مسیحیان از موضع کتاب‌مقدس از حقیقت سخن می‌گویند، باید فرض را بر این بگذارند که هر ایدئولوژی‌ای نسبت به مسیحیت ظنین خواهد بود. برای راست‌گرایان مسیحیت چپ به نظر می‌رسد، و برای چپ‌گرایان، راست می‌نماید. مسیحیان باید با کلام گیرا و فیضِ بسیار با مردم ارتباط برقرار کنند. اینها واکنش‌هایی عادی هستند: «پولس در اینجا چه می‌گوید؟ چرا لحنش این‌قدر تند است؟» کتاب‌مقدس باید بتواند با دیدگاه خواننده تضاد داشته باشد، و دیدگاه خدا هم باید بتواند با دیدگاه‌های ما مغایرت داشته باشد. اگر چنین نباشد، پس رابطهٔ ما با او، واقعی نیست.

وقتی مسیحیان به‌دنبال شنیدن حقایق کتاب‌مقدس هستند، بعضاً درمی‌یابند که موانع دست‌وپاگیر فرهنگ‌شان مانع از درک معنای اصلی کلام خدا می‌شوند. شخص باید برای فروتنی در تفسیر، بکوشد. خوانندهٔ امروزی به‌جای آنکه متن را وادار به تسلیم کند، خودش باید تسلیم متن شود. در زمان مقتضی به این موضوعات بحث‌انگیز خواهیم پرداخت، اما روی مسئله‌ای تأکید خواهیم کرد که مورد تأکید پولس هم بوده- یعنی روشی که خدای کتاب‌مقدس برای نظم بخشیدن به بی‌نظمی در پیش می‌گیرد، به‌ویژه در ارتباط با نظم صحیح پرستش همگانی. در این مبحث به سه نکته خواهیم پرداخت:

- اشتیاق برای نظم
- فرصت‌هایی برای نظم
- زیبایی نظم

اشتیاق برای نظم

همهٔ افراد مشتاق داشتن نظم هستند. فیلسوف معاصر و تأمل‌برانگیزی به نام آلن دو بوتون، در این باره می‌گوید:

> نظم تقریباً در همهٔ کارهای زیربنایی معماری نقش عمده‌ای دارد. در واقع، نظم خصوصیتی بنیادین است که حتی در پیش پاافتاده‌ترین پروژه‌ها و از همان آغازشان رعایت می‌شود، در نمودارهای دقیق مدارهای الکتریکی و شبکهٔ

لوله‌کشی، در نقشهٔ نمای ساختمان و طرح‌ها- اسناد زیبایی که در آنها تک تک سیم‌ها و چارچوب‌ها اندازه‌گیری شده، و هرچند ممکن است شخص معنای دقیق همهٔ نمادها و شماره‌ها را در آنها متوجه نشود، اما از دقت و جدیت بالای آنها به وجد می‌آید. نظم ابزاری است که زندگی با آن معنا می‌یابد.

مردم به‌خاطر وجود الگوها و روال‌های آشنا، هر روزه به زندگی خود ادامه می‌دهند. در محل کار، در جدول زمان‌بندی، در حمل و نقل عمومی، و غیره، نظم وجود دارد. در رستوران، غذا را سفارش (Order=نظم) می‌دهند، چون شخصی بوده که برای آماده کردن آن غذا، خود را مقید به نظم سازمانی کرده، تا در نهایت آن غذا را به مشتری تحویل بدهند و پولش را بگیرند.

به‌رغم این واقعیت که افراد مشتاق نظم هستند، اما برای رسیدن به آن رویکردهای متفاوتی دارند.

در پی آزادی بودن، به‌خاطر خودِ آزادی، هرج و مرج (آنارشی) به بار می‌آورد. بعضی‌ها همهٔ اَشکال نظم را بردگی دانسته، آن را به‌کل رد می‌کنند. بسیاری از اشخاص خلاق ممکن است متمایل به این رویکرد باشند، هرچند دانسته یا نادانسته، به نظم وابسته‌اند.

منظم بودن، به‌خاطر خود نظم، استبداد (خودکامگی) به بار می‌آورد. بعضی‌ها همهٔ اَشکال آزادی را نشانهٔ ضعف دانسته، آن را رد می‌کنند. تیپ شخصیتیِ A[1] مشخصاً متمایل به این رویکرد است. این‌گونه زندگی کردن ناممکن است، چون نظمی که این قبیل افراد به‌دنبالش هستند، دور از دسترس و غیرقابل کنترل می‌باشد.

لیکن، نظم به‌خاطر آزادی، رهایی‌بخش (آزادی) است. این راه سوم، نظم را وسیله‌ای برای نایل شدن به آزادی می‌بیند، زیرا به ضرورت داشتنِ هر دو- هم نظم سازمان‌یافته و هم سرزندگی- واقف است.

به خیابان‌های یک شهر فکر کنید که هر روز مردم در آن رفت و آمد می‌کنند. عابر پیاده- چه در خیابان یک‌طرفه چه دوطرفه، چه علائم راهنمایی و رانندگی (اعم از چراغ راهنمایی، تابلوی ایست، و غیره)، تابلوهای راهنمایی (از قبیل تابلوی محدودیت سرعت یا تابلوهای احتیاطی)، خط‌کشی و چراغ عابر پیاده وجود داشته یا نداشته باشد- باید چند چیز را بداند. اگر الگوی هرج و مرج (آزادی توأم با آشفتگی/ بی‌نظمی) را بپذیریم، خیابان‌ها بسیار خطرناک و غیرقابل عبور خواهند شد. تصور کنید که مردم همهٔ چراغ‌ها و علایم و خط‌کشی‌ها و تابلوهای راهنمایی و رانندگی را بردارند؛ در آن‌صورت چه افتضاحی به بار خواهد آمد! ترافیک گره می‌خورد، و تصادفات رانندگی متعدد و سوانح بسیار، نتیجهٔ این هرج و مرج خواهد بود. حال اگر دیگران الگوی استبدادی (خفقان، نبود آزادی/ نظم تحمیلی) را پیش بگیرند، باز خیابان‌ها، درست مثل یک پادگان نظامی، جای ناخوشایندی

---

۱. تیپ شخصیتی A اهل رقابت، منتقد، خشن و اهل خشونت است. در مقابل، تیپ شخصیتی B آرام، اهل تأمل، ملایم و نرم‌خو است. و.

خواهند شد. شاید این برقراری نظم باشد، اما مردم از آن طفره خواهند رفت، چون برای گردش و قدم زدن نمی‌توان فقط به روبه‌رو خیره شد. اما اگر الگوی نظم توأم با آزادی را بپذیریم، آن‌وقت ماشین‌ها و عابران پیاده در یک هماهنگی نسبی قرار خواهند گرفت. مردم می‌توانند در زمانی مطلوب، به جایی که می‌خواهند بروند، اما اگر در طول راه دل‌شان بخواهد می‌توانند گردشی هم بکنند و ویترین مغازه‌ها را تماشا کنند، و از گردش خود لذت ببرند. آزادی‌ای که فرد تجربه می‌کند، بستگی به نظمی دارد که طراحان خردمند شهری ایجاد کرده‌اند. متن مورد بررسی این فصل از کتاب دیدگاهی از پرستش کتاب‌مقدسی را به خوانندگان معرفی می‌کند که دربرگیرندهٔ این پیوند هماهنگ میان آزادی و نظم است.

آزادی از مشخصات پرستش کتاب‌مقدسی است

آیهٔ ۲۶ می‌گوید: «پس چه گوییم، ای برادران؟ هنگامی که گرد هم می‌آیید، هر کس سرودی، تعلیمی، مکاشفه‌ای، زبانی و یا ترجمه‌ای دارد. اینها همه باید برای بنای کلیسا به‌کار رود.» "هر کس" دعوت دارد که مشارکتی کامل داشته باشد، و این فقط محدود به مردها نمی‌شود. این تصویری زیبا از تک تک اعضای بدن است که دست به یک همیاری بامعنی می‌زنند.[1] در عطایای ذکر شده به منظور بنای کلیسا- یعنی سرود، تعلیم، نبوت، زبان‌ها و ترجمه- تنوع بالایی به چشم می‌خورد. پولس نکته‌ای را که در بخش پیشین مطرح کرده بود، یک‌بار دیگر تکرار می‌کند. زمانی که ایمانداران عطایای روحانی خود را به‌کار می‌گیرند، هدف اصلی بنای جماعت است.

نظم هم از مشخصات پرستش کتاب‌مقدسی است (آیهٔ ۴۰)

پولس، هرچه که می‌گوید، قصدش منع کردن آزادی و شرکت در پرستش نیست. به‌رغم همهٔ مشکلاتی که عطایای زبان‌ها و نبوت به‌وجود آورده بود، او هنوز قرنتیان را تشویق می‌کند که این عطایا را بطلبند و به‌کار ببرند. او در آیهٔ ۳۹ می‌گوید: «پس ای برادران من، با اشتیاق تمام در پی نبوت کردن باشید و سخن گفتن به زبان‌های غیر را منع مکنید.» با این‌حال، او در صدد است که رهنمودهای لازم را در اختیار قرنتیان قرار دهد تا مطمئن شود که پرستش به بی‌نظمی و آشوب کشیده نخواهد شد. ما برای داشتن خیابانی با تردد مطلوب، به طرح، علایم راهنمایی و رانندگی و حرکت روان نیاز داریم. به همین ترتیب، برای داشتن کلیسایی با عملکرد مطلوب، نیازمند عناصر مشابه هستیم. پولس در ادامهٔ سخنش، در آیهٔ ۴۰ می‌گوید: «اما همه چیز باید به شایستگی و با نظم و ترتیب انجام شود.» این آیه را باید با

---

۱. این گویای طبیعت پویای پرستش مسیحی است. از مشخصه‌های پرستش یهودی این بود که مردم نقش‌هایی تخصصی بر عهده داشتند، از قبیل رهبران پرستش و آنانی که تورات را می‌خواندند. تصویری که پولس از پرستش ارائه می‌کند، تصویری است که در آن تمایز چندانی میان شخص عادی و شخصی که کسوت روحانی دارد، به چشم نمی‌خورد. همه می‌توانند در پرستش نقش و سهم داشته باشند. پس پرستش از هنجارهای فرهنگی تبعیت نمی‌کند.
Ben Witherington, Conflict and Community in Corinth (Grand Rapids: Eerdmans, 1995), p. 285.

احتیاط خواند، چون قرار نیست برداشتی محدودکننده از آن داشته باشیم. پولس دارد قرنتیان را تشویق به حفظ نظم به‌خاطر آزادی، می‌کند.

فرصت‌هایی برای نظم

پولس برای حفظ نظم، به دو فرصت اشاره می‌کند: ۱) زبان‌ها و ترجمه، و ۲) نبوت و تشخیص. آیه‌های ۲۷و۲۸ می‌گویند: «اگر کسی به زبان‌های غیر سخن بگوید، دو یا حداکثر سه تن، آن هم به نوبت سخن بگویند و کسی نیز ترجمه کند. اما اگر مترجمی نباشد، فرد متکلم به زبان‌های غیر باید در کلیسا خاموش بماند و با خود و خدا سخن گوید.» به ایمانداران این آزادی اعطا شده که در پرستش همگانی از عطایای خود استفاده کنند، اما نظم باید حاکم باشد. مثلاً تعداد زیادی نمی‌توانند به زبان‌ها تکلم کنند؛ در غیر این صورت به یک عطا نسبت به عطایای دیگر برتری داده می‌شود، و روال کار مختل می‌گردد. به‌عبارت دیگر، حضار نمی‌توانند میان حرف یکدیگر بپرند. احترام و توجه به دیگران امری است ضروری، و سکوت شخص (چه مرد چه زن) بر بی‌نظمی و سردرگمی ارجح است.[1]

بحث عمده‌تر پیرامون کاربرد نبوت عنوان می‌شود: «و از انبیا، دو یا سه تن نبوت کنند و دیگران گفتار آنها را بسنجند. و اگر فردی دیگر که نشسته است مکاشفه‌ای دریافت کند، فردِ نخست سکوت اختیار نماید. زیرا همه می‌توانید به نوبت نبوت کنید تا همه تعلیم یابند و همه تشویق شوند. روح انبیا مطیع انبیاست. زیرا خدا، نه خدای بی‌نظمی، بلکه خدای آرامش است» (آیه‌های ۲۹-۳۳). پولس یک‌بار دیگر بر آزادی تأکید می‌کند، ولی این آزادی باید مقید به نظم باشد. مشارکت در نبوت (نیز از جانب زنان) بسیار فراگیر بود: «همه می‌توانید به نوبت نبوت کنید»، اما نه همه در یک جلسه («بلکه دو یا سه تن»). سکوت شخصی نیز بر ایجاد همهمه و بی‌احترامی به برادر یا خواهری دیگر ارجح است («فردِ نخست سکوت اختیار نماید»). بدین‌ترتیب، از انبیا انتظار می‌رود که بر خود مسلط باشند (آیهٔ ۳۲) (یعنی نبوت تجربه‌ای خلسه‌وار و غیرقابل کنترل نیست). نظم آزادی ریشه در شخصیت خدا دارد، و باید از سردرگمی اجتناب کرد تا شخصیت خدا، به‌عنوان خدای فیض، بازتاب پیدا کند.

همان‌طور که زبان‌ها نیاز به ترجمه دارند، نبوت‌ها هم باید «سنجیده» و تمییز داده شوند: «دیگران گفتار آنها را بسنجند» (آیهٔ ۲۹). اظهارات پولس را در مورد نقش زنان در پرستش دسته‌جمعی، باید با در پرتو چنین زمینه‌ای خواند. سخن پولس هرچه باشد، این نیست که زنان همیشه باید خاموش بمانند- او پیشتر ایشان را به دعا و نبوت کردن تشویق کرده است! ولی این آیه‌ها چه می‌گویند؟ آیه‌های ۳۳ب-۳۵ را پی می‌گیریم: «همان‌گونه که در

---

۱. سکوت کردن، نشانهٔ تسلط بر نَفْس است. آنانی که عطای تکلم به زبان‌ها دارند، از این توانایی برخوردارند که سخن بگویند یا از سخن گفتن خودداری کنند. کاربرد این عطا نه خودجوش است، نه هرازگاهی، بلکه کنترل‌شده و به اندازه است.

Cf. David Prior, The Message of 1 Corinthians, The Bible Speaks Today (Nottingham, UK: Inter-Varsity Press, 1985), p. 250; Carson, Showing the Spirit, p. 119; Leon Morris, The First Epistle of Paul to the Corinthians, The Tyndale New Testament Commentaries (Grand Rapids: Eerdmans, 1989), p. 195.

همهٔ کلیساهای مقدسان چنین است. زنان باید در کلیسا خاموش بمانند. آنان مجاز به سخن گفتن نیستند، بلکه باید چنانکه شریعت می‌گوید، مطیع باشند. اگر دربارهٔ مطلبی سؤالی دارند، از شوهر خود در خانه بپرسند؛ زیرا برای زن شایسته نیست در کلیسا سخن بگوید.» پولس دارد از سنجش اعتبار نبوت‌ها سخن می‌گوید. چنانکه پیداست در کلیسای قرنتس وضعیتی پیش آمده بود که وقتی نبوت‌ها را (احتمالاً به‌وسیلهٔ رهبران مرد) می‌سنجیدند، برخی از زنان وارد معرکه می‌شدند، سؤال می‌کردند و شاید حتی تصمیمات را به چالش می‌کشیدند. در زمینهٔ فرهنگی وسیع‌تر، که زنان عموماً تسلیم بودند (مثلاً، زن متأهل با مردی غیر از شوهرش، همکلام نمی‌شد)، این کار باعث سرافکندگی شوهران این قبیل زنان می‌شد. این کار نوعی بی‌حرمتی به‌شمار می‌رفت. زن از این طریق، با به چالش کشیدن اقتدار رهبری کلیسا، به شوهر خود بی‌حرمتی می‌کرد.

با وجود این، پولس نمی‌خواهد که این زنان از قافله عقب بمانند، پس ایشان را ترغیب می‌کند تا در بستر مساعدتری سؤالات‌شان را مطرح سازند.[1] توسل پولس به شریعت هم صرفاً استناد به اصول کلی نحوهٔ ارتباط زن و مرد با یکدیگر، در فصل‌های ۲و۳ پیدایش است. بحث عملکرد مطرح است، نه طبیعت.

لزوم برآوردن آزادی توأم با نظم از بطن بردگیِ بی‌نظمی

آیه‌های ۳۶-۳۸ می‌گویند: «آیا کلام خدا از شما سرچشمه گرفته یا تنها به شما رسیده است؟ اگر کسی خود را نبی یا فردی روحانی می‌داند، تصدیق کند که آنچه به شما می‌نویسم فرمانی است از جانب خداوند. اگر کسی این را نپذیرد، خودش نیز پذیرفته نخواهد شد.» قرنتیان چنین می‌پنداشتند که کلامی منحصربه‌فرد از خدا دریافت کرده‌اند و از رسول بیشتر می‌دانند. آنان معتقد بودند که با حکمت خود به روش بهتری برای پرستش- حتی بهتر از روشی که به آنان آموخته شده بود- دست یافته‌اند. مسیحیان هرگاه تعلیم کتاب‌مقدس را نادیده می‌گیرند، با همین خطر روبه‌رو هستند- خواه موضوع عطایای روحانی در میان باشد، خواه نقش‌های جنسیتی، یا دیگر مسائل. اما به‌رغم این که آنان خودشان را صاحب اهمیت و بینش روحانی والایی می‌دیدند، پولس می‌گوید که اگر نتوانند سخنانش را همچون فرمان خداوند بپذیرند، پس در واقع، کسانی نیستند که خودشان تصور می‌کنند.

ممکن است که اکثر افراد جایی میان نظم و بی‌نظمی گیر کرده باشند. پرستش دسته‌جمعی اغلب بسیار منظم، در حالی که پرستش شخصی فاقد نظم است. برخی دیگر دوست دارند پرستش دسته‌جمعی آزادتر و کمتر قاعده‌مند باشد، چون پرستش شخصی را بسیار خشک و خسته‌کننده می‌بینند. آنچه مسیحیان آرزو دارند، مداخلهٔ خاص خدا برای آوردن نظمی

---

۱. در فرهنگ یونان باستان، شوهران برای هوش زنانشان احترام چندانی قایل نبودند. پس اینکه پولس از شوهران می‌خواهد برای تعلیم و آموزش همسرانشان در خانه وقت بگذارند، تعجب‌آور و به نوعی تجددطلبانه است. پولس در اینجا برای زنان شأن و ارزش قایل می‌شود، زیرا در فرهنگ وسیع‌تر، زنان اصلاً دیده نمی‌شدند و ارزش صرف وقت نداشتند.

Craig S. Keener, First- Second Corinthians (New York: Cambridge University Press, 2005), p. 171.

اســت که در خدمت آزادی باشد. مسیحیان دوست ندارند در راهبندان ناشی از هرج و مرج یا وضعیتی تحت کنترل پلیس، گرفتار شــوند. آنان جایی برای زیستن می‌خواهند- خیابانی برای گشــتن و قدم زدن، نظمی که بتوانند به مدد آن زندگی کنند. اما کجا می‌توان این نظم را به دست آورد؟

زیبایی نظم

نظم آزادی نتیجهٔ اقدام خلاقانه و رهایی‌بخش خدای تثلیث اســت. «زیرا خدا، نه خدای بی‌نظمی، بلکه خدای آرامش است» (آیهٔ ۳۳). ما در پیدایش ۱:۱-۵ شاهد اقدام خلاقانهٔ خدا هســتیم: «در آغاز، خدا آســمان‌ها و زمین را آفرید. زمین بی‌شکل و خالی بود، و تاریکی بر روی ژرفا؛ و روح خدا بر ســطح آبها اهتزاز داشت. خدا گفت: "روشنایی باشد"، و روشنایی شد. خدا دید که روشنایی نیکوست و خدا روشــنایی را از تاریکی جدا کرد. خدا روشنایی را «روز» و تاریکی را «شــب» نامید. شامگاه شد و بامداد آمد، روز اول.» خدا از بطن آشفتگی (تهی) نظم به‌وجود آورد. او تهی را پر می‌ســازد و بدان شــکل می‌دهد، و کار خلاقانه‌اش آزادی توأم با نظم پدید می‌آورد. طرح خدا نه آنارشی است (جهان نظم دارد و قابل پیش‌بینی اســت)، نه خودکامگی (مردم آزادند تا بســازند و بپرورند)، بلکه آزادیِ سازمان‌یافته است (نظم و طرح جهان مردم را متقاعد می‌سازد که از آزادی‌شان در چارچوب نظم استفاده کنند).

همچنین نظم آزادی ثمرهٔ اقدام رهایی‌بخش خدا اســت. میان ســه شــخص الوهیت، هماهنگــی کاملی وجود دارد. هر شــخص روی کار خاصی متمرکز اســت. پدر پســر را می‌فرســتد، و پسر تسلیم پدر می‌شود، و روح‌القدس را هم پدر و پسر می‌فرستند تا کار پسر را برجســته ســازد. تثلیث تصویری غایی از یک اجتماع آزاد و سازمان‌یافته است، که در آن هر شــخص آزادانه برای صلاح و خوشی دو شــخص دیگر فداکاری می‌کند. وقتی با این تصویر از هماهنگی زیبا روبه‌رو می‌شــویم، دیگر جایی برای کج‌فهمی در مورد جایگاه‌مان در آزادیِ منظم پرســتش جمعی، نخواهد بود. پسر به‌خاطر اینکه با خواست خود تسلیم پدر شــده، کمتر از او نیست. تسلیم ارادی پسر به پدر، بر بزرگی او می‌افزاید. مسیحیان می‌توانند به طرح خدا بــرای آزادیِ منظم اعتماد کنند، زیرا آن را در ســاختار درونی تثلیث و روابط میان اشــخاص الوهیت، مشاهده می‌کنند. او به خواست خود آمد تا بی‌نظمی و هرج‌ومرج و شــرارتِ خودکامی ما را تجربه کند، تا ما را از اسارت برهاند و در جماعتی زیبا، آزاد و منظم جای دهد؛ جایی که در آن احساس زنده بودن کنیم.

همین که عیســی جان خود را همچون قربانی تقدیم کرد، تصویری است از بزرگی او و نه از ضعفش. وقتی شــاگردانش به‌خاطر آزادی نظم‌یافته، در چارچوب قواعد و آداب پرستش جمعی، به‌طور ارادی تســلیم اقتداری می‌شــوند که خدا در کلیســایش مقرر فرموده، آنگاه هماهنگی بر کلیسا حاکم می‌شود. این اربابی است که خادم می‌شود، تا نه با رهبری مستبدانه، که با رهبریِ خادمانه فرمان براند. زمانی که این واقعیت در مورد اعضای کلیســا به‌کار گرفته شود، نتیجه‌اش کاملاً پرجلال خواهد بود.

۲۷

نیروی انجیل

اول قرنتیان ۱۵:۱-۱۱

تیموتی کلر می‌گوید: «اگر عیسی از مردگان برخاست، پس باید هرآنچه را گفته، قبول کنید؛ اگر او از مردگان برنخاسته، پس چرا نگران گفته‌های او هستید؟» اگر عیسی به‌راستی مرگ را مغلوب ساخته، پس هر ادعایی که مطرح نموده، قابل اعتماد است. اگر عیسی مرگ را مغلوب نساخته، پس همهٔ ادعاهای او هم کذب هستند. به قول یاروسلاو پلیکان:[1] «اگر مسیح برخاسته- پس هیچ چیز دیگری اهمیت ندارد. و اگر مسیح برنخاسته- پس هیچ چیز دیگری اهمیت ندارد».

مسیحیان و غیرمسیحیان در رابطه با موضوع رستاخیز مسیح، مواضع گوناگونی اتخاذ کرده‌اند. کسانی که قایل به موضع تاریخی هستند، اذعان می‌کنند که مسیحیان موضوع رستاخیز را بیش از اندازه روحانی کرده‌اند و به همین دلیل آن را از بستر فرهنگی‌اش جدا نموده‌اند. بسیاری از غیرمسیحیان به‌کل منکر رستاخیز مسیح هستند. آنها که در حاشیه‌اند، بر این باورند که مسیحیان بر جنبه‌های مختلف زندگی و خدمت عیسی، به قیمت نادیده شمردن رستاخیز، بیش از حد تأکید کرده‌اند. اومانیست‌های مسیحی بیش از اندازه بر تجسم مسیح تأکید می‌گذارند. مسیحیان شریعت‌گرا بیش از اندازه بر زندگی و تعالیم عیسی تأکید می‌ورزند، حال آنکه مسیحیان بنیادگرا بر مرگ مسیح تأکید می‌گذارند، تا جایی که همهٔ جنبه‌های دیگر را حذف می‌کنند. از سوی دیگر، برخی از غیرمسیحیان رستاخیز را داستانی تلقی می‌کنند که اقلیتی بدان باور دارد، نه ادعایی که باید روی آن حساب کنیم. دیدگاه غیرشخصی چنین استدلال می‌کند که مسیحیان آن‌قدر بر جنبه‌های آموزه‌ای و الاهیاتی رستاخیز مسیح تأکید گذارده‌اند که دیگر این رویداد تأثیری بر زندگی انسان‌ها ندارد. شک‌گرایان غیرمسیحی، از مسیح و ادعاهایش دوری می‌کنند تا لازم نباشد با واقعیتش رودررو شوند.

1. Jaroslav Pelikan

من نکته‌ای را که تیم کلر در مورد آموزهٔ رستاخیز گفته، می‌پسندم: «آموزهٔ رستاخیز را دوست دارم، چون درست به اندازهٔ خودِ زندگی سخت یا ناملایم است.» به‌عبارت دیگر، رستاخیز لبه‌ای تیز، تحمل‌ناپذیر و سخت دارد. وقتی رستاخیز به ارزیابی زندگی می‌پردازد، در بیانش چیزی بسیار سخت و برنده مشهود است. اگر عیسای مسیح با بدن جسمانی از مردگان برخاست- که رویدادی واقعی و تاریخی است- پس این باید همه چیز را دگرگون سازد. ما هم امید داریم و هم شادی. این شیوهٔ نگرش ما را نسبت به خودمان، دنیا، همسایگان، آفرینش، خدا و تاریخ عوض می‌کند. همه چیز را عوض می‌کند. اما اگر عیسای مسیح جسماً از مرگ برنخاست، در این صورت مسیحیت دیگر حرفی برای گفتن ندارد. نه امید هست، نه شادی؛ نه تشویقی، نه الهامی. اما مسیحیت فقط انبوهی از داستان‌های خوش‌بینانه نیست؛ در آن نیرویی پدیدار است. اگر رستاخیز راست است، پس امید ما هم واقعی است. و اگر راست نیست، پس ما مسیحیان بدبخت‌ترین مردمانیم. متن مورد بررسی حاضر به ما می‌گوید که انجیل نه فقط نوشته‌ای تاریخی، بلکه تاریخی مصون از خطاست؛ نه یک متن حاشیه‌ای، بلکه الزاماً محوری است؛ و نه غیرشخصی، بلکه عمیقاً شخصی است. ما بحث را زیر سه نکته دنبال خواهیم کرد:

- انجیل تاریخی است
- انجیل محوری است
- انجیل شخصی است

انجیل تاریخی است (دفاعیاتی)

همهٔ ادیان و جهان‌بینی‌ها می‌کوشند برای مسئله دیرینهٔ مرگ پاسخی ارائه دهند. مرگ چیست؟ چرا مرگ وجود دارد؟ چگونه باید با مرگ کنار بیاییم؟

رویکردهای مختلفی وجود دارد: یک موضع فقط می‌کوشد تا با فرارفتن و گسستن از مرگ، آن را نادیده بگیرد یا آن را انکار نماید. دیگران در جستجو برای یافتن سرچشمهٔ جوانی با مرگ می‌جنگند و آن را به تأخیر می‌اندازند و گروهی دیگر امید خود را از دست داده، به‌راحتی به استقبالش می‌روند. با این‌حال، هر یک از این رویکردها اشکالاتی دارند. انکار مرگ گزینهٔ مناسبی نیست، چون مرگ اجتناب‌ناپذیر است. به تأخیر انداختن مرگ هم موقتی است، زیرا مرگ پدیده‌ای جهان‌شمول است. به استقبال مرگ رفتن هم نابسنده است، زیرا مرگ غیرطبیعی است.

اگر دینی بخواهد چیزی پرمعنا دربارهٔ مرگ بگوید، باید آن را در سطحی مطرح کند که زندگی و مرگ در آن اتفاق می‌افتد- یعنی در قلمرو تاریخ بشر. باید برای رویارویی با اجتناب‌ناپذیربودنِ مرگ، راه‌حلی ارائه کند. باید پادزهری برای جهان‌شمول‌بودن مرگ به بشریت هدیه دهد. باید در مقابله با غیرطبیعی‌بودنِ مرگ، امید بدهد. انجیل مسیحی نه از این جهان جداست، و نه در صدد است تا ما را از دنیا جدا سازد. در پی انکار، به تأخیر انداختن

یا استقبال از مرگ هم نیســـت؛ در عوض، مستقیماً و در میانهٔ تاریخ به مصاف مرگ می‌رود. انجیل صرفاً یک ایده، اصل یا دیدگاه نیســـت- یک خبر اســـت- خبری که در تاریخ به‌وقوع پیوسته، خبری که حول وجود یک شخص می‌گردد.

انجیل روی شخص و کار عیسای مسیح متمرکز است

انجیل، بخش ۱: تجسم. متن مورد بررسی صراحتاً به تجسم اشاره نمی‌کند، اما تلویحاً آن را فرض می‌گیرد. انجیل اعلام می‌کند که خدا، در شـــخص عیسای مسیح انسان شد تا نقشهٔ رهایی‌اش را پیاده کند.

انجیل، بخش ۲: زندگی. متن مورد بررســـی به زندگی مسیح اشاره‌ای نمی‌کند، اما حتی بازبین‌گراترین مورخان نیز اذعان دارند که عیســـای مسیح یک شخصیت تاریخی بوده است. حتی دشمنان سرسخت مسیحیت هم از تاریخمندی شخص عیسی دفاع می‌کنند. ولی انجیل مدعی است که مسیح کاری فراتر از زیستن، انجام داده است. او در اطاعت کامل از شریعت خدا زندگی کرد، و مطالبات شریعت را به تمامی برآورد؛ کاری که هیچ کس دیگر هرگز توان انجامش را نداشت.

انجیل، بخش ۳: مرگ. در اینجاســـت که روایت به نقطهٔ اوج می‌رســـد. آیهٔ ۳ می‌گوید: «زیرا من آنچه را که به من رســـید، چون مهمترین مطلب به شـــما سپردم: اینکه مسیح مطابق بـــا کتب مقدس در راه گناهان ما مرد.» این یک واقعیت تاریخی اســـت که همهٔ باورمندان به وجود مســـیح، آن را قبول دارند. مســـیح برای منظور خاصی (یعنی "برای گناهان ما") مرد.[1] او مرتکب هیچ گناهی نشـــده بود که به‌خاطرش ســـزاوار مرگ باشد، بلکه مرگ عیسی مزد گناهان ما بود. مسیح مرد تا فرد فرد گناهکاران بتوانند با خدا آشتی کنند. و این همه «مطابق با کتب مقدس»[2] اتفاق افتاد. مرگ مســـیح طبق نقشهٔ رهایی‌بخش خدا و در راستای آنچه که در عهدعتیق پیشگویی شده بود، به‌وقوع پیوست.

انجیل، بخش ۴: تدفین. آیهٔ ۴ می‌گوید: «و اینکه دفن شـــد.» مرگ مسیح توهم نبود، زیرا صاحب‌منصبان رومی و دوســـتانش که از غم فراق او سوگوار بودند، با بدنش همان کاری را کردند که با هر جنازهٔ دیگری می‌کنند.

انجیل، بخش ۵: رســـتاخیز. باز در آیهٔ ۴ آمده: «در روز ســـوم از مردگان برخاست.» یک انســـان در مقطعی از تاریخ و در یک روز به‌خصوص از مردگان برخاست. عبارت «مطابق با کتب مقدس» این استدلال را مطرح می‌کند که ماهیت تاریخی انجیل منوط به رستاخیز است. رســـتاخیز به همان اندازه که امروز برای مردم عصر پیشرفت‌های علمی باورنکردنی به نظر می‌رسد، برای مردمان سدهٔ یکم هم باورنکردنی بود.

---

۱. «اینکه مســـیح مرد، ادعای دوستیست‌ها را مبنی بر اینکه مسیح تنها به نظر می‌رسیده که انسان است (زیرا بر این باور بودند که ماده ذاتاً شریر است) رد می‌کند».

Craig L. Blomberg, I Corinthians, NIV Application Commentary (Grand Rapids: Zondervan, 1995), p. 296.

۲. اکثر مفسران براین باورند که پولس در اینجا به اشعیا ۵۲و۵۳ اشاره می‌کند، که دربارهٔ بندهٔ رنج‌کشیدهٔ خداست.

خیلی‌ها به‌سادگی ایدهٔ تاریخی بودن رستاخیز را رد می‌کنند، ولی برای این کار باید چهار واقعیت تاریخی را زدود! ویلیام لین کریگ[1] برای این چهار واقعیت تاریخی، این‌گونه استدلال می‌کند:

واقعیت تاریخی ۱: تدفین عیسی. عیسای مسیح را یوسف رامه‌ای در مقبرهٔ شخصی خودش دفن کرد، و نگهبانان رومی از این قبر محافظت می‌کردند. آن قبر مکانی شناخته‌شده بود و می‌توانست مورد بررسی قرار بگیرد. یوسف رامه‌ای یکی از اعضای شورای یهود بود که قبلاً عیسی را محکوم کرده بودند. بنابراین، بعید است که مسیحیان این داستان را از خود ساخته باشند.

واقعیت تاریخی ۲: قبر خالی. «گروهی از زنان پیرو عیسی، قبرش را خالی یافتند.» «این واقعیت که شهادت زنان برای دادگاه فلسطینی سدهٔ یکم فاقد ارزش بود، به تاریخمند بودن این گزارش اعتبار و سندیت می‌بخشد» (یعنی آنها از شهود محکمی استفاده نکردند). همه موافقند که قبر- چه به دلیل رستاخیز چه هر توجیه دیگری- خالی بود.

واقعیت تاریخی ۳: ظاهرشدن‌ها پس از رستاخیز. آیه‌های ۴-۸ می‌گویند: «و اینکه دفن شد، و اینکه مطابق با همین کتب در روز سوم از مردگان برخاست، و اینکه خود را بر کیفا ظاهر کرد و سپس بر آن دوازده تن. پس از آن، یک‌بار بر بیش از پانصد تن از برادران ظاهر شد که بسیاری از ایشان هنوز زنده‌اند، هر چند برخی خفته‌اند. سپس بر یعقوب ظاهر شد و بعد بر همهٔ رسولان، و آخر از همه بر من نیز، چون طفلی که غیرطبیعی زاده شده باشد، ظاهر گردید.» عیسی بر همهٔ رهبران کلیسای اولیه- پطرس، پولس و همهٔ رسولان- ظاهر شد. اگر او فقط بر ایشان ظاهر شده بود، آن‌وقت شک کردن عده‌ای در مورد صحت مشاهدات ممکن می‌بود. اما پولس به جمعیتی بالغ بر «بیش از پانصد تن از برادران» استناد می‌کند، که اکثرشان در آن زمان هنوز زنده بودند و می‌توانستند ادعاهای پولس را تأیید یا تکذیب کنند. پانصد انسان عاقل و بالغ که با مقولهٔ مشاهدهٔ شخصی برخاسته از مردگان هیچ آشنایی نداشتند، حال ادعا می‌کنند که عیسای قیام‌کرده را دیده‌اند.

واقعیت تاریخی ۴: واکنش شاگردان اولیه. اگر عیسی به‌راستی از مردگان برنخاسته بود، شاگردان اولیه هیچ دلیلی برای اعتقاد به رستاخیز او نداشتند. رهبرشان مرده بود. رهبرشان به‌عنوان یک مرتد- کسی که به‌خاطر بر دار شدنش، زیر لعنت خدا است- محکوم به مرگ شده بود. با این‌حال، آنان حاضر بودند به‌خاطر اعتقادشان به رستاخیز مسیح، بمیرند. آنها به‌رغم این واقعیت که باور به رستاخیز هیچ مزیتی برای‌شان نداشت، تصمیم گرفتند که به هر قیمتی که شده از ادعای‌شان دفاع کنند.

این چهار واقعیت را چگونه می‌توان انکار کرد؟ تدفین، قبر خالی، ظهورهای متعدد، و واکنش شاگردان. یک رستاخیز تاریخیِ واقعی بامعناترین واقعیت تاریخی‌ای است که پیش روی ما قرار دارد. اگر کسی می‌خواهد مدارک تاریخی کلام خدا را انکار کند، باید توضیح جایگزین محکمه‌پسندتری ارائه دهد.

1. William Lane Craig

شک‌گرایان باید برای گزارشی که به لحاظ تاریخی ممکن و پذیرفتنی است، جایگزینی بیابند- در مورد علت خالی بودن قبر، دلیل برگزاری مراسم تدفین رسمی، دلیل وجود گزارش‌های شاهدان عینی، و علت پیدایش کلیسای اولیه. واقعیت این است که جهان‌بینی مردمان آن عصر جایی برای حقیقت رستاخیز از مردگان نداشت. به‌عبارت دیگر، اگر فقط قبر خالی بود و شاهدان عینی وجود نداشت، یا اگر برعکس آن صحت داشت، آن‌وقت می‌شد رستاخیز را رد کرد. اگر قبر خالی بود، ولی شاهد عینی نبود، کسی می‌توانست تئوری توطئه را مطرح کند و بگوید: «جسد را دزدیده‌اند.» حتی اگر نگهبانان رومی در خواب عمیق هم فرو رفته بودند، باید این موضوع را در نظر داشت که نبش قبر یا ورود غیرمجاز می‌توانست به قیمت جان نگهبانان تمام شود. همچنین گزارش رستاخیز عیسی برای یونانیان تصورناپذیر بود، و در مخیلهٔ یهودیان نیز نمی‌گنجید. در جهان دوگانه‌انگار یونانی، هیچ جایی برای رستاخیز جسمانی وجود نداشت. یهودیت نیز بر این باور نبود که کسی بتواند در میانهٔ تاریخ عملاً از مردگان برخیزد. داده‌ها و شواهد تاریخی ارائه شده، جهان‌بینی‌های آن عصر را به چالش کشیدند. حتی اگر مردم نتوانند به رستاخیز ایمان داشته باشند، اما *ناگزیرند* حقیقی‌بودنش را بپذیرند. انجیل تاریخی است، و در زمان و مکان واقعی روی می‌دهد، و از این‌رو برای زندگی هر انسانی مفاهیمی دربردارد.

انجیل محوری است (الاهیاتی)

آیه‌های ۱-۴ می‌گویند: «ای برادران، اکنون می‌خواهم انجیلی را که به شما بشارت دادم به یادتان آورم، همان انجیل که پذیرفتید و بدان پایبندید و به‌وسیلهٔ آن نجات می‌یابید، به شرط آنکه کلامی را که به شما بشارت دادم، استوار نگاه دارید. در غیر این صورت، بیهوده ایمان آورده‌اید. زیرا من آنچه را که به من رسید، چون مهمترین مطلب به شما سپردم: اینکه مسیح مطابق با کتب مقدس در راه گناهان ما مرد، و اینکه دفن شد، و اینکه مطابق با همین کتب در روز سوم از مردگان برخاست.» در اینجا شاهد روند منطق پولس هستیم. انجیل خبری است که باید با آن ارتباط برقرار کرد، چون خود پولس از چیزی که به او «رسیده» (یعنی شنیده) سخن می‌گوید (آیهٔ ۳). انجیل خبری است که پولس آن را «بشارت داده» (آیهٔ ۱)، و «سپرده» (آیهٔ ۳)، زیرا این خبری است که وارد دنیای شنونده می‌شود («پذیرفته می‌شود»، آیهٔ ۱). پذیرش انجیل بخشی از گذشتهٔ فرد مسیحی است، اما همچنین واقعیتی است که در زمان حال هم اهمیتی مداوم دارد («و به‌وسیلهٔ آن نجات می‌یابید»، آیهٔ ۲)، و قدرتی است که برای آیندهٔ زندگی ایمانداران هم حیاتی است. از این‌رو، قرنتیان باید به انجیل «پایبند باشند» (آیهٔ ۲).

سه اشتباه رایجی که در مورد محوریت انجیل بروز پیدا می‌کنند، عبارتند از:

۱. «انجیل چیزی است که صرفاً در *گذشتهٔ* من اتفاق افتاده است.» آن سرآغاز زندگی مسیحی من بود، اما دیگر انجیل را پذیرفته‌ام و حالا باید سراغ چیزهای عمیق‌تر بروم.

- اشکال ۱: این باور، زمان حال و اهمیت کل‌نگرانهٔ انجیل را کاملاً نادیده می‌گیرد.
- اشکال ۲: وعده‌های آینده و امنیت انجیل را هم نادیده می‌گیرد.

۲. «انجیل چیزی است که من در زمان حال، فقط گه‌گاه بدان نیاز دارم.» گاهی مسیحیان می‌افتند و محتاج فیض می‌شوند، اما وقتی خدا دست‌شان را می‌گیرد و بلندشان می‌کند فکر می‌کنند که می‌توانند با تلاش بیشتر برای جلب عنایت خدا، پیش بروند.

- اشکال ۱: این اشتباه رایج واقعیتِ تحقق‌یافتگی انجیل را که تضمینی است برای امنیت آیندهٔ فرد، نادیده می‌گیرد.
- اشکال ۲: همچنین نیاز مداوم و همیشگی به فیض، در همهٔ ابعاد زندگی فرد را نادیده می‌گیرد.

۳. «انجیل عمدتاً در مورد رویدادهایی است که قرار است در آینده اتفاق بیفتند.» رابطهٔ شخصی با خدا را عمدتاً باید در ارتباط با سرنوشت ابدی فرد، درک کرد- «سرنوشت من تعیین شده و راهی آسمان هستم».

- اشکال ۱: این تصور، رابطهٔ انسان با خدا را تبادلی (بده-بستانی) می‌سازد- «اعتقاد من به انجیل از سر ترس (گریز) یا میل به لذت است».
- اشکال ۲: اهمیت و غنای کنونی انجیل را نادیده می‌گیرد.

هدف این است که انجیل جزئی از واقعیتِ گذشته، حال و آیندهٔ تجربهٔ نجات‌بخشِ هر مسیحی باشد. حساب *گذشتهٔ* شخص تسویه شده است. مسیح وارد تاریخ شد تا برای گناهان او بمیرد و او را از مردگان برخیزانده، حیاتی تازه ببخشد. دیگر هیچ‌کس نباید از مرگ، به‌عنوان مجازات گناهان گذشته‌اش، واهمه‌ای داشته باشد- رستاخیز پاداش کاری است که مسیح به انجام رساند. *حال* شخص تضمین شده است. شخص می‌تواند استوار بایستد و پایبند بماند، چون در نهایت خدا است که او را پایدار می‌سازد. منابع انجیل برای برطرف کردن هر چالش و وسوسه‌ای که انسان ممکن است با آن روبه‌رو باشد، کافی است. فرجام نهایی همهٔ ترس‌های ما مرگ است، اما مسیح با رستاخیزش مرگ را شکست داد؛ بنابراین، همهٔ ترس‌های ناشی از مرگ قدرت‌شان را از دست می‌دهند. *آیندهٔ* ما نیز قطعی است. افراد مجبور نیستند برای ساختن و حفظ آینده‌ای برای خودشان، دست‌وپا بزنند، زیرا مسیح هم‌اکنون این کار را برای‌شان انجام داده است. رستاخیز گواهی است روشن بر پیروزی مسیح بر مرگ به نفع ما. به مسیح بنگرید، و آینده‌تان را ببینید.

منظور از انجیل این است که نیرویی مرکزی باشد و زندگی ما حول این نیرو بگردد. اگر زندگی ایماندار حول شخصی غیر از مسیح بگردد، ناگزیر آن شخص، فرد ایماندار را درهم‌می‌کوبد. اگر زندگی ایماندار حول خودش بگردد، از درون متلاشی خواهد شد. ولی اگر انجیل در مرکز زندگی قرار بگیرد، آن‌وقت ایماندار در مدار کسی می‌گردد که نه او را درهم‌می‌کوبد (چون خودش قبلاً به‌خاطر ما کوفته‌شده)، نه ایماندار از درون متلاشی خواهد شد، چون به‌درستی با مرکز گرانش خود تراز شده است.

اگر حقیقت محوریت انجیل باعث ایجاد توازن و هماهنگی در زندگی فرد گناهکار می‌شود، پس چرا مرتکب اشتباه شده، انجیل را به حاشیه می‌رانیم؟ افراد در مورد قابل اتکا بودنِ بنیان انجیل در زمان کنونی، تردید دارند و برای ایستادن به‌دنبال شالوده‌هایی دیگر می‌گردند (ر.ک. آیۀ ۱). اکثر شالوده‌ها خود-ساخته هستند (شغل، خانواده، و غیره). در بحبوحۀ تردید و بی‌ثباتی‌های زندگی، مردم برای سرپا ماندن و ثبات‌داشتن، به‌دنبال چیزهای دیگری هستند («به شرط آنکه ... استوار نگاه دارید»، آیۀ ۲). به هر چیزی که دوروبرشان هست، چنگ می‌زنند. اگر مسافر به هنگام حرکت قطار میلۀ کنار دستش را نگیرد، تعادلش را از دست می‌دهد و می‌افتد. چیزی به مسیحیان داده شده که می‌توانند خود را با آن استوار نگاه دارند و فریب تردیدهای زندگی را نخورند، با این‌حال، آنها می‌کوشند با توسل به گزینه‌های دیگری که عملاً بی‌ثباتند، تعادل خود را حفظ نمایند.

رستاخیز صرفاً نمایش عریان قدرت نبود. یکی از مفسران در رابطه با آیۀ ۱۷ می‌گوید: «"اگر مسیح از مردگان برنخاست، پس شما هنوز در گناهان خویش مرده‌اید." بنابراین، رستاخیز اثبات می‌کند که چیزی به پایان رسیده است، و پرسش این است که چه چیز؟» شرکت کردن در مراسم تدفین یکی از اعضای درگذشتۀ خانواده، اغلب تجربه‌ای ناگوار است. فرهنگ می‌کوشد با گفتن اینکه مرگ امری طبیعی است، درد را تسکین دهد. به همین دلیل است که کالبد مرده را طوری می‌آرایند که خیلی طبیعی- یعنی به همان شکلی که پیش از مرگ بوده- به نظر برسد. با وجود این، مرگ طبیعی نیست. در واقع، مرگ چهرۀ کاملاً زشتی دارد، زیرا تحمیل شده است. مرگ یک داوری است. اگر عیسی پس از مرگ از مردگان برنمی‌خاست، همه همچنان در گناهان خود مرده بودیم، زیرا هنوز مرگ نصیب‌مان بود. مرگ همچنان بر زندگی انسان اقتدار داشت. به این دلیل است که رستاخیز عیسی از مردگان اساساً این پیام را به ایماندار می‌دهد که مزد گناهانش پرداخت شده است، و مسیحیان بر گناه غالب آمده‌اند، و گناه دیگر بر ایشان هیچ قدرت و اقتداری ندارد. تاوان گناهان ما به‌طور کامل پرداخت شده است؛ رستاخیز زندگی جدید از همین حالا در ما آغاز شده است.

بنابراین، انجیل بدون تردید، تاریخی، محوری، و بالاخره شخصی است.

انجیل شخصی است (وجودی)

آیه‌های ۸-۱۰ می‌گویند: «و آخر از همه بر من نیز، چون طفلی که غیرطبیعی زاده شده باشد، ظاهر گردید. زیرا من در میان رسولان کمترینم، و حتی شایسته نیستم رسول خوانده

شوم، چرا که کلیسای خدا را آزار می‌رسانیدم. اما به فیض خدا آنچه هستم، هستم و فیض او نسبت به من بی‌ثمر نبوده است. برعکس، من از همهٔ آنها سخت‌تر کار کردم، اما نه خودم، بلکه آن فیض خدا که با من است.» پولس از انجیل به مثابه چیزی یاد می‌کند که شخصاً تجربه‌اش کرده است- چیزی که باید بر ایمانداران قرنتس تأثیر داشته باشد. این صرفاً یک ایده یا دین نهادینه نیست. حتی طریقی برای نگریستن به جهان هم نیست. خبری تاریخی با نهایت تأثیر شخصی است. پولس با گفتن اینکه زمانی به کلیسا آزار می‌رسانده، داستان خود را بازگو می‌کند، و خود را به‌کلی فاقد شایستگی لازم برای دریافت فیض و لطف خدا می‌شمارد، اما جالب اینجاست که عیسی دقیقاً همان چیز را به او می‌بخشد. عیسی شخصاً خود را بر او ظاهر نمود. پولس به «بی‌ارزش بودن» خود اذعان دارد و حتی خودش را «کمترین همهٔ رسولان» می‌خواند. در نهایت این فیض رایگان خداست که از پولس کسی را می‌سازد که هست.

انجیل ایمانداران را از قرار گرفتن در مرکز زندگی‌شان کنار می‌زند. آنان متوجه بی‌ارزش بودن خود می‌شوند. آنها درمی‌یابند که هرچه هستند، به‌واسطهٔ فیض است و بس. اکنون انجیل به یک هویت بنیادین تبدیل شده است. مسیحیان بدون اینکه تلاش یا کاری کرده باشند، در رابطه‌ای کامل با خدا قرار گرفته‌اند و همهٔ مزایای یکی شدن با مسیح را تجربه می‌کنند. *تجسم* او بدین معناست که هرجا هستید، او همیشه به ملاقات‌تان می‌آید. زندگی کامل او بدین‌معناست که مسیحیان صرف‌نظر از توانایی‌شان در مذهبی بودن، به‌طور کامل از سوی خدا پذیرفته شده‌اند. مرگ *نیابتی* مسیح بدین‌معناست که مسیحیان دیگر لازم نیست از مجازات گناهان‌شان بترسند- او کل جریمه را بر دوش گرفته است. *تدفین* او بدین‌معناست که مرگش به‌جای دیگران، وهم نبود، و به‌جای آنها کسی دیگر با پیامدهای گناه‌شان روبه‌رو شد. *رستاخیز* او بدین‌معناست که مرگ مغلوب شده- یعنی دیگر قدرت و نیشش را از دست داده است. مسیحیان در نهایت به‌خاطر اتحادشان با مسیح، دوباره زنده خواهند شد.

ثمرهٔ این فیض رایگان و کامل این است که مسیحیان از یک زندگی کامل برخوردار هستند: آیهٔ ۱۰ می‌گوید: «اما به فیض خدا آنچه هستم، هستم و فیض او نسبت به من بی‌ثمر نبوده است. برعکس، من از همهٔ آنها سخت‌تر کار کردم، اما نه خودم، بلکه آن فیض خدا که با من است.» فیض خدا کاهلی به بار نمی‌آورد، بلکه عملاً در وجود ایماندار کار کرده، او را به مشارکت عمیق‌تر راهنمایی می‌کند. تجسم مسیح به ایمانداران الهام می‌بخشد تا دیگران را بر خود مقدم بشمارند. ایماندار خود را با دیگران وفق می‌دهد، زیرا شخصاً فیضی مشابه را تجربه کرده است. زندگی و تعالیم عیسی مردم را به‌سوی محبتی مجاب‌کننده و فداکارانه رهنمون می‌شود. مرگ او به افراد توانایی آزاد زیستن از قید احساس گناه و یقین در مورد پذیرش و تأیید از جانب خدا می‌بخشد. رستاخیز او به افراد قابلیت خطر کردن و نهراسیدن از رویارویی با مرگ، می‌دهد. دشمن اصلی مغلوب شده، بنابراین، همهٔ دشمنان فرعی ما هم قدرت‌شان را از دست داده‌اند. ایمانداران می‌توانند «سخت‌تر کار کنند»، اما نه برای کسب یا ساختن هویت یا امنیت- مسیحیان همهٔ اینها را از قبل دارند. ما حتی با قدرت خودمان هم کار نمی‌کنیم؛ بلکه «با فیض خدا که با [ما] است.»

در یکشنبهٔ رستاخیز، قیام مسیح در قلب داستانی جای گرفته که خدا آن را در قلب تاریخ جای داده است، و در اینجا به ما یادآوری می‌شود که این تنها چیزی است که واقعاً ارزش دارد که در مرکز زندگی ما قرار بگیرد. انجیل تاریخی است؛ این بسیاری از وقایع را قابل‌فهم می‌سازد. انجیل محوری است؛ در قلب مسیحیت قرار دارد. انجیل شخصی است؛ خبری است که باید با تمام وجود بدان اعتقاد داشت.

به‌عبارت دیگر، مسیحیت از صرفاً عقلانی یا احساسی بودن می‌پرهیزد. تنها بر واقعیت عینی تاریخی هم تأکید نمی‌ورزد، بلکه از طبیعت شخصیِ حقیقتش نیز سخن می‌گوید. فقط شهودی، و تنها برای اهل باطن هم نیست. خدا حقیقت را- حقیقت تاریخی رستاخیز- در دل انسان‌ها جای می‌دهد، تا آنان انجیل و مفاهیم ضمنی آن را بپذیرند.

۲۸

رستاخیز

اول قرنتیان ۱۵:۱۲-۳۴

اگر رستاخیز حقیقت است، پس برای آنانی که ایمان نمی‌آورند، همه چیز تغییر خواهد کرد. اگر رستاخیز راست است، پس بی‌ایمانی امری نامعقول می‌باشد. اگر عیسی از مردگان برخاسته، پس این واقعیت به موعظهٔ پولس اعتبار می‌بخشد. و اگر رستاخیز حقیقت *ندارد*، پس برای آنانی که ایمان دارند، همه چیز تغییر خواهد کرد. اگر رستاخیز دروغ است، پس ایمان امری نامعقول می‌باشد. اگر عیسی از مردگان برنخاسته، پس انجیل فاقد ارزش و اعتبار است.

تیموتی کلر رستاخیز را «محوری که داستان جهان حول آن می‌گردد» توصیف می‌کند. آموزهٔ رستاخیز در مورد نحوهٔ زندگی مردم مفاهیم ضمنیِ عمیقی دارد. رستاخیز مسیح در گذشته و رستاخیز انسان‌ها در آینده، اهمیت عملی زیادی برای اکنونِ ما دارد. شیوهٔ نگرش ما را نسبت به زندگی و مرگ، و تجربهٔ ما را از آنها تغییر می‌دهد. پولس بدین‌ترتیب به موضوع رستاخیز می‌پردازد:

- واقعیت‌های رستاخیز
- مفاهیم ضمنی رستاخیز
- کاربرد رستاخیز

واقعیت‌های رستاخیز (رستاخیز چیست؟)

اعتبار دفاعیاتی

مردم امروزی با پذیرش این ایده که کسی بتواند از مردگان برخیزد، مشکل دارند. این ادعا که انسان واقعاً بمیرد، دفن شود، و سه روز بعد بدون هیچ دخالت انسانی دوباره از مردگان

برخیزد، بسیار خیال‌پردازانه و باورنکردنی به نظر می‌رسد. مردم معمولاً تصور می‌کنند که ساده‌لوحیِ مردمان باستان سبب می‌شده که این پدیدهٔ باورنکردنی را باور کنند. با این حال، قدما هم به اندازهٔ امروزی‌ها با پذیرش رستاخیز مشکل داشته‌اند. مرگ، مرگ است- گذشتگان نیز تصور نمی‌کردند که پس از مرگ می‌توان به میل و ارادهٔ خود به زندگی بازگشت. رستاخیز به همان اندازه که برای انسان مدرن نامعقول است، برای انسان باستانی هم غیرطبیعی و دور از عقل می‌نمود. قرار نبوده کسی از مردگان برخیزد- و این صرف‌نظر از پیشینهٔ تاریخی و فرهنگی انسان‌ها یک حقیقت محض است. شک کردن کاملاً طبیعی و حتمی است، اما منحصر به زمانه ما نیست. حتی برای یونانیان هم که دیدگاهی عرفانی و دوگانه نسبت به جهان هستی داشتند و آن را به دو دنیای مادی و معنوی تقسیم می‌کردند، چنین تصوری غیرممکن بود. به‌عبارت دیگر، آنان روح را عالی و زیبا تلقی می‌کردند، اما جسم یا کالبد مادی را بد و پلید می‌انگاشتند. یونانیان، حتی یونانیانِ مسیحی، در جهان‌بینی‌شان جایی برای رستاخیز مادی و جسمانی عیسی نداشتند.

یهودیان چطور؟ اگرچه تصور بر این است که ایشان درکی قوی از موضوع رستاخیز داشتند، اما در عهدعتیق فقط دو اشارهٔ آشکار به رستاخیز شده بود- اشعیا ۱۹:۲۶ و دانیال ۱:۱۲و۲. شاید اشارات تلویحی بیشتری هم باشد، اما تنها در همین دو مورد است که همهٔ مفسران و پژوهشگران کتاب‌مقدس اتفاق‌نظر دارند. یهودیان عقیده داشتند که در پایان جهان همه چیز نو خواهد شد. آنان چشم‌انتظار آسمان و زمین جدیدی بودند که قرار است در پایان زمان به ظهور برسد و ایشان جسماً با بدن‌های مادی رستاخیز کنند. لیکن، در جهان‌بینی‌شان برای رستاخیز جسمانی و مادی، آن‌هم در میانهٔ تاریخ، جایی نداشتند.

شگفت‌آور این است که میزان شواهد مربوط به رستاخیز واقعاً قابل توجه است. حتی برخی از خداناباورانِ معروف هم به این اقرار کرده‌اند. آنتونی فلو، یکی از معتبرترین فیلسوفان خداناباور طی پنجاه، شصت، سال گذشته، مدعی است: «شواهد مربوط به رستاخیز از دیگر معجزاتِ مورد ادعای هر دین دیگری، محکم‌تر است. این پدیده به‌لحاظ کمیت و کیفیت، به‌طور قابل ملاحظه‌ای با شواهد ارائه شده برای بیشتر رویدادهای فرضاً اعجازآمیز دیگر، تفاوت دارد.»[1] فلو در نهایت خداباور شد، اما مسیحی نشد. او با وجودی که فکر می‌کرد شواهد محکمی دال بر رستاخیز وجود دارد، هرگز بدان ایمان نیاورد.

حتی اگر کسی به رستاخیز عقیده هم نداشته باشد، ولی دوست دارد که این پدیده حقیقت داشته باشد. اگر کسی دغدغهٔ عدالت، نظارت شایسته بر محیط زیست، و دیگر آرمان‌های بزرگ برای این دنیای مادی را در سر دارد، پس باور به رستاخیز برایش بستر و بینشی مناسب برای داشتن دنیایی بزرگتر یا بهتر، فراهم می‌سازد. اگر این زندگی به همین‌جا خلاصه می‌شود، دیگر چه انگیزه یا محرکی برای تلاش به جهت ساختن دنیایی بهتر یا بزرگتر باقی

1. Gary R. Habermas and Anthony Flew, Did the Resurrection Happen? (Downers Grove: InterVarsity Press, 2009), p. 85.

می‌ماند؟ ان. تی. رایت[1] می‌نویسد: «پیام رستاخیز این است که دنیا اهمیت دارد.» اعتقاد به رستاخیز، از کسی که می‌خواهد از حقیقت دفاع کند و بهترین ناظر و مباشر برای جهان باشد، پشتیبانی می‌کند.

محوریتِ آموزه‌ای

رستاخیز از آنچه مردم گمان می‌کنند، بااهمیت‌تر است. اگر مسیحیان به رستاخیز باور نداشته باشند، همه چیز فرومی‌ریزد، زیرا: ۱) در این صورت کاری که پولس به‌عنوان رسول انجام می‌دهد، بیهوده است، و ۲) خود ایمان مسیحی هم بیهوده است. «و اگر مسیح برنخاسته، هم وعظ ما باطل است، هم ایمان شما» (آیهٔ ۱۴). بنابراین، ۳) پولس دروغ‌گویی است که خدا را اشتباه معرفی می‌کند. «به‌علاوه، برای خدا شاهدان دروغین محسوب می‌شویم، زیرا دربارهٔ او شهادت داده‌ایم که مسیح را از مردگان برخیزانید، حال آنکه اگر مردگان برنمی‌خیزند، پس خدا او را برنخیزانیده است.» (آیهٔ ۱۵)

اگر رستاخیزی در کار نیست، ۴) ایمان مسیحی هم باطل است - زیرا هیچ چیزی را محقق نمی‌سازد، و بدین‌ترتیب معضل گناه همچنان به قوت خود باقی می‌ماند و باید برای آن راه‌حلی پیدا کرد. «و اگر مسیح برنخاسته، ایمان شما باطل است و شما همچنان در گناهان خود هستید» (آیهٔ ۱۷). ۵) وعده‌های آسمان جدید و زمین جدید هم پوچ و توخالی هستند - برای آنان که مرده‌اند، هیچ آخرتی وجود ندارد. «بلکه آنان نیز که در مسیح خفته‌اند، از دست رفته‌اند» (آیهٔ ۱۸). ۶) زندگی کنونی هم که مسیحیان تجربه می‌کنند، بی‌معنی و رقت‌انگیز است. «اگر تنها در این زندگی به مسیح امیدواریم، حال ما از همه دیگر آدمیان رقت‌انگیزتر است.» (آیهٔ ۱۹)

رستاخیز حقیقتی است که همهٔ چیزهای دیگر بدان وابسته می‌باشد. بدون آن خدمت مسیحی بی‌معنی، و ایمانِ شخصی بی‌اثر می‌شود و شخصیت خدا هم زیر سؤال می‌رود. مسیحیان همچنان محتاج رستگاری می‌مانند، هر مفهومی دال بر امید آینده، رنگ می‌بازد، و تجربهٔ کنونی‌مان هم بی‌معنا می‌شود. از سوی دیگر، اگر مسیح به‌راستی از مردگان برخاست، پس خلاف همهٔ اینها صادق است! قرنتیان اهمیت رستاخیز را جدی نگرفته بودند. آنان متوجه نبودند که بدون اعتبار رستاخیز، همه چیز فرومی‌پاشد. جالب اینجاست که تکهٔ دیگری از پازل را بیرون کشیده بودند که باعث شده بود آموزهٔ رستاخیز مسیح فروبپاشد. برای درک این نکته، لازم است در رابطه با درک ایشان از رستاخیز، قدری این طبقه‌بندی را وسیع‌تر[2] کنیم.

توسعهٔ طبقه‌بندی

رستاخیز مقوله‌ای است بزرگ‌تر از آنچه مردم گمان می‌کنند. مردم تصور می‌کنند که آموزهٔ مسیحی رستاخیز به رستاخیز مسیح در گذشته مربوط می‌شود. چنین است، اما بیش از این

---

1. N. T. Wright; 2. Categorical Expansion

نیز هست. آموزهٔ مسیحی رستاخیز شامل این اعتقاد می‌شود که نه تنها مسیح در گذشته از مرگ برخاسته، بلکه همهٔ ایمانداران نیز در آینده برخواهند خاست. طبق متن مورد بررسی این فصل، مسیح "نوبر" کار قیام‌بخش خداست (آیهٔ ۲۳) که در آینده، وقتی او بازگردد به کمال خواهد رسید. این تعلیم بنیادین مسیحی است، و آن را می‌توان در اعتقادنامهٔ رسولان نیز یافت: «من ایمان دارم به رستاخیز بدن.» متأسفانه بسیاری از مسیحیان از این آموزه آگاه نیستند. دیدگاه بسیاری از مسیحیان در مورد آینده، غیرکتاب‌مقدسی است. مقصود خدا این نیست که مسیحیان همچون ارواح سرگردان در آسمان پرواز کنند، بلکه می‌خواهد به‌عنوان اشخاصی کامل، و برخوردار از جسم و روح، تا ابد با او زندگی کنند. از این‌رو، درک مسیحی از رستاخیز باید افراد را نه صرفاً آن‌جهانی، که این‌جهانی‌تر کند. این آموزه تعابیر ضمنی عمیقی برای چگونه زیستن دارد، دقیقاً به این خاطر که درک مسیحی از مرگ را در پرتو رستاخیز تعریف می‌کند.

مفاهیم ضمنی رستاخیز
(آیا از لحاظ وجودی رستاخیز امری محتمل است؟)

معضل مرگ

همه باید به یکی از روش‌های زیر با واقعیت مرگ کنار بیایند. مردم می‌توانند ۱) با نادیده گرفتن واقعیت مرگ و خودداری از صحبت کردن در مورد آن، منفعلانه مرگ را منکر شوند، ۲) با دفاع از خود در برابر نشانه‌های نزدیک شدن سریع مرگ، از طریق رژیم غذایی فعالانه با آن بجنگند، یا ۳) با تحریف روان‌شناختی مرگ و تبدیل آن به چیزی که واقعاً نیست، به‌طرزی غم‌انگیز آن را بپذیرند. قرنتیان حتی سعی داشتند با مرگ کنار بیایند. طبق آیهٔ ۲۹ آنها به نیابت از مردگان تعمید می‌گرفتند.[1] پولس آشکارا ایشان را به‌خاطر این رسم محکوم نمی‌کند، اما در عین حال از آن چشم‌پوشی هم نمی‌کند. او این عمل را علیه آنها به‌کار می‌گیرد.

---

۱. بلومبرگ این عمل را «نوعی تعمید وکالتی» می‌نامد که پدران کلیسای اولیه (ترتولیان، کریسوستوم، اپیفانیوس، فیلاستر) در ارتباط با رسمی که در خلال سدهٔ دوم در میان گروه‌های ناستیکی شایع بود، به آن اشاره می‌کنند. «با توجه به تمایلات قرنتیان به باورها و رسوم اولیهٔ ناستیکی، تصور عملی مشابه در کلیسای قرنتس- دستِ‌کم در میان تعدادی اندک- سدهٔ یکم، چندان دشوار نیست. پولس نه این عمل را محکوم می‌کند نه از آن چشم‌پوشی می‌نماید، اما چنین استدلال می‌کند که اگر مسیح برنخاسته، این کاری بی‌ربط است. به‌عبارت دیگر، آنانی که مردم را به نیابت از طرف مردگان تعمید می‌دهند، متناقض با الاهیات‌شان- یعنی انکار رستاخیز- عمل می‌کنند. قرنتیان شاید به‌درستی پاسخ داده بودند که چنین تعمیدهایی را به‌خاطر روان‌های فاقد بدن انجام می‌دهند، اما پولس متقاعد شده که بدون بدن، اصلاً حیاتی نخواهد بود» (بلومبرگ، اول قرنتیان، ص. ۲۹۹). گارلند هم در ارتباط با انگیزه‌هایی که قرنتیان را به تعمید دادن به نیابت از مردگان وا می‌داشت، گزینه‌هایی پیشنهاد کرده است: «تا در جهان مردگان برای درگذشتگان مکانی مطالبه نمایند (دماریس، ۱۹۹۵ الف: ص. ۶۷۹)، با شریک ساختن مردگان‌شان در پادشاهی مسیحایی، در برابر تهدید ریاست‌ها و قدرت‌های متخاصم کیهانی از آنها دفاع کنند (شوارتزر، ۱۹۳۱: صص. ۲۷۹و۲۸۵)، یا کلاً مردگان را از مزایای روحانی نجات خودشان بهره‌مند سازند (ر.ک. دوم مکابیان ۱۲:۴۳- ۴۵)» (اول قرنتیان، ص. ۷۱۶).

همه باید با آنچه که پس از مرگ اتفاق می‌افتد، کنار بیایند و برای درک این مقوله هم سه توضیح عمده وجود دارد. ۱) پس از مرگ جسم و روح دیگر وجود نخواهند داشت (مکتب لذت‌گرایی/ بقا). در این دیدگاه، چیزی فرای زندگی این‌جهانی وجود ندارد، پس این موضع اغلب به لذت‌گرایی منتهی می‌شود. «بیایید بخوریم و بنوشیم زیرا فردا می‌میریم» (آیهٔ ۳۲). اگر کسی دیگر وجود نداشته باشد، پس آنچه اهمیت دارد، زنده‌ماندن و زیاده‌روی است. با وجودی که بسیاری از پیروان این دیدگاه، دست بر قضا آدم‌های درست و اخلاق‌مداری هستند، اما برای اخلاق یا انسان‌دوستی‌شان مبنای استواری ندارند. ۲) بدن دیگر وجود نخواهد داشت، اما روح به زندگی خود ادامه خواهد داد (دوگانه‌انگاری/ عرفان). بسیاری از قدما بر این باور بودند که بدن ذاتاً بد است، لیکن روح ذاتاً نیکو می‌باشد. این دیدگاه هنوز، و حتی در میان مسیحیان هم به قوت خود باقی است. دیدگاه مزبور می‌تواند به‌نوعی سبب شود انسان از واقعیت بگریزد و جهان مادی را نادیده بگیرد. ۳) جسم و روح به‌واسطهٔ رستاخیز، به وجود خود ادامه می‌دهند (جامع‌نگری). این همان دیدگاهی است که کلام خدا ارائه می‌کند، اما به‌خاطر فراگیر بودن و قطعیت مرگ، درک این دیدگاه تقریباً ناممکن می‌باشد. دلیلی ندارد که باور کنیم کلیت وجود انسان، اعم از جسم و روح، در مقطعی از آینده به حیات خود ادامه خواهند داد، مگر اینکه با دلیل و برهان اعتقاد داشته باشیم که مرگ مغلوب شده است. این دقیقاً همان چیزی است که کتاب‌مقدس اظهار می‌دارد- نیروی رستاخیز عیسای مسیح، مرگ را در کام خود بلعیده است.

شکست مرگ

«اما مسیح به‌راستی از مردگان برخاسته و نوبر خفتگان شده است. زیرا همان‌گونه که مرگ از طریق یک انسان آمد، رستاخیز مردگان نیز از طریق یک انسان پدیدار گشت. زیرا همان‌گونه که در آدم همه می‌میرند، در مسیح نیز همه زنده خواهند شد. اما هر کس به نوبهٔ خود: نخست مسیح که نوبر بود؛ و بعد، به هنگام آمدن او، آنان که متعلق به اویند» (آیه‌های ۲۰-۲۳). رستاخیز مسیح رویدادی یک‌باره نبود که دیگر هرگز تکرار نشود؛ آن فقط "نوبر" نقشه‌ای بزرگتر بود. به زبان کشاورزی، "نوبر" اولین میوه‌ای است که چیده می‌شود و خبر از آمدن موسم برداشت می‌دهد. اگر نوبر خوب باشد، نشانه‌ای است مثبت از اینکه باقی محصول هم خوب خواهد بود. رستاخیز مسیح تنها سرآغاز نقشهٔ بزرگتر خدا است. آدم به‌عنوان نمایندهٔ مرکزیِ قوم خود (یعنی بشریت) عمل کرد، و همه به‌خاطر سقوط او به ورطهٔ گناه، وارث مرگ شدند. عیسی به‌عنوان سر و نمایندهٔ مرکزیِ قوم خود عمل کرد، و در او همه می‌توانند رستاخیز و زندگی دوباره را به ارث ببرند، زیرا او مرگ را مغلوب ساخت.

پیروزی زندگی

> سپس پایان فرا خواهد رسید، یعنی آنگاه که پس از برانداختن هر ریاست و قدرت و نیرویی، پادشاهی را به خدای پدر سپارد. زیرا او باید تا زمانی که پا بر

> همه دشـمنانش بگذارد، حکم براند. دشـمن آخر که باید از میان برداشته شود، مرگ اسـت. زیرا خدا «همه چیز را زیر پاهای او نهاد.» اما وقتی گفته می‌شـود «همه‌چیز» زیر پاهای او نهاده شد، روشن است که این خود خدا را که همه چیز را زیر پاهای مسـیح نهاد، دربرنمی‌گیرد. هنگامـی که همه چیز مطیع او گردید، خود پسر نیز مطیع آن کس خواهد شد که همه چیز را زیر پاهای او نهاد، تا خدا کل در کل باشد. (آیه‌های ۲۴-۲۸)

انسان‌ها در زمانی میان رستاخیز تاریخی مسیح در گذشته، و بازگشت تاریخی او در آینده زندگی می‌کنند، اما برای مسـیحیان مهم است که به دیدی که خدا از آینده دارد- یعنی نقشهٔ زمان آخر برای این دنیا- پایبند بمانند. سـرانجام عیسی هر فرمانروا، اقتدار و قدرتی را که با مرگ، گناه و تباهی در ارتباط اسـت، نابود خواهد کرد و در پی آن دنیایی رها از مرگ و گناه و تباهی را پایه‌گذاری خواهد نمود. در نظم زیبا و فداکارانهٔ تثلیث، پدر پسـر را می‌فرستد تا کارش را به کمال برساند، و پسر هم با طیب خاطر آن را به انجام می‌رساند و بعد آن را به پدر تقدیم می‌کند. در نهایت، پیروزی زندگی را می‌توان در این واقعیت دید که خدا «کل در کل» است. روزی خواهد آمد که دیگر مرگی نخواهد بود، و تنها زندگی جاودان است که خدا آن را به رایگان در اختیار بشـر قرار خواهد داد. مسلماً به محض اینکه از آخرت‌شناسی، آینده و مغلوب‌شدن مرگ سخن به میان آید، درک محدود بشری به قلقلک خواهد افتاد. با این‌حال، آموزهٔ رستاخیز می‌تواند در زندگی همهٔ انسان‌ها عمیقاً کاربرد داشته باشد. خدا برای ورود به زندگی مردم روشی دارد، بدین‌ترتیب که با رویداد نیرومند، درهم‌کوبنده و شکافندهٔ رستاخیز وارد می‌شـود. او برای تکان‌دادنِ امور روش خود را دارد، اما در همین لحظات اسـت که با پیامدهای قدرتمند رستاخیز ایمانداران را بنا می‌کند.

کاربرد رستاخیز
(رستاخیز روش زندگی را چگونه تغییر می‌دهد؟)

تنهـا راه غلبه بر مرگ، درد، زخم‌ها، گناهان و کشـمکش‌ها درک کاربرد ژرف و درونیِ آموزهٔ رستاخیز است.

اگر رستاخیز دروغ باشد ...

انسـان‌ها می‌توانند حقیقی بودنِ رسـتاخیز را باور داشـته یا نداشته باشـند، اما اگر به حقیقی بودنِ رسـتاخیز اعتقاد نداشـته باشـند و دیدگاه خود را از نتیجه‌گیری منطقی این بی‌اعتقادی اخذ کنند، دیگر هیچ امیدی به آینده نخواهند داشـت. آن‌وقت این زندگی تمامی داراییِ انسـان اسـت، که ممکن است در یک دم نابود شود. انسـان باید نهایت تلاش خود را برای به‌دسـت آوردن هرآنچه می‌توان از زندگی کسـب کرد، بکند. شاید این همان درک

لذت‌گراییِ افراطی از زندگی باشد (اینکه حاضر باشی برای موضوعات پیش‌پاافتاده خود را به آب و آتش بزنی). «اگر مردگان برنمی‌خیزند، "بیایید بخوریم و بنوشیم زیرا فردا می‌میریم"» (آیهٔ ۳۲). اگر کسی به حقیقی بودنِ رستاخیز باور نداشته باشد، معنای زندگی‌اش در ورای این لحظه، بر چه مبنایی استوار است؟ ناگزیر است درگیر بازی بی‌پایانِ صیانت نَفْس شود. این ممکن است باعث شود که شخص آن‌قدر مشغول صیانت از خود شود که برای مایه گذاشتن روی مسائل حیاتی، تمایلی نداشته باشد. اگر این همهٔ داراییِ انسان است و مرگ هم ناگزیر است، پس مجبور است آنچه را دارد با چنگ و دندان حفظ کند، حتی اگر به بهای از دست رفتن روابط و چنگ زدن به زندگی تمام شود. جالب اینکه، افراد در مسیری میان کاوش‌گری و صیانت نَفْس پس و پیش می‌روند. می‌خواهند در دنیا همه چیز داشته باشند، اما هرچه در این دنیاست، تهدیدی بالقوه برای بقای آنها به‌شمار می‌رود. اگر همهٔ داستان همین است، پس هم باید همهٔ دنیا را داشته باشند و هم باید از آن به هر قیمتی که شده، دوری کنند.

اگر رستاخیز راست باشد ...

مسیحیان امیدی ژرف دارند. «رستاخیز یعنی امید بی‌پایان، اما هیچ رستاخیزی به معنای پایان نومیدانه نیست.» صرف‌نظر از آنچه ایماندار در این دنیا با آن روبه‌رو می‌شود، می‌داند که در نهایت این دنیا تعیین‌کننده نیست- این همهٔ داستان نیست. به همین ترتیب، زمانی که عزیزی درمی‌گذرد، اندوه کامل همهٔ وجود ما را پر نمی‌سازد، بلکه ته دل‌مان شادی توأم با انتظار موج می‌زند. افراد در زندگی خطر می‌کنند (آمادگی دارند تا برای موضوعات حیاتی از خود مایه بگذارند). «و یا چرا ما هر ساعت جان خود را به خطر می‌اندازیم؟ به فخری که در خداوندمان مسیح عیسی در مورد شما دارم قسم که من هر روز به کام مرگ می‌روم. اگر جنگ من با وحوش در افسس تنها به دلایل بشری بوده است، چه سودی از آن برده‌ام؟» (آیه‌های ۳۰-۳۲الف). مسیحیان نباید خود را درگیر صیانت از نَفْس کنند، زیرا در نهایت نمی‌توانند آن را از دست بدهند. حتی از دست دادن جان، در نهایت از دست رفتن محسوب نمی‌شود. مسیحیان می‌توانند بدون ترس غایی به چشمان مرگ خیره شوند. جالب آنکه، رستاخیز به مسیحیان چیزی می‌دهد که لذت‌گرایی و خود-کاوی تنها وعده‌اش را می‌دهند: توانایی زندگی کردن و لذت کامل بردن از زندگی، بدون ترس و واهمه. مسیحیان می‌توانند با تسلط اخلاقی بیشتری (عدم تمایل به بها دادن بیش از اندازه به مسائل پیش‌پاافتاده) رفتار کنند. «اگر مردگان برنمی‌خیزند، "بیایید بخوریم و بنوشیم زیرا فردا می‌میریم." فریب مخورید: "معاشر بد، اخلاق خوب را فاسد می‌سازد"» (آیه‌های ۳۲ب-۳۳). از آنجایی که این زندگی پایان همه چیز نیست، انسان‌ها می‌توانند امور بی‌اهمیت زندگی را جدی نگیرند. از این گذشته، مسیحیان می‌توانند نسبت به آنچه که واقعاً ماندگار است، دیدگاه درستی داشته باشند. رستاخیز به‌جای پدیدآوردنِ حس پرهیزکاریِ خوش‌باورانه، چارچوبی برای درک اهمیت زندگی پارسایانه در زمان حال ارائه می‌دهد، چیزی که درک طبیعت‌گرایانه از زندگی چندان قادر به ارائه‌اش نیست.

اما اشکال کار در این است که گسستی در این میان وجود دارد: «سر عقل بیایید و دیگر گناه مکنید؛ زیرا هستند بعضی که خدا را نمی‌شناسند. این را می‌گویم تا شرمنده شوید.» (آیهٔ ۳۴). بسیاری از کسانی که شناختی صرفاً عقلانی از رستاخیز دارند، از معرفت دگرگون‌کننده بی‌بهره‌اند. پولس این را با کودنی مست- که عملاً بدون امید به رستاخیز زندگی می‌کند- مقایسه می‌نماید. ولی توجه داشته باشید که پولس چیزی بیش از آنچه هم‌اکنون در مسیح دارند، بدیشان ارائه نمی‌دهد. چنان نیست که گویی چیزی ژرف‌تر از مرگ و رستاخیز مسیح وجود داشته باشد. پولس می‌کوشد توجه ایشان را به حماقتِ غافل‌شدن از اهمیت فوق‌العادهٔ زندگی کنونی‌شان، پس از رستاخیز مسیح، جلب کند. به‌عبارت دیگر، به چیز بیشتری نیاز نیست- تنها باید آنچه را که هم‌اکنون داریم، بیشتر و ژرف‌تر بکاویم. ما امیدی داریم که به ما توانایی زندگی پرمخاطره و همراه با تسلط اخلاقی را می‌دهد، زیرا مرگ مغلوب شده است!

روایت رستاخیز داستانی را برای ما بازگو می‌کند که پایانی بس زیبا و شاد دارد. پایان تاریخ نجات این است: خدا پیروز است و همهٔ آنانی که با مسیح متحد شده‌اند نیز با او پیروز می‌شوند. او کل جهان را، چنان که از ابتدا مقصود بود، احیا خواهد کرد، و هر تباهی را از میان برخواهد داشت. رستاخیز تصویری است از آنچه در آینده خواهیم دید. چرا با مواجهه با مسئلهٔ رنج مشکل داریم؟ چرا با مرگ مشکل داریم؟ چرا نگران از دست دادن پول یا شغل خود هستیم؟ اینها مشکل‌اند، چون ما فکر می‌کنیم که این دنیای درهم‌شکسته تنها دنیایی است که قرار است تا آخر تجربه کنیم. ما به یقینی بزرگتر نیاز داریم. و پولس سعی در بیان این نکته دارد که هم‌اکنون و به‌واسطهٔ زندگی، مرگ و رستاخیز عیسای مسیح، یقین بزرگتر تنفیذ و متبلور شده است. ما زندگی پس از رستاخیز را همچون هدیه‌ای به میراث برده‌ایم- قدرتی که پیشاپیش و به‌واسطهٔ ایمان به عیسی به ما ارث رسیده است و به ما کمک می‌کند چشم در چشم رنج و مرگ بدوزیم و امید را ببینیم. در نهایت، به‌خاطر کاری که عیسای مسیح به انجام رسانده، مرگ پیروز میدان نیست. امکان ندارد که بتوانیم شکست بخوریم یا خودمان را بازنده به حساب بیاوریم. چون عیسی همه چیز را به‌خاطر ما باخت، پس نهایتاً دیگر چیزی نیست که ببازیم.

۲۹

بدن رستاخیزیافته

اول قرنتیان ۱۵:۳۵-۴۹

آیا آموزهٔ مسیحی رستاخیز منطقی است؟ در کجا با دنیای کنونی همپوشانی و تداوم دارد؟ در کجا تداوم ندارد؟ آیا آموزهٔ مسیحی رستاخیز مردگان اهمیتی کاربردی دارد؟ پولس با تمرکز بر موضوع رستاخیز بدن به بحث خود ادامه می‌دهد. او با قرنتیان در مورد این ادعا که وقتی مسیح بازگردد همهٔ مسیحیان از مردگان خواهند برخاست، صحبت می‌کند. در اصل، اگر عیسی از مردگان برخاست، در پی‌اش همهٔ کسانی که در او هستند نیز خواهند برخاست. اگر او مرگ را مغلوب ساخته، پس در نهایت مرگ بر زندگی آنانی که بدو تعلق دارند، فرمانروایی نخواهد کرد. او "نوبر" است (۱۵:۲۰و۲۳)؛ اولین نمونه از بسیارانی که از مردگان خواهند برخاست. اگر عیسی از مردگان برنخاست، پس معنایش این است که راه گریزی از مرگ یا امید به چیزی ورای زندگی کنونی وجود ندارد. اما از آنجایی که مسیح از مردگان برخاسته، مسیحیان باید بکوشند ادعای او را مبنی بر اینکه پیروانش را نیز قیام خواهد بخشید، درک کنند.

مهمترین مفهوم ضمنی آیه‌های مورد بررسی این فصل، اهمیت بدن است. اساساً نحوهٔ نگرش ما به بدن‌مان، شیوهٔ اندیشیدن و زیستن‌مان را شکل می‌دهد. اگر بدن فاقد اهمیت باشد، یا عاقبت ما را به فرار از واقعیت و تصوف می‌کشد، یا به لذت‌گرایی افسارگسیخته می‌انجامد. دنیای مادی اهمیت نخواهد داشت. با این‌حال، امروزه بسیاری شروع به تشخیص اهمیت بدن کرده‌اند. این را می‌توان از خوردن غذاهای سالم، ورزش کردن و اهمیت قایل شدن برای محیط زیست دریافت. مسیحیت تاریخی استوارترین چارچوب را برای پیگیری سلامت مادیِ جسم و صحت کامل فراهم می‌سازد. در واقع، این برخلاف باور رایج است و با خیلی از آداب مسیحی امروزی هم منافات دارد. اما اگر انسان‌ها از تعالیم کتاب‌مقدس پیروی کنند و به آن اجازه دهند خودش سخن بگوید، احتمالاً از آنچه خواهند یافت به‌طرز

خوشایندی شـگفت‌زده خواهند شد. فلانری اوکانر در جایی گفته: «برای من تولد از باکره، تجسم و رستاخیز قوانین حقیقی جسـم و ماده هستند. مرگ، تباهی و ویرانی وقفه‌هایی در این قوانین به‌شمار می‌روند. من همیشه از تأکید کلیسا بر بدن بهت‌زده می‌شوم. به‌زعم کلیسا، این روح نیست که برمی‌خیزد، بلکه بدن جلال‌یافته است.»[1] آیات مورد بحث این فصل را در سه بخش بررسی خواهیم کرد:

- رستاخیز قابل‌فهم است
- رستاخیز فراتر از درک است
- رستاخیز به‌طرز وصف‌ناپذیری زیبا است

رستاخیز قابل‌فهم است (آیه‌های ۳۵-۴۱)

نخسـتین ملاحظهٔ قابل‌توجه این اسـت که رستاخیز قابل‌فهم اسـت. به‌عبارت دیگر، رسـتاخیز امری طبیعی است. میان رسـتاخیز و آنچه به‌طور معمول در دنیای روزمره شاهد هستیم، تداومی وجود دارد. از این نظر، رستاخیز حتی با وجود دور از فهم بودنش، قابل‌فهم است.

«اما شـاید کسـی بپرسـد: "مردگان چگونه برمی‌خیزند و با چه نـوع بدنی می‌آیند؟"» (آیهٔ ۳۵). قرنتیان با اعتقاد به این که چون مسـیح جسماً قیام کرده، پس همهٔ مسیحیان هم با بدنی جسمانی از مردگان خواهند برخاست، مشکل داشتند. آنان برای زندگی روح مفهومی نامحدود و بی‌انتها قایل بودند، اما نمی‌توانسـتند درک کنند که جسـم هم بتواند تا ابد زنده بماند.[2] آنها درکی دوگانه از وجود انسـان داشـتند. روح را- بخش غیرمادی وجود انسان- نیکو و نامیرا می‌دانسـتند، اما جسـم را- یعنی بخش مادی وجود انسان- شریر و میرا تلقی می‌کردند. هدف این بود که از بند تنِ محدود و پلشت رها شوند، تا روح بتواند پاکی و ابدیت را تجربه کند. این اعتقاد هنوز هم وجود دارد. بسیاری بر این باورند که بدن تنها ظرفی برای روح اسـت. مرگ را خلاص از جسـم فانی می‌بینند. روح به عالم اعلا، جایی که سرانجام افراد در آن آزاد هسـتند، صعود می‌کند. این دیدگاه نادرست در میان مسیحیانی که آسمان را دارای ماهیتی روحانی و بدون جسـم و در دنیایی دیگر تصور می‌کنند، نیز شایع است. اکثر روح‌گرایان (و پیروان دین‌های دیگر) هم قایل به چنین عقیده‌ای هسـتند. پولس می‌خواهد با این سوءبرداشـت در مورد جسـم و نهایتاً رستاخیز بدن، مقابله کند، و این کار را با مطرح ساختن دو اسـتدلال در آیه‌های ۳۵-۴۱، انجام می‌دهد: ۱) رستاخیز بدن در راستای مفهوم *تغییر کیفیت* قرار دارد (آیه‌های ۳۶-۳۸)؛ ۲) رسـتاخیز بدن در راستای مفهوم *تنوع/ تفاوتِ نوع* قرار دارد (آیه‌های ۳۹-۴۱).

1. Flannery O'Connor, The Habit of Being (Toronto: HarperCollins, 1979), p. 100.

2. Gordon D, Fee, The First Epistle to the Corinthians, The New International Commentary of the New Testament (Grand Rapids: Eerdmans, 1989), p. 779.

۱. رستاخیز بدن در راستای مفهوم تغییر کیفیت قرار دارد. آیه‌های ۳۶-۳۸ می‌گویند: «چه سؤال ابلهانه‌ای! آنچه می‌کاری، تا نمیرد زنده نمی‌شود. هنگامی که چیزی می‌کاری، کالبدی را که بعد ظاهر خواهد شد نمی‌کاری، بلکه تنها دانه را می‌کاری، خواه گندم خواه دانه‌های دیگر. اما خدا کالبدی را که خود تعیین کرده است، بدان می‌بخشد و هر نوع دانه را کالبدی مخصوص به خود عطا می‌کند.» کاملاً طبیعی است که تصور کنیم انسانی که مرد دیگر برنمی‌خیزد. بسیاری از انسان‌ها هیچ تجربهٔ بی‌واسطه‌ای از رستاخیز ندارند؛ قرنتیان نیز همین‌طور بودند. پولس روی موضوع تبدیل و تغییر انگشت می‌گذارد. *تبدیل برخلاف انتظار است*. پولس از مثال دانه‌ای استفاده می‌کنند که پس از کاشته شدن در زمین، جوانه می‌زند و به چیزی کاملاً متفاوت با آنچه در آغاز بوده، تبدیل می‌شود. دانه اول می‌میرد و بعد دگرگون می‌شود. DNA همان است، اما در این میان تبدیلی صورت گرفته است. تبدیل در زندگی خود ما هم برخلاف انتظار است. معمولاً تبدیل و تغییرِ هدفمند در لحظات بحرانی اتفاق می‌افتند. زندگی اغلب از آنچه که مرگ به نظر می‌رسد، پدید می‌آید. پس ایدهٔ شکل‌گیری زندگی از بطن مرگ، خود اثبات می‌کند که مفهومی کاملاً قابل‌فهم است. تبدیل از حیطهٔ کنترل شخص خارج است. دانه را در زمین دفن می‌کنند و به دست نیروهایی خارج از کنترل می‌سپارند؛ دانه به خاک مناسب و رطوبت کافی نیاز دارد. این خداست که در کار تبدیل عمل می‌کند. «خدا کالبدی را که خود تعیین کرده است، بدان می‌بخشد و هر نوع دانه را کالبدی مخصوص به خود عطا می‌کند» (آیهٔ ۳۸). این خداست که به دانه کالبد می‌بخشد، و این خداست که به درخت بدن می‌دهد. این خداست که به ما بدن‌هایمان را بخشیده است؛ و باز این خداست که بدن‌های رستاخیزیافته را به ما ارزانی می‌دارد. خدا تبدیلِ کیفیت را که امری قابل‌فهم، اما به دلیل خارج بودنش از کنترل ما، با درک‌مان بیگانه است، فراهم می‌کند.

۲. رستاخیز بدن در راستای مفهوم تنوع/ *تفاوتِ نوع* قرار دارد. آیه‌های ۳۹-۴۱ چنین می‌گویند: «همهٔ جسم‌ها یکی نیستند. آدمیان را یک نوع جسم است، حیوانات را نوعی دیگر، و پرندگان را نوعی دیگر؛ ماهی‌ها نیز دارای نوعی دیگر از جسم‌اند. به همین‌سان، کالبدهای آسمانی وجود دارد و کالبدهای زمینی. اما جلال کالبدهای آسمانی از یک نوع است و جلال کالبدهای زمینی از نوعی دیگر. خورشید جلال خاص خود را دارد، ماه جلالی دیگر، و ستارگان نیز جلالی دیگر؛ جلال هر ستاره نیز با جلال ستارهٔ دیگر متفاوت است.» به بیان پولس، اینکه شخص نمی‌تواند بدنی متفاوت با بدن خود را تصور کند، بدان معنا نیست که امری محال است. خدا همه نوع بدن را آفریده است. هر بدنی متناسب با محیطی است که در آن زندگی می‌کند- جانوران برای خشکی، پرندگان برای آسمان و ماهیان برای دریا. آفرینندهٔ همهٔ بدن‌ها خداست. خدا انواع بدن‌های متفاوت و ویژه را برای محیط‌های خاص یا زیستگاه‌های طبیعی گوناگون آفریده است. همین تنوع قابل مشاهده و درخور توجه

باید باعث شود که باور کنیم خدا توانایی آفریدن بدنی انسانی، با کیفیتی متفاوت با بدن‌های خاکی ما، دارد. پولس به روشی راهبردی از استعاره‌ها و مثال‌هایی از جهان طبیعی بهره می‌گیرد تا قابل‌فهم‌بودنِ رستاخیز را توضیح دهد.
اما به‌رغم اینکه رستاخیز از بسیاری جهات با این دنیا همراستا است، فراتر از درک ما نیز هست. به‌عبارت دیگر، به همان اندازه که در تداوم این دنیا قرار دارد، فاقد تداوم با آن هم هست. ما نمی‌توانیم پیش‌بینی کنیم که این بدن رستاخیز یافته چه شکلی خواهد بود، زیرا خارج از حیطهٔ تجربه ما است.

رستاخیز فراتر از درک است (آیه‌های ۴۲-۴۶)

رستاخیز در عین حال که قابل‌فهم است، فراتر از فهم نیز می‌باشد. رستاخیز طبیعی است، اما فراطبیعی هم هست. رستاخیز شبیه چیزی از جنس این دنیاست، اما به هیچ چیز این دنیا شباهت ندارد.

تغییری غیرقابل‌فهم در کیفیت روی می‌دهد و بدن *از فسادپذیر به فسادناپذیر* تغییر می‌یابد. «در مورد رستاخیز مردگان نیز چنین است. آنچه کاشته می‌شود، فسادپذیر است؛ آنچه برمی‌خیزد، فسادناپذیر. در ذلت کاشته می‌شود، در جلال برمی‌خیزد. در ضعف کاشته می‌شود، در قوت برمی‌خیزد» (آیه‌های ۴۲و۴۳). با وجودی که خواننده می‌تواند بفهمد که تبدیل در برخی موارد رخ می‌دهد، اما درک اینکه چطور ممکن است بدنی فسادپذیر، بی‌حرمت و ضعیف، به کالبدی فسادناپذیر، جلال‌یافته و قوی تبدیل شود، غیرممکن است. همهٔ انسان‌ها سودای فسادناپذیری را در سر دارند. ما از مشاهدهٔ صنایع بهداشتی و آرایشی درمی‌یابیم که بسیاری از مردم برای نبرد با مرگ با وسایل گوناگون، در تکاپو هستند زیرا می‌دانند که بدن‌هاشان به‌شدت شکننده‌اند. اگر راهی بود که بدن‌های فسادپذیر به بدن‌های فسادناپذیر تبدیل شوند، احتمالاً تا حالا این راه پیدا شده بود! اما افراد برای طولانی‌تر کردن عمرشان دست به هر تلاشی می‌زنند. رستاخیز جسمانی مدعی است که مسیحیان از مردگان برخواهند خاست و کیفیت بدن‌هاشان هم- از فسادپذیری، بی‌حرمتی و ضعف، به فسادناپذیری، جلال و قوت- تغییر خواهد کرد. مسیحیت نیز بر آرزوی بشر برای غلبه بر مرگ، بیماری، پیری و فساد صحه می‌گذارد، اما راه‌حل را نه گریز از کالبد مادی، که تبدیلِ خود کالبد می‌داند!

در نوع- *از طبیعی به فراطبیعی*- هم تغییری فراتر از فهم به‌وجود خواهد آمد. آیه‌های ۴۴-۴۶ چنین می‌گویند: «بدن نفسانی کاشته می‌شود، بدن روحانی برمی‌خیزد. اگر بدن نفسانی وجود دارد، بدن روحانی نیز وجود دارد. چنانکه نوشته شده است: "انسان اول، یعنی آدم، نَفْس زنده گشت"؛ آدم آخر، روح حیات‌بخش شد. ولی روحانی اول نیامد بلکه نفسانی آمد، و پس از آن روحانی.» تبدیلِ بدن شامل دمیده‌شدن روح حیات‌بخش عیسی به کالبد رستاخیزیافته می‌شود. این همان انتقال از بدن طبیعی به بدن فراطبیعی است. این همان انتقال از میرا به نامیراست. ولی بدن هنوز وجود دارد. بدن رستاخیزیافتهٔ عیسی را

که نزدیکترین چیز به مواجهه با بدنی رستاخیزیافته است، در نظر بگیرید.[1] او انسان بود؛ او قابل شناسایی بود؛ جای زخم‌ها همچنان روی بدنش بود؛ ماهی خورد. اما بدنش از کیفیتی فراطبیعی نیز برخوردار بود، چون از دیوار عبور می‌کرد! این فرای درک عادی بشر است. چیزی است که بسیاری از مردم دوست دارند حقیقی بودنش را باور کنند. چیزی است که احتمالاً باور کردنش برای آنان دشوار است، زیرا با عقل جور درنمی‌آید. آنچه مسیحیان دربارهٔ بدن باور دارند، به‌راستی اهمیت دارد. اگر بر این باورند که با مرگ کار بدن به پایان می‌رسد، به احتمال نزدیک به یقین اهل فرار از واقعیت‌اند. مسیحیان ممکن است به هر دو ورطهٔ افراط و تفریط سقوط کنند. به هر روی چرا باید به بدن اهمیت داد؟ مرگ را نمی‌شود مغلوب کرد! در بهترین شرایط فقط می‌توان چند سالی آن را به تعویق افکند. به همین ترتیب، چرا باید به زمین اهمیت داد؟ زمین رو به تباهی است و با شتاب به‌سوی ویرانی پیش می‌رود! اگر مردم اعتقاد داشته باشند که بدن اهمیت جاودانی دارد، می‌توانند با مرگ بجنگند، چون همین حالا هم مرگ شکست خورده است. می‌توان از دنیای آفریده هم به‌خوبی نگهداری کرد، زیرا اهمیتی پایدار دارد. بدن هم مانند همهٔ چیزهای مادی این جهان، چیزی نیست که باید از آن گریخت، بلکه باید آن را پذیرفت و بر زیبایی‌اش افزود.

چگونه می‌توان به این باور رسید؟ مسیحیان چگونه می‌توانند اطمینان یابند که این تبدیلِ فراتر از فهم- در کیفیت و نوع- را تجربه خواهند کرد؟ در یک کلام، در زیبایی آن قیام‌کردهٔ یگانه، یعنی عیسی، است که این حقیقت و آینده‌ای که به ایمانداران وعده داده شده، تبدیل به واقعیت می‌شود.

رستاخیز به‌طرز وصف‌ناپذیری زیبا است (آیه‌های ۴۷-۴۹)

چگونه می‌توان به این درک نایل گردید که رستاخیز به‌طرز وصف‌ناپذیری زیبا و متقاعدکننده است؟ چگونه می‌توان همگرایی میان ابعاد طبیعی و فراطبیعی را مشاهده کرد و ورود رستاخیز را به دنیا، در شخص عیسای مسیح دید؟

> چنانکه نوشته شده است: «انسان اول، یعنی آدم، نَفْس زنده گشت»؛ آدم آخر، روح حیات‌بخش شد. ولی روحانی اول نیامد بلکه نفسانی آمد، و پس از آن روحانی. انسان اول از زمین است و خاکی؛ انسان دوم از آسمان است. هر آنچه انسان خاکی واجد آن بود، در خاکیان نیز وجود دارد؛ و هر آنچه انسان آسمانی داراست، در آسمانیان نیز یافت می‌شود. و همان‌گونه که شکل انسان خاکی را به خود گرفتیم، شکل انسان آسمانی را نیز به خود خواهیم گرفت. (آیه‌های ۴۵-۴۹)

---

۱. ر.ک. متی ۲۸؛ مرقس ۱۶؛ لوقا ۲۴؛ یوحنا ۲۰و۲۱. «... کلام خدا در کل بر مسیح، به‌عنوان روحی حیات‌بخش، شهادت می‌دهد ... پولس مسیح را روحی حیات‌بخش می‌بیند که کارش نجات دادن گناهکاران است.»
Leon Morris, The First Epistle of Paul to the Corinthians, The Tyndale New Testament Commentaries (Grand Rapids: Eerdsman, 1989), p. 224.

آدم اول و آدم دوم

ما تن‌مان را از آدم به ارث برده‌ایم. آدم سر و نمایندهٔ نوع بشر بود. او نمایندهٔ بشریت بود و با سقوطش به ورطهٔ گناه، بشریت را هم به‌سوی مرگ سوق داد. همه به‌خاطر آدم است که فسادپذیریم. برای اینکه بدن‌مان به فسادناپذیر تبدیل شود، لازم است که آدم دومی بیاید. عیسی آن آدم دوم و سر و نمایندهٔ قوم خود است. او آنچه را که آدم نتوانسته بود به انجام برساند، به‌طور کامل انجام داد و تاوان مرگ ناشی از گناه آدم را هم پرداخت. ما وارث بدن طبیعی هستیم، چون به آدم تعلق داریم. در آینده وارث بدن فراطبیعی خواهیم شد، زیرا از آنِ عیسی هستیم.

فیض رستاخیز

خدا در عیسی همهٔ امور غیرقابل‌فهم را قابل‌فهم ساخته است. عیسی به‌خاطر قومش، نظم جهان هستی را وارونه ساخت! عیسی، تنها کسی که ذاتاً فسادناپذیر بود، برای آنکه قوم خود را نجات دهد، به‌جای ما فسادپذیر شد. انسان آسمانی تن خاکی گرفت تا آنها که از خاک سرشته شده‌اند، بدن‌های آسمانی پیدا کنند. او مثل دانهٔ گندم- در خاک مدفون- شد، اما برخلاف انتظار تغییر شکل داد و میوه به بار آورد. عیسی در یوحنا ۱۲:۲۴ می‌فرماید: «آمین، آمین، به شما می‌گویم، اگر دانهٔ گندم در خاک نیفتد و نمیرد، تنها می‌ماند؛ اما اگر بمیرد بارِ بسیار می‌آورد.» فسادناپذیر فساد پذیرفت تا فسادپذیر فسادناپذیر شود. عیسای پرجلال، بی‌حرمتی را تجربه کرد تا بی‌حرمتان جلال یابند. عیسای نیرومند، ضعیف گشت تا ضعیفان نیرومند شوند. عیسی که شایستهٔ زندگی بود، مرد تا آنانی که سزاوار مرگ بودند حیات تازه را تجربه کنند. عیسی، «انسان آسمانی» (آیهٔ ۴۹)، خود را پسر انسان- انسانی زمینی- ساخت، تا فرزندان آدم، یعنی خاکیان زمین، آسمانی شوند. در همین عیسی است که طبیعی و فراطبیعی، به هم می‌پیوندند. حال و آینده بر هم قرار می‌گیرند. افراد بدین‌گونه می‌توانند اطمینان یابند که «همان‌گونه که شکل انسان خاکی را به خود گرفتیم، شکل انسان آسمانی را نیز به خود خواهیم گرفت» (آیهٔ ۴۹). اگر کسی از آنِ عیسی باشد، بدن رستاخیزیافته و فراطبیعیِ آینده‌اش، همچون بدن طبیعی کنونی‌اش قطعیت دارد. مسیح در ماست- یعنی از همین حالا DNA را داریم! مثل آن دانه هستیم که زمانی کاشته خواهیم شد و برخلاف انتظار همگان، در حیاتی تازه جوانه خواهیم زد.

پس فیض رستاخیز برای آنانی که از آنِ عیسی هستند، چه معنایی دارد؟ چگونه زیبایی وصف‌ناپذیر رستاخیز، خودش را در زندگی ایماندار جلوه‌گر می‌سازد؟

باب ۱۱ کتاب عبرانیان در مورد فهرستی از ایمانداران سخن می‌گوید. در این فصل فهرستی بی‌نظیر از نمونه‌های ایمان و وفاداری به خدا آمده است. برای درک بهتر عبرانیان ۱۱، آگاهی از ساختار ادبی کتاب عبرانیان حائز اهمیت است. ساختار کلی این کتاب به روشنی در فصل اول آن تعریف شده است، که اظهار می‌دارد عیسی یگانه کسی است که برتر از هر فرد و نهادی است. پس هنگام مطالعهٔ عبرانیان ۱۱، مفهوم اصلی متن این نیست که خواننده باید

از وفاداری و ایمان نمونه‌های مذکور در متن تقلید کند؛ بلکه برعکس، باید متوجه بود که حتی وفاداری آنان نیز از وفاداری شخص مورد تأکید نویسندهٔ عبرانیان، یعنی عیسای مسیح، برتر نمی‌باشد. با در نظر داشتن این موضوع، بررسی صحیح عبرانیان ۱۱:۳۳ و۳۴ می‌تواند راهگشا باشد: «که با ایمان، ممالک را فتح کردند، عدالت را برقرار نمودند، و وعده‌ها را به چنگ آوردند؛ دهان شیران را بستند، شعله‌های سوزان آتش را بی‌اثر کردند و از دم شمشیر رهایی یافتند؛ ضعفشان به قوت بدل شد، در جنگ توانمند شدند و لشکریان بیگانه را تارومار کردند.» این متن به‌روشنی به داستان دانیال، سه دوستش و نبوکدنصر پادشاه اشاره می‌کند. اگر ساختار کلی کتاب عبرانیان را در نظر نگیریم، ممکن است تنها از جنبهٔ اخلاقی به مفاهیم ضمنی این دو آیه توجه کنیم. خواننده ممکن است فکر کند: «این آدم‌ها وفادار بودند، و از این‌رو هرگاه من هم در چاه شیران زندگی بیفتم، و مثل این مردان وفاداری نشان بدهم، خدا هم قطعاً مرا خواهد رهاند!»

ولی نکته این نیست که تعیین کنیم آیا خدا می‌تواند قومش را برهاند یا نه، زیرا تردیدی نیست که می‌تواند و اغلب این کار را می‌کند. وقتی قوم خدا از چاه شیران زندگی نجات پیدا می‌کنند، خیلی آسان است که اعتبارش را به حساب ایمانشان بگذارند. ولی اگر هیچ رهایی بی‌درنگی در کار نباشد، چه؟ اگر به رستاخیز باور داشته باشیم، در زندگی می‌توانیم با هر چیزی روبه‌رو شویم. وقتی واقعیت و امید رستاخیز حقیقتاً مبنای زندگی ما باشد، می‌توانیم در بحبوحهٔ شرایط سخت زندگی نیز آرامش خودمان را حفظ کنیم. این را از کجا می‌دانیم؟ نویسندهٔ عبرانیان در ادامه می‌گوید: «زنان، مردگان خود را قیام‌کرده باز یافتند. اما گروهی دیگر شکنجه شدند و رهایی را نپذیرفتند، تا به رستاخیزی نیکوتر دست یابند. بعضی استهزا شدند و تازیانه خوردند، و حتی به زنجیر کشیده شده، به زندان افکنده شدند. سنگسار گشتند، با اره دو پاره شدند و با شمشیر به قتل رسیدند. در جامه‌هایی محقر از پوست گوسفند و بز در هر جا گذر کرده، تنگدست، ستمدیده و مورد آزار بودند» (۱۱:۳۵-۳۷). اگر "رستاخیز نیکوتر" وجود نداشته باشد، که اشاره‌ای است به زندگی پس از رستاخیز، پس مسیحیان برای رویارویی با شرایط سخت زندگی، راهی نخواهند داشت. به همان اندازه که لطف شامل حالمان شده است، توان تحمل ناملایمات را داریم.

عبرانیان ۱۱:۳۵-۳۷ خلاصه‌ای از آنچه که در تاریخ و در خلال دورهٔ مکابی‌ها و یهودیتِ پیش از مسیح به وقوع پیوسته، در اختیار خواننده قرار می‌دهد. داستان را می‌توانید در کتاب دوم مکابیان بخوانید. این کتاب جزو کانن کتاب‌مقدس نیست، اما منبع خوبی برای مطالعهٔ تاریخ یهود به‌شمار می‌رود. فصل ۷ دوم مکابیان به داستان هفت پسر، یک مادر و امپراتور وقت می‌پردازد. امپراتور، یعنی آنتیوخوس اپیفانس، هفت پسر را ترغیب کرد که ایمان‌شان را به یهوه انکار کنند، وگرنه مرگ در انتظارشان است. مادر، پسرانش را تشویق به پایداری در ایمانشان نمود. حاکم مستبد و شرور دستور داد تابه‌ای بزرگ و دیگی پر از آب جوش آماده کنند و هرکس را که ایمانش را به خدا انکار نکند، بکشند. هر هفت پسر یکی پس از دیگری به قتل رسیدند. مادر حتی به هنگام کشته شدن آخرین پسر هم به تسلیم تن

نداد. او به تشویق پسرانش برای پایداری در ایمان ادامه داد. او چگونه توانست چنین درد و رنجی را تاب بیاورد؟ چگونه توانست با مرگ روبه‌رو شود؟ چه چیزی عزم این زن را راسخ نگاه می‌داشت؟ عبرانیان ۳۵:۱۱ می‌گوید: «زنان، مردگان خود را قیام‌کرده بازیافتند. اما گروهی دیگر شکنجه شدند و رهایی را نپذیرفتند، تا به رستاخیزی نیکوتر دست یابند.»
"رستاخیز نیکوتر" چیست؟ همان مرگ و رستاخیز همهٔ ایمانداران راستین است، به‌خاطر مرگ و رستاخیز عیسای مسیح. این مادر با علم به اینکه رستاخیزی نیکوتر وجود دارد، جرأت زندگی پیدا کرد. او می‌دانست که روزی قوم خدا با بدن‌های فراطبیعی و جلال‌یافته، متبدل خواهند شد.

۳۰

پیروزی بر مرگ
اول قرنتیان ۱۵:۵۰-۵۸

برخاستن عیسی از مردگان برای بشریت چه معنایی می‌تواند داشته باشد؟ واقعیت رستاخیز در مورد شرایط کنونی و دورنمای آیندهٔ قوم خدا، چه چیزهایی برای گفتن دارد؟ پولس با تدوین آخرین بخش سخنانش، با زبان پیروزی به این پرسش‌ها پاسخ می‌دهد.

مردم معمولاً برای پیروزی در رقابت‌های رسمی یا جنگ‌ها، مثلاً پیروزی یکی از ورزشکاران المپیک، از زبان پیروزی استفاده می‌کنند. در جنگ هم طرفین به‌دنبال پیروزی هستند. وینستن چرچیل می‌گوید: «می‌پرسید سیاست ما چیست؟ می‌توانم بگویم: اعلام جنگ در دریا، خشکی و هوا، با همهٔ توان و نیرویی که خدا به ما ارزانی می‌دارد: جنگیدن با هیولایی خودکامه، که در فهرست اسفناک جنایات بشری هیچ‌کس به پایش نمی‌رسد. این سیاست ماست. می‌پرسید هدف ما چیست؟ می‌توانم در یک کلمه پاسخ بدهم: پیروزی- پیروزی به هر قیمتی، پیروزی به‌رغم وحشت، پیروزی، هرچقدر هم که رسیدن بدان طول بکشد یا دشوار باشد؛ زیرا بدون پیروزی، بقایی هم نخواهد بود.»[1]

اما در زمینه‌های شخصی، پیروزی اغلب دربردارندهٔ مفهومی از یک واقعیت غیررسمی است. وقتی کسی اعتیادی را ترک می‌کند یا بر ترسی بی‌دلیل غالب می‌آید، عبارت پیروزی شخصی را در موردش به‌کار می‌برند. زبان "پیروزی" معمولاً به زبان "بُرد" تنزل می‌یابد. ما در رقابت‌های ورزشی، نقاشی، بیلیارد و غیره برنده می‌شویم. هنرپیشه‌ای معروف می‌گوید: «اگر در زندگی کارم درست باشد- اگر موفقیت کسب کنم، اگر صعود کنم، اگر بخرم، ... برنده‌ام.»

پیروزی دو چیز را فرض مسلم می‌داند: ۱) رقیب یا حریفی وجود دارد. حریف می‌تواند کسان دیگر (همکاران، دوستان، و غیره)، ساختار قدرت («مرد»، «سرمایه‌داری») و غیره، یا

---

۱. برگرفته از سخنرانی وینستن چرچیل در تاریخ ۱۳ می ۱۹۴۰، با عنوان "خون، رنج، اشک و عرق".

خودمان (محدودیت‌های شخصی، عادات بد، و غیره) باشد. ۲) بردن بهتر از باختن است. با توجه به روشن بودن گزینه، کیست که خواهان باخت باشد؟ با وجودی که در برخی از حیطه‌های زندگی عده‌ای بیشتر از دیگران اهل رقابتند، اما هیچ‌کس نیست که اصلاً اهل رقابت نباشد. همهٔ ما بازیگریم، و چه قواعد بازی را خودمان گذاشته باشیم چه دیگری، به‌دنبال بُرد هستیم. بحث پولس در مورد پیروزی، حریف نهایی- یعنی مرگ- را مخاطب قرار می‌دهد. آیه‌های مورد بررسی در این فصل، به سه پرسش زیر پاسخ می‌دهند:

- چرا به پیروزی نیاز داریم؟
- چگونه می‌توانیم پیروز شویم؟
- پیروزی چگونه است؟

چرا به پیروزی نیاز داریم؟

زیرا احساس فناپذیری یا باخت می‌کنیم

پولس در این قسمت از نوشتهٔ خود دست به مقایسه‌ای چند می‌زند. «ای برادران، مقصودم این است که جسم و خون نمی‌تواند وارث پادشاهی خدا شود و آنچه فسادپذیر است، وارث فسادناپذیری نمی‌تواند شد» (آیهٔ ۵۰). مقصود پولس از به‌کار بردن واژه‌های "جسم و خون" و "پادشاهی خدا"، این است که می‌خواهد "این دنیا" را در نقطهٔ مقابل "آن دنیا" قرار دهد. این دنیای فسادپذیر کنونی در برابر دنیای فسادناپذیر آینده قرار دارد. این روش او برای بیان ضعف و سستیِ طبیعت انسان- میرایی در برابر نامیرایی- است (آیهٔ ۵۴: «چون این فسادپذیر، فسادناپذیری را پوشید»).

از آنجایی که همه چیز زیر سیطرهٔ مرگ قرار دارد، یکی از بزرگترین آرزوهای بشر آن است که بر هر چیز فسادپذیر پیروز شود. افراد ناگزیرند از دیگران سریع‌تر، قوی‌تر، باهوش‌تر، پولدارتر، و زیباتر باشند تا از اهمیت و پایندگیِ نسبی خود اطمینان حاصل کنند. شاید انسان‌ها تمام توان خود را به‌کار نگیرند، اما اگر بتوانند خود را بهترین یا مهم‌ترین جلوه دهند، می‌توانند اطمینان یابند که وجودشان ضروری است. افرادی که بیش از اندازه اهل رقابتند، آنچنان در سودای پیروزی به‌سر می‌برند که برای حصول پیروزی دست به ابداع می‌زنند. کل تاریخ رقابت‌های ورزشی تلاشی است برای کم‌خطر کردنِ خطر پیروزی.

مردمان امروزی به‌دنبال فناناپذیری از طریق تبدیل و تعدیل خودشان هستند. این کمال‌گرایی عصر حاضر را در همهٔ زمینه‌های زندگی می‌توان مشاهده کرد. آن لموت می‌گوید: «کمال‌گرایی بر این باور وسواس‌گونه مبتنی است که اگر به اندازهٔ کافی دقت کنید و همهٔ گام‌ها را درست بردارید، هرگز نخواهید مرد. اما حقیقت این است که شما به هر روی خواهید مرد و خیلی از کسانی که حتی جلوی پای‌شان را هم نگاه نمی‌کنند، وضعی بسیار

بهتر از شما دارند، و از کاری که می‌کنند لذت بیشتری هم می‌برند.»[1] این راهبرد زندگی را در حدی گسترده می‌توان در صنعت مراقبت‌های بهداشتی مشاهده کرد که به‌طور دیوانه‌واری با نرمش و پرهیز غذایی آکنده شده است. تناسب اندام، که در حقیقت می‌تواند سلامت انسان را بهبود بخشد و عمرش را طولانی کند، به مذهبی تبدیل شده که بر زندگی مدرن مستولی است. انسان می‌تواند در باشگاه ورزشی، این حس "مذهبی" را احساس کند- احساس گناه نسبت به نرمش نکردن، شرم از اینکه چگونه به نظر می‌رسیم، حس مورد قضاوت قرار گرفتن و توجیه تمرین نکردن. در کنار آن، یک پرهیز غذایی سفت و سخت هم وجود دارد. رژیم غذایی سالم، که در حقیقت برای زندگی شخص مفید است، به مذهبی تبدیل می‌شود که بر زندگی او مسلط است. خوراک سالم به دین انسان تبدیل شده- مردم اکنون نگران *خالصیِ* خوراک‌شان هستند، چون می‌خواهند خاستگاه غذا و ارتباطش را با محیط پیرامون‌شان بشناسند. از این گذشته، ایشان همچنین می‌خواهند بدانند که آیا گوشتی که می‌خورند *به‌لحاظ اخلاقی* درست پرورش یافته و ذبح شده یا نه.

این هیچ اشکالی ندارد- احتمالاً اگر از خوردن مواد نگاهدارنده و چربی خودداری کنید، سالم‌تر خواهید بود، اما مشکل زمانی بروز پیدا می‌کند که مسیحیان تناسب اندام و رژیم غذایی را وسیله‌ای برای رستگاری خود ببینند. تمرین ورزشی یا رژیم غذایی سالم نمی‌توانند کسی را نجات بدهند. شما می‌توانید از همهٔ قواعد پیروی کنید- به حرف *مرشدان* (آموزگاران معنوی- م.) گوش بسپارید و به رهنمودشان در مورد رژیم غذاییِ سخت تن بدهید- و حتی می‌توانید به‌خاطر پیروی از رویکردی که برگزیده‌اید احساس درستکاری کنید، اما این از فسادپذیری شما چیزی کم نمی‌کند. آرزویِ غایی، پیروز شدن بر مرگ است.

زیرا در نهایت خواهیم مرد- خواهیم باخت

سی. اس. لوئیس می‌گوید: «۱۰۰ درصد ما می‌میریم، و بر این درصد نمی‌توان افزود.»[2] همه دنبال هیجان پیروزی به هر قیمتی هستیم، زیرا عذابِ شکستْ طعم مرگ می‌دهد، یعنی بازتابی است از آینده‌ای که به همهٔ مردم فناپذیری‌شان را یادآوری می‌کند. مرگ قدرت دارد که از امتیاز زندگی بکاهد. ما با تباهی، ازهم‌گسیختگی، زوال و باخت می‌جنگیم، چون همهٔ اینها علایم راهنمایی جاده‌ای هستند که به مرگ ختم می‌شود. در برابر محدودیت‌ها طغیان می‌کنیم تا اطمینان یابیم در مسیری که می‌دانیم راهی آن هستیم، گام برنمی‌داریم. دلیل اشتیاق انسان به شکستن این محدودیت‌ها آن است که مرگ امری طبیعی نیست! انسان‌ها با مرگ می‌جنگند، چون مرگ دشمن نهایی است.

شما حتی در یک فرهنگ- با تمام حکمت و تعالیم باستانی‌ای که در آن انباشته شده- هم نمی‌توانید اسطوره، یا افسانه یا داستانی پیدا کنید که بگوید مرگ فقط چرخهٔ بزرگی از زندگی است. اسطوره یا داستان هرچه می‌خواهد باشد، همیشه سخن از غیرطبیعی بودنِ مرگ در

1. Anne Lamott, Bird by Bird: Some Instructions on Writing and Life (Toronto: Pantheon, 1994), p. 28
2. C. S. Lewis, The Weight of Glory, (San Fransisco: HarperCollins, 2001), p. 61.

میان است. مرگ همیشه آسیب‌زننده است. مرگ همیشه موهن و ناپسند است. برخلاف همهٔ چیزهای زنده است. مرگ زشت، دردناک، غم‌انگیز، وحشیانه و دهشتناک است. مرگ یک‌جور انحراف است. هولناک است. مرگ مطلقاً طبیعی نیست. هیولا است. به شما هیچ حق انتخاب دیگری نمی‌دهد. از این نظر مرگ تغییرناپذیر است.

هر کس باید شخصاً تصمیم بگیرد که آیا باور دارد مرگ برندهٔ نهایی است یا نه. اگر افراد اعتقاد داشته باشند که عاقبت بُرد با مرگ است، پس دیگر چرا جنگ؟ اگر ایمان دارند که در انتها مرگ برنده نمی‌شود، پس مبنای ایمان‌شان چیست؟ اگر پیروزی ممکن است، چگونه می‌توان آن را به‌دست آورد؟

چگونه می‌توانیم پیروز شویم؟

انسان زنده فسادپذیر است، و برای تغییر آن هیچ کاری از دست هیچ‌کس ساخته نیست– حتی بزرگترین ورزشکاران و سالم‌ترین افراد دنیا، سرانجام با همان سرنوشتی روبه‌رو خواهند شد که تنبل‌ترین و ناسالم‌ترین اشخاص تجربه می‌کنند. برای درک چگونگی حصول پیروزی بر مرگ، باید سراغ منبع این نیرو برویم. آیه می‌گوید: «نیش مرگ گناه است و نیروی گناه، شریعت.» «نیش مرگ گناه است.» مرگ انسان به‌واسطهٔ گناه وارد جهان شد؛ بدون گناه، مرگ هیچ قدرتی ندارد– نکتهٔ قابل بحث همین بوده است. واژهٔ *kentron* که برای "نیش" به‌کار برده شده، اغلب برای دلالت بر نیش زنبور یا عقرب به‌کار می‌رفت.[1] بدون گناه، مرگ دیگر وسیله‌ای برای گزیدنِ بشر ندارد. اما همهٔ انسان‌ها گَزیده شده‌اند؛ همه گناهکارند. گناه ابزار مرگ، و مرگ سوزنی است آلوده به زهرِ گناه. شریعت محیطی است که در آن زهر منتشر می‌شود. دو رویکرد به شریعت وجود دارد که معضل مرگ را نادیده می‌گیرند («نیروی گناه، شریعت است»):

۱. مردم شریعت را نادیده می‌گیرند، زیرا گناهکارانْ ناقضانِ شریعتند. در بسیاری از موارد نمی‌توان در برابر نقض شریعت مقاومت کرد، به‌ویژه اگر داوری بر این قرار بگیرد که آن موارد غیرضروری یا زائدند. شریعت– اگرچه درست و ذاتاً اعطای خداست– اثر فزاینده‌ای بر خطاها دارد، چون بیشتر روی جاهایی انگشت می‌گذارد که افراد می‌توانند در آنها حاکم زندگی خود باشند. مسیحیان هنگامی نسبت به خدا

---

۱. گارلند توضیح می‌دهد که واژهٔ "نیش" (kentron) «می‌تواند برای اشاره به خلیدن خار به بدن یا زخم (اعمال ۱۴:۲۶؛ امثال ۳:۲۶؛ سیراخ ۲۵:۳۸؛ حکمت سلیمان ۴:۱۶) یا به موجود گزنده (مکاشفه ۹:۱۰ [عقرب‌ها]؛ ۴مکابیان ۱۹:۱۴ [حشرات]) نیز به‌کار برده شود.» نظرات گارلند مفید هستند: «(kentron) در اینجا باید دلالت بر چیزی کند که بسیار جدی‌تر از هر خار یا گزندهٔ دیگری آسیب وارد می‌کند، و باید با "نیرو" در اول قرنتیان ۵۶:۱۵ مترادف باشد ... این نیرو به مرگ توانایی لازم را برای اِعمال سلطه بر کل جهان می‌بخشد، اما مسیح زهر این نیش را جذب کرده و توانش را گرفته است، تا اکنون پیروزی از آنِ خدا و قوم خدا، که از مزایای آن بهره‌مند هستند، باشد.»
David E. Garland, I Corinthians, Baker Exegetical Commentary on the New Testament (Grand Rapids: Baker Academic, 2003), pp. 745, 746.

مرتکب گناه می‌شوند که شریعت او را نادیده می‌گیرند، و بدین‌ترتیب است که چرخهٔ مرگ دائماً تکرار می‌شود.
۲. آنان که می‌کوشند با پیروی از همهٔ قواعد، به شریعت اعتماد کنند، به اشتباه می‌پندارند که خودشان قادر به شکست دادن مرگ می‌باشند. آنها حتی اگر به شریعت خدا هم اعتماد نداشته باشند، اغلب به شریعت دیگری که برای زندگی خود برگزیده‌اند، باور دارند. به باور مسیحیان، چه شریعتی می‌تواند موفقیت، رضایت و میراث برای‌شان به ارمغان بیاورد؟ مردم زمانی به خدا گناه می‌ورزند که شریعت را وسیله‌ای برای غلبه بر مرگ می‌بینند. شریعت صرفاً وسیله‌ای است برای مدیریت کردن و موقتاً به تعویق افکندن چیزی که گریزی از آن نیست.

ولی چگونه می‌توان بر این دشمن نهایی پیروزی یافت؟ «گوش فرادهید! رازی را به شما می‌گویم: ما همه نخواهیم خوابید، بلکه همه دگرگونه خواهیم شد. در یک آن و در یک چشم به هم زدن، آنگاه که شیپور آخر نواخته شود، این به‌وقوع خواهد پیوست. زیرا شیپور به صدا درخواهد آمد و مردگان در فسادناپذیری برخواهند خاست و ما دگرگونه خواهیم شد. زیرا این بدن فسادپذیر باید فسادناپذیری را بپوشد و این بدن فانی باید به بقا آراسته شود» (آیه‌های ۵۱-۵۳). پولس ادعا می‌کند که در مورد شیوهٔ شکست دادن مرگ، مکاشفه‌ای الاهی دارد. «گوش فرادهید! رازی را به شما می‌گویم.» او می‌گوید: «نگاه کنید! من اطلاعات تازه‌ای در مورد آینده دارم که تا این زمان بر همه پوشیده بوده است. گوش کنید.» باید بیرون از وجود ما اتفاقی بیفتد! باید یک "دگرگونی" (آیهٔ ۵۱) به‌وقوع بپیوندد. مردگان باید به‌واسطهٔ کسی دیگر برخیزند- خود ایشان قادر به برخاستن از مردگان نیستند (آیهٔ ۵۲). فسادپذیر باید فسادناپذیری را بپوشد (آیهٔ ۵۳)، و این باید بیرون از ما اتفاق بیفتد. جان‌های بسیاری در تلاش برای پوشیدن فسادناپذیری، بیهوده تلف شده‌اند. این بدن فانی باید به بقا آراسته شود (آیهٔ ۵۳). این دگرگونی در یک آن و در پایان زمان روی می‌دهد. «در یک آن» (کوچک‌ترین کسر از زمان) و «در یک چشم‌به‌هم‌زدن» (پلک‌زدن) اتفاق خواهد افتاد. این دگرگونی کاری است بیرونی که در لحظه‌ای به‌وقوع خواهد پیوست، اما مردم همهٔ عمرشان را بیهوده صرف می‌کنند تا فقط یک دقیقه به زندگی خودشان اضافه کنند. پولس با عبارت «شیپور آخر» تصویری را که در عهدعتیق برای توصیف زمان آخر به‌کار رفته، ترسیم می‌کند.

«چون این فسادپذیر، فسادناپذیری را پوشید و این فانی به بقا آراسته شد، آنگاه آن کلام مکتوب به حقیقت خواهد پیوست که می‌گوید: "مرگ در کام پیروزی بلعیده شده است" "ای گور، پیروزی تو کجاست؟ و ای مرگ، نیش تو کجا؟"» (آیه‌های ۵۴و۵۵). پولس اعلام می‌کند که سرانجام مرگ شکست خواهد خورد و روزی فراخواهد رسید که همهٔ اینها عملاً تحقق پیدا کند. فسادپذیر و فانی، فسادناپذیری و بقا را خواهد پوشید. مسیحیان جسماً از مردگان خواهند برخاست- آنان به فسادناپذیری و بقا آراسته خواهند شد. این نشانهٔ مرگِ مرگ خواهد بود. پولس برای سراییدن سرودی در استهزای مرگ، از عهدعتیق کمک می‌گیرد

(اشعیا ۸:۲۵؛ هوشع ۱۴:۱۳). هیچ‌کس تا زمانی که با قطعیت کامل پیروز نشده باشد، سرود "ما قهرمانیم" سر نمی‌دهد. مرگ نه تنها نیرویش را از دست می‌دهد، بلکه به معنای واقعی کلمه بلعیده می‌شود و دیگر هرگز کسی آن را نخواهد دید.

اما مبنای اطمینان پولس چیست؟ آن را می‌توانیم در آیهٔ ۵۷ بیابیم: «اما شکر خدا را که به‌واسطهٔ خداوند ما عیسای مسیح به ما پیروزی می‌بخشد.» پیروزی از قبل در مسیح تضمین شده، زیرا پادشاه ملکوت، جسم و خون شد. او که فسادناپذیر بود، به‌خاطر ما فسادپذیر شد. آن باقی برای نجات گناهکاران، نیش مرگ را به جان خرید و فانی شد. «مسیح زهر این گزند را جذب کرده و توانش را گرفته است، تا اکنون پیروزی از آنِ خدا و قوم خدا، که از مزایای آن بهره‌مندند، باشد.» او با تحقق بخشیدن به شریعت از طرف ما، نیروی گناه را گرفت. گناهکار برای شکست دادن مرگ هیچ نمی‌تواند بکند، زیرا عیسی قبلاً مرگ را برایش شکست داده است. هیچ شریعتی نیست که برای فسادناپذیرشدن، ناگزیر به انجامش باشد- عیسی به‌جای او شریعت را به‌طور کامل به انجام رسانده است. به‌خاطر کاری که مسیح کرده، مسیحیان وارث پادشاهی خدا، فسادناپذیری و نامیرایی هستند.

پیروزی چه شکلی است؟

این پیروزی برای زمان حال نیز معانی ضمنی‌ای دارد. پیروزی چیزی است که خدا به ایمانداران می‌بخشد- نه اینکه چیزی باشد که در آینده خواهد بخشد. ایمانداران هم‌اکنون از پیروزیِ نهایی برخوردارند، پس دیگر نیازی نیست که با نگرانی و اضطراب و در تلاش برای بُرد، زندگی کنند- همین حالا هم برنده هستند. آنان می‌توانند به کاری که عیسای مسیح به انجام رسانده، تکیه کنند. ما در چه زمینه‌هایی از زندگی برای بردن تلاش می‌کنیم؟ چه چیزی شب‌ها ما را بیدار نگاه می‌دارد؟ پول، روابط، سلامتی؟ لازم نیست چیزی را ببریم- برای ما دیگر باختی در کار نیست. این احتمالاً خیلی‌ها را به وحشت می‌اندازد. «پس دیگر چه انگیزه‌ای برایم باقی می‌ماند؟» دنیا بر پایهٔ قوانینی اداره می‌شود که وعدهٔ مغلوب ساختنِ مرگ را می‌دهند، اما عاجز از تحقق آن وعده هستند. پس به مجردی که پا از قلمرو قانون بیرون بگذاریم، مضطرب می‌شویم. اما برعکس، همین آزادی است که به ایمانداران امکان می‌دهد با دقت کار کنند، خوب کار کنند، و امیدوارانه کار کنند.

آیهٔ ۵۸ می‌گوید: «پس، برادران عزیزم، ثابت و استوار بوده، همواره با سرسپردگی به‌کار خداوند مشغول باشید، زیرا می‌دانید زحمت شما در خداوند بیهوده نیست.» «بنابراین» در پرتو پیروزی مسیح، که شالودهٔ ایمانِ مسیحی است، گناهکار نجات‌یافته می‌تواند زندگی پیروزمندانه‌ای داشته باشد. پولس رسول می‌گوید: «برادران عزیزم»، در بستر جماعت زندگی کنید و «باثبات باشید.» انگیزهٔ شخص مسیحی برای ثبات، برنده‌بودنِ مسیح است، نه خودش. ما نباید تحت تأثیر چیزهایی باشیم که به هنگام تمرکز روی بردن، ما را از دور خارج می‌کنند. این مثل تماشای یک مسابقهٔ فوتبال است که ما از قبل نتیجهٔ آن را می‌دانیم. می‌توانیم از آن لذت ببریم. حتی می‌توانیم به جزئیات بیشتری توجه کنیم. ولی دیگر با ترس یا اضطراب بازی را تماشا نمی‌کنیم.

از این گذشته، عیسای مسیح به‌خاطر محبتش نسبت به ما چنان دارای انگیزه بود که به‌واسطهٔ کار خود، بنیانی تزلزل‌ناپذیر برای نجات و رستگاری بشر پی افکند. از این‌رو، کلیسا "استوار" خواهد بود. ما می‌توانیم از غنایم این پیروزی، که بر زحمات و رنج‌های شکست می‌چربد، بهره‌مند شویم. این حقیقت ایماندار را برای شناخت این واقعیت برمی‌انگیزد که «زحمت[شان] در خداوند بیهوده نیست.» پولس در ۱۰:۱۵ می‌گوید: «اما به فیض خدا آنچه هستم، هستم و فیض او نسبت به من بی‌ثمر نبوده است. برعکس، من از همه آنها سخت‌تر کار کردم، اما نه خودم، بلکه آن فیض خدا که با من است.» می‌توانیم دست از بازی بُرد و باخت برداریم. می‌توانیم زندگی را طوری از سر بگیریم که گویی همین حالا هم برنده هستیم (زیرا واقعاً برنده‌ایم).

در مزمور ۱۱۲ مصراع حیرت‌انگیزی وجود دارد. سرایندهٔ مزمور می‌گوید که: «پارسا هرگز جنبش نخواهد خورد.» او استوار خواهد بود. او «از خبر بد نخواهد ترسید.» ما خیلی روزها از خواب برمی‌خیزیم و از دریافت احتمالیِ خبرهای بد می‌ترسیم. چیزی قرار است خوبی پیش نرود. کسی قرار است چیزی بگوید که روزمان خراب شود. پس امید داریم که آن روز همه چیز به خیر و خوشی تمام شود. شخص پارسا، که پارسایی‌اش ریشه در "پارسایی" کامل و جاودانهٔ پایدار خداوند دارد (۳:۱۱۲)، استوار است و از خبر بد نخواهد ترسید. به‌عبارت دیگر، دل این شخص "مستحکم" و "پایدار" است (مزمور ۱۱۲:۷و۸). وقتی به دشمنانش نگاه می‌کند، خود را پیروز می‌یابد. قوم پارسای خدا از این طریق می‌توانند زندگی پیروزمندانه‌ای داشته باشند، که بدانند به‌خاطر خون‌بهای کار عیسی، برندهٔ نهایی خواهند بود و بر همهٔ دشمنان، و نهایتاً بر مرگ غلبه خواهد یافت.

سی. اس. لوئیس همین مطلب را به‌گونه‌ای دیگر بیان می‌کند: «طی زندگی در جامعه‌ای از الهگان و معبودانِ بالقوه، باید به خاطر داشته باشید که کودن‌ترین و ملال‌آورترین کسی که طرف گفتگوی شماست، ممکن است روزی تبدیل به مخلوقی شود که اگر اکنون او را می‌دیدید سخت وسوسه می‌شدید پرستشش کنید.» او دارد در مورد گناهکار سقوط‌کرده، اما نجات‌یافته‌ای سخن می‌گوید که به صورت خدا آفریده شده است. او دارد از انسان فانی و فسادپذیر می‌گوید. شخص کناری ما که ممکن است کودن و ملال‌آور به نظر برسد، شاید روزی در آسمان جدید و زمین جدید شما را به ستایش وادارد. اگرچه ضعیفیم، قوی خواهیم بود. اگرچه نادان، حکیم خواهیم بود. اگرچه بی‌فایده، مفید خواهیم بود. اگرچه برده، لیکن خون سلطنتی در رگ‌هامان جریان دارد.

این پیروزی و زندگی فسادناپذیر چیزی نیست که تنها در آینده صاحبش باشیم- همین حالا هم به‌عنوان وارثان مسیح از آنها برخورداریم. اگر هم‌اکنون بدانیم که برندهٔ زندگی هستیم، مرگ شکست خورده، زندگی ما تضمین و به ما بخشیده شده است، آن‌وقت می‌توانیم با اطمینان، خوشی و پیروزی عظیم پیش برویم.

۳۱

جماعتی صلح‌جو

اول قرنتیان ۱۶:۱-۱۱

فصل آخر این نامه قدری مأیوس‌کننده به نظر می‌رسد. باب ۱۵ مبحثی بلند و زیبا بود که به محوری‌ترین رویداد تاریخ بشر- یعنی رستاخیز عیسای مسیح- می‌پرداخت. پس هر چیزی که بعد از آن بیاید، پی‌نویس به نظر می‌رسد. در واقع، از انتهای نامه‌های پولس چنین برمی‌آید که او موضوعات منفصل را دسته کرده، در اختتامیهٔ نامه می‌گنجاند. اما به‌واسطهٔ همین دستورالعمل‌های پایانی است که تصویر جماعتی که در پرتو آن رویداد دگرگون‌کنندهٔ جهانی زندگی می‌کند- یعنی جماعتی که قرار است کلیسا نام داشته باشد- پیش چشم خواننده پدیدار می‌شود. به بیان خیلی ساده، کلیسا مکانی است که پارگی‌ها را ترمیم و اشتباهات را درست می‌کند- آشتی برقرار می‌کند. چگونه؟

- با سهیم کردن دیگران در داشته‌ها
- با سهیم کردن دیگران در حیات خود
- در هر موضع جدایی‌آفرین

با سهیم کردن دیگران در داشته‌ها (از طریق عدالت اقتصادی)

پولس با این نیت نامه‌اش را خطاب به قرنتیان نوشت تا با ایشان در مورد کلیسای اورشلیم، که در آن زمان به دلیل وقوع قحطی دورهٔ سختی را می‌گذراند، سخن بگوید. اساساً دلیل این قحطی، چیزی نبود جز نابرابری اقتصادی. کلیسای اورشلیم هیچ چیز نداشت، در حالی که کلیساهای پیرامونش همه چیز داشتند. بنابراین، پولس ترتیبی می‌دهد که در پاسخ به این معضل فزاینده، کلیساها هدایای مخصوصی گردآوری کنند. و این دقیقاً همان جایی است که متن مورد بررسی ما بدان می‌پردازد. آیه‌های ۱-۴ می‌گویند: «و اما در خصوص

جمع‌آوری هدایا برای مقدسان: شما نیز آنچه را که به کلیساهای غلاطیه گفته‌ام، انجام دهید. روز اول هر هفته، هر یک از شما به فراخور درآمد خود پولی کنار گذاشته، پس‌انداز کند، تا به هنگام آمدنم نزد شما، لزومی به جمع‌آوری هدایا نباشد. وقتی آمدم، به افراد مورد تأیید شما معرفی‌نامه‌هایی خواهم داد و آنان را با هدایای شما به اورشلیم خواهم فرستاد. اگر صلاح بر این باشد که خود نیز بروم، در این صورت آنان مرا همراهی خواهند کرد.»

در اینجا رهنمود پولس عملاً بسیار ساده است. او می‌گوید که برادران و خواهران خود را- به‌ویژه در شرایط نابرابری اقتصادی- در اموال، پول و آنچه دارید سهیم سازید. چرا؟ کتاب‌مقدس به کرات نابرابری را در قالبی بیان می‌کند که ممکن است برای بسیاری غافلگیرکننده باشد. کتاب‌مقدس برخلاف خیلی‌ها، نابرابری را بداقبالی تعریف نمی‌کند، بلکه آن را ناشی از *بی‌عدالتی* می‌داند. ولی چرا این کار را می‌کند؟ بدین‌خاطر که وقتی نابرابری به‌وجود می‌آید، تنها دو گزینه در پیش است- یا تقلایی برای به‌دست آوردن چیزی صورت نمی‌گیرد، و یا اصلاً چیزی نیست که بتوان برایش تقلا کرد. و ما امروزه بیش از هر زمان دیگر تقلا می‌کنیم. ما در اجتماعی زندگی می‌کنیم که در آن ثروت دیگر بده-بستان نیست. در زمان قدیم ثروت یک شخص اساساً با زمینش گره خورده بود، بنابراین، دارایی بیشتر برای یک فرد، به معنای دارایی کمتر برای فردی دیگر بود. اما امروزه تولید ثروت از این طریق انجام نمی‌شود. امروزه ثروت فقط منتقل می‌شود. امروزه بیش از هر زمان دیگر ثروت وجود دارد ولی توزیع آن عادلانه نیست.

با توجه به این مسئله، کلیسای امروز اغلب چنانکه باید به‌لحاظ فرهنگی با فرهنگ جامعهٔ پیرامونش متفاوت نیست. آشتی در آن روی نمی‌دهد- و در شرایطی نظیر این، نمی‌تواند روی بدهد! در مجلهٔ *The Atlantic* مقالهٔ جالبی به چاپ رسید که نشان می‌دهد در ایالات متحده، صدها ناحیهٔ آموزش و پرورش با تبعیض جدیدی روبه‌رو هستند که مبنایش مرزبندی‌های اقتصادی است. عجیب‌ترین مطلب در این باره آن است که همه می‌گفتند چنین اتفاقی هرگز نخواهد افتاد. ما مردمانی پیشرفته هستیم! دیگر موضوعی به نام تبعیض وجود ندارد! در واقع، حوزه‌های محلی بر مبنای این بحث اقدام به لغو حکم دادگاه، مبنی بر یکدست‌سازی اجباری، کردند. بعد این اتفاق افتاد. اما در کنار تبعیض، که به راستی به معضلی تبدیل شده بود، *نابرابری* فلج‌کننده‌ای نیز بروز پیدا کرد. تصور کنید به مدرسه‌ای می‌روید که هیچ معلم قابلی در آن کشته نمی‌شود. تصور کنید از امکاناتی استفاده می‌کنید که برای شما خیلی هم عالی به نظر می‌رسند، در صورتی که در مدرسه‌ای دیگر در آن‌سوی شهر، همان امکانات ناکافی شمرده می‌شوند. کالج‌ها و کارفرمایانی را تصور کنید که چون ما به "فلان مدرسه" رفته‌ایم، از وقت دادن به ما خودداری می‌کنند. و مردمی را تصور کنید که از همهٔ امتیازات برخورداند و چون ما نتوانسته‌ایم موقعیت بهتری برای خود فراهم کنیم، برای‌مان سر تکان می‌دهند. اگر قسمت ما این بود، آیا حتی می‌توانستیم به آشتی فکر کنیم؟ احتمالاً نمی‌توانستیم.

کریستینا کلیولند، روان‌شناس اجتماعی، این مطلب را به‌خوبی شرح می‌دهد:

(ما فقط می‌خواهیم که این اتفـاق به‌طرزی جادویی بیفتد، مثل *فیض که کثرت گناهان را می‌پوشاند*، درست است؟) ... دل‌مان می‌خواهد ستمدیدگان به حیطهٔ ممتاز ما بیایند، خودشـان را با فرهنگ ما وفق دهند، هرگز برخلاف روش‌های زورگویانهٔ ما چیزی نگویند، و در عین حال، چون آن‌قدر خوب و مهربان بوده‌ایم که اجازه دهیم اطراف‌مان بپلکند، بی‌اندازه سپاسگزار هم باشند ... مخلص کلام اینکه، بسـیاری از مسیحیان خواهان آشـتی بدون عدالتند، و این خیلی شبیه آن است که ما رستاخیز را بدون رنج صلیب بخواهیم ... [زمانی که چنین می‌کنیم] در ظاهر ... همـه چیز دلپذیر و تابناک به نظر می‌رسـد ... امـا نابرابری‌های سـاختاری که در وهلهٔ اول باعث جدایی شده‌اند، بدون اینکه کسی به آنها توجه یا رسـیدگی کند، باقی می‌مانند. در نتیجه، رنگین‌پوسـتان ... احساس ضعف، تنهایی، طردشـدگی، محرومیت و جدایی می‌کنند. احساس می‌کنند بیگانه‌اند، روی لبهٔ دایره هستند، خاموش‌اند و ارتباط‌شان قطع است ... آشتی بدون عدالت ستمی است که تغییر چهره داده است.[1]

ولی خبر خوب برای ما- یعنی قوم خدا- این اسـت که ما شکست خورده‌ایم، نه خدا. او از طریق رویدادی مهم که دنیا را چنانکه ما می‌شناسـیم تغییر داده، اکنون برای خود جماعتی تازه می‌سازد که چیزهای نادرست را درست خواهد کرد. جماعتی که با دیدنِ گرفتاری فقرا نمی‌گوید که این مشکل *شـما* است، نه مشکل *ما*. جماعتی که با دیدنِ پریشانی ستمدیدگان می‌گوید که *آنچه شما دارید از آنِ من است و آنچه من دارم، از آنِ شماست*. جماعتی صلح‌جو که روح خدایی قیام‌کرده، که همه چیز را درست می‌کند، بدان جان بخشیده است.

چگونه می‌توانیم به جماعتی که دارای چنین ویژگی‌هایی اسـت، تبدیل شویم؟ آموختنِ نحوهٔ شراکت با دیگران، نقطهٔ آغاز است. پولس در آیهٔ ۲ رهنمودهای خاصی در مورد نحوهٔ انجـام این مهم می‌دهد، نه بدین‌قصد که تحقیرشـان کند، بلکه چون می‌داند شریک‌شـدن با دیگران امری طبیعی نیسـت، و اینکه گناهکاران ناگزیرنـد دارایی خود، به‌ویژه پول را از جان‌شـان جدا کنند. آیهٔ ۲ در ارتباط با سهیم کردنِ دیگران در اموال، سه اصل عملی را به ما آموزش می‌دهد. نخست اینکه، ما باید پیوسته دیگران را سهیم کنیم. پولس می‌گوید که ما باید «روز اول هر هفته» این کار را انجام دهیم. به خاطر داشـته باشید، سهیم کردنِ دیگران امری طبیعی نیست. اما نظم و ترتیب داشتن قدم اول در جهت طبیعی‌تر کردن آن است. دوم، باید *به تناسب* سهیم کنیم. «هر یک از شما به فراخور درآمد خود پولی کنار بگذارد.» به‌زعم پولس، هرچه درآمد بیشتری داشته باشید، می‌توانید بیشتر بدهید. برای مثال، کسی که ۵۰ /۰۰۰ دلار دارد، می‌تواند ۵ /۰۰۰ دلار بدهد و این اصلاً چیز کمی نیسـت. اما برای کسی که ۵ میلیون دلار دارد، ۵ /۰۰۰ دلار چیست؟ یا ۵۰ /۰۰۰ دلار یا ۵۰۰ /۰۰۰ دلار و یا حتی ۱ میلیون دلار؟

1. Christena Cleveland, "Why Reconciliation Needs Justice," June 10, 2013;

هرچه بیشتر دربیاورید، می‌توانید بیشتر بدهید- و البته درصد بالاتر، نه صرفاً مبلغ بالاتر. و سرانجام اینکه، ما باید *ارادی و راسخ* دیگران را سهیم کنیم. «... تا به هنگام آمدنم نزد شما، لزومی به جمع‌آوری هدایا نباشد.» سهیم کردنِ دیگران امری نیست که بعداً به ذهن خطور کند. صحیح نیست که مسیحیان از پس‌مانده‌های خود، و آن‌هم بعد از اینکه به کام خود رسیدند، چیزی سرهم‌کنند و به دیگران بدهند. اگر چنین کنند، من تضمین می‌کنم که چیزی برای سهیم کردنِ دیگران نخواهند داشت، زیرا چنانکه گفتیم، وقتی ما ارادی و راسخ عمل نمی‌کنیم پول و اموال به جان‌مان می‌چسبند.

پس کلیسا باید جماعتی باشد که صلح‌جو است، و اعضایش این کار را پیش از هر چیز با سهیم کردنِ دیگران در اموال‌شان انجام می‌دهند. اما کلیسا کار دیگری هم باید بکند، و آن سهیم کردنِ دیگران در حیاتش است.

با سهیم کردن در حیات خود (از طریق دوستی)

آیه‌های ۵-۹ چنین می‌گویند: «پس از عبور از مقدونیه نزد شما خواهم آمد، زیرا از مقدونیه خواهم گذشت. شاید مدتی نزدتان بمانم، و یا حتی تمام زمستان را با شما بگذرانم، تا بتوانید مرا در سفرم به هر کجا که باشد، مدد رسانده، مشایعت کنید. زیرا نمی‌خواهم اکنون به دیدارتان بیایم و توقفی کوتاه نزد شما داشته باشم؛ بلکه امید دارم، به اجازهٔ خداوند، مدتی را با شما به سر برم. اما تا عید پنتیکاست در افسس می‌مانم زیرا دری بزرگ برای خدمت مؤثر به رویم گشوده شده، و مخالفان نیز بسیارند.» قلب پولس نه تنها برای عدالت اقتصادی، که برای دوستی می‌تپد. پولس چیزی بیش از پول قرنتیان را خواهان است، او *خودشان* را می‌خواهد. او در آیهٔ ۶ می‌گوید که قصد دارد یک فصل کامل در آنجا بماند و با آنها وقت بگذراند، حتی اگر زمستان باشد. پولس نمی‌خواهد که ایشان او را تنها در حال گذر ببینند (آیهٔ ۷)، بلکه می‌خواهد با آنها باشد و از حیات هم بهره ببرند. نیز به همین دلیل است که او فقط هدایا به اورشلیم نمی‌فرستد، بلکه همراه با هدایا کسانی را هم از اعضای کلیسای قرنتس روانه می‌کند (آیهٔ ۳) و به همین علت است که حتی خودش را داوطلب همراهی با گروه مزبور می‌کند (آیهٔ ۴). چنین جماعتی که کلیسا خوانده می‌شود، صلح و آشتی را نه فقط از طریق سهیم کردنِ دیگران در اموالش بلکه در *سهیم کردن‌شان* در حیاتش دنبال می‌کند.

با در نظر گرفتن هنگامهٔ فرهنگی ما، جماعتی مانند این می‌تواند به‌طرزی باورنکردنی مجاب‌کننده باشد. بر کسی پوشیده نیست که ما در فضایی زندگی می‌کنیم که در آن نابرابری معضلی فزاینده است. ولی مسئله اینجاست که هر راه‌حل پیشنهادی این نکتهٔ حیاتی را نادیده می‌گیرد. محافظه‌کاران معمولاً می‌گویند که نیکوکاری یا انسان‌دوستی پاسخ مسئله است، و همه باید در آن شریک باشند. از سوی دیگر، لیبرال‌ها کم‌وبیش راه تأمین اجتماعی را- اینکه دولت باید توسط مالیات‌ها، خدمت‌رسانی کند- پیش می‌گیرند. هر دوی اینها درست هستند- هم افراد و هم دولت باید دیگران را در امکانات خود سهیم سازند! اما در عین حال

هر دو، نکته‌ای حیاتی را به‌کلی از قلم می‌اندازند (به همین دلیل است که نیکوکاری و تأمین اجتماعی، بدقـواره و متکبرانه، و حتی اهانت‌آمیز جلوه می‌کنند). هر دو می‌گویند: «بیا آنچه را کـه فکر می‌کنم نیاز داری به تو بدهم، بدون اینکه زحمت شـناختنت را به خودم بدهم، حالا سـهیم کردنت در زندگی‌ام پیشکش؛ بنابراین، می‌توانیم با فراغ بال و طبق روال معمول با وجدانی آسـوده، زندگی را پیش بگیریم.» به قول کریستینا کلیولند، اگر آشتیِ بدون عدالت چیزی جز ستم نیست، پس عدالت بدون دوستی هم فقط تکبر است و بس! ولی ما می‌توانیم با سهیم کردن دیگران در اموال و زندگی‌مان، از هر دو خطر اجتناب کنیم.

بـه معنایی دقیق‌تر، ما با سـهیم کردن دیگران در اموال و حیات‌مـان عدالت را از طریق دوستی به موقع اجرا می‌گذاریم. این خیلی اهمیت دارد. چنان که گفتیم، سهیم کردنِ دیگران دشوار اسـت. اما زمانی که فقرا دوستان ما هستند، نه صرفاً مفهومی انتزاعی، آن‌وقت رویا و روایت‌شـان را می‌شناسیم، چون با هم زندگی می‌کنیم، و این چسبیدن به دارایی را برای‌مان سـخت‌تر می‌سـازد. بنابراین، دیگران را سهیم می‌سـازیم. همزمان، همین دوستی و همین حیات مشترک است که از مسـیحیان در برابر تکبر محافظت می‌کند. پولس در آیهٔ ۶ چیزی بسیار جالب می‌گوید: «شاید مدتی نزدتان بمانم، و یا حتی تمام زمستان را با شما بگذرانم، *تا بتوانید مرا در سـفرم به هر کجا که باشد، مدد رسانده، مشایعت کنید.*» از نظر پولس، دوستی یک جادهٔ دوطرفه است. این‌طور نیست که همواره پولس مالش را در میان بگذارد و دیگران احتیاج‌شـان را. او به همان اندازه که به دوسـتانش *داده*، از آنان *می‌ستاند*، و گاه حتی بیشتر. و این همیشـه زمانی اتفاق می‌افتد که مردم بنای دوستی‌های ریشه‌دار و بامعنی را می‌سازند، زمانی که حیات‌شـان را با هم سهیم می‌شـوند. زمانی که این اتفاق در دوستی با فقرا روی بدهد، دیگر تکبر از میان می‌رود.

کریستوفر هویرتس به این فراخوان برای صلح و آشتی پاسخ داد، اما وقتی دید که چطور بسـیاری نکته اصلی را نمی‌گیرند، مأیوس شد. بنابراین، تصمیم گرفت اجتماعی را پی اَفکَند که با اجرای عدالت، و تحقق آن از طریق دوستی و حیات مشترک، به آشتی رسیده است. او پس از تأمل در تجربیاتش با همیاری دوستش، کریستین پال کتابی نوشت و نامش را *دوستی در حاشیه* گذاشت. او می‌نویسد:

> خدمت مسـیحی به فقرا اغلب با این تصور انجام می‌شـود که وظیفهٔ "ما" رفع احتیاجات "آنان" اسـت. اما تمرکز بر دوسـتی، همهٔ تصورات ما را از نو سامان می‌دهـد. از آغاز، تأکید ما بر کنار گذاشـتنِ پیش‌فرض‌ها اسـت- اینکه هدایا یک‌طرفه جاری شـوند و حفظ فاصلـهٔ لازم میان اهداکننـده و دریافت‌کننده، امری ضروری محسوب شـود. ما به‌طور خاص با پیامدهای ناخواستهٔ این قبیل تصورات به دردسر افتادیم- تلاش برای محبت کردن "بیگانه" در عین جدا نگاه داشتن زندگی خود از او، و پایین آوردنِ "فقرا" تا حد اهداف نیکوکاری. بنابراین،

> ما در عوض کوشیده‌ایم تا حیات مشترک [توأم با] دوستی را سرلوحهٔ کارمان قرار داده، آن را پرورش بدهیم. وقتی این دوستی‌ها رشد کردند، نیازهای دوستان تبدیل به فراخوانی برای ابراز سخاوتمندی شد. بدون اینکه کسی چیزی بگوید، خودمان متوجه زیاده‌روی‌هامان شدیم. دوستی‌ها انتخاب‌های ما را در تعیین شیوهٔ زندگی تحت فشار قرار دادند، زیرا دارایی‌ها و مصرف‌گرایی‌مان را به‌سختی می‌توانستیم از دوستان پنهان کنیم. بدین‌خاطر است که دور نگاه داشتن فقرا، یا وارد شدن به دنیای‌شان از طریق ملاقات‌های کوتاه و مختصر، آسان‌تر است. وقتی پی بردیم که امکانات تنها یک‌طرفه جاری نمی‌شوند، فیض و حکمت و هدایای دوستانِ فقیرمان را دریافت کردیم. بسیاری‌شان از آسیب‌های روانیِ ناگفتنی، سوءاستفاده، خشونت و بهره‌کشی رنج برده‌اند. لیکن این شجاعت را یافته‌اند که دعا کنند. ایمان‌شان بس مقاوم بود. با شکرگزاری و امید زندگی را از سر گرفتند. با وجود فقر، سخاوت فراوان به خرج دادند، و آنچه را داشتند با خوشحالی بخشیدند. ما دیگر نمی‌توانستیم آنها را "اهداف" نیکوکاری ببینیم، چون به این درک نایل شدیم که ما "به" دوستان خدمت نمی‌کنیم، بلکه در میان آنان خدمت می‌کنیم.[1]

بنابراین، از کلیسا انتظار می‌رود، اجتماعی باشد که با سهیم کردن دیگران در اموال و حیاتش، صلح و آشتی برقرار کند. اما نکتهٔ آخر این است که همهٔ ما برای انجام این مهم فرا خوانده شده‌ایم.

در هر موضع جدایی‌آفرین

تا این مقطع، پولس منحصراً به موضوع آشتی در راستای خطوط اقتصادی پرداخته است. و این کارِ به جایی است، چون محوریت اصلی متن مورد بررسی را تشکیل می‌دهد. با این‌حال، تصویری که از آشتی در این آیات ارائه می‌شوند، بسیار غنی‌تر است. *گستره‌اش هر خط جداکنندهٔ احتمالی را دربرمی‌گیرد.*

آیهٔ ۳ می‌گوید که این وجوه قرار بوده برای کلیسای اورشلیم، پایتخت یهودیان، روانه شود. با توجه به موقعیت مکانی این کلیسا، می‌توان نتیجه گرفت که اکثریت اعضایش را مسیحیان یهودی‌تبار تشکیل می‌دادند. اما حالا نگاه کنید که وجوه از کجا می‌آیند؛ از غلاطیه و قرنتس. غلاطیه در ترکیهٔ امروزی واقع بود، و قرنتس هم یکی از بانفوذترین شهرهای *یونانی* در دنیای باستان به‌شمار می‌رفت. این دو کلیسا با توجه به موقعیت مکانی‌شان، از اکثریت قاطع غیریهودیان تشکیل یافته بودند. و هرکس که در مورد جهان باستان اطلاعاتی داشته باشد، می‌داند که یهودیان و غیریهودیان دوستان خوبی برای هم نبودند. این جماعت نه تنها

1. Christopher L. Heuertz and Christine D. Pohl, Friendship at the Margins: Discovering Mutuality in Service and Mission (Downers Grove: InterVarsity Press, 2010), p. 26.

در راستای خطوط اقتصادی، که حتی در راستای خصمانه‌ترین خطوط *نژادی*، به صلح و آشتی رسیده بود.[1]

به همین ترتیب، به آنچه که پولس در آیه‌های ۱۰و۱۱ می‌گوید، توجه کنید: «اگر تیموتائوس آمد، با او به‌گونه‌ای رفتار کنید که نزد شما از چیزی واهمه نداشته باشد. زیرا او نیز چون من به انجام کار خداوند مشغول است؛ پس کسی به دیدهٔ تحقیر در او ننگرد. او را به سلامتی راهی سفر کنید تا نزد من بازگردد؛ زیرا من و برادران منتظر اوییم.» پولس در آیهٔ ۱۱ از واژهٔ تندی استفاده می‌کند- "تحقیر". این واژه بیانگر نفرت شدید است و احتمالاً در آن زمان برای توصیف روابط میان یهودیان و غیریهودیان به‌کار می‌رفته است. اما پرسش اینجاست که چرا قرنتیان باید چنین احساسی نسبت به تیموتائوس داشته باشند؟ قرنتس شهری بود که در آن تنها بهترین‌ها و درخشان‌ترین‌ها مجال ابراز وجود پیدا می‌کردند. همه چیز در اعتبار و موقعیت اجتماعی خلاصه می‌شد. اینکه فرد در کدام مدرسه درس خوانده، اهمیت داشت. مدارک تحصیلی اهمیت داشتند؛ شغل فرد اهمیت داشت. مردم سؤالاتی نظیر این را مطرح می‌کردند: «درآمدت چقدر است؟» یا «کجا زندگی می‌کنی؟» این معیاری بود که افراد را با آن می‌سنجیدند. آنها ابتدا با شخص پولس شروع کردند، که اصولاً معادل دو دکترای امروزی داشت و در اقدامی مبتکرانه موفق به تأسیس چهارده کلیسای جدید شده بود، و آنها هم به نوبهٔ خود کلیساهای بی‌شمار کوچکتری تأسیس کرده بودند. اما هنوز هم به او سخت می‌گرفتند! حالا تیموتائوس که نصف پولس هم به حساب نمی‌آمد، جای خود داشت. او نه صاحب موفقیت بزرگی بود و نه چندان درخشیده بود، و تازه نه مدرک تحصیلی عالی داشت و نه کاریزمای پولس را. او واقعاً وصلهٔ تن قرنتیان نبود. اما پولس از ایشان استدعا می‌کند که تیموتائوس را بپذیرند و آنچه را که از جماعت مسیحی انتظار می‌رود، در حقش انجام دهند- یعنی همهٔ خطوط جداکننده- و از جمله مواضع مربوط به توانایی، صلاحیت و موقعیت- را درنوردند.

و این چیزی است که از کلیسا انتظار می‌رود. اینکه جماعتی باشد فراتر از هر خط و مرز جداکننده‌ای، با اعضایی که همه چیز- اموال و زندگی‌شان- را با یکدیگر سهیم می‌شوند. وقتی به انتظارات پولس از کلیسا نگاه می‌کنیم، ممکن است دلسرد شویم. اغلب، کلیساهای ما هم به آنچه پولس انتظار دارد، شباهتی ندارند. و این مسئولیت بزرگی را بر گردن ما می‌گذارد! ما باید خوشحال باشیم که این آیات در ادامهٔ بخش مفصلی که پیرامون رستاخیز نوشته شده بود، آمده است. اگر مسیحی در طول راه فقط به خودش نگاه کند و بکوشد مسیر را تنها برود، جادهٔ پیش رو را بسیار تیره خواهد دید. ولی خبر خوش آنکه مجبور به چنین کاری نیستیم، زیرا شخص دیگری هست که می‌توانیم به او نگاه کنیم. کسی که پیش از ما این مسیر را پیموده، و در طول راه گناه و مرگ و بی‌عدالتی را در کام خود فرو برده است. کسی

---

۱. «ما به‌واسطهٔ نامه‌های دوم قرنتیان و رومیان می‌دانیم که پولس امیدوار بوده این هدایا دوستی و پیوند را میان کلیساهای مسیحیان غیریهودی و مسیحیان یهودی‌تبار استحکام بخشد و این نشان می‌دهد که وحدت مسیحی فراتر از موانع قومی است و لزومی ندارد که مسیحیان غیریهودی به نوکیشان یهودی تبدیل شوند» (گارلند، اول قرنتیان، ص. ۷۵۲).

که اول از همه برای کشـیدنِ نیش جدایی و نابرابری قدم پیش گذاشـت و بر همهٔ اینها فایق آمد. کسی که همراه ماست، ما را در اموال و حیاتش سهیم می‌سازد، و حتی آنها را بر صلیب فدای ما می‌کنـد. اگر فقط به خودمان و جادهٔ پیش رو بنگریم، دیگر دلیلی برای امیدواری و پایـداری نمی‌بینیم. اما وقتی به او می‌نگریم، همان جا که پایان امید به نظر می‌رسـد، امید را می‌یابیم، و شجاعت لازم را برای پایداری پیدا می‌کنیم.

از آنجایـی که این موضوع اهمیت حیاتی دارد، ما بـه یک چیز دیگر هم نیاز داریم، زیرا حتی با شـجاعتِ به‌جا و امید هم ممکن است کاری به این بزرگی ما را مستأصل سازد. حتی دانستن اینکه باید از کجا شروع کرد، سخت است. در یکی از صحنه‌های فیلمی کمدی، داماد صبح روز عروسی دچار اضطراب می‌شود. دوست نزدیکش با گفتن این جملات قصد دارد بـه او کمک کند تا بر ترس‌هایش غلبه نماید: «برای یک لحظه ازدواج کردن را فراموش کن. فقط فراموشش کن. آیا حالا می‌توانی بیایی خانه و دوش بگیری؟» «آره، ولی بعدش ...» «اه، اه، اه! مـا تازه داریم می‌رویم خانه تا تـو دوش بگیری.» این کلمات با وجودی که عجیب و غریبند، اما بسـیار خردمندانه‌اند. خیلی وقت‌ها ما تصور می‌کنیم که یک‌شبه باید به آن چیز مطلوب تبدیل شویم، و بی‌درنگ تغییر کنیم، در صورتی که تنها کار لازم این است که به خانه برویم و دوش بگیریم.

پس متن مورد بررسـی این فصل چهار اصل واقعـاً کاربردی در اختیار ما قرار می‌دهد. اول، مسـیحیان باید- پیوسته، به تناسب، و ارادی و راسـخ- دیگران را سهیم کنند. باید هر هفته سـهم معینی از درآمدمان را کنار بگذاریم و دیگران را در آن سـهیم کنیم. باید هر هفته اندکی بیشـتر سهیم کنیم و آن‌قدر به این کار ادامه دهیم که جزو طبیعت ثانوی ما شود. شاید اوایل به نظر برسد که کار ایراد دارد، اما باید از یک‌جایی شروع کنیم. دوم، باید کسانی را که با ما فرق دارند بشناسـیم، *واقعاً* آنها را بشناسـیم. باید شروع کنیم به سهیم کردن دیگران در زندگی خودمان و عمیقاً وارد زندگی آنها شویم و به آنها هم اجازه دهیم عمیقاً وارد زندگی ما شـوند، تا در عمل بتوانیم آنها را دوستان خودمان بخوانیم. این جای خوبی برای آغاز است. سـوم، بعضی از ما که در رفاه زندگی می‌کنیم- که شامل اکثر افراد مدرن می‌شود- باید عمداً خودمان را جای محروممان بگذاریم. ما طبیعتاً نگران کسـانی هستیم که هر روز صبح اول از همه می‌بینیم. و با توجه به موقعیت‌مان، این یعنی آنکه باید عمداً پا به دنیای دیگری بگذاریم. و در آخر، باید همهٔ اینها را در پرتو پیروزی عیسی، انجام دهیم. «اما شکر خدا را که به‌واسطهٔ خداوند ما عیسـای مسیح به ما پیروزی می‌بخشد. پس، برادران عزیزم، ثابت و استوار بوده، همواره با سرسـپردگی به‌کار خداوند مشغول باشـید، زیرا می‌دانید زحمت شما در خداوند بیهوده نیست.» (۱۵:۵۷ و ۵۸)

۳۲

پیوند مشترک

اول قرنتیان ۱۶:۱۲-۲۴

اول قرنتیان بر این مفهوم متمرکز است که عضو جامعهٔ فیضِ خدا بودن، که با انجیل شکل گرفته، چه معنایی دارد. در سراسر فصل‌های این نامه به مواردی برخوردیم که در آنها چالش‌ها و مسائل بحث‌انگیز، مضامین و موضوعات بسیاری مطرح شده بود. پیشتر دیدیم که انجیل قدرت دارد جامعهٔ ما را به روش‌های شخصی، عملی و قدرتمندانه شکل بدهد. با نزدیک شدن به پایان این تفسیر وعظ‌گونه، به انتهای نامه نیز نزدیک می‌شویم. اکنون نوبت آن رسیده که پولس به جمع‌بندی بپردازد. اکنون برخورد او بسیار عملی است و دربارهٔ نقشه‌های آینده صحبت می‌کند و از طرف خود و دیگر ایمانداران سلام‌ها و درودها می‌فرستد. این قسمت از نامه از چه جهاتی می‌تواند مفید باشد؟ خدا چنین صلاح دانست که کلامش را به‌واسطهٔ سبک‌های ادبی متداول با انسان در میان بگذارد. اول قرنتیان ۱۶ هم به اندازه اول قرنتیان ۱۵، که به موضوع رستاخیز می‌پردازد، الهامی و سودمند است. اول قرنتیان ۱۶ برای زندگی مسیحی چه معنایی دارد؟

پولس این استدلال را مطرح می‌کند که همهٔ انسان‌ها در سودای پیوندی مشترک و جامعه‌ای که دارای مؤلفه‌های مشخص باشد، به‌سر می‌برند. اولی محبت است. همه می‌خواهند همان‌طور که هستند پذیرفته شوند، و از منابع لازم برای محبت کردنِ دیگران، همچون خودشان، برخوردار باشند. یکی دیگر از مشخصه‌های پیوند مشترک، *توجه متقابل* است. همه دوست دارند در زمان احتیاج، مورد توجه قرار بگیرند و به این شناخت از خود برسند که به دیگران توجه می‌کنند. سومین مؤلفهٔ پیوند مشترک، *تعادل میان فرد و اجتماع* است– همه می‌خواهند عضوی از پیکره‌ای بزرگ‌تر باشند، اما در عین‌حال متمایز از دیگران باقی بمانند. هیچ‌کس نمی‌خواهد هویتش به‌وسیلهٔ اجتماع لگدمال شود، ولی در عین‌حال هیچ‌کس هم دوست ندارد جدای از جامعه، در انزوای کامل هویت خود را بسازد. و سرانجام،

مؤلفهٔ آخرِ یک پیوندِ مشترک، *ارتباط* است. همه دوست دارند در جایی ریشه داشته، اما در عین‌حال با همهٔ دنیا در ارتباط باشند. اکثر مردم در این میان دچار افراط و تفریط می‌شوند. اول قرنتیان تصویری از جامعه‌ای ارائه می‌کند که واجد همهٔ مؤلفه‌های یاد شده است؛ همهٔ چیزهایی که مردم آرزویش را دارند. در این فصل از کتاب، ما رشتهٔ پیوند مشترک میان مسیحیان اولیه را بررسی می‌کنیم، و خواهیم دید که آیا برای ما نیز امکان بالقوهٔ لازم برای تجربه کردن چیزی مشابه آن وجود دارد یا نه. ما این موضوعات را در زیر سه نکته بررسی خواهیم کرد:

- وجود پیوند مشترک
- مشخصه‌های پیوند مشترک
- احیای پیوند مشترک

وجود پیوند مشترک

شبکهٔ محلی و جهانی

نخستین نکته، وجود پیوند مشترک است. پولس نامه‌اش را از شهر افسس، در استان آسیا (واقع در کرانهٔ غربی ترکیهٔ امروزی) خطاب به مسیحیان قرنتس در اخائیه (یونان امروزی) می‌نویسد. این بیانگر چه چیزی است؟ تنها طی بیست سال از زمان مرگ و رستاخیز مسیح، جماعت‌های محلی ایمانداران به‌طور گسترده و به‌سرعت در همه جا پراکنده شده بودند. این جماعت‌ها با دیگر جماعت‌های محلی در نقاط دیگر جهان، پیوند مستحکمی داشتند، تا حدی که نمایندگانی به‌سوی یکدیگر گسیل می‌کردند (برای مثال، استفاناس، فورتوناتوس، و اخائیکوس که ایماندارانی از کلیسای قرنتس بودند و قبلاً برای دیدن پولس در افسس، راهی آن دیار شده بودند، آیهٔ ۱۷). عضویت شخص در کلیسای محلی، او را با جنبشی جهانی، و خانواده‌ای جهانی مرتبط می‌سازد. پولس در اینجا سه بار واژهٔ "برادران" را به‌کار می‌برد (آیه‌های ۱۲و۱۵و۲۰). اعضای خانوادهٔ جهانی با بوسهٔ مقدس به یکدیگر سلام می‌گویند (آیهٔ ۲۰). کلیسای اولیه از جماعت‌های محلی گوناگونی تشکیل یافته بود که در هم تنیده شده، یک شبکهٔ خانوادگی جهانی به‌وجود آورده بودند.

شبکهٔ فردی و جمعی

نه تنها شبکهٔ محلی و جهانی، که شبکهٔ فردی و جمعی نیز وجود دارد. به تعداد نام‌های اشخاصی که در سراسر متن بدانها اشاره شده، توجه کنید: آپولس (آیهٔ ۱۲)، استفاناس (آیه‌های ۱۵و۱۷)، فورتوناتوس و اخائیکوس (آیهٔ ۱۷)، آکیلا، پریسکیلا و کلیسایی که در خانه‌شان دایر کرده‌اند (آیهٔ ۱۹ب)، خود پولس (آیهٔ ۲۱)، و مسیح عیسی (آیهٔ ۲۴). نه تنها مسیحیان سراسر جهانِ آن روز از وجود یکدیگر خبر داشتند (درست همان‌طور که مسیحیان

بوستن می‌دانند که در سیاتل کلیسا هست)، بلکه اعضای جماعت‌های دیگر را هم شخصاً می‌شناختند. این امر بر طبیعت خانوادگی کلیسا صحه می‌گذارد. با وجودی که ایشان به موجب عضویت در جماعت به یکدیگر پیوند خورده‌اند، اما هنوز به‌طور فردی هم از آنها یاد می‌شود. علایق و آرزوهای آپولس مورد احترام قرار می‌گیرد (آیهٔ ۱۲). از استفاناس و خانواده‌اش نام برده می‌شود و از وقف‌شان به خدمت خداوند تقدیر به‌عمل می‌آید (آیهٔ ۱۵). استفاناس، فورتوناتوس و اخائیکوس هدایایی هستند که جان پولس را تازه می‌سازند و شایسته‌اند که کلام‌شان به رسمیت شناخته شود (آیه‌های ۱۷و۱۸). ایمانداران قرنتس آکیلا و پریسکیلا را هم می‌شناسند (آیهٔ ۱۹). با وجودی که امروزه و در عصر تلفن همراه و رسانه‌های جمعی، درک طبیعت این جماعت برای مردم دشوار است، اما خارق‌العاده است که بدون توجه به پیشه، سیاست، نژاد، طبقهٔ اجتماعی و غیره، چنین شبکهٔ پرمعنایی به‌وجود آمده بود. چنین چیزی در آن زمان غیرقابل تصور بود. البته جای تأسف دارد که امروزه نیز چنین شده است. این جامعه دارای چه مشخصه‌هایی بود؟ ماهیت پیوند مشترک‌شان چه بود؟

مشخصه‌های پیوند مشترک

اولین مشخصهٔ این پیوند مشترک آن است که حقیقت انجیل تقویتش می‌کند. «هوشیار باشید؛ در ایمان استوار بمانید؛ شجاع و قوی باشید» (آیهٔ ۱۳). پولس می‌گوید: «هوشیار باشید» تا قرنتیان را به احتیاط بخواند و از آنها بخواهد که مراقب بمانند و امیدوار به بازگشت خداوندی باشند که همه چیز را درست خواهد کرد. در ادامه می‌گوید: «در ایمان استوار بمانید.» این چکیدهٔ اعتقاد به همهٔ آموزه‌های مسیحیت است. "ایمان" باعث می‌شود که در مورد واقعیت‌های تاریخیِ آنچه که خدا در مسیح برای ما انجام داده، فکر کنیم. او می‌گوید: «انجیل را به یکی از ارزش‌های اصلی زندگی‌تان تبدیل کنید.» در پی آن چنین فرمان می‌دهد: «شجاع و قوی باشید.» در ترجمهٔ قدیمی آمده «مرد باشید.» در اینجا پولس قصد ندارد مردانگی را در برابر زنانگی قرار دهد، بلکه منظورش مقایسه کردن پختگی و بلوغ کامل با خامی و بچگی است. در ۱۱:۱۳ چنین می‌خوانیم: «آنگاه که کودکی بیش نبودم، چون کودکان سخن می‌گفتم و چون کودکان می‌اندیشیدم و نیز چون کودکان استدلال می‌کردم. اما چون مرد شدم، رفتارهای کودکانه را ترک گفتم.» انجیل باید در مرکز گفتار و کردار قرنتیان جای بگیرد. موقعیت کنونی ایشان (یعنی بلاتکلیفی، نداشتن رهبری قابل اعتماد، و آشفتگی در زمینه تعلیم) نباید حواس‌شان را از رشد و رسیدن به بلوغ منحرف کند. هیچ چیز نمی‌تواند آنها را کنار هم نگاه دارد، مگر انجیل. علایق و سلایق و اولویت‌ها و امیال شخصی، نمی‌توانند مبانی مناسبی برای وحدتِ راستین و پایدار باشند. انجیل، فارغ از پیشینهٔ هر کس، به همه تعلق دارد، بر هر مانعی که در جوامع انسانی وجود دارد، چیره می‌شود.

مشخصهٔ دوم پیوند مشترک، محبت کردن به یکدیگر است (آیه‌های ۱۴–۱۸). آیهٔ ۱۴ می‌گوید: «همهٔ کارهای شما با محبت باشد.» محبت روشی است که باید بر همهٔ اعمال ما مستولی باشد. هیچ کنش یا عملکرد جماعت نیست که بی‌محبتی در آن مجاز شمرده شود.

جماعتی که محبت خدا را در مسیح، تجربه کرده باشد، محبت خدا را با دیگران نیز سهیم می‌شود. این محبت چگونه عمل می‌کند؟ به آیه‌های ۱۵-۱۸ توجه کنید:

> می‌دانید که خانوادهٔ استفاناس نخستین کسانی بودند که در ایالت اخائیه ایمان آوردند، و ایشان خود را وقف خدمت مقدسان کرده‌اند. ای برادران، از شما استدعا دارم مطیع چنین کسان باشید و همچنین مطیع هر کس دیگر که در این خدمت همکاری می‌کند و زحمت می‌کشد. از آمدن استفاناس، فورتوناتوس و اخائیکوس شادمانم، زیرا جای خالی شما را پر کرده‌اند. آنان روح مرا و نیز روح شما را تازه ساختند. به چنین کسان گوش بسپارید.

در اینجا شاهد تعاملی پویا میان دو جماعت هستیم. رشتهٔ پیوند مشترک به‌واسطهٔ روابط محبت‌آمیز و اطاعت متقابل پدید می‌آید. اطاعت صرف‌نظر از موقعیت، تبار، یا هر نشان هویتی دیگری انجام می‌پذیرد. بعضی‌ها از اطاعت خوش‌شان نمی‌آید، زیرا تسلط و قدرت را از دست‌شان خارج می‌کند. دیگران به این دلیل از اطاعت دل خوشی ندارند که آسایش و رضایت‌شان را زیر سؤال می‌برد. اما انجیل به کسانی که دیوانه‌وار تشنهٔ قدرتند امکان می‌دهد که خودشان را مطیع دیگران سازند. همچنین انجیل به آنانی که تشنهٔ آسایش و رضایتند امکان می‌دهد با دلیری موقعیت‌هایی را قبول کنند که بدون انجیل، از پذیرفتنش خودداری می‌کردند.

رشتهٔ پیوند مشترک به‌واسطهٔ خدمت محبت‌آمیز و فداکارانه، برای تازه کردنِ جان دیگران، پدید می‌آید. هم اعضا جان رهبران را تازه می‌سازند و هم رهبران جان اعضا را. تازه‌شدن در انجیل هیچ‌وقت یک‌طرفه نیست. هر عضو برای تازه ساختن جان دیگران، با انجیل تجهیز شده است. تازه‌شدن طبق انجیل دوطرفه است. در چنین بستری است که شخص باید اعلان جالبِ مندرج در آیهٔ ۲۲ را درک کند: «کسی که خداوند را دوست ندارد، ملعون باد.» اگر ما کسی را دوست نداشته باشیم، طردشدن‌مان از سوی او بی‌معنی است. سخن پولس این است که اگر کسی نخواهد به محبت خدا در مسیح واکنش مثبت نشان دهد، پس بگذار بر پایهٔ انتخاب خودش، از برکات جماعت محروم بماند. این برای ما اهمیت نخواهد داشت، مگر اینکه واقعاً دوست داشته باشیم جزو جماعت باشیم. رشتهٔ پیوند مشترک به‌واسطهٔ حرمت گذاشتن و به رسمیت شناختن نقش و سهم هر یک از اعضای کلیسا پدید می‌آید. ما باید در مورد به رسمیت شناختن دیگران، آزاداندیش و سخاوتمند باشیم. در حالی که فرهنگ پیرامون به رسمیت شناختن را فقط برای بالاسری‌ها لحاظ می‌کند، کلیسا در پی راه‌هایی است که اعضای جماعت را صرفاً به‌خاطر دستاورد انجیل، به رسمیت بشناسد و حرمت بگذارد.

پولس دارد می‌گوید: «جماعت را به یکی از ارزش‌های اصلی خود تبدیل کنید.» به‌رغم دوری، رشتهٔ پیوند مشترک عاملی برای شادمانی بود (آیه‌های ۱۷-۲۰). آیه‌های ۱۹ و ۲۰ می‌گویند: «کلیساهای آسیا برای‌تان سلام می‌فرستند. آکیلا و پریسکیلا و نیز کلیسایی که در منزل‌شان تشکیل می‌شود، به شما در خداوند به گرمی سلام می‌گویند. همهٔ برادرانی که در اینجا هستند برای شما سلام می‌فرستند. با بوسهٔ مقدس یکدیگر را سلام گویید.» پولس

قرنتیان را فرامی‌خواند تا با مسـیحیان دیگر نقاط دنیا ارتباط داشته باشند و آنها را به رسمیت بشناسند. از این گذشته، او از مسیحیان عادی دعوت می‌کند که در یکی از صبح‌های یکشنبه این نامه را بخوانند تا «این جنبش به یکی از ارزش‌های اصلی‌تان تبدیل شـود.» او در واقع، می‌گوید: «نسبت به آنچه که در کلیساهای پیرامون‌تان روی می‌دهد، علاقه نشان دهید. برای موفقیت و پیشـرفت انجیل دعا کنید. به جنبش جهانی انجیل علاقه نشان دهید؛ با دعا، رابطه و کمک‌های مالی از این جنبش پشـتیبانی کنید. در نهایت اینها اعضای خانوادهٔ شما به‌شمار می‌روند. به ارتباطی که با خانوادهٔ گسـتردهٔ مسیحی دارید بیندیشـید- ارتباط شما با دیگر مسیحیان باید مستحکم باشد. کلیسا پر است از برادران و خواهران شما!»

متأسـفانه اکثر تعاملات ما فاقد عنصر محبت هستند. عده‌ای فرد را به‌خاطر جمع زیر پا می‌گذارنـد. دیگران به‌خاطر فرد، از ارزش و اعتبار جمـع می‌کاهند. وقف و اطاعت متقابل پدیده‌ای کمیاب اسـت. ما به جماعت از دریچهٔ سلسـله‌مراتب می‌نگریم. خودنمایی را به وفاداری ترجیح می‌دهیم. به‌جای آنکه بـا دورترین‌ها ارتباط ایجاد کنیم، خودمان را منزوی می‌سازیم. آیا احیای این رشتهٔ پیوند مشترک میان مسیحیان امکان‌پذیر است؟

احیای پیوند مشترک

آیه‌های ۲۳و۲۴ می‌گویند: «فیض خداوند عیسـی با شما باد. محبت من در مسیح عیسی همراه همهٔ شـما. آمین.» تنها اساسـی که برای این نوع پیوند مشـترک وجود دارد، شخص عیسای مسیح است. او تنها کسی است که هر کاری کرد، از سر محبت بود! او خود را مطیع خواسـت ما کرد تا ما نابودش کنیم، بدین‌منظور که نجات‌مان بخشـد و احیا نماید. او پسر یگانه‌ای اسـت که با عمل نجات‌بخش خود، ورود برادران و خواهرانش را به خانوادهٔ خدا خوشـامد می‌گوید. یک‌بار دیگر به کلمات پولس توجه کنید: «محبت من در مسـیح عیسی همراه همهٔ شـما.» با "در مسیح عیسی" آغاز کنیم: یگانگی با مسیح- بودن در مسیح عیسی- شـالودهٔ پیوند مشترک ما محسوب می‌شـود. «محبت من ... همراه همهٔ شما»: در این جمله همان حرف اضافه به‌کار رفته که در عبارت "با شـما باد" استفاده شده بود. پولس نامهٔ خود را با گفتن: «فیض و آرامش ... بر شـما باد» آغاز می‌کند، اما موقع پایان دادن به آن، می‌گوید: «فیض ... همراه شـما باد.» مشـارکت با یکدیگر تنها از طریق یگانگی ما با مسـیح به‌وقوع می‌پیوندد. و یگانگی با مسیح هم ما را به‌سوی مشارکت با یکدیگر سوق می‌دهد. وقتی همهٔ ما در قالب جماعت، با هم در مسیح هستیم، طبیعتاً یکدیگر را محبت می‌کنیم.

در جماعتی که بر پایهٔ کار استوار است، مردم برای خوب بودن حساب و کتاب می‌کنند. تا کسـی ارزشش را نداشته باشد، مورد محبت قرار نمی‌گیرد. تا کسی لیاقت و صلاحیتش را به اثبات نرساند، از او اطاعت نمی‌کنند. تا کسی دست به کاری شگرف نزده باشد، به رسمیت شناخته نمی‌شود.

اما در جماعتی که بر پایهٔ فیض اسـتوار است، کسی حسـابگری نمی‌کند و در ازای کاری که می‌کند، توقع جبران را ندارد؛ کسـی انتظار معامله‌به‌مثل و تلافی ندارد. فیض انصاف‌گرایی

نیست. فیض یعنی با محبت رفتار کردن با دیگران، به‌رغم آنکه سزاوار مخالف آن هستند. پس زمانی که آنان سزاوار داوری یا خواری هستند، به‌جای آنکه با آنها به همان ترتیب رفتار کنیم و به دست خود انتقام بگیریم، با سخاوت، محبت و فیض واکنش نشان می‌دهیم. این یعنی رفتار کردن با طرف مقابل، برخلاف روشی که استحقاقش را دارد. از این‌رو فیض انصاف‌گرایی نیست. انصاف یعنی اینکه در قضاوت کردنِ کسی در حق دیگری مرتکب اشتباهی شده، دقیقاً منصفانه عمل کنیم. یعنی تلافی کردن یا تاوان گرفتن یا واکنش نشان دادن، درست به همان اندازهٔ جرم شخص. شاید ما آدم‌های بسیار منصفی باشیم. اما این ضرورتاً به معنای آن نیست که مردمان فیاضی نیز هستیم. ما به‌واسطهٔ مسیح می‌توانیم کسی را که ارزشش را ندارد، محبت کنیم. وقتی خود را بی‌ارزش حس می‌کنیم، می‌توانیم محبت را دریافت کنیم. می‌توانیم خود را مطیع کسی بسازیم که صلاحیتش از ما کمتر است. می‌توانیم برای کارهایی که قبلاً قادر به انجامش نبودیم، قدرت پیدا کنیم. می‌توانیم در موقعیت‌ها، و به شیوه‌های خلاف انتظار، دیگران را در تجلیل و قدردانی سهیم سازیم. در پیوند مشترک اجتماع‌مان با مسیح، همه در حیات او شریکند! از شخص منزوی انتظار زنده ماندن نمی‌رود، اما وقتی با هم یک هستیم، زندگی می‌کنیم.

در کلام خدا برای مفهوم "یک" دو کاربرد عمده وجود دارد. اول، "یک" می‌تواند بر منحصربه‌فرد بودن و یکتایی دلالت داشته باشد. روش دیگر برای فهمیدن "یک"، تأکید بر یگانگی و متحد شدن است در برابر یکتایی؛ یکی در نقطهٔ مقابل بسیاری. متضاد یگانگی هم چنددستگی است. این دو بُعد معنایی، مفهوم "یک" را در کتاب‌مقدس تشریح می‌کنند. وقتی به عهدعتیق و پیشینهٔ یهودیت متقدم نگاه می‌کنیم، به‌روشنی شاهد یکتایی و منحصربه‌فردبودنِ خدا هستیم. ما این را از آیهٔ *شماع* (*shema*= بشنو، در زبان عبری- م.) مندرج در کتاب تثنیه ۶:۴ درمی‌یابیم که در واقع، مبنای اعتقادنامهٔ یکتاپرستی یهودی است. هر یهودی این آیه را از بَر بود و هر روز تکرار می‌کرد: «بشنو، ای اسرائیل: یهوه، خدای ما، خداوند یکتاست.» خداوند "یکتا" است، و هر بار که این واژه تکرار می‌شود، آیهٔ *شماع* را تداعی کرده، بر یکتایی و منحصربه‌فردبودنِ خدای واحد حقیقی دلالت دارد.

بُعد دیگر معنای واژهٔ "یک" در پیشینهٔ یهودیت متقدم، یگانگی در نقطهٔ مقابل چنددستگی و جدایی در میان قوم خداست. پس یک معنا بر یکتایی و کاربرد دیگر بر وحدت تأکید دارد؛ یکتایی خدا و اتحاد قوم خدا.[۱]

---

۱. بنی‌اسرائیل در دوران جلای وطن از هم جدا و پراکنده بودند، اما خدا همهٔ قبایل آن را کنار هم گرد آورد. در حزقیال ۱۶:۳۷و۱۷ و۱۹و۲۲و۲۴ می‌خوانیم: «یک عصا برای خود بگیر و بر آن بنویس "برای یهودا و برای بنی‌اسرائیل رفقای وی." پس عصای دیگری بگیر و بر آن بنویس "برای یوسف عصای افرایم و تمامی خاندان اسرائیل رفقای وی ..."، و آنها را برای خودت با یکدیگر یک عصا ساز تا در دستت یک باشد ... اینک من عصای یوسف را که در دست افرایم است و اسباط اسرائیل را که رفقای وی‌اند، خواهم گرفت و آنها را با وی یعنی با عصای یهودا خواهم پیوست و آنها را یک عصا خواهم ساخت و در دستم یک خواهد شد ... و ایشان را در آن زمین بر کوه‌های اسرائیل یک امّت خواهم ساخت. و یک پادشاه بر جمیع ایشان سلطنت خواهد نمود و دیگر دو امّت نخواهند بود و دیگر به دو مملکت تقسیم نخواهند شد ... و بندهٔ من داود، پادشاه ایشان خواهد بود. و یک شبان برای جمیع ایشان خواهد بود. و به احکام من سلوک نموده و فرایض مرا نگاه داشته. آنها را بجا خواهند آورد».

در اینجا چه نکته‌ای نهفته است؟ در پیشینهٔ عهدعتیق به ارتباطی خیره‌کننده میان دو بُعد معناییِ "یک"، به‌عنوان یکتایی و وحدت، برمی‌خوریم.

زمانی که نویسندگان عهدجدید اصطلاح "یک" و درون‌مایهٔ یگانگی را به‌کار می‌برند، کدام معنی منظور نظرشان است؟ مشابه آشکار آن، کلماتی است که نویسندگان عهدجدید و خود عیسای مسیح در مورد یکتا بودن خدای واحد حقیقی به‌کار می‌برند (ن.ک. به یادداشت فصل ۱۵ همین کتاب، در مورد ۶:۸؛ یوحنا ۳۰:۱۰). کسی که به الوهیت مسیح معتقد است، انتظار دارد که آن پیشروی و تحولی طبیعی باشد. اما نویسندگان عهدجدید با ارتباطی شگفت‌انگیز، بُعد یگانگی واژهٔ "یک" را نه تنها برای قوم خدا، بلکه برای اشاره به اجتماع درون ذات الوهیت نیز به‌کار می‌برند.

عیسی در خطابهٔ بدرود خود، دعا می‌کند که شاگردانش «یک گردند، چنانکه ما یک هستیم» (یوحنا ۲۲:۱۷). درست همان‌طور که پدر و پسر "یک" هستند، باشد که شاگردان هم "یک" باشند. قوم خدا نمی‌تواند یکتا باشد چون فقط خدا یکتا است، اما آنها می‌توانند متحد/ یک باشند، همان‌گونه که ذات الوهیت با وجود تمایز شخصیت‌ها، یگانه و متحدند. به‌عبارت دیگر، بنیان محبت حاکم بر رابطهٔ میان پسر و پدر همان چیزی است که اکنون به نیروی محرکهٔ کلیسا برای محبت کردن دیگران تبدیل شده است (آیهٔ ۲۰، «با بوسهٔ مقدس یکدیگر را سلام گویید»). رشتهٔ پیوند مشترک در مسیح، به مسیحیان توانایی می‌بخشد تا فرهنگی دگر-محور به‌وجود بیاورند و از آن بهره‌مند شوند. «همهٔ کارهای شما با محبت باشد ... محبت من در مسیح عیسی همراه همهٔ شما.» (آیه‌های ۱۴و۲۴)

جلال تنها از آنِ خداست.[1]

1. Soli Deo gloria!